全国高等医药院校药学类专业第六轮规划教材

医药电子商务

第4版

（供药学类专业用）

主　编　陈玉文

副主编　刘丹丹　袁小量　吴　锦　吴云红　陈　广

编　者　（以姓氏笔画为序）

马梅滋（齐鲁医药学院）
王　贺（长春中医药大学）
王　素（沈阳药科大学）
王国敬（山东药品食品职业学院）
付　非（吉林医药学院）
乐　非（江西中医药大学）
朱　虹（哈尔滨医科大学）
刘丹丹（福建卫生职业技术学院）
闫冠韫（哈尔滨医科大学）
江雯雯（浙江药科职业大学）
吴　锦（浙江药科职业大学）
吴云红（大连医科大学）
沈　枫（广东药科大学）
迟梦雅（黑龙江中医药大学）
陈　广（江西中医药大学）
陈玉文（沈阳药科大学）
孟令全（沈阳药科大学）
姜艺佼（辽宁中医药大学）
袁　静（澳门大学药品监管科学研究中心）
袁小量（沈阳药科大学）
雷　超（广东药科大学）
颜久兴（天津医科大学）

中国健康传媒集团
中国医药科技出版社·北京

内容提要

本教材为“全国高等医药院校药学类专业第六轮规划教材”之一，系根据本套教材的编写指导思想和原则要求，结合专业培养目标和本课程的教学目标、内容与任务要求编写而成。本教材系统讲述了电子商务的基础理论，并以此为指导，探索了医药电子商务活动的基本特征和规律性。主要内容包括电子商务活动及其系统要素、相关制度、电子市场、网络营销等。重点突出了医药电子商务法律法规、医药商品流通体系、医药电子市场类型及运行等医药商品交易和特点。本教材为书网融合教材，即纸质教材有机融合电子教材、教学配套资源（PPT、微课等）、题库系统、数字化教学服务（在线教学、在线作业、在线考试），使教学资源更加多样化、立体化。

本教材主要供高等医药院校药学类专业师生教学使用，也可供药事管理、工商管理、市场营销等管理与经营类专业使用，还可以作为医药企业管理人员、医药电子商务从业人员和研究人员阅读和参考资料。

图书在版编目（CIP）数据

医药电子商务／陈玉文主编. -- 4版. -- 北京：中国医药科技出版社，2025. 7. -- ISBN 978-7-5214-5438-3

Ⅰ. F407.77-39

中国国家版本馆 CIP 数据核字第 20255MU024 号

美术编辑 陈君杞
版式设计 友全图文

出版 **中国健康传媒集团** | 中国医药科技出版社
地址 北京市海淀区文慧园北路甲 22 号
邮编 100082
电话 发行：010－62227427 邮购：010－62236938
网址 www. cmstp. com
规格 889mm×1194mm $^{1}/_{16}$
印张 16 $^{1}/_{4}$
字数 472 千字
初版 2007 年 8 月第 1 版
版次 2025 年 8 月第 4 版
印次 2025 年 8 月第 1 次印刷
印刷 北京金康利印刷有限公司
经销 全国各地新华书店
书号 ISBN 978－7－5214－5438－3
定价 52.00 元

出版说明

“全国高等医药院校药学类规划教材”于20世纪90年代启动建设。教材坚持“紧密结合药学类专业培养目标以及行业对人才的需求，借鉴国内外药学教育、教学经验和成果”的编写思路，30余年来历经五轮修订编写，逐渐完善，形成一套行业特色鲜明、课程门类齐全、学科系统优化、内容衔接合理的高质量精品教材，深受广大师生的欢迎。其中多品种教材入选普通高等教育“十一五”“十二五”国家级规划教材，为药学本科教育和药学人才培养作出了积极贡献。

为深入贯彻落实党的二十大精神和全国教育大会精神，进一步提升教材质量，紧跟学科发展，建设更好服务于院校教学的教材，在教育部、国家药品监督管理局的领导下，中国医药科技出版社组织中国药科大学、沈阳药科大学、北京大学药学院、复旦大学药学院、华中科技大学同济医学院、四川大学华西药学院等20余所院校和医疗单位的领导和权威专家共同规划，于2024年对第四轮和第五轮规划教材的品种进行整合修订，启动了“全国高等医药院校药学类专业第六轮规划教材”的修订编写工作。本套教材共72个品种，主要供全国高等院校药学类、中药学类专业教学使用。

本套教材定位清晰、特色鲜明，主要体现在以下方面。

1.融入课程思政，坚持立德树人 深度挖掘提炼专业知识体系中所蕴含的思想价值和精神内涵，把立德树人贯穿、落实到教材建设全过程的各方面、各环节。

2.契合人才需求，体现行业要求 契合新时代对创新型、应用型药学人才的需求，吸收行业发展的最新成果，及时体现2025年版《中国药典》等国家标准以及新版《国家执业药师职业资格考试考试大纲》等行业最新要求。

3.充实完善内容，打造精品教材 坚持“三基五性三特定”，进一步优化、精炼和充实教材内容，体现学科发展前沿，注重整套教材的系统科学性、学科的衔接性，强调理论与实际需求相结合，进一步提升教材质量。

4.优化编写模式，便于学生学习 设置“学习目标”“知识拓展”“重点小结”“思考题”模块，以增强教材的可读性及学生学习的主动性，提升学习效率。

5.配套增值服务，丰富学习体验 本套教材为书网融合教材，即纸质教材有机融合数字教材，配套教学资源、题库系统、数字化教学服务等，使教学资源更加多样化、立体化，满足信息化教学需求，丰富学生学习体验。

“全国高等医药院校药学类专业第六轮规划教材”的修订出版得到了全国知名药学专家的精心指导，以及各有关院校领导和编者的大力支持，在此一并表示衷心感谢。希望本套教材的出版，能受到广大师生的欢迎，为促进我国药学类专业教育教学改革和人才培养作出积极贡献。希望广大师生在教学中积极使用本套教材，并提出宝贵意见，以便修订完善，共同打造精品教材。

中国医药科技出版社

2025年1月

数字化教材编委会

主　编　陈玉文

副主编　刘丹丹　袁小量　吴　锦　吴云红　陈　广

编　者　（以姓氏笔画为序）

马梅滋（齐鲁医药学院）

王　贺（长春中医药大学）

王　素（沈阳药科大学）

王国敬（山东药品食品职业学院）

付　非（吉林医药学院）

乐　非（江西中医药大学）

朱　虹（哈尔滨医科大学）

刘丹丹（福建卫生职业技术学院）

闫冠韫（哈尔滨医科大学）

江雯雯（浙江药科职业大学）

吴　锦（浙江药科职业大学）

吴云红（大连医科大学）

沈　枫（广东药科大学）

迟梦雅（黑龙江中医药大学）

陈　广（江西中医药大学）

陈玉文（沈阳药科大学）

孟令全（沈阳药科大学）

姜艺佼（辽宁中医药大学）

袁　静（澳门大学药品监管科学研究中心）

袁小量（沈阳药科大学）

雷　超（广东药科大学）

颜久兴（天津医科大学）

前 言

电子商务大大降低了流通成本，带动了实体经济的发展，极大地促进了就业，对激发我国经济的活力功不可没，电子商务不只是虚拟经济，事实上，它在很大程度上直接带动了实体经济。

医药电子商务是“互联网 + 医药”的行动。随着国家新医改、基本药物制度、药品集中招标采购等一系列政策的出台和实施，建立了药品采购或交易的诸多网络平台，医药电子商务进入了一个新的发展阶段。国家药品监督管理局等部门也逐步出台了我国医药电子商务开展的法律法规。为便于读者查阅并保持教材精炼性，本版将原附录中涉及的核心法规要点融入相关章节或在此简述其精神。本书内容重点参考了以下主要法律法规（包括但不限于）：《中华人民共和国电子商务法》《中华人民共和国电子签名法》《互联网药品信息服务管理办法》《药品网络销售监督管理办法》《药品经营和使用质量监督管理办法》《互联网药品交易服务审批暂行规定》。详细法规条文请读者参阅国家药品监督管理局等主管部门发布的最新官方文件。

为适应医药电子商务快速发展，同时体现医药类高校医药电子商务课程教学的科学性、系统性、适应性和及时性，本书在上版的基础上，进行了第四次修订再版。与第 3 版教材相比，本教材的主要变化有：新增了五章，包括国内外医药电子商务开展情况、国外医药电子商务相关法律法规、药品集中采购医药电子市场、基于第三方平台的网上药店的开展和网络药学服务。将电子商务应用系统和相关技术分为两章。各章的内容都作了及时的调整，体现时间节点的内容，全部进行了更新。本教材更能体现结构系统、层次清楚、内容新颖、体系合理、重点突出的特点。此外，本教材编者所在单位更广泛、更具代表性。期望本书能对我国医药电子商务创新型人才培养和推进我国医药电子商务应用进程发挥重要作用。本教材介绍了一些企业名、品牌名等商务相关内容均无任何商业意义，仅供本课程学习理解参考使用，特此说明。

本书由国内多所高校及行业专家组成的编委会共同编写完成。各章节由相关领域的老师分工执笔，具体编写分工如下：第 1 章由乐非编写；第 2 章由陈广编写；第 3 章由朱虹编写；第 4 章由王素、江雯雯编写；第 5 章第 6 章由姜艺佼编写；第 7 章由颜久兴编写；第 8 章由迟梦雅编写；第 9 章由闫冠韫编写；第 10 章由王贺编写；第 11 章由袁静编写；第 12 章由袁小量编写；第 13 章由吴云红编写；第 14 章由王国敬编写；第 15 章由刘丹丹编写；第 16 章由付非编写；第 17 章由雷超编写；第 18 章由沈枫编写；第 19 章由马梅滋编写；第 20 章由吴锦编写。全体编者在编写过程中精诚合作，广泛调研，力求内容的科学性、系统性、实用性与前沿性，以期打造一本适用于医药电子商务领域人才培养的优质教材。

本教材主要供高等医药院校药学类专业师生教学使用，也可供药事管理、工商管理、市场营销等管理与经营类专业使用，还可以作为医药企业管理人员、医药电子商务从业人员和研究人员阅读和参考资料。

由于编写人员水平所限，书中难免有疏漏和不妥之处，敬请广大读者批评指正，以便我们修订完善。

编　者

2025 年 4 月

目录

第一章　电子商务概述

微课

PPT

学习目标

1. 通过本章学习，掌握电子商务的基本概念、核心特点及主要分类，医药电子商务的定义、政策框架及特殊应用场景，熟悉电子商务的功能及其对传统行业的影响，医药电子商务在监管效率、供应链优化及消费者服务中的具体作用，了解电子商务的发展趋势及技术基础，医药电子商务对流通体制改革、中介机构发展的推动作用。

2. 具有利用电子商务工具进行商业活动设计与优化的能力。能够结合医药行业特点，评估电子商务在药品交易、供应链管理及合规监管中的实际应用价值。

3. 树立诚信经营理念与合规操作的职业素养，重视数据隐私保护及消费者权益维护。强化协作精神与社会责任感，关注电子商务在资源节约、效率提升中的社会价值。

第一节　电子商务的概念和类型

一、电子商务的概念与特点

（一）电子商务的概念

电子商务是指各参与方之间以电子方式而不是以物理交换或直接物理接触方式完成的任何形式的商品交易。这里的电子方式包括电子数据交换、电子支付手段、电子订货系统、电子邮件、传真、网络、电子公告系统、条形码、图像处理、智能卡等。可见，这些电子方式是以现代信息技术和计算机技术为基础的。

对电子商务的理解，应从“现代信息技术”和“商务”两个方面考虑。一方面，“电子商务”概念所包括的“电子方式”应涵盖各种使用电子技术为基础的通讯方式等现代信息技术；另一方面，对“商务”一词应作广义解释，使其包括不论是契约型或非契约型的一切商务性质的关系所引起的种种事项。如果把“现代信息技术”看作一个子集，“商务”看作另一个子集，电子商务所覆盖的范围应当是这两个子集所形成的交集，即“电子商务”广泛涉及 internet、内部网和电子数据交换等现代信息技术在商务活动中的各种应用，如图 1－1 所示。

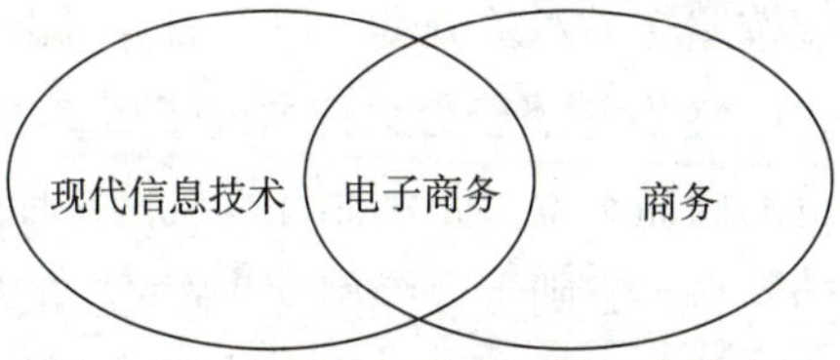

图 1－1　电子商务是“现代信息技术”和“商务”的交集

（二）医药电子商务的概念

2000 年 6 月 26 日，国家药品监督管理局颁布了《药品电子商务试点监督管理办法》，该办法明确指出药品电子商务是指药品生产者、经营者或使用者，通过信息网络系统以电子数据信息交换的方式进行并完成各种商务活动和相关的服务活动。

国家食品药品监督管理局于 2005 年 12 月 1 日起正式施行的《互联网药品交易服务审批暂行规定》

中进一步明确了互联网药品交易服务。互联网药品交易服务是指通过互联网提供药品（包括医疗器械、直接接触药品的包装材料和容器）交易服务的电子商务活动。互联网药品交易服务包括为药品生产企业、药品经营企业和医疗机构之间的互联网药品交易提供的服务；药品生产企业、药品批发企业通过自身网站与本企业成员之外的其他企业进行的互联网药品交易以及向个人消费者提供的互联网药品交易服务。

可见，在我国目前的政策框架内，医药电子商务更倾向于特指这种互联网药品交易活动。其中的交易对象又不仅仅限于药品本身，还可以包括医药器械、直接接触药品的包装材料和容器等。因此，可将医药电子商务定义为：医药电子商务是指以医药商品生产者、医药商品经营者、医疗机构、医药信息服务提供商、保险公司、银行等医药商品交易活动的参与者，通过互联网络系统以电子数据信息交换的方式进行并完成的各类医药商品的交易和服务活动。

（三）电子商务的特点

电子商务在 internet 的商用推动下，得到了迅速发展，而且表现出一些与 internet 相关的特点。

1. 信息化 电子商务是以信息技术为基础的商务活动，它的开展需通过计算机网络系统来实现信息交换和传输，计算机网络系统是融数字化技术、网络技术和软件技术为一体的综合系统，因此电子商务的实施与发展与信息技术发展密切相关，也正是由于信息技术的发展推动了电子商务的发展。

2. 虚拟化 internet 作为数字化的电子虚拟市场（electronic marketplace），它的商务活动和交易是数字化的。由于信息交换不受时空限制，因此，可以跨越时空形成虚拟市场，完成过去在实物市场中无法完成的交易，这正是电子商务发展的根本所在。

3. 全球化 作为电子商务的主要媒体，internet 是全球开放的，电子商务开展是不受地理位置限制的，它面对的是全球性统一的电子虚拟市场。

4. 社会化 虽然电子商务依托的是网络信息技术，但电子商务的发展和应用是一个社会性的系统工程，因为电子商务活动涉及企业、政府组织、消费者以及适应电子虚拟市场的法律法规和竞争规则等。如果缺少任意一个环节，势必制约甚至妨碍电子商务的发展。

二、电子商务的分类

（一）按照交易对象分类

按照交易对象分类，电子商务可以分为以下 5 种类型。

1. 企业与消费者之间的电子商务 即 B2C（business to customer）电子商务。它类似于联机服务中进行的商品买卖，是利用计算机网络使消费者直接参与经济活动的一种形式。这种形式基本等同于电子化的零售，它随着万维网（WWW）的出现迅速地发展起来。目前，在 internet 上遍布各种类型的商业中心，提供从鲜花、书籍到计算机、汽车等各种消费商品和服务。

2. 企业与企业之间的电子商务 即 B2B（business to business）电子商务。B2B 是指商业机构（企业或公司）使用 internet 或各种商务网络向供应商（企业或公司）订货或付款。包括非特定企业间的电子商务和特定企业间的电子商务。非特定企业间的电子商务是在开放的网络中对每笔交易寻找最佳伙伴，与伙伴进行从订购到结算的全部交易行为。这里，虽说是非特定企业占多数，但由于加入该网络的只限于需要这些商品的企业，可以设想是限于某一行业的企业。不过，它不以持续交易为前提，不同于特定企业间的电子商务。特定企业间的电子商务是在过去一直有交易关系或者今后一定要继续进行交易的企业间，为了相同的经济利益，共同进行的设计、开发或全面进行市场及库存管理而进行的商务交易。企业可以使用网络向供应商订货、接收发票和付款。B2B 在这方面已经有了多年运作历史，使用得也很好，特别是通过专用网络或增值网络上运行的电子数据交换（EDI）。

3. 企业与政府机构的电子商务　即 B2G（business to government）电子商务。这种商务活动覆盖企业与政府组织间的各项事务。例如，政府采购清单可以通过 internet 发布，公司可以以电子化方式回应。同样，在公司税的征收上，政府也可以通过电子交换方式来完成。

4. 消费者对政府机构的电子商务　即 C2G（customer to government）电子商务。政府将会把电子商务扩展到如福利发放和自我估税及个人税收的征收方面。

5. 消费者对消费者的电子商务　即 C2C（customer to customer）电子商务。网上交易的电子市场如同中介一样，在这里，消费者可以登记注册自己要出售的商品信息，也可以购买其他消费者登记注册的商品。如消费者有一台旧电脑，通过网上拍卖平台或中介把它卖给了另一个需要它的消费者，这种类型的交易称之为 C2C。C2C 主要是指网上拍卖，C2C 的特点是大众化的交易。如中国营销网，消费者可以在此进行自助形式的自由买卖。

（二）按照商务活动内容分类

按照商务活动的内容分类，电子商务主要包括两类商业活动：①间接电子商务，即有形货物的电子订货，它仍然需要利用传统渠道如邮政服务和商业快递公司送货；②直接电子商务，即无形货物和服务，如计算机软件、娱乐内容的联机订购、付款和交付，或者是全球规模的信息服务。直接和间接电子商务均提供特有的机会，同一公司往往二者兼营。间接电子商务要依靠一些外部要素，如运输系统的效率等。直接电子商务能使双方越过地理界线直接进行交易，充分挖掘全球市场的潜力。

（三）按照使用网络类型分类

根据使用网络类型的不同，电子商务目前主要有三种形式：①EDI（electronic data interchange，电子数据交换）商务；②internet（互联网）商务；③Intranet（内联网）商务。

1. EDI 商务　按照国际标准组织的定义，EDI 商务是指“将商务或行政事务按照一个公认的标准，形成结构化的事务处理或文档数据格式，从计算机到计算机的电子传输方法”。简单地说，EDI 就是按照商定的协议，将商业文件标准化和格式化，并通过计算机网络，在贸易伙伴的计算机网络系统之间进行数据交换和自动处理。

EDI 主要应用于企业与企业、企业与批发商、批发商与零售商之间的批发业务。相对于传统的订货和付款方式，EDI 大大节约了时间和费用。相对于 internet，EDI 较好地解决了安全保障问题。这是因为，使用者均有较可靠的信用保证，并有严格的登记手续和准入制度，加之多级权限的安全防范措施，从而实现了包括付款在内的全部交易工作电子化。

但是，由于 EDI 必须租用 EDI 网络上的专线，即通过购买增值网（value added network，VAN）服务才能实现，费用较高；也由于需要有专业的 EDI 操作人员，并且也需要贸易伙伴使用 EDI，因此阻碍了中小企业使用 EDI。加之早期计算机昂贵，调制解调器（modem）只有 300bps，商品软件少，许多应用程序需要自行开发，因此只有大公司才有能力使用 EDI，这种状况使 EDI 虽然已经存在了 20 多年，但至今仍未广泛普及。近年来，随着计算机降价、internet 网络的迅速普及，基于 internet、使用可扩展标识语言（extensible mark language，XML）的 EDI，即 Web - EDI，或称 Open - EDI 正在逐步取代传统的 EDI。

2. internet 商务　按照美国 internet 协会的定义，internet 是一种“组织松散、国际合作的网络”。该网络“通过自主遵守计算的协议和过程”，支持主机对主机的通信。具体来说，internet 就是让一大批电脑采用一种叫作 TCP/IP 的协议来即时交换信息。

internet 商务是国际现代商业的最新形式。它以计算机、通信、多媒体、数据库技术为基础。通过 internet，在网上实现营销、购物服务。它突破了传统商业生产、批发、零售及进、销、存、调的流转程序与营销模式，真正可以实现少投入、低成本、零库存、高效率，避免了商品的无效搬运，从而实现了社会资源的高效运转和最大节余。消费者可以不受时间、空间、厂商的限制，广泛浏览，充分比较，模拟使用，力求以最低的价格获得最为满意的商品和服务。

3. Intranet 商务 是在 internet 基础上发展起来的企业内部网，或称内联网。它在原有的局域网上附加一些特定的软件，将局域网与 internet 连接起来，从而形成企业内部的虚拟网络。Intranet 与 internet 之间的最主要的区别在于 Intranet 内的敏感或享有产权的信息受到企业防火墙安全网点的保护，它只允许有授权者介入内部 Web 网点，外部人员只有在许可条件下才可进入企业的 Intranet。Intranet 将大、中型企业分布在各地的分支机构及企业内部有关部门和各种信息通过网络加以连通，使企业各级管理人员能够通过网络读取自己所需的信息，利用在线业务的申请和注册代替纸张贸易和内部流通的形式，从而有效地降低了交易成本，提高了经营效益。

internet（互联网）商务、EDI（基于 VAN 专用网）商务和 Intranet（内联网）商务的关系如图 1－2 所示。

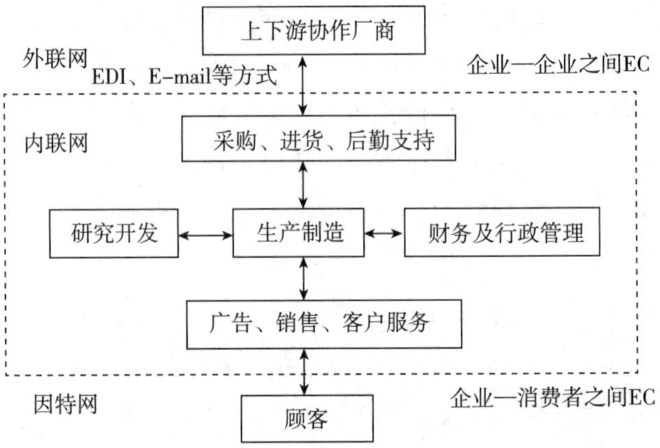

图 1－2 internet 商务、EDI 商务和 Intranet 商务的关系

鉴于 EDI 商务的特殊性和 Intranet 商务的局限性，以及 internet 商务在电子商务中占据越来越重要的地位，本书主要讨论 internet 商务的基本原理及其应用方面，下文所提到的电子商务主要指 internet 商务活动。

三、电子商务的应用特征

电子商务与传统商务比较，在工具条件、劳动者技能、劳动对象、活动速度、活动场所和时间以及主要成本构成方面都表现为明显不同的特性（表 1－1）。

1. 低成本 电子商务将传统的商务流程电子化、数字化，以电子流代替了大部分实物流，可以大量减少人力、物力，降低了成本。

2. 高效率 电子商务突破了时间和空间的限制，使得交易活动可以在任何时间、任何地点进行，从而大大提高了效率。

3. 开放性和全球性 电子商务所具有的开放性和全球性的特点，为企业创造了更多的贸易机会。

4. 平等的机会 电子商务使企业可以以相近的成本进入全球电子化市场，使得中小企业有可能拥有和大企业一样的信息资源，提高了中小企业的竞争能力。

5. 新型的模式 电子商务重新定义了传统的流通模式，减少了中间环节，使得生产者和消费者的直接交易成为可能，从而在一定程度上改变了整个社会经济运行的方式。

6. 革命性影响 电子商务一方面破除了时空的壁垒，另一方面又提供了丰富的信息资源，为各种社会经济要素的重新组合提供了更多的可能，这将影响社会的经济布局和结构。

7. 覆盖面广　internet几乎遍及全球的各个角落，用户通过普通电话线就可以方便地与贸易伙伴传递商业信息和文件。

8. 功能更全面　internet可以全面支持不同类型的用户实现不同层次的商务目标，如发布电子商情、在线洽谈、建立虚拟商场或网上银行等。

9. 使用更灵活　基于internet的电子商务可以不受特殊数据交换协议的限制，任何商业文件或单证可以直接通过填写与现行的纸面单证格式一致的屏幕单证来完成，不需要再进行翻译，任何人都能看懂或直接使用。

表1-1　电子商务与传统商务的比较

比较项目	传统商务	电子商务
工具条件	交通运输工具	网络和计算机为主的电子传输和加工工具
劳动者技能	商业活动基本技能	信息技术使用技能和现代商务技能
劳动对象	以物化商品为主的购、运、存、销等	对商品的信息化；对信息化商品的采集、储存、加工、传输等
活动速度	主要由交通工具决定	主要由电子传输工具决定
活动场所	有形市场的有限空间	无形市场的广阔空间
活动时间	不连续的有限时间	连续时间、长时间
主要成本构成	人力、交通、事务、商品周转和资金占用	人力、商品信息化、信息化商品服务

第二节　电子商务的功能与作用

一、电子商务的功能

电子商务可提供网上交易和管理等全过程的服务，因此它具有广告宣传、咨询洽谈、网上订购、网上支付、电子账户、服务传递、意见征询、交易管理等各项功能。

1. 广告宣传　电子商务可凭借企业的Web服务器和客户的浏览，在internet上发布各类商业信息。客户可借助网上的检索工具（search）迅速地找到所需商品信息，而商家可利用网上主页（home page）和电子邮件（E-mail）在全球范围内作广告宣传。与以往的各类广告相比，网上的广告成本最为低廉，而给顾客的信息量却最为丰富。

2. 咨询洽谈　电子商务可借助非实时的电子邮件（E-mail），新闻组（news group）和实时的讨论组（chat）来了解市场和商品信息、洽谈交易事务，如有进一步的需求，还可用网上的白板会议（whiteboard conference）来交流即时的图形信息。网上的咨询和洽谈能超越人们面对面洽谈的限制、提供多种方便的异地交谈形式。

3. 网上订购　电子商务可借助Web中的邮件交互传送实现网上的订购。网上的订购通常都是在产品介绍的页面上提供十分友好的订购提示信息和订购交互格式框。当客户填完订购单后，通常系统会回复确认信息单来保证订购信息的收悉。订购信息也可采用加密的方式使客户和商家的商业信息不会泄漏。

4. 网上支付　电子商务要成为一个完整的过程，网上支付是重要的环节。如客户和商家之间可采用信用卡账号进行支付。在网上直接采用电子支付手段将可省略交易中很多人员的开销。网上支付将需要更为可靠的信息传输安全性控制以防止欺骗、窃听、冒用等非法行为。

5. 电子账户　网上的支付需要有电子金融来支持，即银行或信用卡公司及保险公司等金融单位要为金融服务提供网上操作的服务，而电子账户管理是其基本的组成部分。

信用卡号或银行账号都是电子账户的一种标志，而其可信度需配以必要技术措施来保证。如数字证书、数字签名、加密等手段的应用提供了电子账户操作的安全性。

6. 服务传递 对于已付了款的客户应将其订购的货物尽快地传递到他们的手中。有些货物在本地，有些货物在异地，电子商务将能在网络中进行物流的调配。最适合在网上直接传递的货物是信息产品，如软件、电子读物、信息服务等，它能直接从电子仓库中将货物发到用户端。

7. 意见征询 电子商务能十分方便地采用网页上的“选择”“填空”等格式文件来收集用户对销售服务的反馈意见。这样使企业的市场运营能形成一个封闭的回路。客户的反馈意见不仅能提高售后服务的水平，更使企业获得改进产品、发现市场的商业机会。

8. 交易管理 整个交易的管理将涉及人、财、物多个方面，也包括企业和企业、企业和客户及企业内部等各方面的协调和管理。因此，交易管理是涉及商务活动全过程的管理。电子商务的发展，将会提供一个良好的交易管理的网络环境及多种多样的应用服务系统。

二、电子商务的作用

1. 经营理念的更新 电子商务，从表面上看是指人们充分利用电子技术、信息技术和网络技术来替代传统的手段和工具，完成市场分析、物料采购、产品销售、物流配送、资金的结算与支付和客户服务等各种商务活动的全过程。从深层次看，电子商务的真正含义是指一种基于电子技术、信息技术和网络技术的全新的经营理念和运作模式。为了更好地适应现代技术下的交易模式，经营理念必须进行更新。

2. 促进传统企业信息化 在电子商务中，电子是手段，是工具，商务才是其真正的核心和目的，两者只有相辅相成，互为作用，才能发挥应有的作用。电子商务将有效地带动传统企业商务活动的电子化和信息化。

3. 加强供应链管理 商务活动是企业供应链管理中的重要环节，一方面商务活动要面向市场、面向供应商和客户；另一方面它又要与企业内部的经营、销售、计划、研发、采购、生产、库存、物流、财务、成本和客户服务等环节实行紧密结合，才能完成相关商务活动。因此，电子商务可以有效地带动商业组织加强供应链管理。

4. 商业运作方式的彻底变革 电子商务将有效地促进企业在市场分析、采购方式、销售方式、物流配送、资金的结算与支付和客户服务，以及商品的流通体制与流通模式、商业银行的金融体制与服务模式等方面发生根本性的变革，并将孕育着一场新的企业管理革命、流通领域革命和商业银行革命。

5. 促进经济全球化和全球信息化 电子商务将打破传统意义上的国界限制和商圈范围，整个市场竞争将迅速扩大至全国乃至全球。市场概念、价值观念、营销策略、行业分工、中间机构和竞争方式也都随之发生了巨大的更新和深刻的变化，极大地促进了全球供应链体系和新经济基础的建立和完善，真正意义上的经济全球化和全球信息化的特征已经展现在人们的面前。

6. 提高商务活动效率 电子商务可跨越时空障碍、交通障碍和信息能力等障碍，通过 internet 为供需双方提供及时、方便、快捷、双赢和有效的增值服务，从而促进企业全面加强供应链管理、加速商品流通、减少交易费用、降低产品成本和提高工作效率。

7. 节约交易成本 电子商务在商务信息易获性、洽谈和交易的实时性、缩短流通层次和环节等方面均可以降低交易成本。

第三节 电子商务的影响

一、电子商务对社会和经济的影响

随着电子商务魅力的日渐显露，虚拟企业、虚拟银行、网络营销、网上购物、网上支付、网络广告等正在为人们所熟悉和认同，这也从另一个侧面反映了电子商务正在对社会和经济产生的影响。

1. 电子商务将改变商务活动的方式 传统的商务活动最典型的情景就是"推销员满天飞""采购员遍地跑""说破了嘴、跑断了腿"；消费者在商场中筋疲力尽地寻找自己所需要的商品。现在，通过 internet 就可以轻松实现了，人们可以进入网上商场浏览、采购各类产品，而且还能得到在线服务；商家可以在网上与客户联系，利用网络进行货款结算服务；政府还可以方便地进行电子招标、政府采购等。

2. 电子商务将改变人们的消费方式 网上购物的最大特征是消费者的主导性，购物意愿掌握在消费者手中；同时消费者还能以一种轻松自由的自我服务的方式来完成交易，消费者主权可以在网络购物中充分体现出来。

3. 电子商务将改变企业的生产方式 通过电子商务，消费者的个性化、特殊化需要可以完全通过网络展示在生产厂商面前，生产厂商为了赢得顾客，就必须突出产品的设计风格。制造业中的许多企业纷纷发展和普及电子商务，如美国福特汽车公司在 1998 年的 3 月份将分布在全世界的 12 万个电脑工作站与公司的内部网连接起来，并将全世界的 1.5 万个经销商纳入内部网。福特公司的最终目的是实现能够按照用户的不同要求，做到按需供应汽车。

4. 电子商务将对传统行业带来一场革命 电子商务是在商务活动的全过程中，通过人与电子通信方式的结合，极大地提高商务活动的效率，减少不必要的中间环节，传统的制造业借此进入小批量、多品种的时代，"零库存"（JIT，just in time）成为可能；传统的零售业和批发业开创了无店铺网上营销的新模式；各种线上服务为传统服务业提供了全新的服务方式。

5. 电子商务将带来一个全新的金融业 由于在线电子支付是电子商务的关键环节，也是电子商务得以顺利发展的基础条件，随着电子商务在电子交易环节上的突破，网上银行、银行卡支付网络、银行电子支付系统以及网上电子支票、电子现金等服务，将传统的金融业带入一个全新的领域。1995 年 10 月，全球第一家网上银行"安全第一网络银行"（security first network bank）在美国诞生，这家银行没有建筑物，没有地址，营业厅就是首页画面，员工只有 10 人，与总资产超过 2000 亿美元的美国花旗银行相比，"安全第一网络银行"简直是微不足道，但与花旗银行不同的是，该银行所有交易都通过 internet 进行，1996 年存款金额达到 1400 万美元，到 1999 年已达到 4 亿美元。

6. 电子商务将改变政府的行政行为 政府承担着大量的社会、经济、文化的管理和服务的功能，尤其作为"看得见的手"，在调节市场经济运行、防止市场失灵带来的不足方面发挥着很大的作用。在电子商务时代，当企业应用电子商务进行生产经营，银行金融电子化，以及消费者实现网上消费的同时，将同样对政府管理行为提出新的要求，电子政府或称网上政府，将随着电子商务发展而成为一个重要的社会角色。

总而言之，作为一种商务活动过程，电子商务将带来一场史无前例的革命。其对社会和经济的影响会远远超过商务活动的本身，除了上述这些影响外，它还将对就业、法律制度以及文化教育等带来巨大的影响。电子商务会将人类真正带入信息社会。

二、电子商务对企业经营的影响

1. 国际化经营 电子商务打破了空间的界限，任何一个企业都可成为一个真正的跨国企业。员工、合作者、市场、竞争对手都来自全世界，其直接影响就是，企业的优势与劣势都被成倍放大，生产与经营将高度集中于优势企业，传统上主要靠地理区隔而生存的企业将面临生存危机。

2. 与消费者直接沟通 网络为企业提供了一种低成本的交流方式与消费者直接沟通，无须通过中间人，企业可以直接、实时了解消费者需求，消费者也能不通过中间人与企业直接交流，这一方面给传统的中间商带来巨大的压力，同时又为企业开展一对一营销提供了可能。

3. 与合作者关系的改变 通过外部网，合作者之间能彼此访问对方的内部网，良好的沟通将打破企业间的界限，真正做到“你中有我，我中有你”，企业的边界将变得模糊，社会分工将更加细化，企业将集中在自己的核心优势上经营，不再是“大而全”，而是“大而精”。

4. 企业内部管理的变化 信息搜集、传播、处理方式的进步将使部门间合作更加协调，同时，企业的组织结构也将变得扁平，在家上班也将成为可能，大量以任务为目标导向的虚拟企业将应运而生。

总之，作为一种革命性的信息搜集、传播、处理手段，电子商务将使企业的经营与管理发生根本性的变革，市场、经营都将趋于“透明化”，传统上因信息延迟、不准确、传播费用高而导致的不协调将逐渐改善或趋于消失。

知识拓展

电子商务的快速发展不仅重塑了传统商业模式，更在全球化与技术革新的双重推动下展现出前所未有的活力。以医药电子商务为例，其发展不仅受益于政策支持，更与新兴技术深度融合。例如，区块链技术正被应用于药品溯源领域，通过不可篡改的分布式账本，确保药品从生产到流通的全链条透明化，有效遏制假劣药品的流通。此外，人工智能（AI）在医药电商中逐步实现个性化推荐，结合患者历史数据与健康需求，精准匹配药品，提升用户体验。

未来，随着5G、物联网技术的普及，电子商务将进一步向智能化、场景化发展。例如，智能药柜结合物联网技术，可实现24小时无人售药，并通过数据分析实时补货，解决夜间购药难题。这些创新不仅体现了技术对商业的重构，更凸显了电子商务在提升社会效率与民生福祉中的核心作用。

三、发展医药电子商务给各方带来的利益

1. 医药电子商务可有效改善对药品交易过程的监管效率 我国药品流通过程中的交易层次多、交易类型多，药品交易过程的监管困难。通过医药电子商务的开展，药品监督管理部门可以很容易获得交易过程相关信息，使决策依据更加科学、准确，监督管理更加及时、有效；可以有效地进行企业和药品的市场准入，遏制假劣品和非法经营活动；同时又能全面掌握药品价格信息，对药品价格进行有效调控；利用高效信息手段，全面、及时、准确地获取药品购销活动相关各项统计数据，对药品流通过程进行在线监管，行政执法效率提高，成本降低。

2. 医药电子商务是医药企业发展的必由之路 医药电子商务为医药行业铺开未来之路，许多人显然已经看到了光明的前景。很多医药企业已经开始意识到电子商务是保持竞争力的一个重要手段。对于拥有大量顾客的企业，比如医药零售业、制造业、卫生系统等，电子商务技术正逐渐成为业务经营中至关重要的部分。传统的商业结构适合大规模化市场，而当前市场正在向多元化、个性化发展，企业面临竞争和效益下降的压力，说明传统的经营方式正面临挑战。传统经营中建立的内部工作流程需要大量成本，而采用电子商务模式，不受传统方式的约束，无须过多成本和人员的开销，从而能以低成本提供更快更好的服务。

3. 医药电子商务是医药企业生存与发展的客观需要 近年来，医药企业面临的经营环境已发生了根本性的变化。从药品供给上，将随着资本与技术的扩散造成全球性的生产过剩，我国会成为其他国家

医药企业争夺的主要目标市场。从需求上讲，消费者的需求越来越趋向个性化、多样化，而且变化越来越快。我国医药企业的竞争对手越来越多，竞争越来越激烈，产品的生命周期越来越短，创新的要求越来越多，品质的要求越来越高，成本的压力越来越大，对市场反馈的时间也越来越紧迫。因此，医药企业开展电子商务是适应客观环境变化的需要。

客观经济环境的变化要求医药企业适时跟踪市场行情，预见客户需求的变化，迅速对客户要求做出反应，并以批量生产的价格，为客户提供定制化的产品，而电子商务，则为企业实现这一目标提供了一种低成本的技术手段。

4. 医药电子商务将改善医疗机构的药品采购效率和"透明度" 医药电子商务的推广应用，特别是网上药品集中招标采购将促进医院药品采购管理实现三个转变：一是由分散到集中的转变。药品采购由各个医疗机构的个体行为转变为许多医疗机构集体行为，由分散决策转变为集中决策，信息传递由分散进行转变为网上的集中发布，市场状况由多品牌、小批量转变为少品牌、大批量；二是由一体化到专业化的转变。药品的采购、销售和配送将分别实现专业化管理，医院的药品采购管理职能将被剥离出来逐步实现社会化，由现有药品批发企业转化而来的配送企业和即将出现的第三方物流系统，将实现药品物流系统管理的专业化；三是由"人对人"到"人机对话"的转变，彻底改变了药品交易方式。采用电子药房、实行在线交易的医院，药品的使用、库存和收支等，全部可以通过计算机网络实现。

5. 医药电子商务将有利于医药商业企业做大做强 随着医药电子商务的开展，药品交易的渠道会逐渐缩短，批发商的数量将越来越少。随着市场的开放和电子商务中日趋透明和易得的市场信息，医药企业间的竞争将日趋激烈。另外，企业经营成本的高低与经营规模有一定关系。在固定费用一定的条件下，所经营的商品越多，平均每个商品所负担的费用越少。只有实现规模经营，才会带来规模效益。随着电子商务的逐步开展，目前企业数量多、规模小，费用高、效益低的局面将在市场竞争和优胜劣汰过程中，通过联合、兼并、关闭、破产，逐步形成以区域核心批发企业为中心的医药商品流通主渠道。同时由于市场竞争激烈，企业两极分化、优胜劣汰的进程会大大加快，生产要素和市场份额会加速向优势企业及名牌产品集中，企业面临管理革命。也由于电子商务技术的日趋成熟，部分医药商业企业会变得越大越强，商业企业的市场集中度会越来越高；部分医药商业企业也会转变成为适应现代医药流通的专业化第三方医药物流公司。

6. 有利于药品交易中介机构的发育和完善 医药电子商务中的中介机构主要包括：招标机构、独立第三方医药电子交易市场、独立第三方医药物流公司、电子支付银行、电子认证中心等。这些中介机构除了在药品交易过程中起到促成药品交易实现的作用以外，有些中介机构还可以在某种程度上起到平衡市场的作用。

独立第三方医药电子交易市场与招标机构密切合作，形成包括药品信息采集与规范化、交易主体信息采集与管理、网上集中招投标、专家委员会网上评标议价、网上药品交易、配送与结算、实时交易监控与汇总分析等多项功能在内的一套完整的网上药品集中招标采购系统。医药企业通过相关中介机构形成的网上药品集中招标采购系统，进入全面开放的集中招标采购数据中心和网络平台，就能较轻松地实现让客户满意的互联网药品交易服务。

独立第三方医药物流是一种专业化、社会化的物流体系，是医药流通领域中供方和需方实体以外的物流企业提供物流服务，承担部分或全部物流运作的业务模式。真正的第三方医药物流绝不等同于简单的药品仓储、运输等传统物流，而是供应链管理思想在医药流通领域的运用，并在打造药品流通供应链的过程中，与GSP和信息化有机结合，为客户提供多环节和全方位的流程管理服务。有了第三方医药物流的存在，医药流通企业可以专注于自己的主营业务，并通过信息化资源整合，实现医药企业业务往来和资金结算，可以使整个医药流通领域的运作更加简单、高效。

7. 医药电子商务有利于我国医药流通体制的变革 就我国医药产业而言，企业多、规模小、布局散等是医药行业的目前特征。医药电子商务可以大幅缩短产业供应链，提高经营效率，有效地降低流通成本。同时网络交易公开透明，使回扣现象很难得逞。这从技术角度上，堵住当前医药行业中存在最大的黑洞。医药电子商务平台可以随时随地从药品出厂到药品销售进行全程跟踪和监控，这使假冒伪劣药品在流通中无处藏身。

医药流通体制改革是保障医药行业持续、健康、快速发展的当务之急，医药企业要把握这一时机，顺应医药流通体制改革的方向，适时有效地开展医药电子商务，以提高经营效率、降低经营成本，加大企业改制的力度，采用先进的经营方式，提高企业竞争力。

8. 给消费者带来便利 网上药店的开展也可以为消费者带来如下好处：①低价格地购买药品。传统医药经营模式需要通过批发商等众多中间流通环节，从而提高了药品的价格；而医药电子商务却可以避开不必要的中间环节，使药品的价格得以大幅降低。网络的开放性所带来的大量信息服务改变了消费者所处的信息不对称所造成的弱势地位，使消费者更容易做到货比三家，使其议价能力得到提高，可以通过比较药品的质量、价格等信息来做出合理的选择，从而也使经营者利用信息不对称抬高药品价格的行为受到一定程度的遏止。②网上购药方便、快捷、保护消费者隐私。对于传统药店来说，人们有时要排长队买药，有时在购买与隐私有关的药物时碰见了熟人，甚至有时不得不在公众场合公开自己的病情，而网上售药基本可以免除这些麻烦和尴尬，网络交易的隐蔽性特点也迎合了消费者保护隐私的需要。另外，医药电子商务能够提供24小时全天候服务，可以让消费者省去奔波和问价的劳苦，特别是对于一些慢性病患者来说，他们需要长期大量用药，实现网上交易后，不出门就可以寻找到价格相对适宜的药品，购药不仅会更加快捷、方便，而且在一定程度上可以降低医药费用负担。③可以购买到稀缺药品。当消费者找不到其所需要的药品，或者是消费者对某种药品所掌握的信息不完全时，就可以通过医药电子商务网站所提供的有关药品信息查询系统来搜索其需要的药品，从而提高实现交易和满足顾客需要的概率。

9. 医药行业具有适合网上交易的特点 从全球角度看，医药行业市场规模大、产品标准化程度高等特点，尤其适合进行网络交易。如药品的体积小、重量轻，便于运送，且有明确的规范标准，便于网上介绍说明等；医药网上销售可以避开不必要的中间环节，价格优势非常显著；网上售药满足了消费者保护隐私的需要；除网上售药以外，网络药店在收集患者病情等有关数据方面的优越性也很明显。

思考题

答案解析

近年来，某国通过政策支持医药电商发展，允许在线处方药销售，并要求平台必须与医疗机构信息系统对接。然而，部分消费者反映存在隐私泄露风险，且偏远地区物流配送效率低下。

请结合电子商务的“应用特征”及“医药电子商务的特殊性”，提出3条解决上述问题的可行性建议。

书网融合……

微课　　习题　　本章小结

第二章　国内外医药电子商务开展情况

微课

PPT

学习目标

1. 通过本章学习，掌握中国医药电子商务发展面临的挑战，熟悉医药电子商务的历史发展阶段，了解我国与国外医药电子商务的区别与发展趋势。

2. 具有分析问题与查找相关法律法规的能力，以及在实际工作学习中运用这些知识解决问题的能力。

3. 树立专业意识，培养对医药电子商务领域有一定理解的专业素质，包括对医药行业法规的熟悉、对信息技术应用的敏感性，以及对公共服务质量的持续追求的素质。

第一节　我国医药电子商务开展情况

一、我国医药电子商务的发展阶段

（一）起步和探索阶段

时间从 1996 年开始，是我国医药电子商务的起步和探索阶段。1996 年，河南省开始探索利用信息网络技术和先进的经营管理方式改造传统药品流通行业，将药品交易方式由“人对人”转换为“人机对话”的途径与方法。1998 年 12 月，河南医药电子商务系统率先通过省级评审并投入试运行，是国内第一个投入实际运行的药品电子商务系统。河南医药电子商务系统的研究开发和推广应用，初步探索了药品电子商务的政策框架、商业模式和技术方案，对明确网上交易规则、行为规范和各方当事人的法律责任，提供了初步的经验。

（二）试点和规范阶段

时间从 2000 年 2 月开始，是医药电子商务的试点和规范阶段。《关于城镇医药卫生体制改革的指导意见》要求“在药品购销活动中，要积极利用现代电子信息网络技术，提高效率，降低药品流通费用”。同年 6 月，《药品电子商务试点监督管理办法》发布，提出了试点阶段对药品电子商务的主体资格审验和监督管理办法。原国家经贸委选定了上海和武汉两家企业作为试点，原国家药品监督管理局市场司也同意将广东、福建、北京等更多地区的数十家企业纳入医药电子商务试点范围，从而拉开了我国发展医药电子商务的序幕。在有关部门的积极引导和推动下，药品电子商务的试点工作迅速铺开。一批由药品批发企业搭建的电子商务系统积极开展了在线销售的试点工作。以独立第三方平台为主要特征的 B2B 药品交易系统开始在海南等试点地区的医疗机构药品集中招标采购活动中得到应用。通过试点工作的探索，将形成药品电子商务的功能规范、管理规范和政策法规体系，建立药品电子商务的交易规则、行为规范、信用制度和全方位的信息网络技术解决方案，为药品电子商务的广泛推广应用。成为我国药品流通的主流模式奠定基础。2004 年 7 月实施了《互联网药品信息服务管理办法》，规范了互联网药品信息的发布、为互联网药品交易进行有序推进提供了一定的保障。2005 年 12 月 1 日实施了《互联网药品交易服务审批暂行规定》，为互联网药品交易提供了一定的依据。

（三）广泛推广应用阶段

时间从 2006 年开始，是医药电子商务的全面发展和广泛推广应用阶段。《互联网药品交易服务审批暂行规定》法规开始进入实施阶段，某公司创立的“药房网”网上药店于 2005 年 12 月 29 日获批，是我国第一家网上药店，也是互联网药品交易的第一家，并于 2006 年 1 月正式上线运营。标志着我国互联网药品交易序幕正式拉开，并在之后的几年内，形成了药品的网上药店、网上批发、公共平台三种形式并存发展的格局。在这一阶段，以独立第三方 B2B 交易场的建立和应用为另一个主要标志。B2B 交易场是指数字化的电子交易市场。药品集中招标采购和我国的药品流通行业最终走进 B2B 交易场是不可避免的发展趋势。由于我国医药行业市场集中度低，信息化能力差，医疗机构是主导药品市场的支配力量，我国的 B2B 药品交易场必须体现这一国情，因此，这种独立第三方的 B2B 交易场将是与医疗机构集中招标采购制度相结合而形成的一种采购场。B2B 药品采购场是最早形成的一种独立第三方药品交易场。

B2B 药品交易场是交易平台覆盖全行业的垂直交易系统，它能够将所有具备条件的买方和卖方聚集到一个虚拟的中心交易场所，以动态价格进行药品在线交易。这种 B2B 交易场不同于一般的招标代理机构，它不从属于买方或卖方，是独立的第三方交易系统，为买方和卖方提供双向服务，并致力维护交易各方利益的均衡。独立第三方 B2B 交易场也不同于一般的 B2B 电子商务系统，它是网络覆盖范围极其广泛的行业电子商务系统，是一个完全开放、公开、公平、公正的虚拟药品市场，进入这个市场的买方和卖方都是 B2B 交易场运营商的战略合作伙伴。

（四）逐步走向成熟阶段

随着 2015 年《互联网食品药品经营监督管理办法（征求意见稿）》发布，医药电商进入政策破冰期，至 2023 年行业规模突破 3000 亿元，形成完整的成熟业态。

目前我国的医药电商行业按照商业模式可以分为 B2B 模式、B2C 模式、O2O 模式等类型。这三种模式在 2015—2025 年间均呈现持续进化特征。

1. B2B 模式　主要面向医药企业和医疗机构，通过线上平台实现药品和医疗设备的批量采购和销售。2015 年政府主导的采购平台仅覆盖 50% 区域，到 2023 年已实现全国公立医疗机构 100% 接入，区块链溯源技术应用率达 95%。该模式降低了采购成本（较 2015 年下降 32%），对市场供需信息反馈快速（从 T+3 升级为实时响应），供应链增值环节多（新增 SaaS 化供应链服务），提高了服务体验。盈利方式主要为销售差价、交易佣金及数据增值服务（2022 年后新增）。

2. B2C 模式　直接面向消费者，提供便捷的在线购药服务。自 2017 年取消 B2C 牌照审批后，平台数量年均增长 40%，至 2024 年头部平台 SKU 突破 10 万个，达到 2015 年的 15 倍。分为自营式和平台式。

（1）自营式 B2C　可实现物流、信息流和资金流的结合（2020 年引入 AI 智能分拣系统后差错率降至 0.05%），价格相对传统实体药店降低 10% ~30%（价差幅度较 2015 年扩大 5%）。

（2）平台式 B2C　通过电子处方共享平台（2023 年接入医院超 8000 家）提升产品供应能力，满足 C 端用户多元需求。

盈利方式为销售差价和交易佣金及健康管理订阅服务（2025 年占比达 15%）。

3. O2O 模式　结合线上线下的优势，通过线上平台下单，线下药店快速配送。从 2015 年 5 城试点发展到 2024 年覆盖 300 + 城市，夜间服务时段从 8 小时延长至 24 小时。消费者在线上下单后，通过智能调度系统（2021 年上线）零售终端安排线下指导及药品配送（2025 年 15 分钟达订单占比 60%）。盈利方式除销售价差、交易佣金和为线下导流外，新增应急配送服务费（2020 年后成为第三大收入来源）。

据中国医药商业协会数据，行业成熟度显著提升：线上销售渗透率从 2015 年 2.3% 增至 2024 年 18.7%，平均客诉响应时间从 24 小时压缩至 4 小时，冷链药品 O2O 配送完整率突破 99%。

二、我国医药电子商务发展面临的挑战

医药电子商务作为新兴领域，相关法律法规的制定有待完善。例如，对于在线处方的合法性、电子签名的有效性、网络售药的责任界定等方面的法律规定有待完善，企业在开展业务时存在一定的法律风险。

1. 市场准入与监管　当前，医药电商市场准入门槛相对较低，导致大量企业涌入，市场竞争激烈。一方面，众多小型医药电商企业在资质审核、药品质量把控等方面存在不足，难以确保消费者用药安全。部分企业可能在未取得《药品经营许可证》的情况下就开展药品销售业务，严重危害了社会民生。另一方面，医药电商的监管难度较大。由于医药电商涉及网络交易，具有隐蔽性强、控制难、取证难等问题。完善医药电商法律法规对行业发展至关重要。首先，明确的法律法规可以规范市场秩序，避免无序竞争，保障合法企业的权益。其次，能够加强对药品质量的监管，确保消费者购买到安全有效的药品。例如，通过制定严格的准入标准，可以筛选出有实力、有信誉的企业进入市场，减少假冒伪劣药品的流通。此外，完善的法律法规还能为医药电商的创新发展提供稳定的法律环境，促进企业加大技术投入和服务创新，推动行业健康发展。

2. 物流与消费者认知　医药物流系统建设面临的挑战：一是高成本与低效率问题。医药物流的运输和仓储过程中，需遵守严格的品质控制和监管要求，如冷链运输、防盗措施和资质认证等，增加了成本。同时，由于手续和程序复杂，物流效率较低。二是法规和监管问题。医药物流涉及药品安全和品质，法规和监管要求复杂且变化频繁，企业适应和遵守难度大。此外，药品的质量问题和假药问题也需要加强监管。三是信息化建设问题。现代医药物流需要借助信息技术提高运作效率和监控产品流向，但目前许多医药物流企业在信息化建设方面投入不足，缺乏统一的信息平台，难以实现数据共享和协同操作。四是假药和流通渠道问题。药品流通渠道复杂，存在假冒伪劣药品的风险，医药物流企业需加强对货源和供应链的管理，加大对药品真伪的溯源力度。消费者认知：一方面，老年群体对医药电商的认知度较低。随着人口老龄化加剧，老年群体对医药产品的需求不断增长，但他们往往习惯传统的线下购药方式，对医药电商的接受度不高。这主要是因为老年群体对互联网的使用不熟悉，同时对网上购药的安全性存在疑虑。另一方面，虚假宣传也影响了消费者对医药电商的信任。一些医药电商企业为了吸引消费者，存在虚假宣传的行为，如夸大药品功效、误导消费者购买不必要的药品等。这不仅损害了消费者的利益，也降低了消费者对医药电商的信任度。

3. 企业信息化水平与安全　医药电子商务旨在实现物流、资金流与信息流的高度一体化，然而，我国医药企业信息化建设尚处起步阶段，多数企业仅完成了局部信息化，导致内部部门间及与外部的信息系统无法有效对接和统一管理。尽管大型医药企业信息化水平较高，但中小型企业因信息化基础设施薄弱和专业信息技术人才匮乏，整体发展受限。医药电子商务处理大量敏感数据，如患者个人信息、医疗记录及药品信息等，存在数据泄露、篡改及滥用的安全风险。信息安全管理体系的缺失及不足，使得部分企业易受网络攻击和数据安全威胁，这不仅侵害消费者权益，也将损害企业声誉，阻碍整个行业的发展。

4. 市场竞争　随着医药电子商务市场的不断发展，越来越多的企业进入该领域，市场竞争日益激烈。一些企业为了争夺市场份额，采取低价竞争、虚假宣传等不正当竞争手段，扰乱了市场秩序，影响了行业的健康发展。目前，大多数医药电商企业的业务模式和产品服务较为相似，缺乏创新和差异化竞争。企业主要集中在药品销售、健康咨询等常规业务上，在个性化服务、精准营销等方面的能力不足，难以满

足消费者多样化的需求。国家一直在推动处方外流，但在实际操作中，由于医院与医药电商企业之间的利益关系、信息共享机制不完善等原因，处方外流的规模仍然较小。大部分患者的处方仍然掌握在医院手中，医药电商企业难以获得足够的处方资源，这限制了处方药的网上销售。医保支付是影响消费者网上购药的重要因素之一。医保政策对网上购药的报销范围、报销比例等方面的规定还有待完善，影响了医药电子商务的发展。

知识拓展

我国医药电商业务现状

目前我国医药电商以 B2B 业务为主，占比达 56.4%。B2C 及 O2O 分别占比 39.3%、4.3%。医药电商通过整合线上线下医药和健康行业资源，提供一站式医疗解决方案。主营业务包括医药自营业务、医药电商平台业务和医疗健康及数字化服务业务。凭借互联网科技与数字技术领域的优势，医药电商在医生、药企商家及患者用户间构筑起解决供需关系的关键桥梁，打造出线上线下一体化的医药健康品服务平台。

第二节　国外医药电子商务开展情况

一、国外医药电子商务的发展历程

医药电子商务作为一种新兴的商业模式，在全球范围内正日益受到关注。它利用互联网技术，将医药产品的生产、流通、销售等环节紧密连接起来，为消费者提供更加便捷、高效的购药服务，同时也为医药企业带来了新的发展机遇。了解国外医药电子商务的开展情况，对于我国医药电子商务的发展具有重要的现实意义。医药电子商务具有交易虚拟化、成本低廉化、支付电子化、时空无限化等特点。国外医药电子商务的发展历程可以大致分为三个阶段。

（一）起步阶段

时间自 20 世纪 90 年代末至 21 世纪初。20 世纪 90 年代末，随着互联网技术的迅速发展，一些发达国家开始尝试将医药产品的销售与互联网相结合。这一阶段，医药电子商务主要以信息发布和药品目录查询为主，真正的在线交易还比较少。例如，美国的一些医药公司在网上提供药品信息查询服务，消费者可以通过网络了解药品的价格、功效和使用方法等信息，但实际的购买行为还需要通过传统的药店或医疗机构进行。

（二）发展阶段

进入 21 世纪，随着电子商务技术的不断成熟和消费者对网上购物的接受度逐渐提高，国外医药电子商务开始进入快速发展阶段。许多医药企业纷纷建立自己的电子商务平台，或者与第三方电商平台合作，开展药品在线销售业务。例如，欧洲的一些国家允许处方药在网上销售，消费者可以通过网络购买到所需的处方药。同时，政府也开始加强对医药电子商务的监管，制定了一系列相关的政策法规。例如，美国食品药品管理局（FDA）制订了互联网药品交易规则，对网上药品交易进行了规范。

（三）成熟阶段

时间自 2011 年至今，经过多年的发展，国外医药电子商务已经进入成熟阶段。这一阶段，医药电子商务的商业模式逐渐完善，市场规模不断扩大，消费者对网上购药的接受度也越来越高。同时，随着大数据、云计算、物联网等新技术的应用，医药电子商务开始向智能化、个性化方向发展。例如，一些医药电商平台利用大数据技术对消费者的购买行为进行分析，为消费者提供个性化的药品推荐服务。此外，政府对医药电子商务的监管也日趋完善，政策法规更加细致和严格。

二、国外医药电子商务发展面临的挑战

1. 提高交易效率，降低采购成本 医药电子商务可以通过互联网技术实现药品交易的自动化和信息化，大大提高了交易效率。企业可以通过电子商务平台快速发布产品信息，与客户进行沟通和交流，完成交易流程。消费者也可以通过电子商务平台方便地查询药品信息，比较不同产品的价格和质量，选择最适合自己的药品。对于医药企业来说，通过电子商务平台进行采购可以降低采购成本。企业可以直接与供应商进行交易，避免了中间环节的费用，同时也可以通过批量采购获得更优惠的价格。对于消费者来说，网上购药也可以节省时间和交通成本。国外互联网应用水平对此造成了制约。

2. 拓展市场范围，提供个性化服务 医药电子商务可以打破地域限制，将药品销售范围拓展到全球各地。企业可以通过电子商务平台与国内外的客户进行交易，扩大市场份额。消费者也可以通过电子商务平台购买到来自不同国家和地区的药品，满足自己的多样化需求。医药电子商务可以利用大数据、人工智能等技术，为消费者提供个性化的服务。例如，根据消费者的购买历史和健康状况，为其推荐适合的药品和保健品；提供在线咨询和健康管理服务，帮助消费者更好地了解自己的健康状况和用药需求。国外不断加强的政府管制，限制了企业的市场拓展。

3. 政策法规限制，技术和人才短缺问题 由于药品的特殊性，各国政府对医药电子商务的监管都非常严格。这在一定程度上限制了医药电子商务的发展。例如，一些国家对药品的在线销售有严格的审批制度，要求药品销售网站必须获得政府的批准；一些国家对药品的配送也有严格的规定，要求药品必须由专业的物流公司进行配送。医药电子商务需要先进的信息技术和专业的人才支持。然而，目前一些国家在信息技术和人才方面还存在短缺问题，这在一定程度上制约了医药电子商务的发展。例如，一些国家的网络基础设施不够完善，网速较慢，影响了消费者的购物体验；一些国家缺乏既懂医药又懂电子商务的专业人才，无法满足医药电子商务发展的需求。

4. 药品质量安全问题与消费者信任度问题 药品质量安全是医药电子商务面临的最大挑战之一。由于消费者无法直接接触药品，很难判断药品的质量和真伪。一些不良商家可能会销售假冒伪劣药品，给消费者的健康带来严重威胁。此外，药品在配送过程中也可能会受到温度、湿度等因素的影响，导致药品质量下降。消费者对网上购药的信任度也是医药电子商务发展的一个重要因素。由于药品的特殊性，消费者在购买药品时往往更加谨慎，对网上购药的安全性和有效性存在疑虑。一些消费者可能会担心购买到假冒伪劣药品，或者担心药品的质量和效果不如实体店购买的药品。

思考题

答案解析

1. 某医药电子商务通过 B2B 平台直接连接医药生产企业和医院、诊所及药店等终端，减少了中间环节，降低了流通成本。

（1）医药电子商务如何通过缩短流通环节来提高市场效率？

（2）医药电子商务在提高交易效率方面有哪些具体优势？

（3）医药电子商务如何利用大数据技术优化供应链管理？

（4）医药电子商务在扩大市场覆盖范围方面有哪些具体表现？

2. 我国医药电子商务经历了三个主要发展阶段。探索期，政策环境不成熟，行业发展较为缓慢。市场启动期，2005 年相关规定发布后，第三方平台开始兴起。高速发展期，随着“互联网 +”政策的深入实施，移动互联网的普及等影响，医药电商市场规模不断扩大，行业竞争激烈，线上线下融合趋势明显，消费者认知与接受度显著提高。国外医药电子商务的发展也经历了三个阶段。起步阶段，随着互联网的普及，一些在线药店开始出现。发展阶段，一些大型医药企业开始涉足电子商务领域。成熟阶段，国外医药电商市场趋于成熟，服务模式不断创新，监管更加严格。

（1）我国医药电子商务在探索期遇到了哪些挑战，为什么？

（2）市场启动期我国医药电子商务第三方平台兴起的原因是什么？

（3）高速发展期我国医药电子商务市场规模扩大的驱动因素有哪些？

（4）国外医药电子商务起步阶段的特点是什么？

（5）发展阶段国外医药电商如何拓展线上销售渠道？

（6）成熟阶段国外医药电商服务模式有哪些创新？

书网融合……

微课　　习题　　本章小结

第三章　我国医药电子商务相关法律法规

PPT

学习目标

1. 通过本章学习，掌握中国医药电子商务相关的法律规范及主要内容，熟悉中国电子商务相关的法律规范及主要内容，了解中国医药电子商务的其他法律问题。

2. 具有医药电子商务法律风险识别和防范的能力，以及运用法律法规分析和解决医药电子商务实际问题的能力。

3. 树立依法从业、合法合规意识和社会责任意识，培养法律素养。

第一节　电子商务带来的法律问题及其市场规则

一、电子商务带来的法律问题

电子商务的突出特征是通过互联网使商业活动通过电脑及信道构成的网络世界完成。这种网络世界构成了一个区别于传统商业环境的新环境，被称为“虚拟”世界。在这个世界里，来自世界各个角落的人和企业均可以缔结交易，当事人只要打开一个网站进行搜索和点击，即可以完成从寻找交易对象、缔结合同到支付等交易行为。这种环境和手段的改变，使得在传统交易方式下形成的规则难以完全适用于新环境下的交易，因此，需要有新的法律规范，创造适应电子商务运作的法治环境。这些新问题大致有以下几种。

1. 电子商务运作平台建设及其法律地位问题　在电子商务环境下，交易双方的身份信息、产品信息、意思表示（合同内容）、资金信息等均通过交易当事人自己设立的或其他人设立的网站上传递和储存，世界上不特定的人均可借助电脑发出和接收网络上的信息，并通过一定程序与其他人达成交易。在通过中介服务商提供平台进行交易的情形下，服务商的地位和法律责任问题就成为一个复杂的问题。网站与在网站上设立虚拟企业进行交易的人之间、网站与进入站点进行交易的消费者之间是何种法律关系，在网站传输信息不真实、无效或其他情形下引起的损失，网站承担怎样的责任，受损失的交易相对人如何救济是电子商务立法要解决的问题之一。

2. 在线交易主体及市场准入问题　在法律世界里，不存在虚拟主体，而电子商务恰恰偏离了法律的要求，出现虚拟主体。电子商务立法要解决的问题是在确保网上交易的主体是真实存在的，且能够使当事人确认它的真实身份。这依赖于必要的商务活动管理和网上商事主体公示制度等加以解决，而主体的管制实质上也是一个市场准入和网上商业的政府管制问题。在现行法律体制下，任何长期固定地从事营利性事业的人（主体）必须进行登记。而网络具有开放性，电子商务因此也具有开放性。从某种意义上讲，任何人均可以设立网站（主页）或设立在线商店或专卖店销售其生产或经销的商品。这样，哪些主体可以从事在线商务，如何规范在线商事行为等便成为电子商务立法需要解决的问题。

3. 电子合同问题　在电子商务中，传统商务交易所采取的书面合同已经不适用了。在传统商业模式下，除即时清结的或数额小的交易是无需记录的外，一般要签订书面的合同，以免在对方失信不履约时作为证据，追究对方的责任。而在在线交易情形下，所有当事人的意思表示均以电子化的形式储存于电脑硬盘或其他电子介质中，而这些记录方式不仅容易被涂擦、删改、复制、遗失，而且不离开电脑或相关工具不易为人所感知，亦即不能脱离其特定的工具而作为证据存在。电子合同与传统合同有很大的区别，突出表现在书面形式，包括电子签名的有效性、电子合同收到与合同成立地点、合同证据等方面的问题，存在容易编造、难以证明其真实性和有效性的问题。

4. 电子商务中产品交付的特殊问题 在线交易的标的物分两种，一种是有形货物，另一种是信息产品。应当说，有形货物的交付仍然可以沿用传统合同法的基本原理，而对于物流配送中引起的一些特殊问题，也要作一些探讨；而信息产品的交付则具有不同于货物交付的特征，对于产品权利的转移、交付和退货等需要作详细的立法探讨。

5. 特殊形态的电子商务规范问题 在电子商务领域存在一些特殊的商务形式，如网络广告、网上拍卖、网上证券交易等，这些在传统法律领域受特殊规范的商业形式，转移至网上进行后，如何规范和管制，便是电子商务立法必须探讨的问题。

6. 网上电子支付问题 完善的金融和法律制度，方便、可靠、安全的支付手段是电子商务发展的基本条件。在电子商务简易形式下，支付往往采用汇款或直接付款方式，而典型的电子商务则在网上完成支付。网上支付是通过虚拟银行的电子资金划拨来完成的，而实现这一过程涉及网络银行与网络交易客户之间的协议、网络银行与网站之间的合作协议法律关系以及安全保障问题。因此，需要制定相应的法律，明确电子支付的当事人包括付款人、收款人和银行之间的法律关系，制定相关的电子支付制度，认可电子签名的合法性。同时还应考虑对于电子支付数据的伪造、变造、更改、涂销等问题的法律处理。

7. 在线不正当竞争与网上知识产权保护问题 网络为企业带来了新的经营环境和经营方式，在这个特殊的经营环境中，同样会产生许多不正当的竞争行为。这些不正当竞争行为有的与传统经济模式下相似，但在网络环境下又会产生一些特殊的不正当竞争行为，这些不正当竞争行为大多与网上新形态的知识产权或无形财产权的保护有关，特别是在关于域名、网页、数据库等方面引起一些传统法律体系中的不正当行为，需要探讨一些新规则。

伴随着电子商务行业的迅速发展，抢注域名、商标侵权等知识产权侵权纠纷也大量出现，未经知识产权权利人许可和支付报酬即将他人图片、文字等用于网络营销活动或用于商业广告、商品装潢等情形普遍存在，从事电子商务活动时存在的知识产权侵权风险是不容忽视的。

8. 消费者权益保护问题 电子商务市场的虚拟性和开放性，网上购物的便捷性使消费者权益保护成为突出的问题，尤其是如何保障网上产品或广告信息的真实性、有效性，以及消费者信赖不实或无效信息发生交易的纠纷问题。寻求在电子商务环境下消费者权益保护的方法和途径，制定网上消费者保护的特殊法律条文，既维护了消费者权益也是保障电子商务健康发展的法律制度建设的组成部分。

9. 网上个人隐私保护问题 电子商务的安全问题仍是影响电子商务发展的主要因素，计算机和网络技术为人们获取、传递、复制信息提供了方便，加上网络的开放性、互动性，凡是进行在线消费（购物或接受信息服务）均须将个人资料留给商家，而对这些信息的再利用成为网络时代普遍的现象。在开放的网络上处理交易，如何保证传输数据的安全，如何规范商家的利用行为，保护消费者隐私权，成为电子商务能否普及的重要的因素之一。这一问题实质上仍然是保护消费者利益、树立消费者信任的重要组成部分。

10. 网上税收问题 作为一种商业活动，电子商务是应当纳税的，但从促进电子商务发展的角度，在一定时期内实行免税是很有必要的。从网络交易的客观实际来看，由于其逐步发展为全球范围内的交易，难以控制和收取电子商务的税金。电子商务的交易活动是在没有固定场所的国际信息网络环境下进行，每天通过因特网所传递的资料数据相当大，其中某些信息就是商品，如果要监管所有的交易，必须对所有的信息都进行过滤，这在事实上是不可能的。因此，在制定与电子商务有关的政策法规时，需要重新审视传统的税收政策和手段，建立新的、有效的税收管理机制。

11. 在线交易法律适用和管辖冲突问题　电子商务法只是解决在线交易中的特殊法律问题，在线交易仍然适用传统的法律框架和体系，因此，虽然交易在网络这个特殊的"世界"完成，但它仍然要适用现实的法律。由于因特网超地域性，这给法律的适用和法院管辖提出了难题。因此，对于网络环境引起的法律适用和管辖特殊问题的研究也就成为电子商务立法的重要组成部分。

二、电子商务的市场规则

电子商务作为无国界，全球性的贸易活动给世界带来了全新的商务规则和方式，需要在电子商务交易过程中建立相关的、统一的国际性标准，以解决电子商务活动的相互关系问题。电子商务对资源的重新配置，需要重新修改和制定商业"游戏"规则。电子商务的发展除了商家、银行和消费者在硬件设备上的建设、普及，以及消费文化心理的同步，同时更需要建立必要的法律框架，包括国内的及多边的框架，以明确在企业和企业间、政府和企业间、企业和消费者间、政府和政府间在处理电子商务时所必须遵守的法律义务和交易规则，并严格依法管理，以规范电子商务的市场秩序。

电子商务是一种世界性、网络性的经济活动，电子商务市场规则主要分为市场进出规则、市场竞争规则、市场交易规则和市场仲裁规则四个方面，需要以法律的形式将此种商务活动的法律地位、交易规制以及争议的仲裁解决确立下来，为电子商务的发展提供良好的法律法规环境。

1. 电子商务的市场进出规则　严格进入市场的市场主体的资格规范和资格，发展一整套保证安全和保密的网络制度。建立网上金融结算、身份认证的法规，通过认证中心来验证网络通信主体（消费者、商家、网关）的身份，确定网上商家的存在以及网上消费者的身份和支付能力，以避免其中的欺诈行为。

2. 电子商务的市场竞争规则　市场竞争规则是市场主体之间地位平等、机会均等竞争关系的制度体现。它主要由三个部分组成：禁止不正当竞争行为；禁止限制竞争行为；禁止垄断行为。应根据电子商务实际发展的需要，制定与电子商务活动有关的法律法规，保护网上知识产权、消费者权益和个人隐私权。

3. 电子商务的市场交易规则　市场交易规则是各市场主体在市场上进行交易活动所必须遵守的行为准则与规范。市场规则的最主要内容包括：市场交易方式的规范、市场交易行为的规范。对参与电子商务活动并在电子商务活动中享有权利和承担义务的个人和组织（如交易双方、网络支持机构、网络公司、电子商务认证机构、结算机构、货物配送机构等）在电子商务活动（税收和电子商务合同等）的行为进行法律规范。

4. 电子商务的市场仲裁规则　市场仲裁规则是市场仲裁机构在对市场主体之间的经济纠纷进行仲裁时必须遵守的行为准则和规范。随着电子商务的发展，必须关注实践中出现的诸如如何确定电子合同所适用的证据法、电子商务所带来的争议纠纷应由谁来裁决等问题，在遵循公平原则下解决法律的适用和争议的裁决。

第二节　我国与电子商务相关的法律法规体系

随着电子商务的快速发展，其在全球范围内的影响力日益扩大，同时也带来了一系列新的挑战和问题。而这些问题的产生与电子商务法律的不完善有所关联。电子商务法律制度作为规范电子商务行为、保障电子商务健康发展的重要保障，必须不断适应电子商务发展的新趋势。2004 年 8 月，我国颁布《中华人民共和国电子签名法》（简称《电子签名法》），2016 年 11 月，颁布《中华人民共和国网络安全法》（简称《网络安全法》），2018 年 8 月，颁布《中华人民共和国电子商务法》（简称《电子商务法》）等，通过规范市场主体行为、保护消费者权益、促进技术创新和国际合作等，为我国电子商务的可持续发展提供了制度保障。

（一）全国人大常委会发布的《电子签名法》

《电子签名法》制定于 2004 年 8 月 28 日，2005 年 4 月 1 日执行，用于规范电子签名使用环境，确立其法律效力。成为 2005 电子商务立法年的标志性事件，也是我国进入世界先进的数字化国家、网络国家的标志之一，对我国电子商务、电子政务的顺利发展，提高我国信息化水平都将起到非常重要的促进作用。2015 年 4 月 24 日，第十二届全国人大常委会第十四次会议对《电子签名法》进行了第一次修正，主要调整了电子认证服务的监管要求，取消部分行政许可，简化流程。第十三届全国人大常委会第十次会议对《电子签名法》进行了第二次修正，进一步放宽电子签名应用范围，明确电子合同的法律地位，以适应数字经济时代的需求。

《电子签名法》共 5 章 36 条，包括：总则、数据电文、电子签名与认证、法律责任、附则，主要规定了以下几方面的内容。

1. 电子签名概念、功能及其法律效力 《电子签名法》首先通过对电子签名进行定义明确电子签名的效力。该法第二条规定，电子签名是指数据电文中以电子形式所含、所附用于识别签名人身份并表明签名人认可其中内容的数据。电子签名需实现两个基本功能：确认文件作者的身份；证实该作者同意文件之内容。

在此基础上，《电子签名法》确立了“功能同等原则”，即电子签名是符合法律规定的“签名”，这种签名与传统签名方式具有同等的法律效力。该法第三条规定：民事活动中的合同或者其他文件、单证等文书，当事人可以约定使用或者不使用电子签名、数据电文。当事人约定使用电子签名、数据电文的文书，不得仅因为其采用电子签名、数据电文的形式而否定其法律效力。第十四条规定：可靠的电子签名与手写签名或者盖章具有同等的法律效力。

值得注意的是，并非所有民商事法律关系都可以采用电子签名方式。根据《电子签名法》第三条的规定，涉及婚姻、收养、继承等人身关系，涉及土地、房屋等不动产权益转让，涉及停止供水、供热、供气、供电等公用事业服务或者法律、行政法规规定不适用电子文书等情形的，如果采用电子签名、数据电文，并不适用于这部法律的调整范围，可能不具有法律效力。

2. 电子签字的特点和种类 电子签名的特点包括：①在其使用范围内，对签名持有人而言独一无二；②由签名持有人或以签名持有人单独掌握的方法所制造并附以数据电文中；③ 其制造及与有关数据电文的连接方式对电文的完整性提供可靠的保证。

电子签名的种类包括以非对称密钥体系为基础建立的数字签名和其他签名形式；如 PIN 码（personal identification number，个人身份识别码）等。

3. 电子签名应当具备的条件 《电子签名法》以目前国际公认的成熟签名技术所具备的特点为基础，在第十三条明确规定电子签名同时符合如下条件的视为可靠的电子签名：①电子签名制作数据用于电子签名时，属于电子签名人专有；②签署时电子签名制作数据仅由电子签名人控制；③签署后对电子签名的任何改动能够被发现；④签署后对数据电文内容和形式的任何改动能够被发现。此外，当事人也可以选择使用符合其约定的可靠条件的电子签名。

电子签字作为数据电文的一种，作为证据的真实性，按照《电子签名法》第八条规定，应当考虑以下因素：①生成、储存或者传递数据电文方法的可靠性；②保持内容完整性方法的可靠性；③用以鉴别发件人方法的可靠性；④其他相关因素。

4. 电子签字中当事各方的基本行为规范　按照《电子签名法》的规定，参与电子签字活动的行为主体包括：电子签名人、电子认证服务提供者和电子签名依赖方。电子签名人是指持有电子签名制作数据并以本人身份或者以其所代表的人的名义实施电子签名的人；电子认证服务提供者是指从事签发电子签名认证证书或可以提供与电子签字相关的其他服务的人；电子签名依赖方是指基于对电子签名认证证书或者电子签名的信赖从事有关活动的人。

（1）电子签名人　按照《电子签名法》电子签名人应当妥善保管电子签名制作数据。电子签名人知悉电子签名制作数据已经失密或者可能已经失密时，应当及时告知有关各方，并终止使用该电子签名制作数据。第二十条规定：电子签名人向电子认证服务提供者申请电子签名认证证书，应当提供真实、完整和准确的信息。

（2）电子签名依赖方　①在电子签字有证书证明时，采取合理的步骤核查电子签字的可靠性；②核查证书的有效性或证书的吊销或撤销；③遵守对证书的任何限制。

（3）电子认证服务提供者　如果电子认证服务提供者为证明一个作为签字使用可具有法律效力的电子签字而提供服务，则按照《电子签名法》第十七条规定，该电子认证服务提供者应当具满足一定的条件：①取得企业法人资格；②具有与提供电子认证服务相适应的专业技术人员和管理人员；③具有与提供电子认证服务相适应的资金和经营场所；④具有符合国家安全标准的技术和设备；⑤具有国家密码管理机构同意使用密码的证明文件；⑥法律、行政法规规定的其他条件。

按照《电子签名法》第二十条规定电子认证服务提供者收到电子签名认证证书申请后，应当对申请人的身份进行查验，并对有关材料进行审查。第二十二条规定电子认证服务提供者应当保证电子签名认证证书内容在有效期内完整、准确，并保证电子签名依赖方能够证实或者了解电子签名认证证书所载内容及其他有关事项。第二十三条规定电子认证服务提供者拟暂停或者终止电子认证服务的，应当在暂停或者终止服务九十日前，就业务承接及其他有关事项通知有关各方。第二十四条规定电子认证服务提供者应当妥善保存与认证相关的信息，信息保存期限至少为电子签名认证证书失效后五年。

5. 电子签名认证证书　《电子签名法》第二十一条规定，电子认证服务提供者签发的电子签名认证证书应当准确无误，并应当载明下列内容：电子认证服务提供者名称；证书持有人名称；证书序列号；证书有效期；证书持有人的电子签名验证数据；电子认证服务提供者的电子签名；国务院信息产业主管部门规定的其他内容。

《电子签名法》第二十六条规定，经国务院信息产业主管部门根据有关协议或者对等原则核准后，中华人民共和国境外的电子认证服务提供者在境外签发的电子签名认证证书与依照本法设立的电子认证服务提供者签发的电子签名认证证书具有同等的法律效力。

6. 数据电文相关规定　数据电文，是指以电子、光学、磁或者类似手段生成、发送、接收或者储存的信息。数据电文即电子形式的文件。如果说“白纸黑字”是“纸面时代”签名的特点，那么当电子商务蓬勃兴起后，“没有笔迹的签名”——电子签名，就成为“无纸交易”中的主角。由于传统的民商事法律关系是基于以书面文件进行商务活动而形成的，要使现行民商事法律同样适用于电子文件，就必须明确规定电子文件与书面文件具有同等效力。基于此，《电子签名法》第二章规定了数据电文的主要内容。

（1）数据电文具有法律效力的条件　按照《电子签名法》规定，能够有形地表现所载内容，并可以随时调取查用的数据电文，视为符合法律、法规要求的书面形式。

数据电文要满足原件形式，应当符合的条件包括：能够有效地表现所载内容并可供随时调取查用；能够可靠地保证自最终形成时起，内容保持完整、未被更改。但是，在数据电文上增加背书以及数据交换、储存和显示过程中发生的形式变化不影响数据电文的完整性。

数据电文要满足文件保存，应当符合的条件包括：能够有效地表现所载内容并可供随时调取查用；数据电文的格式与其生成、发送或者接收时的格式相同，或者格式不相同但是能够准确表现原来生成、发送或者接收的内容；能够识别数据电文的发件人、收件人以及发送、接收的时间。

（2）数据电文可以作为证据使用 《电子签名法》第七条规定，数据电文不得仅因为其是以电子、光学、磁或者类似手段生成、发送、接收或者储存的而被拒绝作为证据使用。简单地说，数据电文如果符合证据的客观性、关联性、合法性等规定，就可以作为证据使用。但是，一项数据电文是否具有证据力，以及证据效力如何等问题，还需要依据该法第八条的规定认定，即需要考虑生成、储存或者传递数据电文方法的可靠性、保持内容完整性、用以鉴别发件人方法的可靠性以及其他相关因素。

（3）数据电文的成立时间 数据电文有下列情形之一的，视为发件人发送：①经发件人授权发送的；②发件人的信息系统自动发送的；③收件人按照发件人认可的方法对数据电文进行验证后结果相符的。但是，当事人对上述事项另有约定的，从其约定。

法律、行政法规规定或者当事人约定数据电文需要确认收讫的，应当确认收讫。发件人收到收件人的收讫确认时，数据电文视为已经收到。《电子签名法》第十一条规定数据电文进入发件人控制之外的某个信息系统的时间，视为该数据电文的发送时间。收件人指定特定系统接收数据电文的，数据电文进入该特定系统的时间，视为该数据电文的接收时间；未指定特定系统的，数据电文进入收件人的任何系统的首次时间，视为该数据电文的接收时间。当事人对数据电文的发送时间、接收时间另有约定的，从其约定。

（4）数据电文的成立地点 《电子签名法》第十二条规定，以“主营业地”作为数据电文发送或者接收的地点，也就是说，发件人的主营业地为数据电文的发送地点，收件人的主营业地为数据电文的接收地点；没有主营业地的，其经常居住地为发送或者接收地点。在当事人之间有约定的情况下，当事人的约定优先于上述规定适用。

（二）全国人大常委会发布的《电子商务法》

2018 年 8 月 31 日，第十三届全国人大常委会第五次会议表决通过《电子商务法》，自 2019 年 1 月 1 日起施行。《电子商务法》是我国第一部关于电子商务的法律，旨在保障电子商务各方主体的合法权益，规范电子商务行为，维护市场秩序，促进电子商务持续健康发展。

自《电子商务法》实施以来，我国电子商务领域立法活动活跃，针对电子商务领域的新问题新模式的监管以及电子商务法下相关规则的运行和适用，相关部门在积极调整和制定相关的法律法规、司法解释、部门规章等，还涉及行业协会等颁发的自治性文件。

《电子商务法》共 7 章 89 条，包括：总则、电子商务经营者、电子商务合同的订立与履行、电子商务争议解决、电子商务促进、法律责任、附则，主要规定了以下几方面的内容。

1.《电子商务法》的适用范围 《电子商务法》适用于通过互联网等信息网络销售商品或者提供服务的经营活动。限于通过网络销售商品和服务，但金融，文化类产品服务不适用。

2. 电子商务经营者 电子商务经营者，指通过互联网等信息网络从事销售商品或者提供服务的经营活动的自然人、法人和非法人组织，包括电子商务平台经营者、平台内经营者以及通过自建网站、其他网络服务销售商品或者提供服务的电子商务经营者。

（1）一般规定 电子商务经营者应当依法办理市场主体登记，依法履行纳税义务，并依法享受税收优惠。电子商务经营者从事经营活动，依法需要取得相关行政许可的，应当依法取得行政许可。销售的商品或者提供的服务应当符合保障人身、财产安全的要求和环境保护要求，不得销售或者提供法律、行政法规禁止交易的商品或者服务。电子商务经营者应当全面、真实、准确、及时地披露商品或者服务信息，保障消费者的知情权和选择权。电子商务经营者不得以虚构交易、编造用户评价等方式进行虚假或者引人误解的商业宣传，欺骗、误导消费者。电子商务经营者收集、使用其用户的个人信息，应当遵守法律、行政法规有关个人信息保护的规定。

（2）电子商务平台经营者　指在电子商务中为交易双方或者多方提供网络经营场所、交易撮合、信息发布等服务，供交易双方或者多方独立开展交易活动的法人或者非法人组织。

电子商务平台经营者应当要求申请进入平台销售商品或者提供服务的经营者提交其身份、地址、联系方式、行政许可等真实信息，进行核验、登记，建立登记档案，并定期核验更新。

电子商务平台经营者应当按照规定向市场监督管理部门报送平台内经营者的身份信息，提示未办理市场主体登记的经营者依法办理登记，并配合市场监督管理部门，针对电子商务的特点，为应当办理市场主体登记的经营者办理登记提供便利。

电子商务平台经营者应当采取技术措施和其他必要措施保证其网络安全、稳定运行，防范网络违法犯罪活动，有效应对网络安全事件，保障电子商务交易安全。

电子商务平台经营者应当遵循公开、公平、公正的原则，制定平台服务协议和交易规则，明确进入和退出平台、商品和服务质量保障、消费者权益保护、个人信息保护等方面的权利和义务。

（3）平台内经营者　指通过电子商务平台销售商品或者提供服务的电子商务经营者。

电子商务平台经营者不得利用服务协议、交易规则以及技术等手段，对平台内经营者在平台内的交易、交易价格以及与其他经营者的交易等进行不合理限制或者附加不合理条件，或者向平台内经营者收取不合理费用。

电子商务平台经营者知道或者应当知道平台内经营者销售的商品或者提供的服务不符合保障人身、财产安全的要求，或者有其他侵害消费者合法权益行为，未采取必要措施的，依法与该平台内经营者承担连带责任。对关系消费者生命健康的商品或者服务，电子商务平台经营者对平台内经营者的资质资格未尽到审核义务，或者对消费者未尽到安全保障义务，造成消费者损害的，依法承担相应的责任。

电子商务平台经营者知道或者应当知道平台内经营者侵犯知识产权的，应当采取删除、屏蔽、断开链接、终止交易和服务等必要措施；未采取必要措施的，与侵权人承担连带责任。

3. 电子商务合同的订立与履行

（1）合同订立　电子商务经营者发布的商品或者服务信息符合要约条件的，用户选择该商品或者服务并提交订单成功，合同成立。当事人另有约定的，从其约定。电子商务经营者不得以格式条款等方式约定消费者支付价款后合同不成立；格式条款等含有该内容的，其内容无效。

（2）合同履行　合同标的为交付商品并采用快递物流方式交付的，收货人签收时间为交付时间。合同标的为提供服务的，生成的电子凭证或者实物凭证中载明的时间为交付时间；前述凭证没有载明时间或者载明时间与实际提供服务时间不一致的，实际提供服务的时间为交付时间。

合同标的为采用在线传输方式交付的，合同标的进入对方当事人指定的特定系统并且能够检索识别的时间为交付时间。

4. 电子商务争议解决

（1）商品质量担保机制　国家鼓励电子商务平台经营者建立有利于电子商务发展和消费者权益保护的商品、服务质量担保机制。电子商务平台经营者与平台内经营者协议设立消费者权益保证金的，双方应当就消费者权益保证金的提取数额、管理、使用和退还办法等作出明确约定。

（2）投诉与举报机制　电子商务经营者应当建立便捷、有效的投诉、举报机制，公开投诉、举报方式等信息，及时受理并处理投诉、举报。

（3）争议解决方式　电子商务争议可以通过协商和解，请求消费者组织、行业协会或者其他依法成立的调解组织调解，向有关部门投诉，提请仲裁，或者提起诉讼等方式解决。

（4）平台协助义务　消费者在电子商务平台购买商品或者接受服务，与平台内经营者发生争议时，电子商务平台经营者应当积极协助消费者维护合法权益。

（5）交易记录的法律责任　在电子商务争议处理中，电子商务经营者应当提供原始合同和交易记录。因电子商务经营者丢失、伪造、篡改、销毁、隐匿或者拒绝提供前述资料，致使人民法院、仲裁机构或者有关机关无法查明事实的，电子商务经营者应当承担相应的法律责任。

（6）在线争议解决机制　电子商务平台经营者可以建立争议在线解决机制，制定并公示争议解决规则，根据自愿原则，公平、公正地解决当事人的争议。

5. 电子商务促进

（1）政策支持与规划　国务院和省、自治区、直辖市人民政府应当将电子商务发展纳入国民经济和社会发展规划，制定科学合理的产业政策，促进电子商务创新发展。

（2）绿色电商发展　国务院和县级以上地方人民政府及其有关部门应当采取措施，支持、推动绿色包装、仓储、运输，促进电子商务绿色发展。

（3）基础设施建设　国家推动电子商务基础设施和物流网络建设，完善电子商务统计制度，加强电子商务标准体系建设。

（4）产业融合　国家推动电子商务在国民经济各个领域的应用，支持电子商务与各产业融合发展。

（5）农村电商与扶贫　国家促进农业生产、加工、流通等环节的互联网技术应用，鼓励各类社会资源加强合作，促进农村电子商务发展，发挥电子商务在精准扶贫中的作用。

（6）数据安全与共享　国家维护电子商务交易安全，保护电子商务用户信息，鼓励电子商务数据开发应用，保障电子商务数据依法有序自由流动。采取措施推动建立公共数据共享机制，促进电子商务经营者依法利用公共数据。

（7）信用评价体系　国家支持依法设立的信用评价机构开展电子商务信用评价，向社会提供电子商务信用评价服务。

（8）跨境电商发展　国家促进跨境电子商务发展，建立健全适应跨境电子商务特点的海关、税收、进出境检验检疫、支付结算等管理制度，提高跨境电子商务各环节便利化水平，支持跨境电子商务平台经营者等为跨境电子商务提供仓储物流、报关、报检等服务。支持小型微型企业从事跨境电子商务。

国家进出口管理部门应当推进跨境电子商务海关申报、纳税、检验检疫等环节的综合服务和监管体系建设，优化监管流程，推动实现信息共享、监管互认、执法互助，提高跨境电子商务服务和监管效率。跨境电子商务经营者可以凭电子单证向国家进出口管理部门办理有关手续。

国家推动建立与不同国家、地区之间跨境电子商务的交流合作，参与电子商务国际规则的制定，促进电子签名、电子身份等国际互认；推动建立与不同国家、地区之间的跨境电子商务争议解决机制。

6. 法律责任　《电子商务法》第七十四条至第八十八条规定了电子商务经营者及平台的法律责任：包括民事责任（第七十四条）、违法经营处罚（第七十五条）、信息公示违规（第七十六条）、搜索与搭售违规（第七十七条）、押金违规（第七十八条）、数据与安全义务（第七十九条）、平台管理失责（第八十条至第八十四条）、综合处罚（第八十五条至第八十八条），强化了对电商经营者及平台的监管，保障消费者权益和市场秩序。

（三）行政机关发布的电子商务相关法规

在国家法规层面，有关政府机构在电子商务法的框架下颁布了一系列的法律法规，以促进、规范电子商务的发展。主要包括《电子商务平台知识产权保护管理》《网络交易监督管理办法》《网络直播营销管理办法（试行）》《直播电子商务平台管理与服务规范》等（表3－1）。

表 3-1　我国行政机关发布的电子商务相关法规

序号	颁布或生效时间	发布主体	法律、法规名称	相关内容
1	2018.12.3	国家市场监督管理总局	《关于做好电子商务经营者登记工作的意见》	为电子商务主体的登记问题提供指引
2	2018.12.5	国家发展和改革委员会、国家知识产权局等 38 个部委	《关于知识产权（专利）领域严重失信主体开展联合惩戒的合作备忘录》	在该备忘录基础上形成了《专利领域严重失信联合惩戒对象名单管理办法（试行）》
3	2019.6.17	国家市场监督管理总局、国家发展和改革委员会、工业和信息化部、公安部、商务部等	《2019 网络市场监管专项行动（网剑行动）方案》	着力规范电子商务主体资格，严厉打击网络市场突出问题，落实电子商务经营者责任，维护良好网络市场秩序
4	2019.6.17	国家市场监督管理总局	《2019 年全国打击侵犯知识产权和制售假冒伪劣商品工作要点》	严厉打击在线销售侵权假冒和盗版商品
5	2019.10.26	国家税务总局	《关于跨境电子商务综合试验区零售出口企业所得税核定征收有关问题的公告》	明确跨境电商相关的税收问题
6	2019.10.31	国家市场监督管理总局	《关于开展落实电子商务平台责任专项行动的通知》	明确行动中的重点主要针对从事电子商务活动的综合性平台、商品交易平台、二手车交易平台、网络订餐平台以及社交电商平台等，侵害消费权益行为易发多发的平台网站、App，集中整治平台主体审核不严等问题
7	2019.12.15	国务院	《关于同意在石家庄等 24 个城市设立跨境电子商务综合试验区的批复》	为跨境电商的发展提供示范和探索的空间
8	2019.12.24	财政部、国家发展和改革委员会、工业和信息化部、商务部、中国人民银行、海关总署、国家税务总局、国家市场监督管理总局等部门	《关于调整扩大跨境电子商务零售进口商品清单的公告》	整体上更加支持跨境电子商务的发展
9	2020.11.9	国家市场监督管理总局、国家标准化管理委员会	关于批准发布《电子商务平台知识产权保护管理》等 8 项国家标准的公告	国家标准包括范围、规范性引用文件、术语和定义、电子商务平台管理、电子商务网络信息平台要求、组织知识产权管理、一致性测试要求
10	2021.3.15	国家市场监督管理总局	《网络交易监督管理办法》	规范网络社交、网络直播等信息网络活动中销售商品或者提供服务的经营活动
11	2021.4.16	国家互联网信息办公室、公安部、商务部、文化和旅游部、国家税务总局、国家市场监督管理总局、国家广播电视总局	《网络直播营销管理办法（试行）》	加强网络直播营销管理，维护国家安全和公共利益，保护公民、法人和其他组织的合法权益，促进网络直播营销健康有序发展
12	2023.10.21	商务部	《直播电子商务平台管理与服务规范》	明确规定直播电子商务平台的基本要求、平台相关主体、平台在直播营销、交易及售后服务等环节的管理和服务相关要求

（四）司法机关发布的电子商务相关司法解释

《电子商务法》颁布之后，各部门在司法实践中对电子商务领域的相关问题做出了探索和调整，包括《关于审理涉电子商务平台知识产权民事案件的指导意见》《关于审理网络消费纠纷案件适用法律若干问题的规定（一）》等（表3－2）。

表3－2 我国司法机关电子商务相关司法解释

序号	颁布或生效时间	发布主体	法律、法规名称	相关内容
1	2019.12.25	最高人民法院	《最高人民法院关于民事诉讼证据的若干规定》	补充、完善了电子数据范围的规定，明确电子数据的审查判断规则。最高人民法院指出，要准确把握电子数据规则的适用，认真研究大数据、云计算、区块链等新技术对证据的调查、认定和采信的影响
2	2020.4.15	最高人民法院	《关于全面加强知识产权司法保护的意见》	指出要完善电商平台侵权认定规则，加强打击和整治网络侵犯知识产权行为；同时，也要追究针对电商平台滥用权利、恶意投诉等行为人的法律责任，有效回应权利人在电子商务平台上的维权诉求，完善"通知—删除"规则等在内的电商平台治理规则等
3	2020.6.10	最高人民法院	《最高人民法院关于涉网络知识产权侵权纠纷有关法律适用问题的批复（征求意见稿）》	在中美第一阶段经贸协议中，中美双方对严厉打击网络平台盗版、假冒达成一致的背景下，中国对涉及网络的知识产权纠纷中"通知—删除"规则的具体运用给出批复意见，例如保全措施的申请、"必要措施"的范围、"错误通知"的认定、转送通知的规则等
4	2020.9.10	最高人民法院	《关于审理涉电子商务平台知识产权民事案件的指导意见》	坚持严格保护知识产权的原则，依法惩治通过电子商务平台提供假冒、盗版等侵权商品或者服务的行为，积极引导当事人遵循诚实信用原则，依法正当行使权利，并妥善处理好知识产权权利人、电子商务平台经营者、平台内经营者等各方主体之间的关系
5	2022.2.15	最高人民法院	《关于审理网络消费纠纷案件适用法律若干问题的规定（一）》	涉及网络消费格式条款、七日内无理由退货、电商平台自营误导的法律后果、网络直播带货等

（五）行业协会发布的电子商务相关自治性文件

行业协会因其自身行业优势，其公布的相关行为规范对行业内的企业具有重要参考作用。有关行业协会公布相关规则主要围绕网络直播领域，包括《网络直播营销行为规范》《视频直播购物运营和服务基本规范》等（表3－3）。

表3－3 我国行业协会发布的电子商务相关自治性文件

序号	颁布或生效时间	发布主体	法律、法规名称	相关内容
1	2020.6.24	中国广告协会	《网络直播营销行为规范》	国内第一个关于网络视频营销活动的专门自律规范。侧重为从事网络直播营销活动的商家、主播、平台、主播服务机构（如MCN）和参与营销互动的用户等主体提供行为指南
2	2020.7.1	中国商业联合会媒体购物专业委员会	《视频直播购物运营和服务基本规范》	规定了视频直播购物经营的范围、术语和定义、总体要求、从业人员、商品质量、运营管理、服务、监督管理等要求。适用于商贸流通行业内视频直播购物经营等管理

第三节　我国与医药电子商务相关法律法规 微课

自 1994 年 4 月 20 日我国首次全功能接入国际互联网以来，我国的医药电子商务也随着电子商务的发展而逐渐发展壮大。医药电商行业的迅猛发展，不仅推动了商业模式的创新和成熟，也在数字医疗服务市场中占据了重要地位。

2000 年，国家信息产业部选择了医药卫生电子商务作为全国行业类电子商务示范工程，原国家经贸委医药司批准在部分城市开展医药电子商务及医药电子交易的试点工作。国家先后发布实施了《药品电子商务试点监督管理办法》《互联网药品信息服务管理办法》《互联网药品交易服务审批暂行规定》和《药品网络销售监督管理办法》，使我国的医药电子商务的开展有法可依，医药电子商务政策和法律法规也逐步得到完善。

随着政策环境的逐步开放，医药电商领域的新业态如处方流转、智慧药房等不断涌现，进一步拓宽了市场规模。然而，随着业务的高速发展，合规问题也逐渐显现，尤其是涉及药品的网络销售，因其直接关系到公众健康和安全，成为监管的重中之重。在电子商务的浪潮中，医药电商运营者必须遵循《电子商务法》和《网络交易监督管理办法》的相关规定，确保业务的合法合规。此外，还应遵守医药电子商务相关法律规范。

一、医药电子商务法律法规的发展

1. 全面禁止阶段　20 世纪 90 年代，国家药品监督管理部门对网络销售药品实行完全禁止的政策。1998 年 4 月，上海市第一医药商店有限公司推出网上购药业务，开创了医药电子商务的先河。2000 年 1 月，《处方药与非处方药流通管理暂行规定》发布，其中第十四条规定“处方药、非处方药不得采用有奖销售、附赠药品或礼品销售等销售方式，暂不允许采用网上销售方式”。因此上海第一医药公司只能中止网上购药业务。而在此后数年，鉴于相关法规始终未放松对网络销售药物的管控，互联网药品交易行业也处于停滞状态。

2. 试点探索阶段　21 世纪初，随着开放互联网药品销售的呼声日益高涨，广东省、福建省、北京市、上海市四地试行网络销售药品试点工作，《国家药品监督管理局关于发布药品电子商务试点监督管理办法的通知》（国药管办〔2000〕258 号，已失效）发布，通知对药品电子商务的定义、药品电子商务网站的国家审批制度、网络交易药品的流程及监管进行了明确规定，除法律规定不得交易以及国家药品监督管理局有特别限制的药品和处方药之外，均可通过网络进行药品销售。

3. 有限开放阶段　网络药品交易电子商务试行审批制经过在北京、上海、广东、福建等地几年试行实施后，2004 年 7 月，《互联网药品信息服务管理办法》（2017 年修订）出台。其中第五、六条规定境内企事业单位提供互联网药品信息服务必须取得互联网药品信息服务资格证书。

2005 年，《互联网药品交易服务审批暂行规定》将互联网药品交易服务确立为审批制，要求从事互联网药品需取得《互联网药品交易服务机构资格证书》并进行分类管理，允许企业通过互联网向用户有偿提供药品（含医疗器械）信息服务，并允许企业开展三类互联网药品（包括医疗器械、直接接触药品的包装材料和容器）交易服务。对纯粹作为药品网络交易信息中介的第三方平台，《互联网药品交易服务审批暂行规定》没有提及和定位，其中第九条第一款还明确规定向个人消费者提供互联网药品交易服务的仅能是药品零售连锁企业。即非药品零售连锁企业的第三方互联网平台，不得向个人消费者提供互联网药品交易服务。

2013 年 10 月，《关于加强互联网药品销售管理的通知》发布，其中规定了第三方企业为药品生产企业、药品经营企业提供药品互联网交易服务，使得作为药品网络交易信息中介的第三方平台从事互联网药品交易有法可依，但是仍然需要申请取得《互联网药品交易服务机构资格证书》后方可开展业务。

4. 进一步开放阶段 2017 年 1 月，《国务院关于第三批取消中央指定地方实施行政许可事项的决定》（国发〔2017〕7 号）发布。其附件第 28 项明确将“互联网药品交易服务企业（第三方除外）”许可取消审批。2017 年 9 月发布的《国务院关于取消一批行政许可事项的决定》（国发〔2017〕46 号）将互联网药品交易服务企业审批（第三方）也直接取消。据此，互联网药品交易活动在国家法律层面上已取消许可审批制度。

2018 年 4 月，《关于促进“互联网 + 医疗健康”发展的意见》提出“探索医疗卫生机构处方信息与药品零售消费信息互联互通、实时共享，促进药品网络销售和医疗物流配送等规范发展”等支持性意见。

在 2018 年试行的《互联网医院管理办法》（试行）和《互联网诊疗管理办法》（试行）等针对互联网诊疗行业的监管规定中明确，医师可在线为部分常见病和慢性病开具处方，并由医疗机构或药品经营企业委托符合条件的第三方机构配送。

2019 年 8 月，全国人大常委会修订通过新修订《中华人民共和国药品管理法》（简称《药品管理法》），互联网药品交易主体和交易的药品范围都更进一步开放。根据新《药品管理法》第六十一、六十二条，可开展药品网络销售的主体包括药品上市许可持有人和药品经营企业，并同时规定了药品网络交易第三方平台的备案要求及监督责任。随着新《药品管理法》出台，互联网药品交易行业迎来新的变革。

2021 年 4 月，《国务院办公厅关于服务“六稳”“六保”进一步做好“放管服”改革有关工作的意见》（国办发〔2021〕10 号），在进一步推动优化民生服务中提出，在确保电子处方来源真实可靠的前提下，允许网络销售除国家实行特殊管理的药品以外的处方药。

2022 年，国家市场监督管理总局令第 58 号公布，《药品网络销售监督管理办法》，共 6 章 42 条，并将于 2022 年 12 月 1 日起实施。明确了从事药品网络销售活动的要求，落实了药品网络交易第三方平台管理责任，加强了监管部门监督检查的力度，为违法行为设定了法律责任。

二、互联网药品交易和信息服务监管的法律法规

《互联网药品信息服务管理办法》

为加强药品监督管理，规范互联网药品信息服务活动，保证互联网药品信息的真实、准确，2004 年 7 月 8 日，国家食品药品监督管理局颁布了《互联网药品信息服务管理办法》，根据 2017 年 11 月 7 日国家食品药品监督管理总局局务会议《国家食品药品监督管理总局关于修改部分规章的决定》进行修正。

1. 互联网药品信息服务的概念和分类 互联网药品信息服务，是指通过互联网向上网用户提供药品信息的服务活动。

互联网药品信息服务可分为经营性和非经营性两类：经营性互联网药品信息服务是指通过互联网向上网用户有偿提供药品信息等服务的活动。非经营性互联网药品信息服务则是指通过互联网向上网用户无偿提供公开的、共享性药品信息等服务的活动。

2. 互联网药品信息服务的管理机构 国家药品监督管理部门对全国提供互联网药品信息服务活动的网站实施监督管理，对各省级药品监督管理部门的审核工作进行监督。省级药品监督管理部门对本行

政区域内提供互联网药品信息服务活动的网站实施监督管理，进行监督检查，并将检查情况向社会公告。

3. 互联网药品信息服务的申请条件 拟提供互联网药品信息服务的网站，应当在向国务院信息产业主管部门或者省级电信管理机构申请办理经营许可证或者办理备案手续之前，按照属地监督管理的原则，向该网站主办单位所在地省、自治区、直辖市（食品）药品监督管理部门提出申请，经审核同意后取得提供互联网药品信息服务的资格。各省、自治区、直辖市（食品）药品监督管理局对本辖区内申请提供互联网药品信息服务的互联网站进行审核，符合条件的核发互联网药品信息服务资格证书。

申请提供互联网药品信息服务，除应当符合《互联网信息服务管理办法》规定的要求外，应当具备下列条件：①互联网药品信息服务的提供者应当为依法设立的企事业单位或者其他组织；②具有与开展互联网药品信息服务活动相适应的专业人员、设施及相关制度；③有两名以上熟悉药品管理法律法规和药品专业知识，或者依法经资格认定的药学技术人员。

4. 互联网药品信息服务资格证书

（1）格式　互联网药品信息服务资格证书的格式统一制定。

（2）有效期　互联网药品信息服务资格证书有效期为5年。

（3）换发、注销和收回　有效期届满，需要继续提供互联网药品信息服务的，持证单位应当在有效期届满前6个月内，向原发证机关申请换发互联网药品信息服务资格证书。原发证机关进行审核后，认为符合条件的，予以换发新证；认为不符合条件的，发给不予换发新证的通知并说明理由，原互联网药品信息服务资格证书由原发证机关收回并公告注销。互联网药品信息服务资格证书可以根据互联网药品信息服务提供者的书面申请，由原发证机关收回，原发证机关应当备案并发布公告。被收回互联网药品信息服务资格证书的网站不得继续从事互联网药品信息服务。

5. 互联网发布药品信息的要求 提供互联网药品信息服务的网站，应当在其网站主页显著位置标注互联网药品信息服务资格证书的证书编号。

（1）提供互联网药品信息服务网站所登载的药品信息必须科学、准确，必须符合国家的法律法规和国家有关药品管理的相关规定。

（2）提供互联网药品信息服务的网站发布的药品广告，必须经过药品监督管理部门审查批准。

（3）提供互联网药品信息服务的网站发布的药品广告要注明广告审查批准文号。

（4）不得发布麻醉药品、精神药品、医疗用毒性药品、放射性药品、戒毒药品和医疗机构制剂的药品信息。2010年《关于加强互联网易制毒化学品销售信息管理的公告》中规定，禁止个人在互联网上发布非药品类易制毒化学品销售信息；禁止任何单位和个人在互联网上发布药品类易制毒化学品销售信息。

三、药品网络销售监管的法律法规

为提升医疗卫生现代化服务水平，我国先后出台一系列政策，要求创新服务模式，完善“互联网+”药品供应保障服务，满足人民日益增长的医疗卫生健康需求。2019年新修订的《药品管理法》、2021年4月《国务院办公厅关于服务“六稳”“六保”进一步做好“放管服”改革有关工作的意见》（国办发〔2021〕10号）等，均对药品网络销售提出工作要求。

2022年为落实《药品管理法》要求，进一步规范药品网络销售行为，保障网络销售药品质量安全，确保人民群众用药可及，切实维护人民群众生命安全和身体健康，《药品网络销售监督管理办法》（国家市场监督管理总局令第58号）。2022年11月，国家药品监督管理局发布了《药品网络销售禁止清单（第一版）》（2022 年第111 号），自 2022 年12 月1 日起施行。2023 年6 月，《国家药监局综合司关于规范处方药网络销售信息展示的通知》（药监综药管函〔2023〕333 号）发布。一系列医药监管政策与规章相继实施，促进了药品网络销售、医药电商的规范发展。

《药品网络销售监督管理办法》共 6 章 42 条，包括：总则、药品网络销售管理、平台管理、监督检查、法律责任、附则，主要规定了以下几方面的内容。

（一）适用范围和制定思路

1. 适用范围 在中华人民共和国境内从事药品网络销售、提供药品网络交易平台服务及其监督管理，应当遵守《药品网络销售监督管理办法》。

2. 制定思路 ①坚持便民惠民，以人民群众多层次多元化医疗健康需求为导向，依托互联网技术优势，提升药品可及性；②坚持线上线下一体化原则，落实企业主体责任，引导行业依法依规健康发展；③坚持以网管网，充分利用技术手段，实现技术赋能、智慧监管；④坚持风险管理，以风险为导向科学开展制度设计；⑤坚持“四个最严”要求，对药品网络销售违法违规行为予以严肃查处。

（二）药品网络销售的监管主体

在坚持属地监管原则的基础上，细化了药品监管部门在药品网络销售环节的监管事权，严格药品监督管理部门对个人信息和商业秘密的保密义务，做到权责清晰，确保药品网络销售监管工作落到实处。

（1）国家药监局主管全国药品网络销售的监督管理工作。

（2）省级药品监督管理部门负责本行政区域内药品网络销售的监督管理工作，负责监督管理药品网络交易第三方平台以及药品上市许可持有人、药品批发企业通过网络销售药品的活动。

（3）设区的市级、县级承担药品监督管理职责的部门负责本行政区域内药品网络销售的监督管理工作，负责监督管理药品零售企业通过网络销售药品的活动。

（三）药品网络销售管理

1. 药品网络销售的资质 从事药品网络销售的，应当是具备保证网络销售药品安全能力的药品上市许可持有人或者药品经营企业。即药品上市许可持有人或者取得药品经营许可证的经营企业才能开展药品网络销售业务。中药饮片生产企业销售其生产的中药饮片，应当履行药品上市许可持有人相关义务。

《药品网络销售监督管理办法》要求药品网络销售企业必须是线下实体药品企业，加强药品质量安全保障和消费者权益保障。

2. 药品网络销售的范围 药品网络销售企业应当按照经过批准的经营方式和经营范围经营。药品网络销售企业为药品上市许可持有人的，仅能销售其取得药品注册证书的药品。未取得药品零售资质的，不得向个人销售药品。

疫苗、血液制品、麻醉药品、精神药品、医疗用毒性药品、放射性药品、药品类易制毒化学品等国家实行特殊管理的药品不得在网络上销售，具体目录由国家药品监督管理局组织制定。

药品网络零售企业不得违反规定以买药品赠药品、买商品赠药品等方式向个人赠送处方药、甲类非处方药。

知识拓展

药品网络销售禁止清单（第一版）

2022 年 11 月，国家药品监督管理局发布了《药品网络销售禁止清单（第一版）》（2022 年第 111

号），自 2022 年 12 月 1 日起施行。

该《清单》包含两大类药品，其一是政策法规明确禁止销售的药品，包括：疫苗、血液制品、麻醉药品、精神药品、医疗用毒性药品、放射性药品、药品类易制毒化学品；医疗机构制剂、中药配方颗粒。

其二是其他禁止通过网络零售的药品，包括以下几类。

（1）注射剂（降糖类药物除外）。

（2）含麻黄碱类复方制剂（不包括含麻黄的中成药）、含麻醉药品口服复方制剂、含曲马多口服复方制剂、右美沙芬口服单方制剂。

（3）《兴奋剂目录》所列的蛋白同化制剂和肽类激素（胰岛素除外）。

（4）地高辛、丙吡胺、奎尼丁、哌唑嗪、普鲁卡因胺、普罗帕酮、胺碘酮、奎宁、氨茶碱、胆茶碱、异丙肾上腺素。

苯妥英钠、卡马西平、拉莫三嗪、水合氯醛、达比加群酯、华法林、替格瑞洛、西洛他唑、扑米酮、碳酸锂、异氟烷、七氟烷、恩氟烷、地氟烷、秋水仙碱。

米非司酮、复方米非司酮、环丙孕酮、卡前列甲酯、雌二醇、米索前列醇、地诺前列酮。

法罗培南、夫西地酸、伏立康唑、利奈唑胺、奈诺沙星、泊沙康唑、头孢地尼、伊曲康唑、左奥硝唑、头孢泊肟酯。

---

3. 药品网络销售的基本要求　从事药品网络销售、提供药品网络交易平台服务，应当遵守药品法律、法规、规章、标准和规范，依法诚信经营，保障药品质量安全。应当采取有效措施保证交易全过程信息真实、准确、完整和可追溯，并遵守国家个人信息保护的有关规定。

4. 药品网络销售管理　药品网络销售企业应当建立并实施药品质量安全管理、风险控制、药品追溯、储存配送管理、不良反应报告、投诉举报处理等制度。通过网络向个人销售处方药的，应当确保处方来源真实、可靠，并实行实名制。药品网络零售企业应当与电子处方提供单位签订协议，并严格按照有关规定进行处方审核调配，对已经使用的电子处方进行标记，避免处方重复使用。第三方平台承接电子处方的，应当对电子处方提供单位的情况进行核实，并签订协议。

《药品网络销售监督管理办法》对药品网络销售管理的信息报告、资质信息公示、药品信息展示、配送管理、销售凭证与记录、风险控制措施也进行了明确规定。

（四）药品网络交易平台管理

第三方平台在药品网络销售中扮演着至关重要的角色，其合规性直接关系到药品销售活动的规范性和消费者权益的保护。

1. 平台备案　第三方平台必须向所在地省级药品监督管理部门进行备案，确保公示信息与实际经营情况相符。

2. 入驻商家资质审核　平台方需与入驻商家签订协议，明确双方在药品质量安全方面的责任，并严格审核商家的经营资质和安全能力。

3. 经营管理监督　平台应对入驻商家的销售活动进行监督，确保其遵守相关法律法规，并及时制止和报告违规行为。

4. 处方管理　平台应制定处方管理制度，确保销售方按规定审查处方来源，并进行合规的处方药销售。

5. 第三方配送管理　若平台使用第三方配送企业，应对其进行评审，确保配送方具备相应的质量管理体系和风险控制能力。

6. 交易信息记录与保存 平台应保存药品展示、交易记录等信息，确保数据的真实性、完整性和可追溯性。

7. 平台体系建设 平台应建立药品质量安全管理机构，配备专业药学技术人员，并制定覆盖药品销售活动的管理制度。

8. 风险控制义务 平台应制定应急预案，配合药品召回，并及时提供监管部门所需的信息，以应对可能的公共卫生事件或其他紧急情况。

（五）药品网络销售监督检查与法律责任

结合药品网络销售的虚拟性、跨地域性等特点，《药品网络销售监督管理办法》进一步明确药品监督管理部门应当依照法律法规、规章等规定，按照职责分工对第三方平台和药品网络销售企业实施监督检查。2024 年 1 月，国家药品监督管理局综合司发布《关于印发药品网络交易第三方平台检查指南（试行）的通知》，进一步指导药品监督管理部门开展药品网络交易第三方平台检查工作，督促企业履行法定义务，落实平台主体责任。

1. 监督检查的职责 ①对第三方平台、药品上市许可持有人、药品批发企业通过网络销售药品违法行为的查处，由省级药品监督管理部门负责。②对药品网络零售企业违法行为的查处，由市县级药品监督管理部门负责。③药品网络销售违法行为由违法行为发生地的药品监督管理部门负责查处。因药品网络销售活动引发药品安全事件或者有证据证明可能危害人体健康的，也可以由违法行为结果地的药品监督管理部门负责。

2. 监督检查的实施 药品监督管理部门通过现场检查和非现场检查的方式，对提供第三方平台服务的企业的备案与资质审查、体系建设、经营管理、处方药销售、信息展示、风险管理等方面开展监督检查工作。必要时，药品监督管理部门可以对为药品研制、生产、经营、使用提供产品或者服务的单位和个人进行延伸检查。

对有证据证明可能存在安全隐患的，药品监督管理部门应当根据监督检查情况，对药品网络销售企业或者第三方平台等采取告诫、约谈、限期整改以及暂停生产、销售、使用、进口等措施，并及时公布检查处理结果。

3. 药品网络销售监测 药品监督管理部门应当加强药品网络销售监测工作。省级药品监督管理部门建立的药品网络销售监测平台，应当与国家药品网络销售监测平台实现数据对接。药品监督管理部门对监测发现的违法行为，应当依法进行调查处置。药品监督管理部门对网络销售违法行为的技术监测记录资料，可以依法作为实施行政处罚或者采取行政措施的电子数据证据。

4. 法律责任 对于违反《药品网络销售监督管理办法》规定的药品网络销售企业和药品网络交易平台服务提供者，将依法承担相应的法律责任。法律、行政法规对药品网络销售违法行为的处罚有规定的，依照其规定。药品监督管理部门发现药品网络销售违法行为涉嫌犯罪的，应当及时将案件移送公安机关。

思考题

答案解析

某互联网药品零售企业（已取得药品经营许可证及互联网药品信息服务资格证书）在其平台上销售非处方药（OTC）和处方药。消费者李某通过平台购买了一盒阿莫西林胶囊（处方药），平台要求其上传电子处方后完成销售。后经监管部门核查，该处方由一家未备案的互联网医院开具。

1. 该互联网药品零售企业销售处方药的行为，是否违反《药品网络销售监督管理办法》的规定，为什么？

2. 哪些药品不可以通过该企业网络销售？

3. 该企业进行处方药信息展示时，应符合哪些要求？

书网融合……

微课　　习题　　本章小结

第四章 国外医药电子商务相关法律法规

PPT

学习目标

1. 通过本章学习，掌握日本、美国医药电子商务法规体系各方面规定及医药电子商务法律框架相关法律内容，熟悉欧盟医药电子商务市场情况、法规体系构成及电子商务法律框架指令内容，了解美国、日本医药电子商务发展概况。

2. 具有对比分析不同国家和地区医药电子商务法规体系差异的能力，能运用法规知识分析实际案例的合规性，能依据国外法规变化预测我国医药电子商务发展的机遇与挑战并提出应对策略。

3. 树立严谨法律意识和合规观念，遵守医药电子商务法规；提升对医药电子商务行业国际竞争力的认识，培养创新思维和国际视野。

第一节 美国医药电子商务相关法律法规

微课

一、美国电子商务法律框架

（一）《全球和国家商业电子签名法》

《全球和国家商业电子签名法》（ESIGN）是美国在2000年通过的一项联邦法律，旨在确保电子记录和电子签名在跨境或国内商业交易中的有效性和法律效力。该法案赋予了电子签名与传统手写签名同等的法律地位，并规定不能仅因其为电子形式而否认其效力或可执行性。ESIGN法案自2000年通过以来，对电子商务和商业交易产生了深远的影响。该法案的主要目的是消除电子技术在合同签订、文件收集和存储以及通知和披露发送等方面的法律障碍。

根据ESIGN法案，如果合同所有当事方选择使用电子文件并采用电子方式进行签署，那么这些签署的文件及其签署记录将受到法律的承认和保护。此外，法案还要求企业必须获得消费者的明确同意才能向其提供需要书面形式的信息，以确保消费者能够访问这些信息并做出明智的交易决定。

ESIGN法案不仅为电子商务提供了法律基础，还通过技术中立的方式明确了不同类型的电子签名均具有同等效力，不区分具体的电子签名类型（如SES、AES或QES等）。这一立法措施大大促进了美国企业的在线业务发展，并使其能够在全球化的商业环境中保持竞争力。值得注意的是，尽管ESIGN法案在美国范围内得到了广泛认可和实施，但仍有少数州（如伊利诺伊州、纽约州和华盛顿州）各自制定了关于电子签名的具体法规。这些州的法律通常会与联邦法律保持一致，但在某些细节上可能会有所差异。

（二）《统一电子交易法》

《统一电子交易法》（UETA）是美国为了规范电子交易而制定的一项示范法。该法于1999年7月由美国统一州法委员会通过，建议在各州参考适用。UETA的主要目的是确保电子交易与线下交易同样可执行，主要调整内容是电子记录和电子签名。UETA并不禁止纸质记录和手动签名，而是提供了一个框架，使得电子记录和电子签名在法律上与纸质记录和手动签名具有同等效力。

1. UETA 的核心内容

（1）电子记录和电子签名的法律认可　UETA 规定，电子记录和电子签名不得因其形式而被否认法律效力或执行力。

（2）电子合同的法律效力　UETA 确保使用电子记录形成的合同不会因其形式而被否认法律效力或执行力。

（3）电子代理人的规定　UETA 承认通过电子代理人（如计算机程序）签订的电子协议的有效性。

（4）技术中立原则　UETA 体现了技术中立原则，即不因采取电子方式而否认其法律效力和可执行性。

UETA 的实施并不强制要求使用电子记录或电子签名，而是适用于双方同意以电子方式进行交易的情况。此外，UETA 允许各方通过协议来改变或放弃其规定，这表明 UETA 的规则大多是默认规则，只有在协议未规定的情况下才适用。

UETA 在美国获得了广泛的认可，除了伊利诺伊州、纽约州和华盛顿州外，其他各州均采纳了 UETA。UETA 与 ESIGN 一起，为美国的电子签名和电子交易提供了法律框架。

2. UETA 在美国各州的实施情况和差异

（1）采纳程度　截至目前，已有 45 个州制定了或正在考虑 UETA，并且该法案在 46 个州、哥伦比亚特区和美属维尔京群岛得到了采纳。然而，有些州如乔治亚州、纽约州和南卡罗来纳州尚未采纳此法案。

（2）例外情况清单　各州可以根据自身的需要制定例外情况清单。例如，加利福尼亚州的 UETA 提供了一份广泛的例外情况清单，包括涉及遗嘱、契约或信托等事务的交易。

（3）法律效力与执行　UETA 规定只有当双方同意以电子方式进行交易时，该法才适用。虽然不需要手写签名或单独的文件，但双方必须同意使用电子记录和签名。此外，ESIGN 也于 2000 年获得通过，这两部法律共同赋予了电子交易法律效力，并允许其在交易双方之间得到执行和确认。

（4）记录问题　对于电子文档是否可以记录在各州的当地土地记录办公室中，存在不同意见。许多州的旧法和法规限制记录的文件必须是书面或纸质的，或者要求是原件；而其他州的法规则要求签名必须是书面且需要签署的确认函。尽管存在分歧，但许多司法管辖区的记录员已经开始记录电子文件，这些努力取决于个人记录员的发起人和各州可利用的法律机会。

（5）示范法方式的影响　UETA 作为一种“示范法”，其命运取决于各州对它的采纳程度与速度。这种示范法的方式使得各州可以在一定程度上参考并调整适合自身需求的法律框架。

3. UETA 对电子商务企业的影响

（1）法律基础的确立　在《统一电子交易法》之前，美国缺乏关于电子商务的联邦法规或条例，这使得企业在缺乏任何联邦规则的情况下运营，并对其合法性感到困惑。通过 UETA，电子签名和电子记录得到了法律认可，为电子商务提供了坚实的法律基础。

（2）促进在线业务发展　UETA 使企业能够将业务转移到在线经济中，与全球商业保持同步。随着越来越多的企业转向在线，对合法文件的需求增加，从而推动了电子签名市场的发展。

（3）保护消费者权益　UETA 强调保护在线或电子消费者的权益，重点是获得同意。这意味着在形成电子合同之前，需要确保消费者明确了解并同意相关条款，从而保障其合法权益。

（4）技术中立原则　UETA 遵循技术中立原则，不认可任何特定的技术协议，也不设置任何强制性计划。这种灵活性允许企业根据自身需求选择合适的技术解决方案，而不受制于特定标准。

（5）法律效力等同于纸质交易　UETA 的目标是确保电子交易的法律效力等同于纸质交易和手工签

名的交易，而不改变任何实质性的法律规则。这简化了电子交易的法律程序，提高了交易效率。

（6）鼓励自我监管和经济理性 UETA 更倾向于鼓励自我监管和经济理性，而不是制定详细的规范来控制电子商务的发展和使用。这种做法有助于减少行政负担，提高市场效率。

（7）国际竞争力提升 通过完善电子商务立法，如 UETA，可以增强企业的国际竞争力。

（三）《儿童在线隐私保护法》

《儿童在线隐私保护法》（COPPA）是美国于 1998 年通过并于 2000 年生效的一项联邦隐私法律，旨在保护 13 岁以下儿童的个人信息。该法案要求网站管理者明确其隐私政策并加以公告，尤其是在收集 13 岁以下儿童的个人信息数据时。根据 COPPA 的规定，任何面向儿童或实际知道其正在收集儿童信息的在线服务提供商都必须遵守这些规则。

近年来，随着互联网技术的发展和医药电子商务的兴起，COPPA 在医药电子商务领域的应用也逐渐受到关注。美国医药电子商务市场已经非常成熟，B2B 模式主要由大型医药批发商及医药企业发展而成，而 B2C 模式则包括网上诊断和网上药房等交易。互联网使这个年销售额达 830 亿美元的医药市场节约了大量开支，并且预计未来医药电子商务将继续对医药流通行业产生重大影响。然而，由于医药电子商务涉及大量敏感的个人信息，特别是涉及未成年人的信息，因此需要特别注意合规问题。例如，美国联邦贸易委员会（FTC）在 2023 年提出修订 COPPA，进一步限制企业利用儿童个人信息获利的能力，并让企业而非家长承担更多责任。此外，新的法案还计划扩大 COPPA 的范围，为 13 岁至 15 岁的未成年人提供新保护，并设立新部门监督针对儿童和未成年人的营销广告和隐私保护。

在 2023 年，FTC 提出了对《儿童在线隐私保护规则》（COPPA 规则）的修订案。具体内容包括以下几个方面。

（1）加强企业处理儿童个人信息的限制 新的提案要求企业在处理儿童个人信息时必须更加谨慎，以防止滥用和泄露。

（2）防范定向广告滥用儿童个人信息 新规则将禁止使用儿童个人信息进行定向广告，以减少对儿童隐私的侵犯。

（3）填补例外规则带来的漏洞 此次修订旨在弥补现有规则中的漏洞，确保所有涉及儿童信息的企业都受到同等监管。

（4）限制儿童在线时长 新规则还可能包含对儿童在线时间的限制措施，以保护他们的身心健康。

（5）禁止教育技术领域滥用儿童个人信息 特别针对教育技术公司，新规则明确禁止其滥用儿童个人信息，以避免商业利益损害儿童权益。

二、美国药品网络销售监管

（一）《互联网药店消费者保护法》

美国《互联网药店消费者保护法》主要由《2008 年瑞安海特网上药房消费者保护法》构成，该法案于 2008 年签署，修改了《美国联邦管制药品法案》，增加了对网上售药的规定。

1. 该法案的主要内容

（1）法律地位和责任 根据《2008 年瑞安海特网上药房消费者保护法》，部分网络售药违法行为将受到严厉的刑事处罚，例如最高可达 20 年的监禁。此外，法案还规定了对未经许可向美国公民销售药品的网上药店进行重罪论处。

（2）监管机构的角色 美国 FDA 主要负责药品研发、生产环节的监管，而药品使用环节的监管则由全国药房理事会协会行使。在涉及销售假药时，美国 FDA 才会介入。各州药房理事会是隶属于州政府的卫生部门，主管本州网上药店、药剂师的准入和日常监管工作。

（3）认证与合规 为了确保合法运营，所有在线药店必须获得美国政府颁发的互联网药店执业认证（VIPPS），并且处方药的网络广告商必须获得美国药房理事会（NABP）的网络广告认证。这些认证旨在帮助消费者识别安全和合法的在线药店。

（4）国际合作与打击非法活动 美国机构与其他国家合作，打击非法在线药品销售活动。此外，私营部门也加强了自愿合规努力。

（5）消费者保护措施 法案要求互联网药房在提供药品或医疗器械之前进行药物使用审查，并确保患者隐私和身份保护。同时，法案还涉及互动咨询、错误报告和药品召回信息披露等措施。

2. VIPPS 认证标准 美国政府颁发的互联网药店执业认证（VIPPS）和美国药房理事会（NABP）的网络广告认证的标准如下。

（1）许可证要求 通过 VIPPS 认证的网上药店必须持有所在州及销售药品目的地所在州的合法经营许可。

（2）处方验证 必须能够进行有效的处方验证，确保处方的真实性和合法性。

（3）质量标准合规 必须符合药品质量和安全的相关标准。

（4）常规检查申报 定期接受 NABP 的检查和评估，以确保持续符合认证标准。

（5）公众识别 经认证的网上药店可以在其网站上展示 VIPPS 标志，并提供超级链接到 NABP 网站，以便消费者查询。

3. NABP 网络广告认证标准 美国药房理事会（NABP）提出的网络广告认证标准如下。

（1）美国 FDA 数据库连接 所有处方药的网络广告商必须将广告内容连接至美国 FDA 的数据库，以确保广告中的药品信息准确无误。

（2）广告审批程序 广告内容需经过 NABP 的严格审批程序，确保广告内容合法合规。

（3）防止虚假广告 该政策旨在阻止不达标的、造假的药品在网上被当作合法药品出售。

（二）《药品供应链安全保障法》

《药品供应链安全保障法》（drug supply chain security act，简称 DSCSA）是美国于 2013 年 11 月颁布的一项重要法律，旨在确保药品在供应链中的安全性和可追溯性。该法案的主要目标是创建一个更加可控和封闭的处方药分销系统，以防止假冒、被盗或其他非法药品进入供应链，并定位有害药品。

全球化供应链的复杂性使得药品生产厂家面临诸多挑战。基于风险管理的质量管理体系可以帮助药厂有效掌控供应商资质，从而降低供应链漏洞带来的风险。DSCSA 的实施进一步强化了这一理念，推动了全球药品供应链的规范化和标准化。

1. 序列号管理、记录交易历史管理 根据 DSCSA 的要求，药品供应链上的企业，包括生产商、分销商、批发商等，必须对商品进行序列号管理、记录交易历史，并对可疑商品进行检疫检测。具体来说，从 2017 年 11 月起，制药企业必须在销售包装单位上显示二维码，并在 2023 年 11 月前在调剂包装单位上显示二维码；医药品批发商和第三方物流公司（3PL）则需在批次级别上管理数据。

2. 发布指导文件帮助行业理解和遵守 DSCSA 的相关条款和条件 此外，美国 FDA 还发布了多项指南文件来帮助行业更好地理解和遵守 DSCSA 的相关条款和条件。例如，美国 FDA 于 2021 年 6 月发布了关于 DSCSA 要求的指导文件，这些文件概述了如何识别和追踪处方药在整个生命周期中的各个环节。这些指导文件强调了包装层上的增强型药品分销安全要求，并规定了交易伙伴必须获得美国 FDA 授权才能消除灰色或临时分销商。

为了进一步推动 DSCSA 的实施，美国 FDA 计划在 2023 年 11 月之前对不遵守验证要求的批发商和分销商采取行动。同时，美国 FDA 也在不断更新其标准和指南，以确保所有利益相关者能够及时适应新的法规要求。

3. 建立产品追踪、验证和标识的要求 DSCSA 通过建立产品追踪、验证和标识的要求，显著提升了药品供应链的透明度和安全性。例如，美国 FDA 发布了关于某些处方药的验证系统指南，要求制造商、再包装商、批发分销商和配药商必须具备相应的验证系统。这些措施确保了药品在供应链中的每一步都能被追踪和验证，从而减少了假冒药品的风险。

4. 电子数据交换所必需的标准 美国食品药品管理局明确了在药品分销供应链中采用安全、可互操作的电子数据交换所必需的标准。这有助于提高供应链各环节之间的信息共享效率，减少人为错误和延误。

5. 供应链中的实体分类 根据 DSCSA，美国 FDA 发布了指南帮助行业以及州和地方政府了解如何根据该法案对药品供应链中的实体进行分类，并确定贸易伙伴。这一举措有助于制药企业更好地管理其供应链中的合作伙伴，确保所有参与者都符合严格的安全标准。《药品供应链安全保障法》的实施为制药行业提供了重要的指导和支持，帮助企业在面对未来大流行病威胁时保持药物供应的安全和稳定。

第二节 欧盟医药电子商务相关法律法规

一、欧盟电子商务法律框架

（一）《电子商务指令》

欧洲《电子商务指令》（E－commerce directive）是欧盟于 2000 年 6 月 8 日通过的一项重要法律文件，编号为 2000/31/EC。该指令旨在规范和促进欧盟内部市场的信息社会服务，尤其是电子商务活动。

1. 主要内容与目标 欧盟电子商务指令建立了欧盟电子商务的一般法律框架，确保成员国之间信息社会服务的自由流动，并协调统一各成员国有关信息社会服务的国内法规。指令规定了电子合同的法律效力，明确了电子签名和电子合同在法律上的地位，使得通过电子方式签订的合同具有与传统书面合同同等的法律效力。指令对中介服务提供商的责任进行了限制，要求其在不知情的情况下不承担因第三方使用其网络内容而产生的损害或刑事制裁责任。同时，成员国不得对中介机构施加一般性内容监控义务。指令强调了消费者保护的重要性，要求在线服务提供商必须遵守所在国的消费者保护规则，如明确标识广告、防止垃圾邮件等。指令旨在消除跨境电子商务中的障碍，允许无须事先授权即可提供在线服务，从而促进了欧洲内部市场的自由流动。

2. 影响与后续发展 自 2000 年通过以来，《电子商务指令》在促进欧盟内部市场的发展和提升欧洲服务提供商的竞争力方面发挥了重要作用。然而，随着互联网技术的进步和新的数字服务的出现，《电子商务指令》也面临更新和现代化的需求。例如，《数字服务法案》（DSA）被视为《电子商务指令》的现代化革新，进一步加强了对消费者权利的保护，并提高了平台对内容控制和信息透明度的责任标准。

欧洲《电子商务指令》作为一部里程碑式的法律文件，在推动欧盟内部市场一体化和促进电子商务发展方面起到了关键作用。尽管近年来面临新的挑战和需求，但其基本框架仍然有效，并继续影响着欧盟的电子商务环境。欧洲《电子商务指令》2000/31/EC（以下简称“指令”）自 2000 年 6 月 8 日通过以来，为欧盟内部市场的电子商务活动提供了基本的法律框架。该指令的主要目标是消除跨境在线服务的障碍，并确保企业和公民在电子商务领域获得法律确定性。

3. 具体实施情况

（1）法律框架与透明度要求 指令建立了关于在线服务提供者透明度和信息要求的统一规则，包括商业通信、电子合同以及中间服务提供者的责任限制等内容。这些规定旨在减少各国之间在立法和案例法上的差异，从而促进内部市场的平稳运行。

（2）在线中介的责任制度　指令第12～15条详细规定了在线中介的责任制度，保护在线中介免于因用户和第三方滥用其服务而承担责任。这使得在线中介能够在开放的平台上为用户和第三方提供搜索和交换商品、服务和信息的渠道，而不必担心被追究法律责任。此外，指令还要求在线中介及时采取措施消除或阻止非法信息的传播，以符合安全港条款。

（3）数据存储权和免责条款　指令赋予信息社会服务提供商数据存储权，并在其第13（1）条中明确规定了免责条款，使其免于因通过其电信网络发送的非法内容而承担法律责任。

（4）报告机制　根据指令的规定，委员会需每隔两年向欧洲议会、理事会以及经济与社会委员会提交有关本指令实施情况的报告。这一机制有助于持续监控和评估指令的实际效果，并及时进行调整。

4. 实施效果

（1）促进内部市场运作　指令成功地消除了跨境电子商务中的法律障碍，促进了内部市场的正常运作。它为在线企业提供了多项保护，例如对社交媒体公司的重大保护和免责条款，使其能够更自由地开展业务。

（2）支持创新和投资　指令的有限责任制度对初创企业的发展起到了积极的支持作用，并吸引了投资者对早期在线中介业务的投资。这种制度不仅降低了企业的运营风险，也鼓励了更多的创新活动。

（3）消费者权益保护　指令通过制定通用框架来规范内部市场的电子交易，增强了消费者信心。它为认可和合法化数字数据交换提供了法律框架，并为与文档相关的认证提供认可。这些措施确保了消费者在电子商务环境中的合法权益得到充分保障。

（4）对后续立法的影响　尽管《数字服务法案》等新法规保留了指令中的许多原则，但也在某些方面进行了改进，如增加“善意调查”原则，以鼓励信息社会服务提供商主动调查并遵守法律。这些变化进一步完善了电子商务领域的法律体系，促进了创新型中小企业的发展，并确保了消费者权益的保护。

（二）《电子身份、信托服务和电子签名指令》

欧洲《电子身份、信托服务和电子签名指令》（eIDAS）是欧盟为确保电子交易的安全性和互操作性而制定的一系列法规。这些法规旨在建立一个统一的法律框架，以促进成员国之间的电子身份认证和信任服务的互认，并提高电子商务的效率和可信度。

1. eIDAS法规概述　eIDAS，即Regulation（EU）No 910/2014，于2016年7月生效，并在2021年进行了修订。该条例取代了之前的指令（directive），成为直接有效的欧盟立法，解决了电子签名和电子身份认证的互操作性和统合性问题。其主要目标包括：①确保电子身份和信任服务在欧盟范围内具有同等效力；②提高跨境电子交易的透明度和信任度；③促进公共和私营部门中电子身份和信任服务的使用。

2. 电子签名分类　eIDAS条例定义了三种类型的电子签名。

（1）简单电子签名（SES）　不需要特定的安全措施，适用于非关键性的文档。

（2）高级电子签名（AES）　需要符合一定的安全标准，通常用于商业交易。

（3）合格电子签名（QES）　最高级别的电子签名，需要由合格的信任服务提供商生成，适用于法律文件等重要文档。

3. 信任服务提供商（TSP）　合格的信任服务提供商（QTS）负责管理并生成数字签名或印章创建数据，确保其符合eIDAS法规的要求。这些提供商必须遵循严格的监管要求，以保证其提供的服务的安全性和可靠性。

4. 跨境互认与应用　eIDAS条例强调了跨境互认的重要性，使得成员国颁发的电子身份证件可以在任何其他国家使用。这包括网上纳税申报、跨境银行账户开设、企业注册、学校申请以及个人电子病历读取等。然而，尽管法规提高了信任服务的可用性和采用率，各成员国之间仍存在差异，特别是在特定行业对信任服务的需求方面。

5. 技术规范与标准化 为了支持新的信任服务和技术，ETSI（欧洲电信标准协会）制定了相关技术规范，确保移动设备和其他智能设备上的数字签名创建协议符合 eIDAS 的要求。这些规范不仅支持高级和合格的电子签名和印章，还考虑到了全球商业使用的信任服务。

6. 法律效力与证据提取 根据 eIDAS 条例，合格的电子签名不得否认其法律效力和证据效力。这意味着在法律诉讼中，合格的电子签名可以作为有效的证据使用。此外，条例还引入了新的保存服务要求，以确保文档的可读性和长期保存。

（三）《通用数据保护条例》

欧洲《通用数据保护条例》（GDPR）对医药电子商务产生了深远的影响。首先，GDPR 是一项旨在保护自然人处理和自由移动其个人数据的欧盟法规，于 2016 年 4 月 27 日通过，并于 2018 年 5 月 25 日正式生效。该条例整合了隐私保护指令、电子通信隐私保护指令及欧盟公民权利指令，成为过去 20 年来最全面的数据安全和隐私法规。

在医药电子商务领域，GDPR 对药品生产企业、经营企业、医疗机构以及消费者之间的数据交换和处理提出了严格要求。例如，制药公司在开展临床试验时需要遵守 GDPR 的规定，这可能会对其高效发展造成一定威胁。此外，药店专业人员需确保处方表格不被患者和顾客看到，以符合 GDPR 的要求。

GDPR 还明确了数据主体的权利，包括被遗忘权和删除权，这些规定是保障个人医疗信息安全的重要手段。对于医药电商平台来说，这意味着必须在收集、存储、披露和删除数据的过程中遵循 GDPR 的相关规定。

总之，GDPR 对医药电子商务的影响主要体现在以下几个方面。

（1）数据处理合规性 医药电商需要确保所有涉及个人数据的操作都符合 GDPR 的规定。

（2）数据主体权利 必须尊重并实现数据主体的各项权利，如访问权、更正权、删除权等。

（3）数据安全与隐私保护 加强数据的安全措施，防止数据泄露或滥用。

（4）透明度与信息披露 提供清晰的隐私声明，帮助用户了解其数据如何被使用和保护。

二、部分欧盟成员国医药电子商务法规

（一）各国立法情况

欧洲部分开展医药电子商务国家通过建立高效的物流体系和透明的网上运作平台，建立严格的监管制度来保证医药电子商务的正常发展。在意大利，执业药师通过电子邮件为医疗患者提供咨询服务。

1. 法国 法国对在线药品销售有严格的法规要求。例如，网站域名不得具有宣传性、误导性或戏谑性，并且禁止链接到制药公司网站。法国还规定，只有授权的托管公司才能处理个人健康数据，并且需要通过加密过程与患者进行通信。尽管如此，法国目前不允许互联网药店运营。具体来说，法国的相关法规在《公共卫生法》中规定了药房和药剂师的资格要求，以及药品销售的许可条件。法国的药品主要通过药房销售，药房拥有实际垄断权。药店和超市不得出售药品，互联网药房也不允许销售药品。此外，一些地区允许少数医生出售药品，医院也允许向特定患者出售药品，但数量有限。药房必须由持有药剂师资格证的药剂师经营，且必须是法国或欧盟公民。开设新药房需获得当地当局批准，并满足《公共卫生法》中规定的法定人口统计要求。因此，法国在线药品销售的具体法规要求包括：①药品只能通过获得授权的药房销售；②药房必须由持有药剂师资格证的药剂师经营；③开设新药房需获得当地当局批准；④在线药房不允许销售药品。

2. 德国 德国自 2004 年起允许药品网上交易，规定在网上交易的医药企业必须获得“药品邮路销

售许可"，并能在顾客网上订购后的48小时内将药品寄达目标顾客。德国也允许跨境销售非处方药，前提是药店注册在欧盟内。然而，德国对在线销售处方药有严格限制，并且自2020年12月以来实施了处方药奖金禁令。

3. 瑞典 瑞典允许零售销售药品并向公众供应药品，现行法规包括《药物法》第57条和第59条。瑞典药品管理局发布的相关文件保证了其法律法规的权威性和完整性。瑞典《药物法》中关于医药电子商务的具体条款内容主要涉及以下几个方面。

（1）药品销售许可 根据《药品法》，只有在获得医疗产品机构（MPA）批准后，才能销售药品。对于某些疾病，MPA可以允许特殊许可证处方给特定的药房、处方者或诊所。

（2）抗生素药物的购买和使用 含有抗生素成分的药品只能在由药厂或制造商供应的药房购买，并且抗生素药物（包括用于兽医的含药饲料）只能通过处方、ApoDos（老年人单独包装的药物）或订购获得。

（3）药房销售统计数据报告 所有瑞典药房都必须向瑞典电子健康局（eHealth agency）报告每日所有产品的销售统计数据，该机构维护着一个全国性数据库，其中包含所有药物的销售统计数据，并将其提供给相关国家和地区当局和其他实体作为商业信息。

（4）抗微生物剂的混合与销售 饲料厂只能在瑞典农业委员会（SBA）的控制和授权下混合抗菌剂。所有用于饲料厂的抗菌剂产品的用量都必须每年向SBA报告，作为饲料控制的一部分。

（5）在线销售药品的规定 根据欧盟指令2011/62/EU，自2002年起，瑞典已授权通过互联网销售非处方药（OTC）。这一规定进一步保护了患者的安全，并且大多数欧盟成员国通常定义了具体的规则来确保这一点。

4. 奥地利 奥地利不允许通过邮寄方式销售药品，但消费者可以从其他欧盟成员国的网站上购买非处方药，前提是这些药品不需要医疗处方。奥地利对邮寄药品的法律限制及其对消费者的影响可以从多个方面进行分析。根据奥地利海关的要求，供个人使用的药品只有在有进口许可证的情况下才允许邮寄。这意味着，如果没有相应的许可证，消费者无法通过邮寄方式合法地将药品从国外带入奥地利。此外，某些特定国家/地区的商品也受到限制。这些限制可能会影响那些希望从这些国家或地区购买药品的消费者的便利性和选择范围。

奥地利对药品的生产、营销、定价和应用有特殊的法律法规，这些法规基于健康政策和消费者保护等动机。例如，药品销售主要通过药房进行，仅允许在药房出售维生素产品或茶叶等简单药品。这表明，邮寄药品到奥地利可能会违反当地的药品分销体系，从而影响消费者的购买渠道。此外，奥地利对进口商品有严格的禁令，包括药品、动物产品和营养补充剂等。这意味着，即使消费者能够获得进口许可证，也可能面临其他法律法规的限制，从而影响药品的邮寄和使用。对于违反法律的包裹或者会对其他特殊法律法规造成侵害的包裹，奥地利邮政服务不接受。这进一步限制了邮寄药品的可能性，因为任何不符合规定的包裹都可能被拒绝邮寄或扣押。奥地利对邮寄药品的法律限制主要包括需要进口许可证、特定国家/地区的限制、药品分销体系的规定以及对违反法律的包裹的拒绝。

总体来看，欧洲各国在医药电子商务方面都有较为严格的法律法规来确保药品的安全性和合规性。各国的具体规定有所不同，但都强调了对患者隐私保护、药品质量控制以及合法性和透明度的要求。

（二）各国药品法规的差异与协调

法国对互联网药店的管理非常严格，不允许在法国境内运营的互联网药店。消费者只能从非法国网站购买药品。然而，消费者可以合法地从外国互联网药店购买非处方药（OTC）。此外，法国国家健康制品卫生安全局（AFSSPS）负责药品上市注册、药品价格、药品广告以及药品上市后的监管。

爱沙尼亚允许通过互联网销售处方药，并且其国家药物控制局定期对药品流通企业进行监督检查，确保其符合相关的法律法规和质量要求。这表明爱沙尼亚在在线药品销售方面采取了较为宽松的政策，允许处方药的在线销售并加强了市场监管。

德国的在线药品销售受到严格的监管。联邦药物和医疗器械管理局（BfArM）是主要的监管机构，由卫生部直接管理。国外网络药店若要向德国人销售药品，必须遵守德国的药品价格管理条例，并且仅限于欧洲国家的网络药店才能获得许可。德国还通过法律加强对实体药店的支持，以提高药物治疗的安全性和有效性。

（三）跨境药品销售的法律问题

欧盟对药品的监管非常严格，主要通过《条例（欧盟）2017/79》来确保药品的质量和安全性。该法规涵盖了药品从研发到上市的全过程，并且要求所有在欧洲市场上销售的药品都必须符合这些标准。在欧盟，各国政府可以根据商品自由流动的原则制定相应的药品价格监管政策。这意味着虽然专利权人不能禁止出口，但也不得对平行进口商的购买或销售数量进行限制。这种政策有助于保障市场竞争和消费者利益。

对于从事跨境医药产品销售的企业，平台需要实现对产品质量的管控、追溯管理，并建立完善的质量保障体系和售后服务体系。平台需对入驻企业的行为进行监测，发现违规行为应立即停止服务并报告相关部门。医药电子商务网站的管理涉及多个方面，包括虚拟主体确认、注册登记制度、准入审批程序、清算制度以及信息公开等。此外，德国政府允许网上药店在满足特定条件后开展业务，如获得“药品邮路销售许可”并在48小时内将药品寄达顾客。

跨境药品许可交易存在知识产权侵权的风险，许可方通常以其签订日所知为限进行陈述保证。同时，税务合规也是重要考量因素，需注意计算净销售额适用的汇率确定时点。

在欧洲跨境销售医药产品时，建立有效的质量保障体系和售后服务体系是至关重要的。

1. 质量保障体系

（1）遵守欧盟法规　确保所有业务活动符合欧盟的法律框架和监管要求。欧盟统一药品立法的主要目的是建立统一的市场，保障公共健康。此外，欧洲药品管理局（EMA）发布的GMP和MAH思考性文件也提供了关于良好生产实践和市场授权持有人的规定。

（2）质量管控和追溯管理　通过具备符合试点要求的电子商务平台交易服务系统，实现对跨境医药产品的质量管控和追溯管理。这有助于确保产品的质量和安全性。

（3）风险防控体系　建立完善的跨境医药产品风险防控体系，以应对可能的风险和挑战。

2. 售后服务体系

（1）本地化服务　提供及时、优质的本地化服务。可以在主要市场设立分公司或团队，以便为客户提供技术支持和服务。例如，在某些地区驻有分公司，分公司团队将为客户最大限度地提供技术支持。

（2）售后服务承诺　明确售后服务承诺，包括保修期内的服务内容和客户使用不当导致的损失处理方式。

（3）数字化工具管理　借助数字化工具管理医疗设备和服务，提高售后服务的效率和质量。

3. 合规意识和风险管理

（1）强化合规意识　面对复杂的国际环境和严格的监管要求，医药行业跨境平台需要进一步强化合规意识和风险管理能力。确保所有业务活动符合国际标准，避免法律风险。

（2）统一标准　欧盟成员国已经对医药产品进行了统一立法，特别是草药产品和传统草药产品的特殊性监管环境。企业应遵循这些统一标准，确保产品符合各国的法规要求。

第三节 日本医药电子商务相关法律法规

一、日本医药电子商务法律框架

（一）日本医药电子商务相关法律

日本的医药电子商务涉及多个法律领域，包括行业法、商业交易法、竞争法和消费者权利保护法等。尽管没有专门针对电子商务的行业法，但通过修改现有法律如商业交易法和消费者权利保护法来适应电子商务的发展。在药品销售方面，根据《关于确保药品、医疗器械等的质量、有效性及安全性等的相关法律》（简称《药械法》），对药品广告进行了严格监管，禁止虚假或夸大宣传，并要求广告内容必须符合适当性标准。此外，《药械法》规定医生必须当面对患者进行用药指导，初诊原则上被禁止在线上进行，处方药只能在实体药房购买。

日本还制定了《关于电商与信息交易准则》《电商消费者合同法》《关于消费者在电商中发生纠纷的解决框架》等一系列法律法规，以加强对电子商务交易的监管。这些法律旨在维护电子商务的健康发展并保护消费者的合法权益。日本通过一系列法律法规对医药电子商务进行规范和监管，确保药品的安全性和有效性，同时保护消费者的权益。

日本医药电子商务的最新法律法规更新主要集中在以下几个方面。

（1）日本政府发布的新法对药品和医疗器械的监管进行了多项调整。新法扩大了医药品回收报告范围，要求药品制造商和销售商在回收药品时向厚生劳动大臣报告，并规定药品直接容器上应标注“注意——医生处方”字样。此外，新法还设立了医疗器械和体外诊断用药品的制造商和销售商章节，并新增了体外诊断用药品制造商和销售商许可类型。

（2）日本厚生劳动省决定修改《医药品医疗机器法》，允许患者通过手机或电脑在网上接受药师问诊，并通过快递将处方药送到患者手中。这一修改法案预计最早从2020年春季开始生效执行。目前，线上问诊已在部分地区开始实施，如果法律修改正式通过国会审议，药师通过网络进行在线用药指导将合法化，从而实现从看病到取药的一条龙服务。

（3）在日本合法开展医药电子商务业务需要遵循一系列严格的法规和程序。外国制造商若要在日本开展药品业务，首先需要获得制造和营销许可证。这包括向日本厚生劳动省（MHLW）申请药品制造和营销许可证，并提交相关的制造和营销订单。根据《药事法》，医药品销售分为店铺销售业、配置销售业和批发销售业三种类型。其中，店铺销售业许可由各商店所在地都道府县知事颁发，需提交申请书和相关文件，并符合一定标准才可获得许可。日本对OTC药品有严格的分类规定。一级OTC药品只能由药剂师销售或提供；二级和三级OTC药品则可以由药剂师或注册销售人员出售。此外，只有持有指定销售许可的商家才能通过互联网销售这些药品。

（4）日本政府制定了多项规范电子商务交易的法律法规，如《日本电商与信息交易准则》《电子消费者合同法》等。这些法规要求电商平台在进行交易时必须确保身份确认和交易透明度。日本厚生劳动省有权要求批发商和零售商报告相关情况，并对其工厂、办公室等场所进行检查，以确保其遵守法规。必要时，MHLW或县长可能会下令采取措施，如要求批发商接受指定机构的检查、改进质量管理方法或停止运营，直到这些改进得到落实。尽管日本允许通过网络购买非处方药，但对处方药的网售进行了严格规范。因此，在开展医药电商时，必须特别注意处方药的销售限制。日本还有一系列关于消费者权益保护的法律，如《关于消费者在电子商务中发生纠纷的解决框架》。这些法律旨在保护消费者免受不公平交易行为的影响。

（5）日本医药电子商务领域存在一些监管挑战和未来趋势。厚生劳动省正在考虑放宽对远程医疗器械销售的监管，但这一措施引发了连锁药店协会（JACDS）的强烈反对。他们认为，远程医疗器械销售不应仅限于有资格的人群，并建议允许通过应用程序或电话与注册销售人员联系以购买产品。然而，厚生劳动省目前的立场是放弃一半的规则，但暂时不会考虑远程医疗器械销售。

非法在线药房的存在是一个国际问题，尽管欧盟和美国都有公认的在线药房制度，但伪劣药品仍有可能流入患者手中。此外，互联网容易被国外控制，使得单一国家或地区的监管难以管理。随着医药电子商务的兴起，互联网药品销售技术及网络营销形式层出不穷，在合规上和监管技术上均对监管提出了新的挑战。因此，药品监管部门需要及时根据互联网技术的发展进行全面数字化改革，从网售药品销量统计、品类监控、报备信息、流量异常、投诉举报、药品检查、第三方平台监测、药品追溯、违法查处等方面进行监管新技术的开发和应用。有人提出应放宽对普通药品的监管，但对于有副作用的药品，应优先考虑安全性而非便利性，并适当限制便利性。这表明在互联网销售普通药品时，如何平衡便利性和安全性是一个重要的监管挑战。药品跨境电商交易平台面临海关传统的货物监管与征税带来的挑战，难以快速通关和退税等问题，这影响了药企的运营效率。

（二）日本的《电子签名和认证服务法》

日本的《电子签名与认证服务法》（简称《电子签名法》）是一部专门规范电子签名和认证服务的重要法律。该法律于2001年4月1日正式实施，旨在确保电子签名的安全使用，并促进信息传播和处理。

（1）立法目的　根据《电子签名与认证服务法》第一条的规定，本法的主要目的是对电磁记录的真实性推定、指定认证服务许可及其他有关电子签名的必要事项进行规范，通过确保电子签名稳妥使用，以促进采用电子手段的信息传播和处理，从而有助于提高市民生活质量及整个国家经济的发展。

（2）认证服务定义　依据本法之目的，“认证服务”是指遵照使用电子签名的人（用户）要求或应其他人的要求，证明旨在确认某用户所为之电子签名确属该用户所有的服务。而“指定认证服务”则是指能够证明按照相关部门命令制定的标准而制作的电子签名的服务。

（3）核心内容　《电子签名与认证服务法》主要篇幅用于规范认证服务，这一点与欧盟的电子签名统一框架指令十分类似。具体来说，法律详细规定了电子签名的效力、认证机构的职责以及相关的法律责任等。要成为“电子签名”，必须满足以下两个条件：①表明信息是由签署人创建的；②技术上能够检测文档是否被修改。

（4）法律效力　根据《电子签名与认证服务法》第十三条的规定，可靠的电子签名与手写签名具有同等的法律效力。这意味着使用公钥密码技术生成的高级电子签名在法律上与传统的手写签名具有相同的效力。

（5）认证机构　提供电子认证服务的认证机构必须具备相应的资质证书，并符合国家安全标准的技术和设备要求。此外，外国的认证机关只要符合日本的认定标准，也可以被接受为合法的认证机构。

（6）实施规则　为了确保法律的有效执行，《电子签名与认证服务法》还颁布了相关的实施规则，这些规则进一步细化了认证程序和法律责任等内容。

（7）国际合作　为了推动国际从事认证的业者享受同等待遇，《电子签名与认证服务法》明确规定由外国事务所做的认证业务者可接受主管机关的认定。

总体而言，《电子签名与认证服务法》通过明确电子签名的法律地位和认证服务的具体要求，为电子商务和其他数字交易提供了坚实的法律基础。这不仅促进了信息传播和处理的安全性和便捷性，也为日本经济的整体发展做出了重要贡献。

此外，为了应对跨境电子商务的挑战，日本还特别强调了电子合同的法律认可效力，并提出了合理解决跨境贸易中合同纠纷的方案。这表明日本不仅关注国内电子商务的发展，也在积极适应全球化趋势，推动跨境电商的健康发展。

（三）日本的《个人信息保护法》

日本的《个人信息保护法》（act on the protection of personal information，简称 APPI）是日本在个人信息保护方面的重要法律。该法律旨在规范个人信息的处理和使用，以保障个人隐私权和数据安全。

1. 法律背景与历史　日本的第一部个人信息保护法于 2003 年制定，并于 2005 年 4 月 1 日开始实施。此后，随着信息技术的发展和社会需求的变化，日本对该法进行了多次修订。2015 年进行了第一次重大修改，并于 2017 年全面实施。最新的修订版于 2020 年通过，并于 2022 年 4 月 1 日正式生效。

2. 主要内容

（1）定义与适用范围　《个人信息保护法》适用于所有在日本境内处理个人信息的企业、行政机构以及公共团体。个人信息被定义为能够识别个人身份的信息，包括但不限于姓名、地址、电话号码、电子邮件地址等。

（2）基本原则与义务　该法律明确了处理个人信息的基本原则，包括合法性、必要性、最小化原则和透明度原则。企业必须确保其个人信息处理活动符合这些原则，并且在处理前需获得数据主体的同意或通知。

（3）数据主体的权利　数据主体享有多种权利，包括请求访问其个人信息的权利、请求更正或删除其个人信息的权利以及反对其个人信息被使用的权利。

（4）监督与处罚　日本个人信息保护委员会（PPC）负责监督和执行《个人信息保护法》的相关规定。违反该法律的企业可能面临罚款和其他法律后果。

（5）特别条款　新版《个人信息保护法》还特别关注跨境数据传输的问题。根据第 24 条的规定，企业在将个人信息传输到其他国家时，需要事先取得数据主体的同意并履行告知义务。

3. 修订情况　日本《个人信息保护法》在 2020 年进行了修订，具体增加了以下新规定。

（1）向第三方和海外传输个人数据的新程序　这是主要的变化之一，企业需要遵守新的程序来确保在向第三方或海外传输个人数据时的合规性。

（2）现行指南的修订　为了适应新法律的要求，相关的指导文件也进行了更新，以帮助企业和个人更好地理解和执行新的法律规定。

二、日本药品网络销售监管

（一）药品网络销售的法规要求

日本将非处方药分为三个风险等级：一级（高风险）、二级（中等风险）和三级（低风险）。一级药品只能由药剂师销售或提供；二级和三级药品则可以由药剂师或注册销售人员出售。此外，获得指定销售许可的商家还可以通过互联网销售 OTC 药品。根据《药品和医疗器械法》，禁止虚假或夸大其词的宣传，以及针对特定疾病的药品或再生医学产品的公众宣传，尚未获批的药品不得进行宣传。同时，药品广告还受到《不当商品和不当宣传防止法》和《特定商业交易法》的监管，以防止不当宣传和诱导消费者购买。

（1）日本允许通过网络销售处方药，但必须确保处方来源真实可靠，并实行实名制。药品网络零售企业应当与电子处方提供单位签订协议，并严格按照有关规定进行处方审核调配，避免处方重复使用。药品网络销售企业必须建立并实施药品质量安全管理、风险控制、药品追溯、储存配送管理、不良反应报告、投诉举报处理等制度。第三方平台也需建立相应的管理制度，配备药学技术人员承担药品质量安全管理工作。

（2）日本制定了潜在风险评估和信息传播及咨询系统，并根据风险等级实施了相应的措施。制造销售者在提供体外诊断用医药品时，可以通过信息通信技术的方式获取相关文件或信息。MHLW 有权要求批发商和零售商报告相关情况，并对其工厂、办公室等场所进行检查，以确保其遵守法规。必要时，MHLW 或县长可能会下令采取措施，如要求批发商接受指定机构的检查、改进质量管理方法或停止运营。

（3）日本的药品网络销售法规涵盖了从药品分类、广告宣传、处方药销售、药品质量和安全管理到监管机构角色等多个方面，确保了药品市场的安全有序。

（二）药品追溯和供应链管理

日本在药品追溯和供应链管理方面有着较为完善的体系，其主要特点包括物流、资金流和信息流的合理调配。

（1）日本的药品供应链管理强调追溯机制，以防止伪劣药品流入市场。例如，药品销售和分发过程中需要详细记录规格、批号、采购量和日期等信息，并验证卖方的可信度。此外，为了提高可追溯性，日本引入了条码技术，这不仅有助于防止违规行为，还能提升药品流通效率。在药品监管法规方面，日本制定了多个系统来保障药品安全。例如，《药品事务法》规定了新药的重新检查制度，并从1993 年起实施了良好的药品后营销监察实践（GPMSP），以确保药品上市后的安全性。同时，日本还引入了国际协调机制如 PIC/S 指南，以实现与全球其他地区的监管标准一致。

（2）日本医药冷链物流服务模式具有强大的功能和高自动化水平，进一步促进了供应链上下游的信息共享和高效运行。这种模式不仅涉及药品批发商企业之间的信用贷款和资金收取业务，还包括对退货问题的严格处理，以防止不良或伪劣药品混入市场。

日本的药品追溯和供应链管理系统通过先进的技术和严格的法规，确保了药品从生产到使用的每一个环节都处于可控状态，从而保障了公众用药的安全性和有效性。

（3）积极参与 PIC/S。日本通过多种国际协调机制与全球其他地区的监管标准保持一致，其中最显著的是参与药品和医疗器械生产质量管理规范（PIC/S）的活动。具体来说，日本自 2014 年成为PIC/S 成员以来，积极参与了多个工作组，包括控制共享设施中的交叉污染、ICH Q12 培训材料等。此外，日本还修订了 GMP 执行通知以符合 PIC/S 的 GMP 准则，并在 2018 年扩大了受批准药品范围，包括新药物质、化学制剂中无菌制剂以及疫苗等生物制剂中的无菌产品。日本不仅在 PIC/S 框架内积极行动，还与其他国家和地区达成协议。这些措施确保了日本的药品监管标准与国际标准的一致性。

思考题

答案解析

德国药房“PharmaNet”通过欧盟通用徽标认证后，向法国消费者销售非处方药，但被法国监管部门处罚。法国认为其网站未标注法语警示语，且广告内容违反本地《医疗广告法》；而 PharmaNet 主张依据欧盟《电子商务指令》享有跨境服务自由。同期，希腊监管部门以“未纳入本国认证清单”为由封禁荷兰某药房网站。

1. 举例说明欧盟成员国在医药电商广告限制、语言要求、认证清单管理上的差异。
2. 成员国如何利用欧盟框架下的“必要性原则”维护本地监管特权？
3. 企业如何平衡欧盟统一认证与成员国特殊要求？

书网融合……

微课　　习题　　本章小结

第五章　电子商务应用系统

PPT

学习目标

1. 通过本章学习，掌握电子商务的基本框架内容、域名和 IP 地址的关联内容，熟悉支持电子商务应用系统的技术情况，了解电子商务应用系统的构成及其的交易平台的建设流程。

2. 具有明确电子商务信息关联的基本素养，具有明晰电子商务基本流程、掌握电子商务应用系统的整体建设情况的能力。

3. 树立信息技术对电子商务发展方面的重要性认知，树立良好的信息素养与理性思维。

第一节　电子商务应用系统的基本运行框架

电子商务的基本框架是指实现电子商务从技术到应用层所应具备的完整运作基础，它在一定程度上改变了市场构成的基本结构。电子商务的基本框架是支撑电子商务日常运作、推动市场结构转变、促进交易全球化、便捷化的重要基础，其基本框架结构如图 5－1 所示，包括五个主要层面和两个基本支撑点。现分别简述如下。

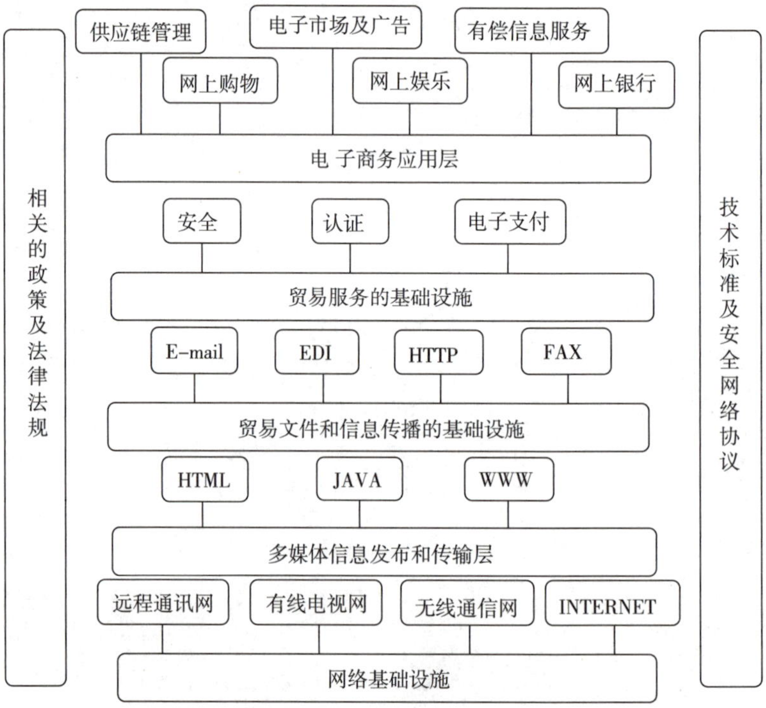

图 5－1　电子商务的基本框架结构

一、网络基础设施

网络基础设施是指构成网络基础的设备、软件、服务和网络资源等要素的总称，它是网络通信服务的基础，直接关系到网络的可靠性、安全性和性能。而“信息高速公路”实际上是网络基础设施的一个较为形象的说法，它指的是一系列先进的通信网络和基础设施，它们共同构成了信息和数据传输的“道路”，是实现电子商务最低层的基础设施，它通常包括骨干网、城域网、局域网以及远程通信网（telecom）、有线电视网（cable TV）、无线通信网（wireless）、互联网（internet）和移动网络等，这些网络都在不同层次上提供电子商务所需的传输线路，但是大部分的电子商务运作还是基于 internet 媒介的。

二、多媒体信息发布和传输层

多媒体信息发布和传输层是互联网架构中负责处理和分发多媒体内容的部分。这一层确保了文本、图像、音频、视频等多种形式的信息能够通过互联网有效地发布和传输。其中，万维网（WWW，world wide web）和超文本标记语言（HTML）是发布信息时最常用的技术之一。随着技术的进步，多媒体信息发布和传输层也在不断地演进，以适应不断增长的数据量和用户对丰富多媒体内容的需求并提供更快、更安全、更丰富的用户体验。

三、贸易文件和信息传播的基础设施

贸易文件和信息传播的基础设施是国际贸易中不可或缺的一部分，它们确保了全球商业活动的顺利进行。一般来说，文件传输多见于以下几种交流方式：一种是非格式化的数据交流，如使用传真、Email传递信息，它主要是面向人的；而另一种是格式化的数据交流，如 EDI（electronic data interchange，电子数据交换）是指按照统一规定的一套通用标准格式，将标准的经济信息通过通信网络传输。HTTP（超文本传输协议）是 internet 上通用的信息传播工具，它可以用统一的显示方式，在多种环境下显示非格式化的多媒体信息。

四、贸易服务的基础设施

主要包括标准的商品目录服务、建立价目表、电子支付工具的开发、保证商业信息安全传送方法、认证买卖双方合法性方法等。对于电子商务来说，为了保证交易的安全性，使传递的信息可靠、不可篡改、不可抵赖，应该能在有争议的时候提供适当的证据，只有在卖方得到货款，买方得到货物时，交易才能算真正完成。因此，网上支付的安全是保障交易顺利进行的关键。目前，通常采用 CA 认证来提供端到端的安全保障。

五、电子商务的实际应用层

电子商务的实际应用层是电子商务系统的最顶层，它直接面向最终用户，提供具体的商务应用和交易服务。这一层具体应用范围十分广泛，包括供应链管理、网上购物、电子市场以及电子广告、网上娱乐、网上银行等。例如，淘宝是中国领先的电子商务平台之一，不仅是一个在线购物网站，也是一个综合性的电子市场，淘宝提供从日常用品到电子产品、服装、家居装饰、汽车配件等几乎所有类型的商品，允许个人和商家在平台上开设店铺，进行商品买卖。淘宝具备的多种促销活动、买卖双方即时通讯工具、个性化推荐使用、直播展示、售后服务等内容使其在国内甚至国际市场拥有强大的用户基础，它不仅改变了中国消费者的购物习惯，也对全球电子商务行业产生了深远的影响。“小红书”是一个结合社交媒体和电商的平台，用户可以通过分享购物心得和产品评价来影响其他用户的购买决策，同时也可以直接在平台上购买商品。小红书平台拥有生活分享、购物心得分享、用户互动、电商平台购物等功能，这些特有功能将社交媒体和电商有效结合起来，近年来积累大量用户群体，平台发展迅速，是电子商务实际应用的范例。

六、相关的政策及法律法规

电子商务的政策及法律法规是电子商务框架的重要支撑点，为促进电子商务的发展，我国先后制定了一系列的电子商务法律、法规、规章，如《中华人民共和国电子签名法》《中华人民共和国网络安全法》《中华人民共和国电子商务法》等，它们为电子商务活动提供了规范和指导，确保了电子商务的健康、有序发展。同时，电子商务作为一种革命性的商业模式，其超越地理界限的特性确实在全球范围内引发了与各国不同体制和国情的潜在冲突，为了规范网上电子交易行为，加强国际的合作和开发研究是必要的，通过跨国界协作可以共同探讨和制定适应全球化电子商务的法律框架和标准，并最大化其对全球经济的积极影响。

七、技术标准和网络协议

电子商务的技术标准和网络协议是确保电子商务活动顺利进行的基础。它们包括了一系列的国际和国内标准，用于规范电子商务中的技术应用、数据交换格式、交易流程和安全保障等方面。就电子商务而言，各项技术标准对于保证系统的兼容性和通用性是十分必要的。已经制定出来的标准如 UN/EDIFACT，美国的 X. 12 以及一些国际组织同业界合作制定的用于电子商务安全支付的 SET（电子安全交易协议）已经在这方面起到极大作用。

第二节　电子商务应用系统的技术支持

电子商务系统是一个高度集成的技术系统，它集合了计算机技术、网络通信技术、金融信息处理技术等并依赖于多种关键技术来实现其功能。其中涉及的关键技术有 Web 技术、电子数据交换（EDI）技术、在线支付技术、信息安全技术以及计算机虚拟现实技术等。

一、Web 技术

Web 是电子商务的主界面和商务信息的直接集散地，而 Web 技术是构建和维护现代互联网应用的基础，它包括 Web 数据的结构化、智能化和互操作性、Web 查询、Web 数据库、Web 数据交换以及数据仓库等技术。它直接关系到商务智能的实现，尤其是 Web 数据库技术，Web 数据库技术主要应用于网上商品信息的发布、检索及后台数据库的相关数据操作。作为现代企业信息系统的电子商务离不开 Web 数据库技术，它为企业面向 internet 的新型经营模式提供坚实的技术基础。

二、EDI 技术

企业与企业之间的交易谈判、交易合同传送、商品订货单传送等都需要 EDI 技术。EDI 使得具有一定结构特征的数据信息在计算机应用系统之间进行的自动交换和处理，这些数据信息称为电子单证，EDI 的目的就是以电子单代替纸制文件，进行电子贸易，从而在很大程度上提高商务交易的效率并降低费用。在 EDI 中，计算机系统是生成和处理电子单证的实体；通信网络是传输电子单证的载体；标准化则将生成的电子单证按规定格式进行转换以适应计算机应用系统之间的传输、识别和处理，使用 EDI 可以有效取代贸易中的纸质文档如采购单或发票等，因此 EDI 也被俗称为“无纸交易”。

三、在线支付技术

是否具有在线支付方式是衡量电子商务系统是否完整的重要尺度。在线支付技术是电子商务活动中的关键组成部分，它指的是消费者、商家和金融机构之间使用安全电子手段交换商品或服务，它允许用户通过电子方式进行货币支付和资金转移。这些新型的支付手段包括电子现金（e－cash）、信用卡（credit card）、借记卡（debit card）、智能卡等。支付信息通过网络安全地传送到银行或相应的处理机构，来实现电子支付。其技术包括电子支票、信用卡、智能卡的使用管理，电子资金的转账、银行资金清算等。这类技术主要解决付款方式。

此外，电子支付领域存在多种支付方式，每种方式都有其独特的特点和适用场景，如电子钱包、第三方支付平台、电子支票等，这些支付方式可能由不同的机构提供，它们之间可能存在技术标准、安全协议、处理流程等方面的差异，导致不同支付方式之间难以直接兼容。这种不兼容性可能会给用户和商家带来不便，比如在某些平台上可能无法使用特定的支付方式。因此，为了提高用户体验和支付系统的效率，在线支付技术的研究和开发中还包括了对不同支付方式的统一性研究。

四、信息安全技术

信息安全技术是实现电子商务的关键技术，其中包括防火墙技术、信息加密与解密技术、数字签名技术等。目前，一个安全的电子商务首先必须具有一个安全可靠的通信网络，以保证交易信息安全迅速地传送，其次必须保证数据库服务器的绝对安全，防止网络黑客闯入窃取信息。在基于网络的电子交易中，由于交易各方不进行面对面的接触就进行交易，这就对电子交易的可靠性和安全性提出很高的要求，客户要求提供发送信息的绝对安全保证而不被非法修改；保证只有其目标接受方才可能收到他发送的信息，不被非法窃取；商户能够验证信息确实来自合法的客户，从而使客户对此信息的发送不可否认，双方均需对彼此合法身份进行验证，这就是网络安全的四大要素：传输保密性、数据完整性、信息不可否认性、证明交易原始性。为此，需要考虑几个关键问题，即数据加密工具，验证和口令管理，用户身份验证技术，接入控制机制，抗病毒产品，电子商务管理工具，旁听监视，告警技术，单用户修改技术，骚扰判断，硬件设备安全和查询服务等。因此，必须针对特定电子商务的框架，选择那些可以达到业务目标的技术，设计可行的商务网络，确保电子交易的安全。

五、计算机虚拟现实技术

虚拟现实（virtual reality，VR）技术是一种通过计算机生成的三维环境，使用户能够体验到仿佛身临其境的沉浸式体验。这种技术涵盖了计算机图形学、人机交互、传感器技术等多个领域。VR 技术的核心在于其高度的逼真性和交互性，它允许用户通过特殊的显示设备和技术与虚拟环境进行交互。虚拟现实（VR）技术在电子商务领域的应用，为在线购物体验带来了革命性的变革。通过 VR 技术，消费者可以享受到更加沉浸和互动的购物体验，仿佛置身于实体店中。这种技术的应用不仅增强了购物的真实感和趣味性，还提高了用户参与度和购买满意度。诸如，虚拟展厅和商店参观、产品可视化等就属于电子商务在 VR 技术的应用内容，随着技术的进步，VR 技术与电子商务的结合也被视为一种新的营销手段，可以提供更加丰富的互动体验和创新的购物方式，VR 在电子商务中的应用前景广阔。

六、数据挖掘技术

数据挖掘（data mining，DM）是目前人工智能和数据库领域研究的热点问题，所谓数据挖掘是指从数据库的大量数据中揭示出隐含的、先前未知的并有潜在价值信息的非平凡的过程。数据挖掘是一种决策支持过程，它主要基于人工智能、机器学习、模式识别、统计学、数据库、可视化技术等，高度自动化地分析企业的数据，做出归纳性的推理，从中挖掘出潜在的模式，帮助决策者调整市场策略，减少风险，做出正确的决策。

数据挖掘技术在电子商务领域的应用至关重要，它可以帮助企业从大量用户数据中提取有价值的信息，优化服务和提高销售效率。数据挖掘技术是通过分析每个数据，从大量数据中寻找其规律的技术，主要有数据准备、规律寻找和规律表示3个步骤。数据准备是从相关的数据源中选取所需的数据并整合成用于数据挖掘的数据集；规律寻找是用某种方法将数据集所含的规律找出来；规律表示是尽可能以用户可理解的方式（如可视化）将找出的规律表示出来。

七、数据库技术

在电子商务的业务活动中会用到很多信息，如商家为用户提供的商品信息、认证中心储存的交易角色的信息、配送中心需要使用的配送信息、商家管理用户的一些购买信息以及用户的购买历史信息等。这些信息需要合理地储存起来，并能够在需要的时候抽取出来，这就要利用到数据库技术。数据库技术是企业管理信息系统的核心技术。该技术包括数据模型、数据库系统（Oracle、Sybase、SQLserver 等）、数据库管理系统（包括数据库系统建设和数据仓库、联机分析处理和数据挖掘技术等）。应用于电子商务中的数据库技术主要的功能包括：数据的收集、存储和组织；决策支持；Web 数据库。

知识拓展

虚拟现实技术在电子商务中的应用

近年来伴随信息技术发展，虚拟现实技术在电子商务中的应用逐渐增多，诸如虚拟试衣间、虚拟家具摆放、虚拟试妆等新式功能不断涌现。有销售 App 拥有的 AR 试鞋功能支持用户查看鞋面材质、贴合度及动态行走效果，用户可以在手机或计算机屏幕上，通过 AR 技术试穿各种衣物、鞋子和配饰等；有家具销售平台应用允许用户将沙发、柜子等家具“放置”在家中，减少因尺寸不符导致的退货问题；有化妆品虚拟系统功能可以让消费者试妆超5000种产品。虚拟现实技术在电商中的发展正逐渐影响企业与消费者间的互动和运营方式，为人类生活带来更多便捷与个性化体验。

第三节　电子商务应用系统的构成

电子商务应用系统由电子基础设施（E－infrastructure）、企业营业支持系统和电子市场（E－market）构成。

一、电子基础设施

电子基础设施（E－infrastructure）在电子商务中扮演着至关重要的角色，它提供了必要的技术支持和服务，以确保电子商务活动的顺利进行。诸如网络安全、在线支付、电子邮件、数据传输等关键服务均属于电子基础设施的功能。

二、企业营业支持系统

企业营业支持系统的功能包括。

1. 企业工作流系统　如采购审批流程包括填单、核算、审批、下采购订单等基本步骤的实现；库存和采购需求的变化需要工作流系统在企业的各个应用系统之间进行功能切换和协调。

2. 企业应用系统集成　包括 ERP 系统、财务系统、CAD/CAM 系统、供应链管理系统、人力资源系统、后勤系统和办公自动化系统的集成和协调工作等。

3. 交换信息系统　在企业应用系统之间和企业内部应用系统之间需要进行数据切换。

三、电子市场

电子市场将企业名录、产品目录放在网上，让买卖双方进行交易。包括卖方的产品目录及搜索，在线订单和查询；买方的企业采购目录信息、网上采购流程、在线支付系统等。

电子商务条件下的新型商务流通格局，如图 5－2 所示，在电子商务模式下，企业（个人）通过互联网与企业（个人）通过交易（服务）平台、认证平台、物流平台、支付平台等共同完成电子商务的活动。电子商务应用系统包括网站建设、安全控制、电子支付、物流系统、网络营销等环节，此处主要介绍网站建设、安全控制、电子支付等环节。

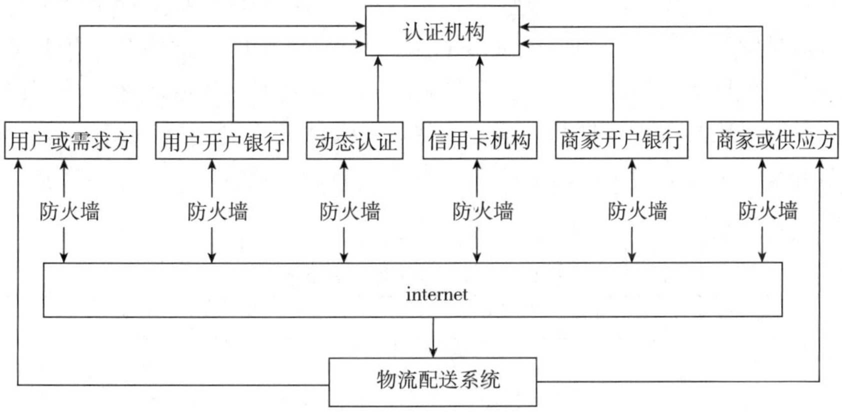

图 5－2　电子商务下的新型商务流通格局

第四节　电子商务应用系统的交易（服务）平台建设 微课

一、分析客户群及其消费习惯

对网上客户的了解是电子商务网站成功的重要因素，了解 internet 用户类型、internet 用户特点、internet 用户专业水平以及用户行为分析等。例如，依据不同用户需求部分用户在购物过程倾向于寻求性价比高的商品，一些用户则更侧重追求品质和物流便利；对于技术操作熟练的用户倾向于使用交互性高、界面功能高级的网站；而对于不太熟悉互联网的用户，则需要提供更直观、更易于使用的界面。通过这些方法，电子商务网站可以更准确地理解目标人群的市场定位，并制订有效的策略来吸引和保留用户。

二、网站域名注册和 IP 地址申请

企业可以申请一个与自己网站内容和品牌相关的域名，这个域名代表了企业在互联网上的身份标识，并且与企业的 IP 地址相对应。域名的特点是唯一性和独立性。一个域名只能由某一个网站独占，不会因 ISP 的变化而变化。一个好的域名必须遵循以下原则：符合公司性质或信息内容的性质，与企业密切相关，简洁，易记，较强的标识性，丰富的内涵，便于宣传和推广等。

国际互联网上的服务器都有一个数字化的地址，即 IP 地址，记忆数字化的 IP 地址比较麻烦，而域名体系的出现其可免除人们记忆数字化 IP 地址的不便。由于域名在国际互联网中不能有字符完全相同的重复，同时又具有一定的标识作用，因此一个著名的域名如同一个著名的品牌、一个著名的商标一

样，具有无形资产价值。但域名还不是网址，域名是网址的一部分，但域名本身并不等同于网址。只有将域名与其他必要的信息（如协议标识符、子域名、路径等）结合起来，才能构成一个完整的网址。

域名是采用层次结构命名法，在域名中，通常越往右（即越靠近末尾）层次越高，越往左层次越低。域名的总长度通常不超过253个字符，但这包括了所有的段和点。实际上，大多数域名都远远短于这个限制。域名的每个段也有长度限制，通常不超过63个字符。顶级域名是域名体系中最高的层级，位于域名的最右侧。顶级域名常见的分为两类：通用顶级域名和国家代码顶级域名。通用顶级域名（generic top - level domains，简称 gTLDs）是域名体系中最高级别的域名之一，它们不与任何特定的国家、地区或组织关联，常见的几类通用顶级域名如下（表5-1）。国家代码顶级域名（country code top - level domain，简称 ccTLD）是互联网域名体系中的一种域名类型，它们与特定的国家或地区相关联。每个国家或地区都被分配了一个独特的两字母代码，几种常见的国家顶级域名如下（表5-2）。

中国互联网络信息中心（China internet Network Information Center，简称 CNNIC）是负责国家网络基础资源的运行管理和服务机构。如果想申请国际域名，通常需要通过国际域名注册商或者得到互联网名称与数字地址分配机构（ICANN）认证的注册商来进行。CNNIC 主要负责中国国家顶级域名“. cn”的注册和管理，并不直接提供国际域名的注册服务，登录中国互联网络信息中心的网站可以了解有关域名注册、变更、注销、转让的方法。

表5-1 常见通用顶级域名

域名	类别
. com	商业组织
. edu	教育机构
. gov	政府部门
. mil	军事部门
. net	网络支持机构
. org	非盈利性组织
. int	国际组织

表5-2 国家顶级域名

域名	国家	域名	国家	域名	国家
. cn	中国	. au	澳大利亚	. us	美国
. ca	加拿大	. uk	英国	. in	印度
. ru	俄罗斯	. it	意大利	. fr	法国

三、确定服务器解决方案

一个电子商务网站至少应有一台用于存放网站主页的服务器。如果公司实力强劲，可以考虑建立独立的电子商务站点。需要自建机房，配备专业人员，购买服务器、路由器、交换机、机房的辅助设备、网管软件等。在服务器上还要安装相应的网络操作系统，开发使用 Web 服务程序，设定各项 internet 服务功能，包括设立 DNS 服务器以及 WWW、FTP 服务器、电子邮件服务器，建立自己的数据库查询服务系统等，再向电信部门申请专线出口等，这样便可建立一个完全属于自己企业的且独立管理的电子商务网站。这种方案适用于对信息量和网站功能要求较高的大中型企业。

对信息量和网站功能要求不高的中小型企业则可以选择租用虚拟主机或者主机托管。虚拟主机是使用计算机软件技术，把一台运行在 internet 上的服务器主机分隔成多台“虚拟”的主机，每一台虚拟主机都各自具有独立的域名或 IP 地址，如同独立的主机一样，它们也具备比较完整的 internet 服务器功能。虚拟主机可以降低企业上网的成本，降低网站投资的风险。主机托管就是客户把属于自己的一台服务器放置在互联网服务商的机房，日常系统维护由互联网服务商进行的一种方式。

四、确定网站的硬件平台

一个网站运行好与否，硬件起着很重要的作用，硬件是整个电子商务网站正常运行的基础，这个基础的稳定可靠与否，直接关系着网站的访问率以及网站的扩展、维护和更新等问题。硬件平台包括网络服务器、应用终端（或工作站）以及用于联系网络服务器和终端的交换机、路由器、集线器等设备和其他保障网站营销功能的设备。

1. 服务器　电子商务的蓬勃发展对服务器的性能、功能提出了更多、更高的要求。应该选择一个性能高、吞吐能力强、内存成本低、可扩展、安全可靠的服务器。

WEB 服务器最主要功能是提供一个 WWW（world wide web）商业站点，借此可完成商业网站日常的信息访问。邮件服务器是企业通信系统的核心组成部分，为企业内部提供电子部件的发送和接收是其功能之一。电子商务服务器和数据库服务器通过 WEB 服务器和路由器为企业内部和外部提供电子商务处理服务，还可根据需要设置协作服务器，账务服务器等。一个典型的电子商务网站通常是由 WEB 服务器、数据库服务器、电子邮件服务器、电子商务服务器等构成，一般来说，硬件的配置应主要考虑业务要求、系统功能与性能因素。

2. 应用终端　对于一个电子商务网站而言，为了保障网站维护与建设工作的要求，网站内部的终端设备至少要有以下几种：输入终端、管理监控终端、开发测试终端、营销功能扩展终端。输入终端通常用于基础的数据录入工作，要求较低；管理监控终端，用于对现有网站的运行情况进行监测，并以保障数据和信息安全为目的调整网站的运行状态；开发测试终端主要应用于网站功能和界面风格以及网站应用程序的更新，并对其进行检测；营销功能扩展终端，就是面向市场营销的信息需求，从在网站日常运行过程中获取数据（如客户需求信息、市场细分信息、客户个体资料等），这要求具有相应的数据分析系统。所有这些硬件可以依据各自用途的差异，而采用档次及配置不同的电脑来实现。

3. 网络连接设备　网络连接设备主要用于网站局域网建设以及网站与 internet 连接。网络访问速度的快慢，以及性能的优劣，很大程度上与网络设备有关。网络连接设备中的关键设备包括路由器、交换机和安全设备。

集线器（HUB）和交换机（SWITCH）等设备将各种类型网络连接在一起。关于 HUB 或 SWITCH 的选择，客户应根据自身情况进行实际考虑，通常如果业务较多，电脑终端较多，且对安全性要求较高的企业应选择交换机作为核心的设备。

4. 其他设备　商业网站日常工作要求备有其他设备，如扫描仪、复印机、打印机、光盘刻录机、网络检测设备等都不可缺少，有特殊要求的还可以备有音像录制设备、音像编辑设备等。

五、确定网站的软件平台

硬件平台和软件系统的选择与配置是关系到电子商务网站成功与否的关键问题之一。电子商务网站的软件主要包括操作系统、服务器软件、数据库软件等。

1. 操作系统　目前比较流行的用于电子商务网站的操作系统主要有 UNIX、类 UNIX 和 Windows Server 服务器版。如果网站选用电脑服务器，操作系统可在 Windows Server 服务器版、Linux、SCO UNIX、Solaris 中任选一种。如果服务器设备选用小型机，则应该选用 UNIX 或者类 UNIX 操作系统。

2. 服务器软件　选择 Web 服务器软件时，不仅要考虑满足目前的需求，还要兼顾网站发展的需要，因为 Web 服务器软件的更换会产生一系列的麻烦。选择 Web 服务器还需要和操作系统联系起来考虑，大多数服务器软件主要是为一种操作系统进行优化的，或者只能运行在一种操作系统上，因此对于 Web 服务器的性能，一般要考虑响应能力、集成能力、管理难易程度、是否易于开发、是否安全可靠、兼容性等。

（1）面向 Windows 的各种服务器软件　虽然服务器软件可以在多种操作系统上运行，但许多流行的服务器软件版本都是为现代 Windows Server 系统以及 Linux 等其他操作系统设计的。

1）Netscape Fastrack Server（面向 Windows NT 和平共处 UNIX 平台）是 Netscape 的公司开发的一款面向中小型企业的入门级 Web 服务器软件。它的特点：安装向导（简化安装）；支持 Java 和 Java Script；可创建 Web 网页的 Netscape Navigator Gold 客户端软件；访问授权，它使用户可以定义拥有访问权的用户名和密码；支持 SSL（secure sockets layer）协议，提供客户端身份鉴定和 internet 上的访问控制。伴随信息技术发展，Netscape Fastrack Server 不再是市场上的主流选择。

2）Server Manager 是一款功能强大的服务器管理工具，专为任务驱动的管理而设计。它具备动态缩放功能，能够根据服务器负载的变化自动调整资源，以优化性能和成本。此外，Server Manager 提供了易于升级的路径，支持无缝迁移到更高级的企业版服务器解决方案。它的价格竞争力强，适合各种规模的业务需求。

3）Microsoft internet Information Server（简称 IIS）是一款由微软开发的 Web 服务器。它被设计为能够适应不同的硬件配置和服务器需求，包括从单处理器系统到多处理器系统，以及从小型服务器到大型数据中心环境的各种结构。其主要特性：对 DOS 或 UNIX 风格的目录列表的 FTP 支持；将用户层次和目标层次的安全措施整合进 Windows NT Advanced Server 目录服务；支持面向加密通信的 SSL；可对所有服务进行登录，包括带有自动滚动器的基本文本文件格式以及对诸如 Microsoft SQL Server 之类的 ODBC 数据源的扩展登录；从单个位置对多个服务器进行集中管理，包括对 internet 的安全管理，而无论是否有 SSL；可配置服务，包括 TCP/IP 端口和超时处理的设置，多个虚拟根目录，包括网络上位于别的计算机上的根目录；多虚拟 Web 服务器，但仅运行一个管理单元和一个操作系统进程；可以开发使用万维网及任何 ODBC 数据源的数据库应用程序。

（2）面向 UNIX 的各种服务器软件　UNIX 是一种多用户、多任务的操作系统，最初在 20 世纪 60 年代和 70 年代开发，后来成为许多服务器和网络设备的基础。由于其稳定性、灵活性和强大的网络功能，UNIX 及其衍生版本（如 Linux）在互联网基础设施中得到了广泛应用，基于 UNIX 环境的服务器软件现今已开发使用诸多。

1）Apache HTTP Server，最初是基于 NCSA 1.3 版本的扩展，拥有一系列优势功能，使其成为流行的 Web 服务器软件，Apache HTTP Server 拥有高效的用户鉴别、广泛的 HTTP 兼容性、定制化错误处理、动态内容生成、多目录索引支持、灵活的重定向和别名、多虚拟主机支持等功能，具备开源、可扩展和跨平台的特性。

2）Nginx 是一款高性能的 Web 服务器、反向代理服务器和负载均衡器，最初是为 UNIX - like 系统（如 Linux）开发的。Nginx 的设计目标是高性能、高并发、高可靠、低资源消耗，因此它可以作为 Web 服务器、反向代理服务器和负载均衡器使用。Nginx 的主要特性包括静态文件处理、CGI 脚本支持、反向代理、负载均衡、SSL/TLS 支持等。

3. 数据库软件　电子商务网站建设是以 Web 网络技术和数据库技术为基础的。目前，Web 数据库中关系型数据库占据了主流地位。MS SQL Server、MySQL、Informix、Sybase、IBM DB2、Oracle 等都属于关系数据库中的知名产品，这些数据库产品按照规模大小排序，可以反映出它们在市场中的定位和适用场景。诸如，MySQL 和 MS SQL Server 更适合中小型企业，Oracle 和 DB2 更适合大型企业需求，Informix 和 Sybase 则侧重在特定行业或应用中使用。其他软件开发工具，如 3DMAX、Flash 等也是开发网站、构建网页的重要辅助软件。

六、网站总体功能设计

医药电子商务一般涉及网上前台客户端系统、后台管理端系统、网络营销系统、网上银行支付系统、CA 认证系统、物流配送系统等六个部分。

1. 前台客户端系统 主要功能：展示企业形象，实现网上产品销售，其中包括客户服务部分，例如网上投票、网上留言、药品查询、新用户注册、用户信息修改及网上商场等。

2. 后台管理端系统 主要功能：管理员登录、用户管理、订单管理、合同管理、广告管理、商城栏目管理、药品管理、库存管理和客户管理。电子商务平台前台客户端系统和后台管理端系统设计如图 5－3 所示。

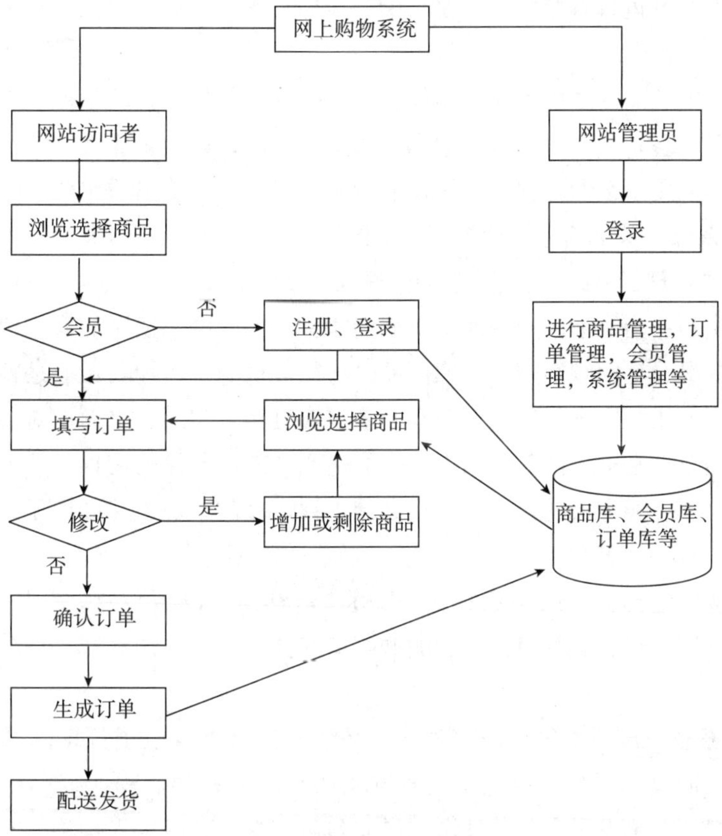

图 5－3 电子商务平台前台客户端系统和后台管理端系统设计图

3. 网络营销系统 作为电子商务的核心，负责患者登记、药品信息发布、接受患者的订单，组织货源进行销售，在销售完成后进行配送中心的付款结算。配送中心为医药公司或药房进行统一的库存管理，也向患者送货，保证药品安全送达患者手中。

4. 网上银行支付系统 主要功能：个人银行服务、企业银行服务、财经动态、B2B 商城、B2C 商城、证书中心、交易记录和报告等，这些功能共同构成了电子商务网站中支付系统的核心部分，确保了交易的顺利进行和用户资金的安全。

5. CA 认证系统 主要功能：证书发放、证书更新、证书查询、证书作废、证书存档等。

6. 物流配送系统 通过市场调查，与营销中心一道合理安排货源。整个商务过程中的支付由患者将款项直接交到配送人员手中或通过由患者和医药公司或药房的开户银行共同完成。医药公司或药房定期将款项支付给营销中心，通过支付密码技术和双方签订的供货合同来保障交易的安全。配送中心和各级经销商的物流部分由 SCM 系统完成。医药制药公司是产品生产基地，其物流和信息流部分由 ERP 系统管理。

七、应用系统设计

应用系统平台由应用基础层、应用层和用户界面层构成。系统平台指系统软件平台，提供保证电子商务系统高效运行的搜索引擎、信用引擎、传输服务、队列服务、日志服务和安全认证；应用基础平台分为网上协作基础应用、网上商务基础应用、内容管理应用和网上客户沟通应用。客户沟通是电子商务的基本功能，通过吸引客户、同客户面对面沟通，从而留住老客户发展新客户，同时企业从中盈利。网上协作基础应用提供了 ERPⅡ（enterprise resource planning Ⅱ）内部应用接口和外部应用接口，内部接口使电子商务系统和 ERPⅡ内部各个系统（如 CRM、ERP、SCM、财务系统、HR 等）之间在流程上平滑联结、协同工作。

应用层为医药行业电子商务系统的应用功能，主要分为基础信息管理系统、网上订货管理系统、结算管理系统、增值服务管理系统、医药健康信息发布交流平台，以及企业文化宣传平台；在用户端，通过网页、多媒体展示提供用户个性化视图，用户通过服务目录、功能目录按照权限享受相关内容服务。

1. 基础信息管理系统 基础信息管理系统包括医药产品目录管理子系统和网络交易客户管理。

（1）医药产品目录管理子系统 网上销售的医药产品，需要进行相应的编码、产品登记以及价格制定等才能进行电子交易。为了适应消费者面对面的购买习惯，网上发布的商品信息需要添加一些多媒体信息，如声音、图片等，辅助顾客全面了解商品的特征。药品、医疗器械等是特殊的商品，国家管理得非常严格，为了患者的用药安全，医药企业在网上更应真实、客观、全面地对所供药品进行展示和说明。该系统主要功能是维护在电子商务网站上营销的药品和医疗器械的信息。根据企业的营销策略，网上销售的药品不一定是本企业生产的产品，因此必须重视产品的来源，并办理相关的手续。

（2）网络交易客户管理 网络交易客户管理主要管理需要进行网上购物的客户资料等。随着市场竞争的加快，医药企业的销售从“以商品为中心”逐步转移到“以顾客为中心”。电子商务能帮助医药企业掌握每个客户的详细资料，同时对该区域的购买情况甚至每一位购买者进行分类统计，以便及时制定企业的经营策略。

2. 网上订货管理系统 该系统包括两部分：一是面向患者提供电子订单的录入；二是营销中心对顾客的订单进行审批和回复。客户通过电子商务网站药品一般购物流程：客户在网络营销中心注册登记，填写客户基本资料，登录电子商务网站浏览商品目录，选择药品放入购物篮，填写配送方式、付款方式（货到付款或电子银行支付），送货地点等信息，下单；网络营销中心系统检查订单项目并进行确认，若订单生效，电子订单传递给配送中心，客户可在网上直接看到实际送货时间、地点、订单编号等信息，配送中心送货到户。配送中心按照网络营销中心协议将货款定期支付网络营销中心，网络营销中心再向医药制药公司结算。

3. 结算管理系统 该系统主要管理网络营销中心、配送中心和医药企业的往来账款，其账务处理由财务管理系统管理。当配送中心进行付款时，网络营销中心接收到配送中心的付款以及对方密码后，由营销中心生成收方密码，并产生该笔付款的发票和发票签名。营销中心将收方密码、付方密码发送到企业的开户银行，经银行间的清算后，将返回信息通知销售中心。同时，配送中心的开户银行将返回信息通知配送中心。

4. 增值服务应用系统 该系统的功能是提供基于 internet 技术的企业内外部商业综合增值服务，例如：新闻报道、ICP 服务、ASP 服务、企业形象宣传、产品宣传、收集市场信息等。从功能上分为增值信息发布管理和增值信息收集管理两大功能子系统。

5. 医药健康信息发布交流平台 平台可根据发布需求自行开展诸如医药行业新闻、数据解读、行业报告、时令话题、健康生活、疾病大全、医药 FAQ 、聚焦专题、康科普资讯、学术交流、科普活动、医药健康产业信息与咨询等适宜的栏目建设。

6. 企业文化宣传平台 向外界介绍企业基本情况展示企业的整体形象内容包含：企业简介、企业文化、科研力量、生产园区、质量体系、国际化进程、企业荣誉、新闻、产品、营销体系、客户服务等。

建立医药电子商务系统的主要目的除了能够及时完成异地的销售，实现网上购物以及降低销售成本，更重要的是为了能够更多地从市场收集到药品的消费信息以及顾客的需求信息，从而进行数据挖掘，使药品生产企业及时制定新品开发策略和商业策略。包括药品进销存分析、销售分析、顾客消费分析、价格分析、促销分析等功能。

具体的医药电子商务网站总体功能模型见图 5－4。

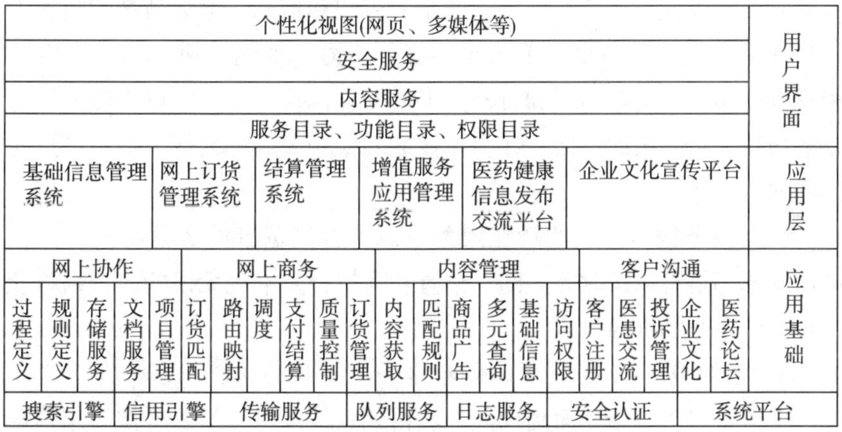

图 5－4 医药电子商务平台总体功能模型

八、商务网页设计

电子商务是指通过电子数据的交换来完成某种与商务或服务相关的工作，它可以是各种形式、各种内容、各种目的、各种风格、各种程度的电子数据交换，其基础是以电子化的形式来处理和传输商务数据，包括文本、声音、视频、图像等数据类型，而这些形式和内容最终都体现在商务网页上。网页作为企业与客户沟通的数字门户，承担着传递产品信息和服务的核心角色。一个精心构建的网页对于塑造企业形象、提升用户体验以及促进商务成效具有决定性的影响。因此，网页设计的成功与否直接关系到企业在激烈的市场竞争中的立足点和发展前途。

1. 影响电子商务网页功效的因素

（1）目标是否明确 电子商务网站的建设应该有明确的目标，例如网站的服务对象及其特点、销售的产品、提供的服务、服务的范围以及希望达到的效果。因此建设网站时必须从实际出发，从企业自身的经济、人力、技术、环境、政策等方面考虑，分清主次循序渐进。例如，医药企业建设电子商务网站，首先明确服务的对象包括医院、患者、药店等，其特点是寻求健康，要求价格低廉、方便快捷。销售的产品包括药品、医疗器械和保健品等，还包括医药医疗的信息以及服务。医药企业希望达到的效果是双赢的局面，企业可以营利，用户对服务满意。

（2）主题是否鲜明 对电子商务网站进行设计的时候，首先要对网站的主题、整体风格和特色做出明确的定位，规划好网站的组织结构，针对不同服务对象采用不同类型的设计方案。在打造电子商务网站时，明确网站的核心主题至关重要。若以企业品牌宣传为主旨，那么网站内容应聚焦于塑造企业的品牌形象，深入展示企业的历史沿革、组织架构、产品线、研发实力以及最新动态等关键要素。若网站的主要目的是促进在线交易，那么设计时应着重考虑简化购买流程、提供安全的在线支付选项、开展线上商务洽谈和咨询服务，以及定制个性化服务等环节。这些功能的优化能够显著提升用户体验，鼓励用户进行购买，从而有效促进销售转化。无论是哪种类型的商务网站，确保主题的明确性和突出性是吸引并留住客户的关键。一个主题鲜明、设计专业的网站不仅能够加深客户对品牌的记忆，还能在激烈的市场竞争中脱颖而出，成为用户心中难以忘怀的选择。

（3）版式设计　电子商务网站的版式设计应该以超媒体的各种表现方式营造出和谐与美，与企业的特色和氛围结合，这样才可以吸引更多的浏览者，创造更多的商机。因此，网站的设计需要精心策划，确保每个页面都展现出卓越的版式布局。例如，页面结构的巧妙构思、文字与图像的和谐排列、动画的恰当运用、内容逻辑顺序、色彩协调搭配、背景精心选择，以及整体视觉风格统一等。一个精心设计的版面不仅能够提升用户体验，还能有效传达网站的主题和信息，增强品牌的吸引力和记忆点。

（4）集成性　电子商务网站的各个环节的运转必须良好，如网页设计制作、网站的可扩展性、网站的更新、物流和资金的周转、企业内部和对外的事务处理流程、交易双方的诚信、有关法律的保证和支持、网络安全方案均是一个有机的整体。如果企业的其他相关服务欠佳，网站设计得非常完善美观也不可能达到企业的营利目标。

（5）切合实际　电子商务网站提供的功能服务应该切合浏览者的实际需要，符合企业现有的实力和特点，网站介绍的业务都是可以按时完成的，信息和商机都是准确无误的。否则将会破坏浏览者对网站的整体印象，同时浪费企业的资源投入。

2. 商务网页的营销技术构成　商务网页的创建是一项复杂的系统工程，为使读者了解建设电子商务网站的基本要素，本节按照由应用层面到硬件环境再到软件环境，最后着重介绍内部网的顺序，向读者逐步从宏观角度展示电子商务系统的构成。

如果结合各企业的具体情况和涉及企业的具体内容，完全从实现营销功能的技术角度来看，任何一个企业的商务网站都有若干的技术部件。作为企业的商务站点，这些技术部件设置的目的只有一个，那就是为市场服务。常用商务网站的技术构成部件，就是在内部与外部网络环境（包括硬件网络、系统平台、安全控制机制以及应用开发工具）的基础上，为实现与访问者信息获取、传播和存储而设计的访问计数器、意见反馈单或各类商务单证、动画及广告模式、商贸业务及相关热门话题论坛、导航器及搜索引擎、菜单以及数据库等。

（1）访问计数器　在网站中设置访问计数器是一种通常的做法，但是在商务网站中，企业的营销策略和市场分析会赋予访问计数器更多的商务含义。访问计数器中的数据通常都是企业分析和了解市场以及消费趋势的重要内容。

（2）电子邮件　为了规范化电子商贸的过程和信息形式，人们常常在企业商务站点中设置许多表格。通过表格在网络上的相互传送来达到网络商务单证交换的目的。在网站的设计过程中，表格是通过结构和内容的屏幕设计来完成的，而表格中所填写的内容则是通过电子邮件以报文的方式来传送的。

（3）动画和图像界面　动画和图像是目前各种网站开发工具具备的功能。商务网站通常用这些功能来突出宣传企业的最新产品、最新服务或特色产品、特色服务，从而实现营销策略的推销产品的目的。

（4）数据库　数据库从技术上来看是整个信息系统的基础，从模型处理上来看，同时也是定量分析工作的基础。目前各类网站开发工具大都提供了相应的数据库功能，企业商业网站要充分利用这些数据库功能，分类保存有用的商务信息，为各种类型的经营分析提供支持。

（5）电子公告板（BBS）　企业的行为大多有其商业目的，企业网站中开设电子公告板的主要目的是吸引客户了解本企业的发展动向和引导消费市场。为实现这些目的，企业往往以如下几种方式利用BBS，以一些热门话题，引起公众兴趣，引导消费市场的发展。同时，企业也可以通过对BBS讨论内容的分析来把握市场需求动向，启发灵感，开发出适销对路的新产品和新服务；开办网上俱乐部（或称沙龙）。如汽车及配件行业的车迷俱乐部、电器行业的发烧友俱乐部、体育用品行业的球迷俱乐部、计算机行业的电脑天地俱乐部、一般产品行业的产品用户俱乐部等。通过俱乐部可以稳定原有的客户群，吸引新的客户群。

（6）导航器和搜索引擎　企业网站导航系统和搜索引擎是企业网站开展网络信息服务的一种方式。企业网站与因特网服务提供商（简称ISP），因特网内容提供商（简称ICP）、政府部门、学术机构的网站中所建立的导航器和搜索引擎在技术上完全一致，但商务目的不同。企业一般不会将一个适当的业务需求通过自己的导航器或搜索引擎引导给竞争对手。企业网站设置导航器的主要目的有三个，一是宣传自己的合作伙伴、联营企业和分销商，以便于客户能尽快地找到它们。二是为客户提供不成为竞争对手的同行业网址广间接地提高自己企业的竞争能力。三是为用户提供访问其他类型网站的服务。

3. 商务网页设计的基本内容　医药企业通过内部网（intranet）的建设及采用合适的方式与internet连接后，下面的工作就是要进行网页的设计。如果把企业网站的设立比作商家拥有了做生意的铺面的话，那么网页的设计就好比铺面的装修与布置。企业的主页是企业在网上的标志，设计精美的网页可以提高企业的形象，吸引顾客注意。网页还是企业与客户打交道的界面，企业的许多网上商务活动要通过网页来介绍或实现，所以，网页的设计一定要能满足企业开展电子商务的需要。一个完善的电子商务网站应包括内容构件和形象构件两个部分。

（1）内容构件

1）主页　也称企业网站的形象页。企业网站与新闻网站不同，它比较讲究形象，因为一个高雅美观的形象可能是在internet空间体现企业实力的唯一办法。因此尽管精美图片可能会由于下载时间过长引起用户反感，但是很多企业仍不惜在主页上尽力渲染。

2）服务和产品清单　医药企业必须将自己的服务、产品、报价等放在网站上，供客户随时查询、下载，这些内容往往是浏览者最希望得到的信息。

3）要闻快讯　对外公布企业的最新信息、企业的重大举措，往往具有一定的宣传效果。这部分信息要能够连接以往发表的要闻，供客户进行历史查寻。

4）活动日程表　介绍企业将要组织的各种活动，并对活动进行详细说明。

5）岗位招聘　将招聘的条件和有关表格放于网上，供应聘者了解和选择。

6）新产品发布　新产品发布的同时要提供反馈意见表，用以收集需求信息。

7）主要客户一览表　将主要的客户列出，可以显示企业的市场占有率和对自身产品质量的信心。

8）调查、FAQ（frequently asked questions）　调查表及意见反馈表可以对某一产品的客户满意度等进行调查。FAQ用来回答客户经常提到的问题。从而建立与客户的互动关系。

9）相关站点链接　作用有两个方面：一是与其他站点的相关链接，可以为网站吸引客户，二是可以为内部使用人员过滤大量的信息，使内部人员可以立刻找到自己需要的信息。

10）文件海量存储　通过授权访问，使网站成为各地员工获得企业最新文件的海量存储器，向员工和客户推荐一些好的文章和信息。

11）电子商务向导　客户在网上同企业进行商务活动时，网站应提供电子商务活动的基本向导以帮助客户实现商务运作。一般包括产品选择、价格、支付方式选择、送货方式选择等项目以及企业承诺和商务运作条件。某网站的业务处理流程如图5-5。

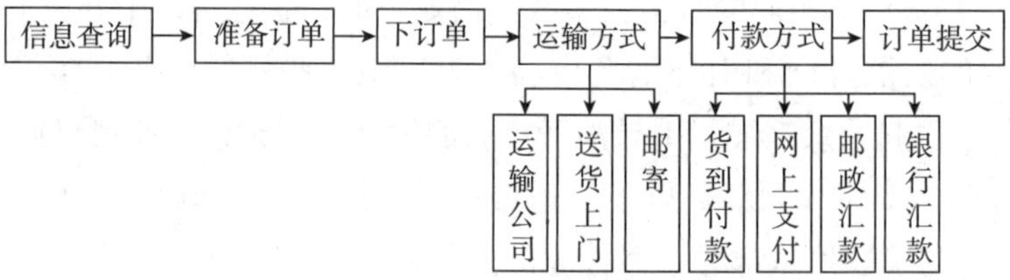

图5-5 某电子商务网站的业务处理流程图

12）证书与合同范本 如药品生产许可证、药品经营许可证、政府相关部门批准的从事某药品生产的许可证明、GMP认证证书、GSP认证证书等。

（2）形象构件 网站的内容构件确实需要形象构件设计的精心配合，因为一个设计粗糙、技术实现不足的网站很难吸引和保持访客的兴趣。一个专业且具有吸引力的网站设计能够有效提升用户体验，增强品牌形象，并促进用户参与度。因此，为了激发浏览者的兴趣并促使他们深入探索网站，形象构件的设计至关重要。一般来讲网站包括如下形象构件。

1）主题图片和子图片 一个好的网站要有一个logo（动态效果图）和一套配合不同栏目内容的banner（旗帜标语）。每一个图片的属性必须填入相应的文字，保证用户在图片出现之前就知道图片代表的大致内容。

2）字体 在字体的使用中，应注意以下几点：一张网页上尽量不要超过两种字体；文章的标题与主题应有一定的对比度，在英文字体中的Arial和Times Roman可实现这个目标，一般品牌的浏览器都支持这种字体；中文浏览器支持的字体较少，通常推荐使用宋体或黑体，因为这些字体在大多数设备上都具备良好支持，微软雅黑也是近年来在网页设计中常用的中文字体。特别需要时可用图形实现不同的字体，但容量不应太大。不同的网页应尽量保持字体的一致性。

3）对齐、留白、行距 专业的平面设计和出版物非常注重对齐、留白和行距，文字在这方面处理得考究，可取得良好的视觉效果，同时体现出网页设计者的专业素养。

4）导航按钮 一个好的网站要有站内导航功能，用按钮和图案有相同的效果。

5）网页的长度 通常简洁的网页设计更为高效，因为它们能够更快地加载并提供直观的用户体验。亦有观点认为，用户普遍倾向于避免使用滚动条来浏览过长的网页。因此，对于长页面的设计，建议将内容量控制在两屏以内，以维持用户的兴趣和便利性。

6）加载时间 网页加载速度应该尽可能地快，理想情况下应在几秒钟内完成加载。

7）背景和图形 一个好的背景可以为浏览者提供较为愉悦的视觉体验，其背景文字需要有较强可读性。

网站设计完成后，下面任务是进行测试与发布工作，第一步是本地站点测试，就是在开发服务器上对网页进行全面检查，包括：内容、服务功能、外观的设计、各部分是否协调一致、文字排版语言表达是否有误、超级链接是否准确、各项服务功能是否能正常运行、当用户操作不当时是否有提示、界面是否友好、各种程序运行效率如何等。第二步是发布站点测试，是把开发服务器上的站点发布到Web服务器并连接到internet上，从系统外部测试站点的性能。主要包括网站负荷测试和网站安全性测试两部分。第三步是站点发布，即正式在互联网上发布开发好的站点，这一步非常简单，利用网页编辑工具相关功能可以很方便地在网上发布站点。

4. 购物网站信息发布与管理

（1）购物网站信息发布　商品信息的发布是企业进行网络营销的重要手段，如何将自己的商品推广出去，得到顾客的认可，是关系到企业生存和发展的关键问题，目前，B2C 网站发布商品信息主要有以下几种方式。

1）电子邮件发布信息　电子邮件是主要的网站推广手段，同时也可以用来发布商品信息，与其他商品发布方式相比略显古老，但仍有较强的生命力，常用的方法包括电子刊物、会员通讯、专业服务商的电子邮件广告等。在所有专业的电子商务网站，在用户购买商品之前，都要先注册一个账号，填写性别、年龄、个人爱好以及电子邮件地址等信息，在网站增加了新商品后，会把符合用户喜好的商品信息发送到用户的邮箱中去，这被称为基于用户许可的 email 营销，不同于滥发邮件或传统的推销，它可以及时准确地让用户了解所需的商品信息、增进与用户的关系。

2）网络广告发布信息　网络广告是一种常用的网络营销手段，网络广告具有能够精准定位目标受众、灵活多变的形式，以及能够实时跟踪广告效果等特点。常见的形式包括：弹出式广告、对联式广告、文字广告、关键词广告、旗帜广告、分类广告、社交媒体广告等。

3）搜索引擎发布信息　搜索引擎营销是指利用搜索引擎、分类目录等具有在线检索信息功能的网络工具进行网站推广的方法。商品信息只发布在企业自己的网站上，但通过登录免费分类目录、登录付费分类目录、搜索引擎优化、关键词广告、关键词竞价排名、网页内容定位广告等方式可以将使用搜索引擎的客户吸引到自己的网站上来，从而达到商品信息发布的目的。

从互联网的发展趋势来看，搜索引擎营销是企业在互联网时代进行品牌推广和产品营销的重要手段，它通过关键词竞价排名等方式，帮助企业在竞争激烈的市场中脱颖而出。伴随互联网技术发展以及市场竞争环境变化，搜索引擎营销的方式也在不断更新与调整，以适应新的市场需求和挑战。

4）病毒式信息发布　病毒式信息发布方法指的是利用用户之间的相互交流，让信息像病毒那样扩散传播，从而达到推广的目的。这实质上是在为用户提供有价值的免费服务的同时，附加上一定的推广信息，例如通过发放免费电子书、免费软件、免费 flash 作品、免费贺卡、免费邮箱、免费即时聊天工具等，适量嵌入商品或有偿服务的信息，使用户在不经意中对商品产生认知。

5）电子商务门户网站信息发布　由于大多数中小企业规模小，产品品种不多，如果只开发自己的设备网站来发布商品会存在投入大、推广难等问题，且效果也不能尽如人意。因此将本企业信息以及相关的商品信息发布在电子商务门户网站上就成为了众多中小微型企业的首选。但电子商务门户网站信息发布对于消费者来说是有利的，不用离开这个网站可以找到足够的商品。然而对于平台上的企业来说，品牌的优势难以体现和建立，同时在浩如烟海的商品信息中，商品品牌和品质效应相对减弱，从而加剧了竞争。

（2）购物网站信息管理　为了实现“以客户为中心”的要求，必须在发布的内容上符合个性化的需求，即有针对性地为用户选择符合其消费心理的商品信息，而现有 B2C 网站做得较多的是消费者本人的浏览记录和他人对相关产品的购买记录的比较（如购买此类商品的用户还购买了……），这是利用用户的从众心理而设计的。如果在这类信息上加入个性化的处理，将会产生更好的推销效果。基于以上要求可以构造一个商品信息推送系统，以实现上述功能，即在消费者浏览网页时，仅发布针对其个人的商品信息，在这个有限的页面发布足够多的商品信息。同时采取必要的技术手段在不干扰其正常浏览的情况下引起他们的兴趣和注意，以获得相应的广告效果。

首先，用户注册并登录，在用户浏览网时服务器采集浏览信息，购买商品后收集已购的商品信息，应用统计方法确定用户的消费倾向。其次，再根据消费倾向选择最适合的商品信息，将商品信息及与此相关的其他信息推送到客户端，用户对推送来的商品信息如果感兴趣，就会以点击查看，如果觉得满意就会购买，而这些行为又再次被送进数据库，如此循环。整个过程从用户登录开始，到用户注销为止，其总体构架如图 5－6 所示。

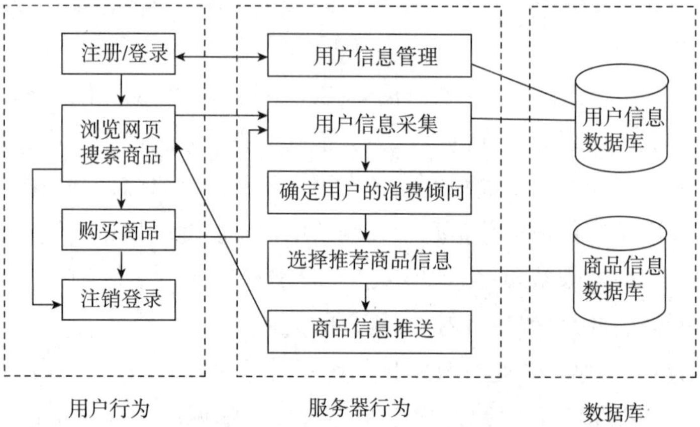

图 5－6 购物网站信息管理

5. 购物网站购物车模块设计 购物车是电子商务网站与用户交互的重要模块，购物网站要完成购买转化率，除了要有丰富、适合消费者需求的产品外。对于购物车的设计也要做到操作简便、流程清晰、付款方便等特点。它的主要作用是临时存放用户的购物信息，用户可以随时增加商品、修改数量、删除商品等操作。购物车设计得好与坏，直接决定了用户购买的积极性．对于网站转化率而言具有举足轻重的意义。一般购物车的设计方法有以下三种。

（1）cookie 对象设计方法 cookie 是通过服务器端 CGI、脚本或者客户端脚本把信息保存在客户机上，以便为服务器或客户机再次使用这些信息提供方便。使用 cookie 来保存购物车信息的优点：即使当用户不小心关闭了浏览器窗口，购物车中的信息也不会丢失，并且它占用很少的服务器端资源。缺点：必须要求用户端浏览器支持 cookie 并且打开它，如果用户端浏览器不支持 cookie 或者没有打开 cookie，则购物功能就不能实现。

（2）session 对象设计方法 session 对象用于存储特定用户会话所需的信息。session 对象是在每一位访问者从 Web 站点或 Web 应用程序中首次请求一个 ASP 页时创建的，它将保留到默认的期限结束或通过脚本设置中止的期限。这样，当用户在应用程序的 Web 页之间跳转时，存储在 session 对象中的变量将不会丢失，而是在整个用户会话中一直存在下去。利用 session 的功能，可以将购物信息（商品 ID 和购买数量）存储到 session 变量中。

（3）数据库的应用设计方法 将用户的购物信息存入临时表单的临时文件中。当用户下订单时再删除临时记录并将信息保存在数据库中。但这种方法需要频繁地与数据库或文件进行数据交换，占用了大量的系统资源，对于大型网站，服务器的负担过重，显然这种办法不合适。

6. 购物网站后台管理模块设计 电子商务网站后台首页是网站提供给管理员进行后台管理操作的界面。后台功能包括管理员对商品信息、站内公告信息、会员信息、订单信息和网站基本信息等进行管理。在进行后台管理页面设计时，采用的整体布局风格应该是简单、操作灵活。网站信息管理模块：主要包括管理员信息管理、会员制度设置、网站基本信息管理。商品信息管理模块：主要包括商品信息的添加、修改和删除。商品分类管理模块：主要包括商品大类、小类的添加、修改和删除。用户信息管理模块：主要包括查询和现实用户注册信息以及查看用户消费信息。订单信息管理模块：主要包括查看所有用户提交的订单信息，并根据执行阶段对订单进行标记处理，根据不同条件查询订单信息。留言信息管理模块：主要包括查看用户发布的留言和删除留言。友情链接管理模块：主要包括友情链接相关信息的添加和删除。

答案解析

思考题

www. teach ×××. edu. cn 网站为一家线上运营网站，其运营内容包括课程教育、在线播放、课程销售、在线支付等多类功能。

1. 支持该类网站运营的相关电子商务基本框架中的两大支撑点是什么？
2. 从域名角度来看，该运营网站属于哪个国家哪种类型的机构，为什么？
3. 请简述什么是在线支付技术。

书网融合……

微课　　习题　　本章小结

第六章　电子商务应用系统的相关技术

PPT

学习目标

1. 通过本章学习，掌握加密技术的相关概念内容以及对称加密技术、非对称加密技术的使用过程，掌握数字签名技术的定义与过程，熟悉 CA 定义与数字证书的认证流程，了解电子支付的分类。

2. 具有运用所学的安全技术知识分析电子商务安全问题的能力，具有理解数据加密技术、认证技术、数字签名等技术在电子商务信息传输原理中的能力。

3. 树立对电子商务网络交易等信息安全的重要性认识；树立创新技术思维与风险意识。

计算机与网络技术推动电子商务广泛发展的同时，也面临着形形色色的威胁和攻击。网络安全是网络的一个薄弱环节，电子商务活动中的各方和相关研究人员都对该领域内的安全隐患和保密问题极为关注。电子商务中的各方都担心计算机系统的安全性，因而在安全技术和保密技术方面做了许多控制。主要包括加密技术、认证技术、数字签名技术和电子支付技术。

第一节　加密技术

一、加密的概念和原理

数据加密技术作为保障数据安全的一种方式，它不是现在才有的，它产生的历史相当久远，它的起源要追溯到公元前 2000 年。近代在军事领域，数据加密技术得到蓬勃的发展。

加密技术是为提高信息系统及数据的安全性和保密性，防止秘密数据被外部破译所采用的主要技术手段之一。加密的基本过程包括对明文（作为加密输入的原始信息）的原来可读信息进行翻译，译成称为密文（明文交换结果）或者密码的代码形式。该过程的逆过程称为解密，即将该编码信息转化为原来的形式的过程。加密的过程如图 6－1 所示。

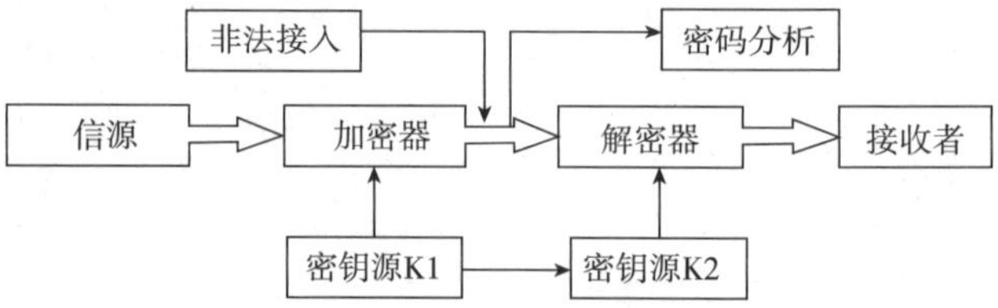

图 6－1　加密过程

关于密码学的一些基本概念如下。

1. 明文（消息）　需要被隐蔽的消息。

2. 密文（密报）　利用密码将明文变换成另一种隐蔽的形式。

3. 加密　就是把明文通过一定的算法变换为只有知道密钥的人才能看懂的密文再发送出去的变换过程。

4. 解密 加密的逆过程，即由密文恢复出原明文的过程。

5. 加密算法 对明文进行加密时所采用的一组规则。

6. 密钥 加密和解密算法的操作通常都是在一组密钥的控制下进行的，分别称作加密密钥和解密密钥。

7. 加密的两个重要元素 算法和密钥。一个加密算法是将普通文本或可以理解的信息与一串数字（密钥）相结合，产生不可理解的密文的步骤，即加密时的一组规则。一般来讲，密钥越长，就越难破译。实际上，随着超级计算机能力的不断增强，56 位以下的加密算法已经被认为是不安全的了。

8. 加密基于密钥有两个优点 ①加密算法设计起来很困难，不可能与每一个不同的人通信都采用不同的加密算法，而通过使用密钥，就可以用一个算法与许多人通信，只要给不同的人不同的密钥即可。②如果发现有人破译了加密信息，只需更换一个新的密钥，而无需改用新的加密算法。

最早的恺撒密码是如何进行加密的？恺撒密码属于替代密码，即利用另一个字母表（与正常的字母表符号或顺序不同）中的字母替代明文中的字母。恺撒密码是一种单表替代密码，也就是说，它使用的密码字母表与普通字母表相同，加密时把明文中的所有字母都用其右边的第 K 个字母替代，并认为 Z 后面是 A。表示为如下函数 $F(a)=(a+K)\bmod n$

其中：a 是明文中的字母，n 是字母表里的字母个数，K 就是密钥。

假如我们令 K 为 4，那么替换的方法将如下所示。

明文：A B C D E F G H I J K L M N O Q P R S T U V W X Y Z

密文：E F G H I J K L M N O Q P R S T U V W X Y Z A B C D

如果要传送“let us go”，根据上面的列表，将生成密文“QIX YW KS”。对方接到密文后再按上表解密即可。

二、典型的应用技术

在电子商务中，广泛使用的两种数据加密技术是对称密钥加密体制和非对称密钥加密体制。这两种数据加密技术的主要区别在于两者所使用的加密和解密的密码不同。

1. 对称加密技术 对称加密技术也称密钥系统，在对称加密技术中，对信息的加密和解密都使用相同的密钥，也就是说一把钥匙开一把锁，而且通信双方都必须获得这把钥匙，并保持钥匙的秘密。这种加密方法可简化加密处理过程，信息交换双方都不必彼此研究和交换专用的加密算法。如果在交换阶段私有密钥未曾泄露，那么机密性和报文完整性就可以得以保证。对称加密技术也存在一些不足，最大的问题是密钥的分发和管理非常复杂、代价高昂。比如对于具有 n 个用户的网络，需要 $n(n-1)/2$ 个密钥，在用户群不是很大的情况下，对称加密系统是有效的。但是对于大型网络，当用户群很大，分布很广时，密钥的分配和保存就成了大问题。对称加密算法另一个缺点是不能实现数字签名。对称加密和解密过程如图 6－2 所示。

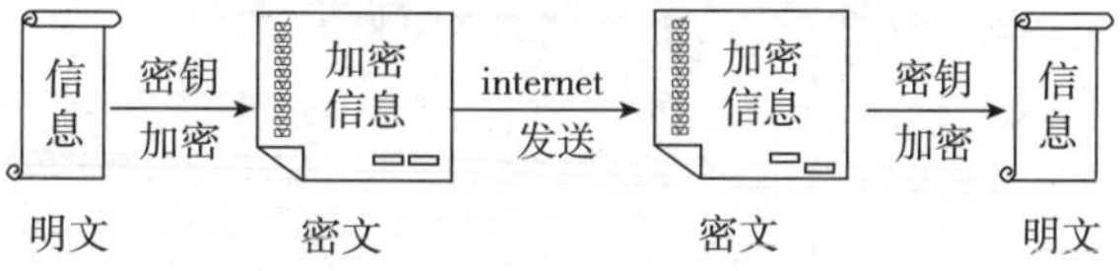

图 6－2 对称加密和解密过程

对称密码系统的安全性依赖于以下两个因素。第一，加密算法必须是足够强的，仅仅基于密文本身去解密信息在实践上是不可能的；第二，加密方法的安全性依赖于密钥的秘密性，而不是算法的秘密性，因此，我们没有必要确保算法的秘密性，而需要保证密钥的秘密性。对称加密系统的算法实现速度极快，从 AES 候选算法的测试结果看，软件实现的速度都达到了每秒数兆或数十兆比特。对称密码系统的这些特点使其有着广泛的应用。因为算法不需要保密，所以制造商可以开发出低成本的芯片以实现数据加密。这些芯片有着广泛的应用，适合于大规模生产。

对称加密系统最著名的是美国数据加密标准 DES（data encryption standard，数据加密标准）、AES（advanced encryption standard，高级加密标准）和欧洲数据加密标准 IDEA。1977 年美国国家标准局正式公布实施了美国的数据加密标准 DES，公开它的加密算法，并批准用于非机密单位和商业上的保密通信。随后 DES 成为全世界使用最广泛的加密标准。加密与解密的密钥和流程是完全相同的，区别仅仅是加密与解密使用的子密钥序列的施加顺序刚好相反。但是，经过 20 多年的使用，已经发现 DES 很多不足之处，对 DES 的破解方法也日趋有效。AES 将会替代 DES 成为新一代加密标准。

2. 非对称加密技术　非对称加密法又称公钥加密系统。在非对称加密体系中，密钥被分解为一对（即公开密钥和私有密钥）。这对密钥中任何一把都可以作为公开密钥（加密密钥）通过非保密方式向他人公开，而另一把作为私有密钥（解密密钥）加以保存。公开密钥用于加密，私有密钥用于解密，见图 6－3，私有密钥只能由生成密钥的交换方掌握，公开密钥可广泛公布，但它只对应于生成密钥的交换方。非对称加密方式可以使通信双方无须事先交换密钥就可以建立安全通信，广泛应用于身份认证、数字签名等信息交换领域。非对称加密体系一般是建立在某些已知的数学难题之上，是计算机复杂性理论发展的必然结果。

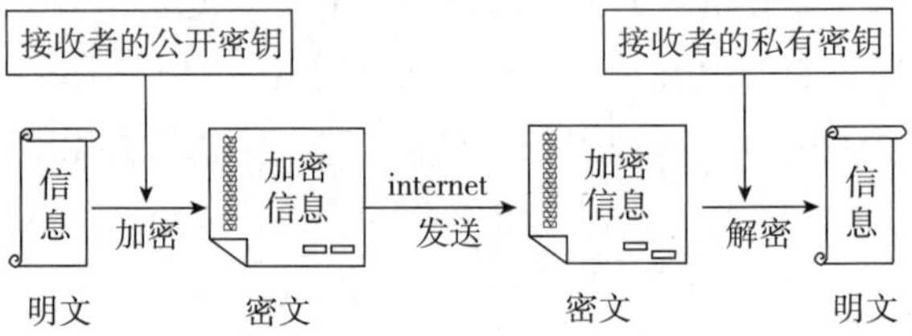

图 6－3　非对称加密和解密过程

公开密钥加密系统采用的加密钥匙（公钥）和解密钥匙（私钥）是不同的。由于加密钥匙是公开的，密钥的分配和管理就很简单，比如对于具有 n 个用户的网络，仅需要 $2n$ 个密钥。公开密钥加密系统还能够很容易地实现数字签名。因此，最适合于电子商务应用需要。在实际应用中，公开密钥加密系统并没有完全取代对称密钥加密系统，这是因为公开密钥加密系统是基于尖端的数学难题，计算非常复杂，它的安全性更高，但它实现速度却远赶不上对称密钥加密系统。在实际应用中可利用二者的各自优点，采用对称加密系统加密文件，采用公开密钥加密系统加密“加密文件”的密钥（会话密钥），这就是混合加密系统，它较好地解决了运算速度问题和密钥分配管理问题。因此，公钥密码体制通常被用来加密关键性的、核心的机密数据，而对称密码体制通常被用来加密大量的数据。

第二节　认证技术

一、认证机制

用户向系统出示自己身份证明的过程称为身份验证（identification），而系统核查用户身份证明的过程称为身份认证（authentication）。在安全领域，“身份鉴别”通常指的是整个验证用户身份的过程，，是判明和确认通信双方真实身份的重要环节。包括用户出示身份证明和系统核查身份证明。因此，“身份验证”和“身份认证”通常被视为同一过程的不同方面。身份鉴别可以利用数字签名技术，但数字签名只是身份鉴别的一种方法。身份鉴别是加密技术的一个重要应用，它确保了通信双方的真实身份。比如身份智能卡，就是密钥介质，就像信用卡一样，由授权用户持有并由该用户赋予它一个口令或密码。该口令或密码与内部网络服务器上注册的密码一致。当口令和身份特征共同使用时，其鉴别率是相当有效的。

认证技术是信息安全领域内的一个重要方面，也是安全系统中的基本技术之一，其他的安全服务都依赖于此。认证就是指用户必须提供他是谁的证明。认证的标准方法就是弄清楚他是谁，他具有什么特征，他知道什么可用于识别他的东西。比如说，系统中存储了他的指纹，他接入网络时，就必须在连接到网络的电子指纹机上提供他的指纹，只有指纹相符才允许他访问系统。网络通过用户拥有什么东西来识别的方法，一般是用智能卡或其他特殊形式的标志，这类标志可以从连接到计算机上的读出器读出来。最普通的识别就是口令，口令具有共享秘密的属性。口令就由服务器和用户共享。更保密的认证可以是几种方法组合而成。例如用 ATM 卡和 PIN 卡。

在认证机制中通信双方出于安全方面的考虑，可能均需要对方对某种信息的数字签名，而验证签名则需要相应的公钥。另外，公钥虽然不适于对大量信息进行加密，但使用公钥对会话密钥或主密钥进行加密却是常用的。因此，用户公钥是否正确在信息认证中也是一个重要问题。一种方法是将所有用户公钥存储于一个公钥服务器中，每个用户均可通过公钥服务器查询到其他用户的公钥。但这种方法并不安全，因为攻击者可以在合法用户的 ID 之下放入自己的公钥。

目前广泛使用的是公钥基础设施（public key infrastructure，PKI）技术。该技术采用证书管理公钥，通过不从电子商务交易中获利的、法律认可的第三方机构——认证中心（certificate authority，CA）获得，把用户的公钥和其他标识信息捆绑在一起，实现在 internet 上的用户身份验证。该技术通常是采用建立在 PKI 之上的数字证书，通过把要传输的数字信息进行加密和签名，保证信息传输的机密性、真实性、完整性和不可否认性，从而保证信息安全。

二、认证机构

1. 认证机构的定义　在整个电子商务交易过程中，包括电子支付过程中，认证中心或认证机构都有着不可替代的地位和作用。电子合同的订立是在虚拟的网络空间完成的，交易双方互不谋面，其信用只能依靠密码的辨认或认证，因此对电子合同的法律保护，除完善立法外，还需设立和健全相应的安全认证机构，才能切实地保障交易的安全。近年来，数字认证机构已广泛地活跃在电子商务领域，认证中心扮演着一个买卖双方签约、履约的监督管理的角色，买卖双方有义务接受认证中心的监督管理，在对电子合同的法律保护方面扮演着十分重要的角色。联合国贸法会在《电子签名统一规则（草案）》中，曾对认证机构（certificate authority，CA）做了一个较全面的界定：认证机构（或称为认证中心）是指从事颁发为数字签名的目的而使用的加密密钥相关的（身份）证书的任何人或实体。

在法律上，CA 的角色被认定为是值得信赖的、公正的第三人，相当于传统合同关系中的公证机构。在法律上取得合法地位的 CA 为电子合同的订立提供十分重要的信用证明，它具有中立性、公共性和权威性的显著特点。CA 是任何一个要发展电子商务的国家首先要考虑进行其法律地位认可的规范其行为的交易服务机构，往往带有半官方的性质。

在网络交易的撮合过程中，CA 是提供身份验证的第三方机构，由一个或多个用户信任的、具有权威性质的组织实体，为用户颁发身份证书，用以标识其在电子商务交易中的身份，运用证书实现签名、加解密功能，使电子合同等数据电文符合诉讼对证据的要求，获得法律的认可。CA 的功能就是通过证明钥匙持有者的身份，以确认电子交易过程中所用数据签名的真实性与合法性，CA 确保认证证书的可靠性并达到法律要求的安全性标准。CA 不仅要对进行网络交易的买卖双方负责，还要对整个电子商务的交易秩序负责。

2. 认证机构的义务 CA的具体职责体现在以下几个方面：负责数字证书的申请、签发、制作、废止、认证和管理；提供网上客户身份认证、数字签名、电子公证等业务；禁止认证机构开展危险活动，保护客户知识产权和隐私权。

CA运行的好坏关系到电子商务发展的成败，认证机构一般需承担以下义务。

（1）信息披露与通知义务 信息披露的根本目的是维护社会公共利益和保护信息弱势群体。证书关系到社会公众的重大利益，CA需承担一定的信息披露与通知义务。

1）含由于私钥相配的公钥的证书（此私钥系CA签署另一份证书之用），即CA的根证书。

2）任何有关的认证做法说明。

3）认证机构证书的作废、中止和撤销通知。

4）任何其他实质上相反的影响证书可信度或机构提供服务能力的事实。

（2）安全义务 安全可信度是公众对CA要求，CA应当采用能够满足下列目的的安全系统。

1）确认数据电文的归属。

2）从某一特定时刻开始，保证数据电文在传递、接收和储存中完整性不被篡改。

3）合理地避免被侵入和人为破坏。

4）既有合理的安全程序。

（3）保密义务 除非应法院或有关国家机关的要求，CA不得对外披露以下信息。

1）证书用户在申请数字证书时向认证机构披露的身份信息及有关信息。

2）证书用户的密钥。

此外，CA还负有其他义务，如举证义务：电子商务交易主体在使用证书作业时发生纠纷，CA可以根据交易双方或其中的一方的要求，为其提供举证服务。提出举证要求的请求方必须为CA提供必要的交易日志（该日志必须保留完整的签名），由CA对其进行验证并出具验证报告。

三、认证过程

CA采用的技术是公开密钥加密体制，即利用一对互相匹配的密钥进行加密、解密。每个用户自己设定一把特定的仅为本人所知的私有密钥（私钥），用它进行解密或签名；同时设定一把公共密钥（公钥）并由本人公开，为一组用户所共享，用于加密或验证签名。当发送一份保密文件时，发送方使用接收方的公钥对数据进行加密，然后将加密后的文件通过网络传输给接收方。接收方则使用自己的私钥解密，恢复出原始的明文信息。这样信息就可以安全无误地到达目的地。在这个过程中，公钥是公开的，任何人都可以获取，而私钥是保密的，只有所有者持有。利用哈希算法，一份签过名的文件如果被改动，就会导致数字签名验证失败，这样就保证了文件的有效性。以数字证书为核心的数字签名、数字信封、安全传输等加密技术，使得在互联网上数据传输的安全性、可靠性、保密性、真实性以及交易的不可抵赖性得以实现。

在电子商务和电子支付中，公开密钥系统确保了文件传输和交易的安全性。发送方使用接收方的公钥对文件进行加密，而接收方使用自己的私钥进行解密。买卖双方通过CA颁发的数字证书来相互认证。在实际交易时，CA会向交易双方提供包含个人或组织身份信息和公钥的证书，使双方能够验证对方的身份。顾客向CA申请证书时，可以提交自己的身份证明文件，如驾驶执照、身份证或护照。CA验证这些文件后，会颁发一个包含顾客名字和公钥的数字证书，以此作为网上身份的依据。在电子支付过程中，持卡人和商家可以通过CA颁发的证书来相互验证对方的身份。CA对商家进行调查、验证和鉴别后，将包含商家公钥的证书传给持卡人。商家也可以要求CA对持卡人进行验证。这些证书确保了交易双方能够安全地进行通信，并且信任对方的身份。

四、签发数字证书

认证机构是在电子交易中承担网上安全交易认证服务、签发数字证书、确认用户身份等工作并具有权威性和公正性的第三方服务机构。数字证书是由权威公正的第三方机构即 CA 中心签发的，以数字证书为核心的加密技术可以对网络上传输的信息进行加密和解密、数字签名和签名验证，确保网上传递信息的机密性、完整性，以及交易实体身份的真实性，签名信息的不可否认性，从而保障网络应用的安全性。

数字证书采用公钥密码体制，即利用一对互相匹配的密钥进行加密、解密。每个用户拥有一把仅为本人所掌握的私钥，用它进行解密和签名；同时拥有一把公钥并可以对外公开，用于加密和验证签名。当发送一份保密文件时，发送方使用接收方的公钥对数据加密，而接收方则使用自己的私钥解密，这样，信息就可以安全无误地到达目的地了，即使被第三方截获，由于没有相应的私钥，也无法进行解密。通过数字的手段保证加密过程是一个不可逆过程，即只有用私有密钥才能解密。

数字证书的格式一般采用 X. 509 国际标准，主要包括：安全电子邮件证书、个人和企业身份证书、代码签名证书和服务器证书等几种类型。安全电子邮件证书中的主题信息是证书持有者的电子邮件地址，使用安全电子邮件证书，不仅可以确信邮件的真实来源，实现邮件的加密发送，还可以通过数字签名技术确保邮件的不可抵赖性和邮件收发前后的完整一致性。个人和企业身份证书用来标识个人或者企业在网络上的身份，可以提供网上炒股、网上招标采购、网上纳税、网上办公、网上银行等多种网络应用的安全保障。

代码签名证书是认证中心 CA 签发给软件开发者的数字证书，软件开发者若想通过网络来发布软件，则可以先使用代码签名证书对软件进行签名处理，这样，当用户从网络上下载该软件时，将会得到代码签名提示，从而可以确信软件的真实来源。服务器证书组成 Web 服务器的 SSL 安全功能的唯一的数字标识。通过相互信任的第三方组织获得，并为用户提供验证 Web 站点身份的手段。服务器证书包含详细的身份验证信息，如服务器内容附属的组织、颁发证书的组织以及称为公开密钥的唯一的身份验证文件。总的来说，代码签名证书和服务器证书都是由 CA 签发的数字证书，它们在确保软件和 Web 通信的安全性方面发挥着重要作用。

五、对数字证书管理

CA（证书颁发机构）的职责包括验证并标识证书申请者的身份；确保用于签名证书的非对称密钥的质量；确保证书签发过程的安全性，特别是签名私钥的保护；管理证书序列号、CA 标识等证书信息；确定并检查证书的有效期限；确保证书主体标识的唯一性，防止重名；发布并维护证书吊销列表（CRL）；对整个证书签发过程进行日志记录；以及向申请人发送证书申请状态更新和证书到期提醒等通知。国外常见的 CA 有 VeriSign、GTE Cyber Trust、Thawte 等。国内常见的 CA 有中国数字认证网（CFCA）、北京数字证书认证中心（BJCA）等，这些 CA 机构都遵循国家相关法律法规，为用户提供合法、安全、可靠的数字证书服务，以保障网络交易和通信的安全。

在电子商务的过程中，认证中心 CA 担负着 internet 上的用户身份验证的重要职责。其主要包括的基本功能：颁发证书、更新证书、查询证书、撤销证书和证书归档。由于针对认证中心的攻击是难以统计的，因此，认证中心必须做好各种对付攻击的准备，防范假冒、防范私钥和防范认证人员的违规。

1. 证书的颁发 CA 接收用户的数字证书的申请，根据申请的内容确定是否受理该数字证书的申请，并将申请的内容进行备案。如果CA接受该数字证书的申请，下一步则确定给用户颁发何种类型的证书。新证书经过CA的私钥签名之后，发送到目录服务器，用户在该服务器上下载和查询。

2. 证书的更新 CA可以定期更新所有用户的数字证书，或者根据用户的请求更新其数字证书。

3. 证书的查询 数字证书的查询可以分为两类，一种是证书申请的查询。CA根据用户的查询请求返回当前用户证书申请的处理过程。另一种是用户证书的查询。这类查询由目录服务器完成，目录服务器根据用户的请求返回适当的证书。为了确保消息的完整性，返回给用户的所有应答信息都要使用CA的签名。

4. 证书的撤销 当用户的私钥因泄密等安全原因导致用户证书需要申请作废时，用户需要向CA提出请求。CA根据用户的请求确定是否需要将该证书撤销。如果用户的证书已经过了有效期，CA会自动将该证书撤销。CA通过维护证书撤销列表完成上述功能。

5. 证书的归档 证书具有一定的有效期，不在有效期范围内的证书将被撤销。但是，已经被撤销的证书不可以简单地丢弃，因为我们可能需要验证以前的某个交易过程中产生的数字签名，这时候就需要查询已经撤销的证书。基于此类考虑，CA还应当具有管理已撤销证书和已撤销私钥的功能。

6. 证书内容

（1）所有者的专有名称（DN） DN是一个唯一标识符，一个不但包括所有者公共名（CN），而且包括所有者的组织及其他辨别信息的权限定名。

（2）所有者的公用密钥。

（3）发放证书的日期。

（4）证书过期的日期。

（5）发证CA的专有名称。

（6）发证CA的数字签名。

（7）包含信息允许应用程序确定它是否应信任该证书。

应用程序可使用过期日期确定证书是否仍然有效。根据发证CA的名称，应用程序可检查该站点是否认为该CA是可信的。

第三节 数字签名技术

一、数字签名定义

为了鉴别文件或书信的真伪，传统的做法是相关人员在文件或书信上亲笔签名或印章。签名起到认证，核准，生效的作用。随着信息时代的到来，人们希望通过数字通信网络迅速传递贸易合同，这就出现了合同真实性认证的问题，数字签名就应运而生了。通过数字签名能够实现对原始报文的鉴别和不可抵赖性。

数字签名（digital signature，或称电子签名），是一种利用公钥加密技术实现的电子签名机制。它允许发送者使用自己的私钥对数据（或数据的哈希值）进行加密，生成一串数字串，即数字签名。当数据被发送给接收者时，接收者可以使用发送者的公钥来解密这个数字串，验证数据的完整性和发送者的身份。同时在整个过程中，也确保了数据传输过程的完整性、身份认证性和不可抵赖性。

在电子商务中，数字签名是实现安全在线支付的关键技术之一。它帮助确保交易的安全性、完整性，并为交易双方提供身份验证和交易的不可抵赖性，从而促进了企业和消费者之间的信任，使得在线交易更加安全和便捷。

二、数字签名的过程

数字签名是公开密钥加密技术的另一类应用，主要用于验证报文的完整性和发送者的身份。其工作流程如下：报文的发送方首先使用SHA（secure hash algorithm）算法对报文文本进行散列处理，生成一个固定长度（例如，SHA－1产生160位，SHA－256产生256位）的散列值，也称为报文摘要。这个摘要可以看作是报文的“数字指纹”，对于每个独特的报文，其摘要都是唯一的。然后发送方使用自己的私钥对这个散列值（报文摘要）进行加密，形成数字签名。数字签名作为报文的附件，与原始报文一起发送给接收方。接收方在收到报文后，首先使用相同的SHA算法对原始报文计算散列值（报文摘要）。接着，接收方使用发送方的公钥对数字签名进行解密，得到另一个散列值。如果解密得到的散列值与接收方自己计算的散列值相同，那么就可以确认报文在传输过程中未被篡改，且确实来自持有相应私钥的发送方。这个过程确保了报文的完整性、发送者的身份验证以及发送者的不可否认性。数字签名的过程如图6－4所示。

采用数字签名，能够确认以下两点。

（1）保证信息是由签名者自己签名发送的，签名者不能否认或难以否认。

（2）保证信息自签发后到收到为止未曾作过任何修改，签发的文件是真实的文件。

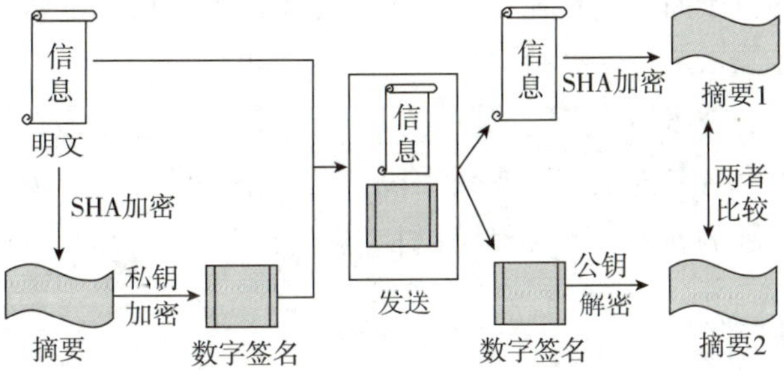

图6－4 数字签名的过程

第四节 电子支付技术 微课

一、电子支付的概念和特征

1. 电子支付的概念 企业扩展和全球化交易的需求日益增长推动电子商务中支付方式的创新发展，电子支付，作为一种现代支付手段，涉及消费者、商家和金融机构等多方参与者。电子支付是指通过互联网等电子通信网络，实现了货币支付和资金流动的数字化。这种支付方式不仅提高了交易的便捷性，还增强了交易的安全性，确保了交易过程中的资金安全和数据保护。电子支付的核心优势在于其能够无缝地融入全球电子商务体系，支持跨国界和跨货币的交易，使得商家能够轻松拓展国际市场，消费者也能享受到更加流畅的购物体验。

2. 电子支付的特征 与传统的支付方式相比，电子支付具有以下特征。

（1）电子支付是采用先进的技术通过数字流转来完成信息传输的，其各种支付方式都是通过数字化的方式进行款项支付的；而传统的支付方式则是通过现金的流转、票据的转让及银行的汇兑等物理实体来完成款项支付的。

（2）电子支付的工作环境是基于一个开放的系统平台；而传统支付则是在较为封闭的系统中运作。

（3）电子支付使用的是最先进的通信手段，如internet、extranet，而传统支付使用的则是传统的通信媒介；电子支付对软、硬件设施的要求很高，一般要求有联网的微机、相关的软件及其他一些配套设施，而传统支付则没有这么高的要求。

（4）电子支付具有方便、快捷、高效、经济的优势。支付费用仅相当于传统支付的几十分之一，甚至几百分之一。

就目前而言，电子支付仍然存在一些缺陷。比如安全问题一直是困扰电子支付发展的关键性问题。大规模地推广电子支付，必须解决黑客入侵，内部作案，密码泄露等涉及资金安全的问题。还有一个支付的条件问题，消费者所选用的电子支付工具必须满足多个条件，要由消费者账户所在的银行发行，有相应的支付系统和商户所在银行的支持，被商户所认可等。如果消费者的支付工具得不到商户的认可，或者说缺乏相应的系统支持，电子支付也还是难以实现。

二、电子支付的基本作用

目前，对于在线的商品的交易，除了用现金、汇款支付方式外，还可以利用网上银行（使用信用卡、借记卡和储蓄卡）及一些专门的支付软件进行网上支付。

以支付手段来划分电子商务，可将电子商务分为完全意义上的电子商务和非完全意义上的电子商务：网上营销，网下支付的电子商务为非完全意义上的电子商务；而网上营销，网上支付的电子商务为完全意义上的电子商务。

随着医药电子商务相关的技术（如网上支付技术）的发展，完全意义上的电子商务将占主流。对于医药电子商务而言，积极完善和发展网上支付手段，尤其是要发展具有医药行业特色的医保卡网上支付，这将是医药电子商务发展的新的亮点和经济增长点。

三、电子支付的流程

B2C 电子商务的电子支付流程如图 6－5 所示。

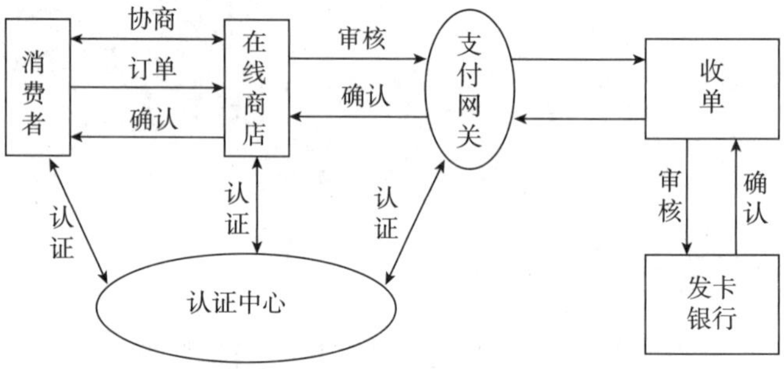

图 6－5 电子支付的工作流程图

根据工作流程图，可将整个电子支付工作程序分为下面七个步骤。

（1）消费者通过因特网选定所要购买的物品，并输入订货单，订货单上需包括在线商店、购买物品名称及数量、交货时间及地点等相关信息。

（2）通过电子商务服务器与有关在线商店联系，在线商店作出应答，告诉消费者所填订货单的货物单价、应付款数、交货方式等信息是否准确，是否有变化。

（3）消费者选择付款方式，确认订单，签发付款指令。此时 SET 开始介入。

（4）在 SET 中，消费者必须对订单和付款指令进行数字签名。同时利用双重签名技术保证商家看不到消费者的账号信息。

（5）在线商店接受订单后，向消费者所在银行请求支付认可。信息通过支付网关到收单银行，再到电子货币发行公司确认。批准交易后，返回确认信息给在线商店。

（6）在线商店发送订单确认信息给消费者。消费者端软件可记录交易日志，以备将来查询。

（7）在线商店发送货物，或提供服务；并通知收单银行将钱从消费者的账号转移到商店账号，或通知发卡银行请求支付。

在认证操作和支付操作中间一般会有一个时间间隔，例如，在每天的下班前请求银行结一天的账。

四、电子支付的分类

目前，电子支付机制主要包括银行卡支付、电子支票、电子现金、电子钱包、微型支付系统、预支付、第三方支付、医保卡支付等。

（一）银行卡支付

安全电子交易（SET）协议是用于银行卡网上支付的互联网支付协议。SET1.0 版本支持信用卡支付，全世界很多银行都在实施 SET，并且取得了很好的效果。目前，业内对 SET 的发展前景持乐观态度，尤其是在欧洲和亚洲市场。一方面，银行卡作为普遍的支付工具，其网络已经相当完善；另一方面，SET 作为目前唯一的互联网支付协议，其复杂性换来了风险的降低。

在我国，商业银行发行的银行卡大多数为借记卡，因此我们的用卡环境基本上是借记卡环境。近期，银行 IC 卡将在北京、上海和长沙进行试点，预计不久后 IC 卡的使用将得到广泛推广，这将极大推动网络环境中银行卡的使用，为网上交易提供可行的支付方式。

（二）电子支票

目前在美国，纸基支票的使用仍然十分普遍。然而在欧洲，对纸基支票的使用正在逐步减少。这主要因为纸基支票的处理成本比较高，同时借记卡的使用为纸基支票的电子化处理带来了启示。

对支票型支付系统的需求推动了对它的研究和开发，目前已存在多种电子支票概念，比如金融服务技术联合会（FSTC）电子支票概念、Netbill 和 Netcheque 等。电子支票可以满足很多个人的需要，也可以服务于公司市场。

（三）电子现金

对传统支付工具的应用分析可以看出，消费者大量使用现金。现金具有可接受性、保证支付、无交易费、匿名性等众多优点，所以现金才具有如此大的吸引力。

真正创新的电子支付方法不仅需要再创银行卡提供的方便性，也需要创造具有某些现金性质的电子现金形式。电子现金把计算机化的方便性和比纸基现金增强的安全性及私密性结合在了一起。电子现金的多功能性开创了大量的新兴市场和应用。

任何电子现金系统必须包含一些共同的特征。电子现金必须具有货币价值、互操作性、可恢复性以及安全性等特点。目前，比较具有影响的电子现金系统有 Ecash、NetCash、CyberCoin、Mondex 和 EMV 现金卡等。

（四）电子钱包

电子钱包是电子商务活动中顾客购物常用的一种支付工具，是在小额购物或购买小商品时常用的新式钱包。以智能卡为电子钱包的电子现金支付系统，应用于多种用途，具有信息存储、安全密码锁等功能，安全可靠。

Mondex 是世界上最早的电子钱包系统之一。Mondex 电子钱包使用起来十分简单，只要把 Mondex 卡插入终端，三五秒钟之后，卡和收据条便从设备付出，一笔交易即告结束，读取器将从 Mondex 卡中所有的钱款中扣除掉本次交易的花销。电子钱包如同现金一样，一旦遗失或被窃，Mondex 卡内的金钱价值不能重新发行，也就是说持卡人必须负起管理上的责任。有的卡如被别人拾起照样能用，有的卡写有持卡人的姓名和密码锁定功能，只有持卡人才能使用，比现金安全一些。Mondex 卡损坏时，持卡人就向发行机关申报卡内所余余额，由发行机关确认后重新制作新卡发还。

（五）微型支付系统

在现金、支票和银行卡这些传统支付工具中，现金最适合于低价值的交易。尽管现金是通用的，但是它也具有一定的局限性，即交易不能低于最小面值硬币的价值。在传统商务中，解决该问题的方法就是采用支付的“预订模式”，即购买者提前支付并在某固定期间内使用产品或服务。可以看出，预订模式并没能很好地解决上述问题。因此需要有一种支付系统，它可以在单笔交易中有效地转移很小的金额。这种系统我们称之为微型支付系统。

微支付的参与实体有购买者（buyer）、销售者（seller）、记账系统（billing systems）。一个典型的购买者记账系统是 internet 访问提供者（internet access provider 简称 IAP），销售者的记账系统是一个银行或 internet 服务提供者（internet service provider 简称 ISP），当然购买者和销售者也可以使用同一个记账系统。另外，微支付也允许在购买者和销售者之间通过一个附加的记账服务器网关来连接，销售者是内容提供者，微支付也允许一个商场经营者为内容提供者提供现金注册功能。

微支付协议涉及两个周期处理（典型为每天）。在每天的开始，购买者的钱包与它的记账服务器进行交换，确定前一天的总花费，一旦不平衡则进行同步处理。记账服务器为钱包提供一个“每日凭证”，该“每日凭证”保证消费者在该日是有效的消费者，可以看作是每天而不是每年从银行得到一个新的信用卡。

当消费者浏览到页面中有“每笔费用链接（per - fee link）”，该链接将采用微支付插件显示在浏览器，该链接采用矩形而不是下划线表示。另外，当消费者移过该链接，它的形状改变反映费用。

（六）预支付

在电子商务开展过程中，商家为了能够更好地为顾客服务。同时也维系与顾客之间的关系，一般会将顾客纳入会员系统进行管理，通常的情况下顾客可以在是会员的情况下，提前预交一定的会员费，然后再进行消费，而在消费时会有不同的优惠折扣，这种采用支付的“预订模式”，即称为预支付。目前很多网站采用这种支付方式。

（七）第三方支付

除了网上银行、电子信用卡等支付方式以外还有一种方式也可以相对降低网络支付的风险，那就是正在迅猛发展起来的利用第三方机构的支付模式及其支付流程，而这个第三方机构必须具有一定的诚信度。在实际的操作过程中这个第三方机构可以是发行信用卡的银行本身。在进行网络支付时，信用卡号以及密码的披露只在持卡人和银行之间转移，降低了应通过商家转移而导致的风险。

第三方机构与各个主要银行之间又签订有关协议，使得第三方机构与银行可以进行某种形式的数据交换和相关信息确认。这样第三方机构就能实现在持卡人或消费者与各个银行，以及最终的收款人或者是商家之间建立一个支付的流程。

第三方支付平台提供一系列的应用接口程序，将多种银行卡支付方式整合到一个界面上，负责交易结算中与银行的对接，使网上购物更加快捷、便利。消费者和商家不需要在不同的银行开设不同的账户，可以帮助消费者降低网上购物的成本，帮助商家降低运营成本；同时，还可以帮助银行节省网关开发费用，并为银行带来一定的潜在利润。

在第三方支付交易流程中，支付模式使商家看不到客户的信用卡信息，同时又避免了信用卡信息在网络上多次公开传输而导致信用卡信息被窃。以 B2C 交易为例：①客户在电子商务网站上选购商品，最后决定购买 ，买卖双方在网上达成交易意向；②客户选择利用第三方作为交易中介，客户用信用卡将货款划到第三方账户；③第三方支付平台将客户已经付款的消息通知商家，并要求商家在规定时间内发货；④商家收到通知后按照订单发货；⑤客户收到货物并验证后通知第三方；⑥第三方将其账户上的货款划入商家账户中，交易完成。

第三方支付平台通过提供安全、便捷的支付服务，极大地推动了电子商务的发展。

（八）医保卡支付

在医药行业中，比较有特色的支付方式是医保卡支付，2009 年新医改中提出了医保卡的全国通存通兑。在完善医保制度、实行医保卡全国通用的情况下，可以促成全国各省市的医保卡管理中心建立一个统一的网上医保管理信息系统。通过该信息系统，个人消费者可以将自己的医保卡转成网上可以支付的，具有用户名、密码、网上医保卡号的虚拟医保卡，这就同网上银行卡支付情形一样了。在建设我国网上药店电子服务平台资金结算系统时，可预留医保支付系统的接口。可先尝试性建立网上药店的医保自助支付系统，待医保卡网上支付成熟后，再实现系统的对接。

伴随信息技术的飞速发展，电子支付已经成为我们日常生活的不可或缺的一部分。例如，我们常用的第三方支付平台；中国人民银行推出的数字人民币（DCEP）；公共交通领域的电子扫码乘车、NFC 支付；医疗支付中的医疗缴费、电子支付挂号等，随着技术的不断进步和市场需求的变化，电子支付的应用场景将更加广泛和深入。

知识拓展

电子支付

电子支付在现今国内日常生活中屡见不鲜，第三方支付几乎覆盖所有支付场景。用户可以通过手机扫描二维码完成支付，无须携带现金和银行卡，支付过程简单快速兼具优惠活动等优点；智能手机携带的数字钱包功能可以让用户将信用卡、借记卡等信息添加到手机数字钱包中，该方式将实体卡片的信息数字化，方便用户携带和使用的同时也提供了较高的安全性；还有公交车上的 NFC 支付等非接触式功能。电子支付以其便利性、高效性、创新性、环保效益、全球化支持和用户体验提升等多方面的优势，正在深刻改变人们的生活方式，推动社会经济的可持续发展。

思考题

答案解析

在医院信息系统中数字签名用于医生身份认证和权限控制；医疗机构使用对称加密技术保护电子病历和患者信息。移动支付系统中，用户使用私钥加密交易数据，接收方通过公钥验证签名，防止交易篡改。

1. 请简述对称式加密技术的定义。
2. 上文中的移动支付系统属于哪种加密技术？
3. 请根据上述内容，试述数字签名的定义与意义。

书网融合……

微课　　习题　　本章小结

第七章　医药电子商务模式下的医药商品流通体系

PPT

学习目标

1. 通过本章学习，掌握我国的医药商品流通体系与医药电子商务，熟悉基于电子商务的现代医药商品流通体系及其特点，了解美国的医药商品流通体系与医药电子商务。

2. 具有在相关工作岗位上运用专业知识解决药品流通工作相关问题的能力。

3. 树立按照国家有关法律规范的要求和医药电子商务模式的发展趋势从事药品流通相关工作的观念。

第一节　基于现代医药商品流通体系的医药电子商务

一、美国的医药商品流通体系与医药电子商务

近年来，随着美国医药电子商务发展势头迅猛，医药商品市场呈现出多元发展的良好态势，市场运行机制也日益成熟，由此形成了若干种医药电子商务模式齐头并进的发展格局。

美国的药品批发市场主要由大型的医药批发公司所占据。在药品零售领域，作为主渠道的各种药房和可以销售药品的零售商店占到了59%市场份额，而公立医院、非公立医院、诊所等医疗机构仅仅占到了全部市场份额的27%，不足1/3。除此以外，其他方式如邮购，作为药品流通的一条新兴渠道，也在整个药品流通份额中占据一席之地。

在美国，药品从生产厂商到消费者手中需要经过若干部门，伴随着药品在这些部门内的流动，就产生了一系列资金流向。其中最为重要的部门：企业、批发商、药店、雇主/保险支付方、健康管理组织、药品福利管理机构，它们之间存在着一系列资金流向关系，通过各个机构谈判和竞争，最终使得药品流通环节的费用大大降低。

近年来，美国药品流通体系中最特别的就是第三方中介服务机构的介入。美国出现了大约800多家药品集中采购组织（group purchasing organization，简称GPO或者GPOs）、医药福利管理（pharmacy benefit management，简称PBMs）、美信医药国际连锁（medicine shoppe）和健康管理组织（managed care organization，MCO）等营利性、专业化的药品市场中介服务机构。

（一）药品集中采购组织（GPO）

GPO或叫GPOs，全称group purchasing organizations，中文名为药品集中采购组织。GPOs和上游供应商（药企或者流通商）谈判，以集中大规模的采购方式，获得较低的采购价格，帮助下游（医院、家庭诊所等）节约成本，提高效率，达到控费的效果。

实践证明，GPO模式能够有效降低药品采购价格，节省医疗开支，减轻患者负担，而GPO之间的公平竞争是实现上述目标的关键之一。这种公平竞争体现为三点：一是准入的公平性，符合条件的GPO可以自主决定是否参与竞争。二是有正常的市场竞争秩序，政府不能指定只能通过某一GPO参与采购，

或通过某个平台来采购。三是药品配送的自由，被 GPO 采购的药品，药品生产企业自主选择配送企业。在这种公平的基础上，药品价格是 GPO 与药品供应商谈判的结果。一般来说，GPO 的谈判价格主要受采购量的影响，采购量越多，价格越低。

GPO 接受包括医院、家庭护理中心和其他医疗服务提供者组织的委托，形成较大的采购订单后，就采购医疗产品和服务价格同供货商进行协商，这样大约会为会员降低 10% ~15% 的采购费用，目前医疗机构 45% 的药品和设备采购通过 GPO 进行。

（二）药品福利管理机构（PBM）

PBM 或叫 PBMs，是 pharmacy benefit management 的简称，即药品福利管理机构。PBM 于 20 世纪 60 年代末出现在美国，是介于保险机构、制药商、医院和药房间的管理协调组织，成立的目的在于对医疗费用进行有效管理，节省支出，增加药品效益。

PBM 模式是一种专业化的第三方服务，主要利用市场的手段对药品费用进行管理，是美国商业保险公司对医疗保障基金控制的新型模式，以提高医保资金的利用效率为核心目标。药品福利管理公司作为第三方企业，平衡协调包括政府、保险机构、制药商和患者等多方的利益，渗透在整个医疗供应链条的各个环节中，提供的服务包括药品目录管理、药品邮购服务、处方赔付申请的处理、药品利用评价、推荐临床路径以及疾病管理等等。PBM 通过与药品企业、医疗服务机构、保险公司签订合同，以求在不降低医疗服务质量的前提下，影响医生或药师的处方行为，达到控制药品费用增长。PBM 的作用包括：降低医疗保险药品费用支出；进行用药评价，促进药品的合理使用；实行健康管理，提高患者的医疗质量。PBM 模式的发展，在降低医药费用支出，综合评价药品信息，促进药品的合理使用，全面实施健康管理方面有着重要的作用，对美国市场化的保险制度产生了巨大的影响。

PBM 为医疗保险公司提供制订药品目录、采购所需药品、审核医生处方和办理药费支付等服务，是药品流通的重要环节。据统计，在美国 70% 的地区和 45% 人口的用药直接通过 PBM 公司。

如美国某综合性药品福利管理机构（PBM）主要业务为医疗卫生组织、医疗保险公司、第三方管理机构、雇主单位、工会福利计划、薪酬计划以及政府医疗项目等各方提供医疗管理和服务。其核心业务包括四个方面。①医药福利管理：主要是管理医药福利保险计划，为上述计划提供建议和顾问服务，处理相关的保险理赔事项。其中有为政府部门、企业、商业保险公司等机构提供的雇员医药福利的管理服务，包括福利计划设计，医药费用的审核，保险理赔和费用的支付管理，以及药品报销种类管理，临床医疗管理，费用支付模式管理等。另外，还提供帮助上述机构与医院签订更合理的医疗服务合同，网络安全管理等服务内容。②药品分销：提供对药品销售各环节的管理，包括采购、库房管理、配送等，还将提供药品邮购服务和网上医药资讯服务，为患者提供用药咨询、特殊药品批发等。③信息技术服务：医药福利管理、保险理赔处理和支付交易等各项服务都需要通过信息技术手段来实现，包括建立医药保健管理技术平台，电子处方系统，费用预测系统等。④慢性病管理及健康教育：针对医生，主要有医生诊断、用药模式分析和比对，降低药品费用建议，医生简介卡和教育资料等；针对患者，主要有健康管理咨询服务，普及疾病预防知识、改善患者生活习惯的健康教育等。

（三）健康管理组织（MCO）

健康管理组织（managed care organization，MCO），也称管理式医疗组织、医疗保健管理组织，是从事管理式医疗（managed care）活动的组织机构。管理式医疗是一种将参保人、医疗保险机构、医疗服务提供机构及其他利益相关方相结合的管理机制，属于由第三方商业机构经办运作的医疗保险模式，其内容包括组建一体化医疗服务网络、对医疗机构实行预期付费制度、依据最佳临床路径进行使用率审查以及对参保人员进行健康管理等。通常，提供管理式医疗的组织会与一些医疗服务提供者签订合同，通过控制医疗费用等措施，以更低的成本为其会员提供质量更高的医疗服务。

在各类MCO中，最早出现也具代表性的是起源于20世纪30年代的健康维护组织（health maintenance organization，HMO）。20世纪80年代起，管理式医疗有了更多样化的发展，出现了PPO（preferred provider organization，优选医疗服务组织）和EPO（exclusive provider organization，独家医疗服务组织）等新型管理式医疗组织。

MCO是医疗保险和医疗服务的提供方，是医院、医生、护理院等医疗机构提供者的合成体。

可见，美国药品流通体系中由于第三方中介服务机构的介入，已经形成了比较成熟的药品流通中介服务市场。中介服务市场在药品的集中招标采购、医生处方审核、加盟药店联合采购、药品分类编码、组织机构代码、数据通信服务、市场信息服务、企业信用服务等，都由专业化的中介服务机构提供服务。使得医药经济各方市场力量均衡，促使各环节利润大小和利润分布趋于合理化，如图7-1所示。

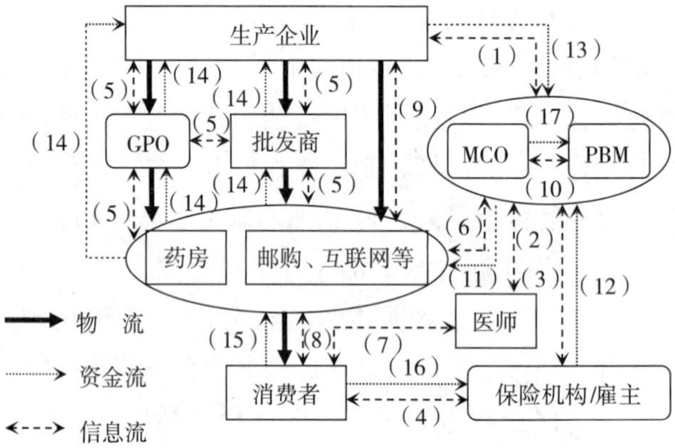

图7-1　美国的医药商品流通体系图

GPO：药品集中采购组织（group purchasing organization）

MCO：健康管理组织（managed care organization）

PBM：药品福利管理机构（pharmacy benefit management）

信息流：

（1）第三方利用采购权和药品生产企业进行药品的折扣谈判

（2）PBM通过建立可报销保险目录，对医生的处方行为进行控制

（3）第三方和保险机构或雇主间协商制定协议支付价格

（4）消费者和保险公司间的信息流通

（5）药店、医疗机构等通过集团采购组织与生产企业和批发商进行药品价格的谈判

（6）零售企业与第三方交换药品交易信息

（7）消费者与医师在医疗过程中进行信息交流

（8）消费者通过互联网、信函、走访等方式与零售供应商进行的信息沟通

（9）生产企业与零售商之间的药品信息交流

（10）MCO与PBM的信息沟通

资金流：

（11）第三方机构按协议支付价格向药房或医疗机构集中结算消费者的药费

（12）保险机构或雇主向第三方支付费用，第三方组织给予保险机构一定的折扣

（13）生产企业给予第三方组织折扣

（14）零售企业、批发企业、集团采购组织间及向生产企业进行支付

（15）消费者向药房或医疗机构支付少部分药费

（16）消费者向保险方交纳保险金

（17）作为医疗保险和医疗服务的提供方，MCO向PBM进行政府提供的医疗保险资金划拨等

基于以上的分析，可以看出，医药电子商务的最初是在两两对象间展开的，随着医药电子商务的深

入发展，会出现以 GPO、MCO、PBM 等为代表的第三方电子交易市场。

知识拓展

美国管理式医疗的覆盖范围

在美国，政府提供的医疗保险包括三类，分别是医疗照顾计划（medicare）、医疗救助计划（medicaid）和军人医保计划。medicare 面向 65 岁以上的老人、严重残障人士及需要做肾脏透析的患者等，medicaid 则面向低收入群体。此外，大约有 3/5 的美国人被排除在公共医疗保险制度之外，只能购买商业医疗保险。

管理式医疗模式不仅几乎覆盖了全部的商业医疗保险市场，更逐渐成为 medicare，medicaid 和军人医保计划中可选择的方案。2019 年，参加管理式医疗的人数占到了全美国总人口的 75.4%。若排除无任何医保的人口，在所有拥有医疗保险的人群中，选择管理式医疗的人数占比高达 83.1%。其中，军人医保计划全部实行管理式医疗，商业医疗保险也近乎全部选择管理式医疗。

二、我国的医药商品流通体系与医药电子商务

随着改革开放的深入，我国医药行业逐渐确立了市场经济体制，特别是药品生产领域向外资开放，得到了迅速的发展，然而药品流通环节出现了大量经营分散、市场竞争能力差的批发企业，使我国药品流通领域呈现出“市场分散、地方割据、企业规模小、流通秩序乱、整体竞争能力弱”的基本特点。

从医药行业供应链角度分析，医药商品从生产到消费大致经历这样一系列环节：医药商品生产原材料供应商—医药商品生产企业—医药商品批发企业—（药品招标机构）—医院（药店）—消费者。图 7－2 反映了我国现代医药商品流通体系图。

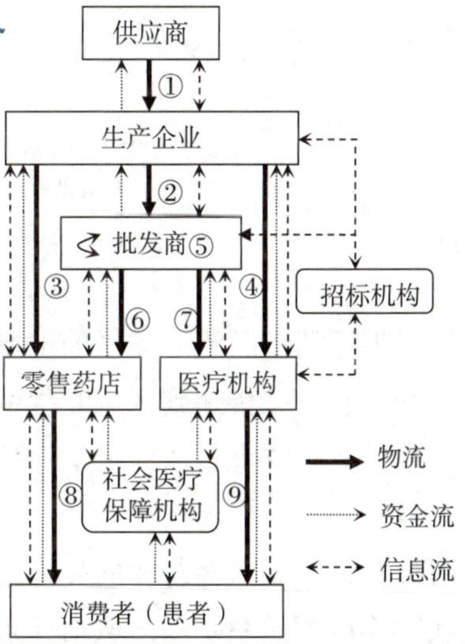

图 7－2 我国现代医药商品流通体系图

①～⑨，代表药品的 9 种交易类型。

①代表供应商与药品生产企业之间的交易。②代表药品生产企业与批发商之间的交易。③代表药品生产企业与零售药店之间的交易。④代表药品生产企业与医疗机构之间的交易。⑤代表批发商之间的交易。⑥代表批发商与零售药店之间的交易。⑦代表批发商与医疗机构之间的交易。⑧代表零售药店与消费者（患者）之间的交易。⑨代表医疗机构与消费者（患者）之间的交易

依流通渠道看，我国医药商品流通渠道有：

渠道Ⅰ：生产企业—批发企业（含各级代理商）—医疗机构—消费者。

渠道Ⅱ：生产企业—批发企业（含各级代理商）—零售药店—消费者。

渠道Ⅲ：生产企业—零售药店—消费者。

渠道Ⅳ：生产企业—医疗机构—消费者。

依据药品交易的对象不同，我国药品流通业至少存在九种类型的交易，早期医药电子商务的开展，基于现有的医药商品流通的层级架构，就是为了减少交易环节，实现两两交易，并没有涉及深层次的制度、体制，企业内部业务流程、人员和外部的供应链的改革，是属于初级医药电子商务的形态。

近年来，我国医药电子商务行业的交易模式丰富多样，无论是 B2B 模式，还是 B2C 模式，发展势头都很迅猛。2020 年后，医药电子商务呈现爆发式增长的趋势。这些都极大促进了医药商品流通体系的高质量发展。

第二节　基于电子商务的现代医药商品流通体系 微课

推进医药流通体制改革，就是要减少流通环节，降低流通成本，重新构建一个新型的医药商品流通体系，做大做强医药产业。因此，基于医药电子商务的开展，构建理想化的医药商品流通体系，将商流、信息流、资金流和物流有机地融合在一个医药电子商务交易平台，是非常有必要的。其模式如图 7－3 所示。

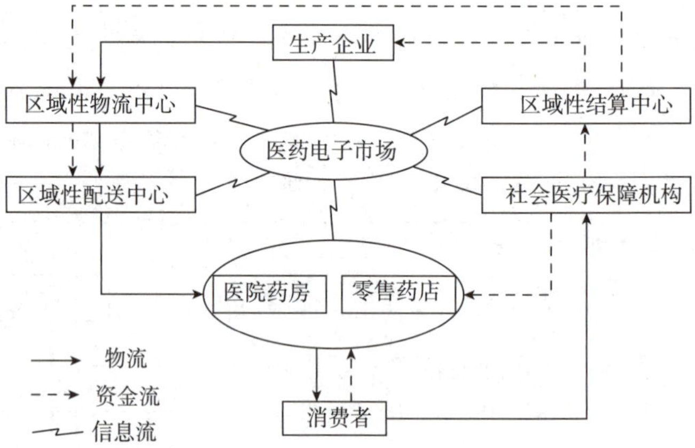

图 7－3　基于电子商务的现代医药商品流通体系图

这一新型医药商品流通体系的主要内容：供应商与分销商通过医药电子商务平台直接进行网上价格撮合；成交信息直接传递到区域配送中心，通过区域配送商进行配送；分销商通过区域结算中心直接与供应商进行结算，并支付医药电子商务提供商和配送商相应的费用。此外，区域配送中心有一套相对独立的配送信息系统与供应商和分销商相连。在这一模式中，医药电子商务平台（医药电子虚拟市场）与交易各方相连，是医药行业的交易中心和信息中心，居于核心位置。这一虚拟的医药电子交易市场通过与真实的物流配送系统和区域结算系统相互协调地运作，实现医药商品的高效流通。归纳起来，这一新型交易模式主要有以下几个特点。

1. 交易方式电子化　通过医药电子商务系统的虚拟代理，医疗机构和零售商可以不受时空限制地与药品生产企业直接进行交易，商品流通（商流）变得公开、透明，批发环节将不复存在，因而减少了中间环节，直接降低了交易成本。

2. 交易手段信息化　改变原有信息采集和流动的低效和无序状态，采用信息化交易手段，充分发挥网络信息完整性和及时性的特点，使信息流变得有序、透明，从而大大降低收集和处理医药商品信息的时间和成本。

3. 物流系统扁平化　将原来多层、分散、杂乱的批发商经过科学整合，改造成以中心企业为极点，覆盖整个区域的配送网络，彻底改变原有物流系统混乱无序、效率低下的状况，使之成为一个设施完善、技术先进、层次简单、运作高效的物流系统。

4. 交易形式多样化　既可以进行独立的分散采购交易，又可以进行集中的联合采购交易，兼顾个性化需求和降低成本的要求。由于可以进行实时采购，因此可以缩短采购和储存周期，减少库存，既满足用户需要，又尽可能减少了市场风险，增加经济效益。

5. 政府监管现代化　政府采用现代化的信息管理手段，对医药市场进行全程监控，各种市场监管信息公开、透明，市场准入机制严格、规范，使医药商品的质量和临床用药安全有可靠的保证。

在这一新的药品流通体系下，将形成新的医药行业供应链系统。这一新的医药供应链系统将原料企业、生产企业、配送企业和分销企业整合为一个有机整体，多层的中间批发环节将消失；医药批发企业将失去传统流通职能，向药品代理商和配送商转变；交易渠道单一；所有交易过程将公开化，信息透明，政府将有能力对交易全过程进行监管。因此，这一新的医药行业供应链系统将使药品流通环节成本大大降低，从而能极大地减轻消费者的医药负担。

答案解析

思考题

目前在我国，处于医药商品流通两端的上下游企业对医药商品的供货渠道、采购流程的便捷化、库存的实时信息及运输的安全反馈性要求越来越高。随着信息化、互联网＋和大数据的影响，B2B 等医药电子商务模式的出现给企业发展带来了新的机遇，线上医药商品的采购分销已成为企业营销的重要途径，基于电子商务的现代医药商品流通体系正在逐步建立。

1. 简述我国目前的医药商品流通渠道。
2. 基于电子商务的现代医药商品流通体系主要内容是什么？
3. 基于电子商务的现代医药商品流通体系有哪些特点？

书网融合……

微课　　习题　　本章小结

第八章　医药电子商务的参与主体及其权利义务

PPT

学习目标

1. 通过本章学习，掌握医药电子商务参与主体的构成，熟悉医药电子商务各参与主体的权利和义务，了解电子商务主体与传统商业主体的区别。

2. 具有能够识别问题、有效获取、评估和利用信息解决问题的能力。

3. 树立法律与合规意识，培养对合规经营的敏感性，能够识别和遵循行业标准与法律要求。

第一节　电子商务的参与主体

微课

一、电子商务主体的定义

广义的电子商务主体，即电子商务交易主体，是指能够从事电子商务活动的客观对象，它可以是企业、银行、商店、政府机构、科研教育机构和个人等；狭义的电子商务主体，则仅指电子商务中的商业主体，即电子商务企业，指以营利为目的，借助互联网技术与信息技术实施商业行为并因此而享有权利和承担义务的法人、自然人和其他组织。交易事务是指电子商务交易主体之间所从事的具体的商务活动的内容，例如询价、报价、转账支付、广告宣传、商品运输等等。电子商务企业有两种类型：一类是采取电子商务交易手段的传统企业；一类是为电子商务交易提供基础设施服务和辅助服务的现代互联网服务企业（ISP），如互联网联结商（IAP）与互联网内容提供商（ICP）等。

根据电子商务主体的定义，医药电子商务的参与主体主要包括医疗机构、医药公司、银行、医药生产商、医药信息服务提供商、第三方机构等市场经济主体。这些主体利用计算机和网络技术，特别是互联网，进行医药产品的交换及相关服务的提供。

电子商务整体框架中的主要参与者如图 8－1 所示。其中，企业是电子商务的最主要推动者和受益者，消费者作为经济活动的不可或缺的主体也必然要介入到电子商务活动过程中，它们的角色比较容易定义，也比较容易理解。政府作为现代经济生活的调控者，在电子商务环境中应该由传统经济体系的“监控者”转变为电子商务经济体系的“服务者”。

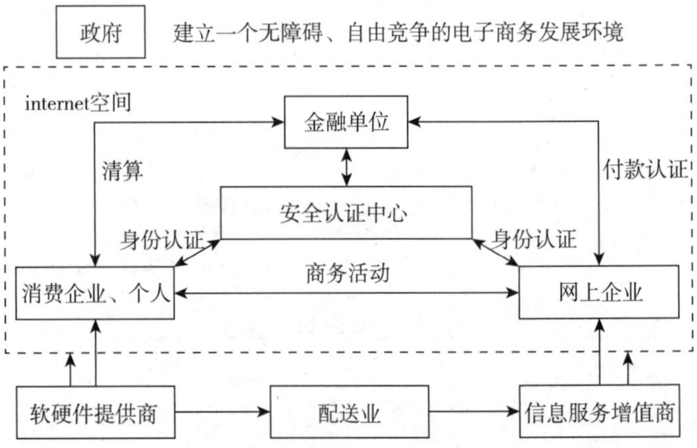

图 8－1　电子商务整体框架中的主要参与者

如美国政府在其“全球电子商务政策框架”一文中，详细阐述了美国政府在处理电子商务方面的五个一般原则：①私营企业应起主导作用；②政府应当避免对电子商务不恰当的限制；③在政府须参与时，其目的应当是支持和加强一个可预测的、最简单的和前后一致的商业法治环境；④政府应当认识internet的独特之处；⑤应当在国际范围内发展internet网上的电子商务。

我国政府在开展电子商务活动中发挥着重要的引导作用。

最具电子商务特色的另外一个重要参与者是中介机构。中介机构在一定程度上决定了电子商务的成败。电子商务环境中的中介机构是指为完成一笔交易，在买方和卖方之间起桥梁作用的各种经济代理实体。大部分的金融性服务行业，如银行、保险公司、信用卡公司、基金组织、风险投资公司都是中介机构；其他像代理人、仲裁机构等也都是中介机构。大致来说，中介机构可分为三类：一类是为商品所有权的转移过程（即支付机制）服务的，像金融机构、物流配送机构；另一类是提供电子商务软硬件服务、通信服务的各种厂商，软硬件和解决方案提供商；还有一类是提供信息搜索服务的信息服务增值商。

综上所述，电子商务的参与主体概括为：①卖方（企业或个人）；②买方；③政府；④中介机构（包括认证机构、网上银行、物流配送机构及电子商务服务商等）。

二、电子商务主体与传统商业主体的区别

电子商务主体与传统商业主体既有共性，也有个性。其二者的相似之处在于，无论是电子商务的商业主体还是传统的商业主体（如各类企业），其根本宗旨在于实现盈利；此外，它们的交易行为都需符合法律及伦理的要求。互联网贸易作为一种创新的经营模式，与传统的贸易方式相较之下的区别主要在经营途径与方法上，而不是本质上的差异。具体来说，网络交易基于电子技术，以获取利益为目的。其成交过程主要或完全在线上通过点击进行，其特点在于交易过程的虚拟性；尽管如此，其商务效力最终还是要在相应的法律框架（尤指合同法）及侵权制度中显现，这些体系确立了参与各方的经济权益与义务。电子商务的本质是属于商务活动范畴，电子与网络技术仅是网络经济体实现获利目的的途径和手段。互联网贸易从事者依然是商业参与者，其所从事的也是商务操作。网络交易市场是实际存在的买卖平台，拥有真切的市场参与方。将网络交易场合当成“虚拟市场”，把参与网络交易的实体看作“虚拟经营者”的观念，是出于传统商业多在相对狭窄的区域内发生，且交易伙伴较为固定和封闭的特点，相比之下，电子与网络技术具有可以联系广泛分散且不相识的交易双方的特点。

就个性而言，电子商务主体与传统商业主体的区别在于以下几点。

（1）若纯粹从技术角度出发，相较之下，进入网络商贸领域比投身实体商场（例如城镇乡村的交易市场）来得容易。

（2）电子商务主体通过电子方式采取措施以实现盈利，而传统商业主体则通过直接接触或使用非电子方式实现盈利目标。

（3）电子商务主体从事贸易活动能够克服距离、沟通等众多障碍，相反，传统商业主体则需受这些障碍所限。

（4）相较于传统商业主体，电子商务主体接触的顾客和合作伙伴数量更众，但交易过程中彼此并非直接面对面交流，这增添了商家与客户、伙伴间的新的不信任元素。因此，在电子商务领域，相比于传统商业实体，电子商务参与者遇到了更多的市场机遇与风险，也更易遭遇道德层面的挑战和欺诈的圈套。

（5）从企业性质、规模和场所上看，传统商业主体按法律角度分：国有企业、股份制企业、外商独资、合资企业、民营、私营企业和个体户，从外表很容易看出规模的大小，场所均是传统有形市场

(如城乡集贸市场)；电子商务主体从外表不容易看出规模的大小和企业的性质，场所是在互联网上。

(6) 从行政监管层面而言，电子商务主体比起传统商事主体更容易运用电子技术、信息技术和网络技术规避法律和监管。因此，工商监管部门有必要、也有能力运用更加高超且有力的电子技术、信息技术和网络技术战胜规避者。

三、电子商务主体的特点

由于进行网上交易时要求交易主体必须信息化，利用基于网络的数字化交易方式进行交易。因此，在电子虚拟市场上，信息技术的应用主要是改变交易主体的交易方式，同时也对市场交易主体产生一定影响。电子商务主体的特点表现为以下几点。

(1) 参与交易主体必须拥有良好的信用　由于组织机构具有较好信用，电子虚拟市场对组织机构这方面的影响不大；而个人消费者必须建立信用，否则消费者参与网上交易时会遇到障碍（如网上订购后，难以实行网上支付，而是通过邮局汇款，因而限制了网上交易的快捷性）。

(2) 交易方式更加便捷　对于组织机构来说，网上提供了快捷方式，可以实现网上自动交易，但对于一些大型组织机构，更多地仍然选择网上查询和合同洽谈方式进行，比较强调规范性；对于个人消费者，则影响比较大，消费者可以不出门便能购物。

(3) 交易行为更加理性　对于组织机构来说，网上的充分信息增强了购买决策的科学性和合理性；对于消费者来说，网上的丰富信息改变了消费者的被动选择局面，消费者可以根据大量信息进行理性选择，减少了购买的非理性成分。因此，网上交易方式对组织机构的影响主要是效率上提高和风险上降低的影响；对个人消费者影响较大的是它可能改变个人消费者的消费模式和生活习惯。

第二节　电子商务的主要参与主体的权利与义务

电子商务的参与主体主要包括卖方（企业或个人）、买方（消费者）、政府以及主要中介机构（认证机构、网上银行、物流配送机构、电子商务服务商等）。不同的参与主体在电子商务交易过程中拥有不同的权利与义务。

一、卖方

根据《中华人民共和国电子商务法》（以下简称《电子商务法》）的规定，卖方可分为电子商务经营者和电子商务平台经营者两种类型。

（一）电子商务经营者

电子商务经营者包括通过互联网等信息网络从事销售商品或者提供服务的经营活动的自然人、法人和非法人组织。

电子商务经营者应当依法办理市场主体登记，履行纳税义务，并在其首页显著位置公示营业执照信息、行政许可信息等。根据《电子商务法》的相关规定，电子商务经营者的权利和义务包括但不限于：

(1) 按照法律规定，完成市场实体的注册以及税务的登记工作。

(2) 按照法律规定缴纳税款同时获得税务减免待遇。

(3) 公示相关的营业执照和行政许可信息。

(4) 保障商品或服务符合安全和环保要求。

(5) 向消费者提供真实、准确的商品或服务信息。

(6) 依法出具购货凭证或服务单据。

（7）保护消费者个人信息和隐私等。

（二）电子商务平台经营者

电子商务平台经营者是指在电子商务中为交易双方或者多方提供网络经营场所、交易撮合、信息发布等服务的法人或者非法人组织。

平台经营者应当建立知识产权保护规则，与知识产权权利人加强合作，依法保护知识产权，并在必要时采取删除、屏蔽、断开链接、终止交易和服务等必要措施。根据《电子商务法》的相关规定，电子商务平台经营者的权利和义务包括但不限于：

（1）要求平台内经营者提交真实信息并进行核验。

（2）向市场监督管理部门报送平台内经营者的身份信息。

（3）采取必要措施保护平台内交易安全。

（4）登记并储存平台上所公布的商品与服务详情以及交易资料。

（5）公示平台服务协议和交易规则。

（6）建立健全信用评价制度等。

二、买方

买方即消费者，在电子商务交易法律关系中，主要是与在电子商务平台上销售商品和提供服务的平台内经营者发生实际的交易行为的主体。

区别于传统购物的法律框架，在网络购物领域，消费者不仅需要与商品或服务提供商开展购销往来，还需与网络市场的运营方建立法律连接，即首先必须得到网络市场运营方的允许，方能进入平台，并与那些提供商品和服务的商户进行购买行为。所以，消费者与网络市场的运营者间亦形成了一定的法律联系。

电子商务经营者应当保障消费者的知情权和选择权，不得进行虚假或引人误解的商业宣传，欺骗、误导消费者。根据《电子商务法》规定，消费者的权利和义务包括但不限于：

（1）知情权和选择权。

（2）获得符合安全和环保要求的商品或服务。

（3）获得购货凭证或服务单据。

（4）物品配送过程中的所有风险与义务，须由电子商务经营者承担等。

三、政府

在电子商务中，政府的角色可能包括监管者、政策制定者和服务提供者。政府对企业与个人的电子商务（government to business/customer，G to B/C 或 G2B/G2C）涉及政府采购、税收、质量检验、海关等一系列事务。

政府的权利和义务包括但不限于：

（1）制定和执行电子商务相关法律法规。

（2）监督电子商务市场的公平竞争和消费者权益保护。

（3）提供公共服务，如电子政务、在线审批等。

这些权利和义务的具体内容可能会根据不同国家和地区的法律法规有所差异。

需要注意的是，由于医药商品具有关系人的生命健康安全的特殊性，因此要求政府对医药电子商务进行严格的监管。在电子商务环境下，医药监管部门不仅需要健全现有的监管方式与手段，还需要掌握最新的监管理念与技术手段，不断应对医药产品在电子商务活动中出现的新情况。通过政府对医药电子商务的规范化监管，丰富监管部门的信息化监管手段，提升监管效率，规范药品流通秩序，保证医药的质量，从而建立良好的安全用药环境，维护广大消费者的切身利益。

四、主要中介机构

电子商务系统中的中介机构是指支持与帮助电子商务交易完成的相关机构，主要包括认证机构、网上银行、物流配送机构及电子商务服务商等。

（一）认证机构

认证机构（certificate authority，CA）是经国家主管机构审批设立，为电子数据认证提供服务的法定机构。数字证书是一个包含证书持有人、个人信息、公开密钥、证书序列号、有效期、发证单位的电子签名等内容的数字凭证文件。认证机构为经过身份认证的机构或个人发放数据证书，并以数字证书对有关电子数据加密的方式形成电子签名，从而达到所发送电子数据无法被篡改的法律效力。依据《电子签名法》，使用了可信赖电子签名的电子数据具有证据的证明效力。CA 服务机构的定位与公证机构、鉴定、评估机构存在一定的差异，但其主要目的是证明相关证据的真实完整性。

1. 认证机构的权利

（1）颁发和管理数字证书　CA 机构有权为个人、企业或其他实体颁发数字证书，这些证书用于在互联网通信中验证身份，并确保交易的安全性和数据的完整性。

（2）制定和执行证书政策　CA 机构可以制定自己的证书颁发政策和程序，确保证书的颁发过程符合安全和法律要求。

（3）收取服务费用　CA 机构有权为其提供的证书颁发和管理服务收取费用。

（4）维护证书撤销列表（CRL）　CA 机构有权发布和管理证书撤销列表，以确保不再有效的证书能够被及时识别和撤销。

（5）进行身份验证和审查　CA 机构有权对申请证书的实体进行必要的身份验证和审查，以确保证书的合法性和安全性。

（6）参与标准制定和行业合作　CA 机构有权参与相关的行业标准制定和合作，以推动整个证书颁发和管理行业的健康发展。

根据《认证机构管理办法》（2020 年修订版），CA 认证机构在中华人民共和国境内从事认证活动时，还应当遵循公正公开、客观独立、诚实信用的原则，维护社会信用体系 。同时，CA 认证机构及其人员对其认证活动中所知悉的国家秘密、商业秘密负有保密义务 。

此外，CA 认证机构在进行证书颁发和管理时，还应当遵守《中华人民共和国认证认可条例》等相关法律法规的规定。

2. 认证机构的义务　CA 的具体职责体现在以下几个方面：负责数字证书的申请、签发、制作、废止、认证和管理；提供网上客户身份认证、数字签名、电子公证等业务；禁止认证机构开展危险活动，保护客户知识产权和隐私权。

CA 运行的好坏关系到电子商务发展的成败，认证机构一般需承担以下义务。

（1）信息披露与通知义务　信息披露的根本目的是维护社会公共利益和保护信息弱势群体。证书关系到社会公众的重大利益，CA 需承担一定的信息披露与通知义务：①含由于私钥相配的公钥的证书（此私钥系 CA 签署另一份证书之用），即 CA 的根证书；②任何有关的认证做法说明；③认证机构证书的作废、中止和撤销通知；④任何其他实质上相反的影响证书可信度或机构提供服务能力的事实。

（2）安全义务　安全可信度是公众对 CA 要求，CA 应当采用能够满足下列目的的安全系统：①确认数据电文的归属；②从某一特定时刻开始，保证数据电文在传递、接收和储存中完整性不被篡改；③合理地避免被侵入和人为破坏；④既有合理的安全程序。

（3）保密义务　除非应法院或有关国家机关的要求，CA 不得对外披露以下信息：①证书用户在申请数字证书时向认证机构披露的身份信息及有关信息；②证书用户的密钥。

此外，CA 还负有其他义务，如举证义务：电子商务交易主体在使用证书作业时发生纠纷，CA 可以根据交易双方或其中的一方的要求，为其提供举证服务。提出举证要求的请求方必须为 CA 提供必要的交易日志（该日志必须保留完整的签名），由 CA 对其进行验证并出具验证报告。

（二）网上银行

网上银行通过网络平台复制了传统银行的各项功能，并向客户提供全天候即时服务；此外，网上银行联合信用卡机构，推出网络支付工具，服务于电子商务交易过程中的买卖双方。网上银行服务在电子商务交易活动中起着核心作用。

1. 网上银行的权利

（1）网上银行有权要求客户进行实名认证，以确保交易安全。

（2）网上银行有权在客户违反服务协议时采取相应的措施，如限制或终止服务。

（3）网上银行有权收取一定的服务费用，如转账手续费、年费等。

2. 网上银行的义务

（1）网上银行有义务保障客户的账户安全，采取必要的技术措施防止账户被盗用或滥用。

（2）网上银行有义务向客户提供准确、及时的服务，确保交易的顺利进行。

（3）网上银行有义务保护客户的隐私和个人信息，不得泄露给第三方。

（4）网上银行有义务在客户提出合理请求时提供必要的协助，如提供交易记录、协助解决交易纠纷等。

（5）网上银行有义务遵守相关法律法规，如《电子银行业务管理办法》等，确保业务合法合规。

在电子商务交易中，网上银行还需要遵循《电子商务法》的相关规定，如保障消费者权益、提供安全的支付结算服务等。同时，网上银行在服务协议中设定的免责条款应当合理，不得违反法律强制性规定，以保护消费者权益。

需要注意的是，网上银行的具体权利和义务可能会随着法律法规的变化而调整，因此，银行和客户都应当及时关注相关法律法规的最新动态。

（三）物流配送机构

物流配送机构响应商户的配货请求，负责将网络环境中无法立即获得的物品整合运输，监控产品的配送进度，并确保将物品交付至消费者手上。

1. 物流配送机构的权利

（1）物流配送机构有权按照服务合同约定收取相应的服务费用。

（2）在合同约定的范围内，物流配送机构有权要求寄件人提供必要的货物信息和配合，以确保配送的顺利进行。

（3）物流配送机构有权拒绝配送违法或违规物品。

2. 物流配送机构的义务

（1）物流配送机构有义务妥善保管在运输过程中的货物，并对其在占有期间发生的货损、货差承担责任。

（2）物流配送机构必须按照合同约定的时间和方式将货物配送到指定地点，并确保货物的安全和完整。

（3）物流配送机构有义务提供货物配送的实时信息，包括但不限于运输状态、预计到达时间等，以便消费者和电子商务经营者进行跟踪和查询。

（4）在配送过程中，应当遵守相关的法律法规，如《快递市场管理办法》等，确保服务的合法性。

（5）应当采取有效技术手段，保证用户、邮政管理部门能够通过快递运单码号或者信息系统查知必要的配送信息，如快递服务承诺事项、投递方式和完成标准等。

（6）应当按照规定使用环保包装材料，实现包装材料的减量化和再利用，符合绿色低碳发展的要求。

物流配送机构在提供服务时，还应当遵循《电子商务法》中关于快递物流服务提供者的规定，如在交付商品时提示收货人当面查验，使用环保包装材料等。同时，根据《中华人民共和国民法典》的规定，物流配送机构在合同履行过程中，应当遵守合同约定，保障货物的安全和及时配送，以及保护消费者的合法权益。

随着区块链、物联网、大数据等技术的不断发展，智能物流体系已经成为电商物流行业的重要趋势之一。这种体系通过结合物联网设备的实时数据采集、大数据分析和预测等技术手段，实现了对物流过程的全面监控和优化，为物流配送机构更好地提供服务奠定了技术基础，也为消费者权益提供了更好的技术保障。

（四）电子商务服务商

电子商务服务供应商特指那些提供互联网连接、信息传递和应用程序服务的信息技术生产者，包含但不限于网络服务供应商、网络内容提供者以及应用程序服务提供商等。电子商务服务商在电子商务交易过程中的权利和义务包括但不限于：

1. 电子商务服务商的权利

（1）电子商务服务商有权与电子商务经营者签订服务合同，明确服务内容、费用及双方的权利和义务。

（2）在合同约定的范围内，服务商有权要求电子商务经营者提供必要的信息和配合，以确保服务的顺利进行。

（3）服务商有权按照合同约定收取服务费用。

2. 电子商务服务商的义务

（1）电子商务服务商有义务按照合同约定提供符合标准的服务，包括但不限于技术支持、数据存储等。

（2）电子商务服务商必须保护电子商务经营者和消费者的个人信息安全，不得泄露给第三方。

（3）电子商务服务商应当遵守相关法律法规，如《电子商务法》等，确保服务的合法性。

（4）在提供服务的过程中，应当采取必要的技术措施，保障交易数据的安全和隐私保护。

（5）电子商务服务商应当对提供的服务进行定期评估和改进，以提高服务质量和效率。

思考题

答案解析

某健康 App 主要提供互联网医疗、健康管理、药品电子商务、医疗信息化等服务。其业务涵盖在线问诊、健康咨询、药品销售、健康数据管理等多个方面。

1. 某健康 App 的主要参与者包括哪些？

2. 如何理解某健康 App 各参与主体之间的关系？

3. 如何保障电子商务参与主体的权利和义务？

书网融合……

微课　　习题　　本章小结

第九章　医药电子市场及其分类

PPT

学习目标

1. 通过本章学习，掌握医药电子市场的定义、分类及具体类型等基本知识，熟悉电子市场的关键要素及参与者，了解医药电子市场的发展现状及未来趋势。

2. 具有分析不同类型医药电子市场的能力；能够结合行业趋势与政策要求，评估医药企业是否符合互联网药品交易服务的相关法规和标准，并提出改进建议。

3. 树立严格遵守医药电子商务领域法律法规的意识，培养创新思维与数字化敏锐度，以适应医药电子市场快速迭代的发展需求。

第一节　电子市场概述 微课

一、电子市场的概念

市场（无论是不是电子市场）有三个主要功能：①匹配买方和卖方；②使与市场交易有关的信息、货物、服务交换及付款更加便利；③提供制度上的基础架构，比如能提高市场运行效率的法制框架（表9－1）。

表9－1　市场的功能

匹配买卖双方	便利交易	制度基础
●决定需要提供的产品 卖方提供的产品特征 不同产品的集成 ●搜索（买方搜索卖方，卖方搜索买方） 价格与产品信息 组织拍卖与交易 匹配卖方提供的产品/服务与买方的偏好 ●价格发现 价格决定的过程与结果 实现价格比较 ●其他 提供销售指导 提供 Web 2.0 工具 组织拍卖	●物流 向买方交付信息、产品或服务 ●结算 向卖方支付货款 ●委托交易服务 ●信任 信用体系、声誉、评估代理、特殊契，以及在线信用代理 ●沟通 满足买方需求 解决常见问题 ●机制 提供商品目录等	●法律 商务代码、合同法、争端解决、知识产权保护 ●法规 规章制度、行业规范、监督、强制执行 ●发现 提供市场信息（例如竞争、政府监管等）

电子市场在数字经济中居于中心地位，是指一种组织间的信息系统，使得买卖双方得以快速共享产品价格和产品特性的信息。或者，把电子市场看作一个以互联网为基础的交易中心，这个中心（平台）通过提供多种产品和服务以及促成交易的机制来为成员创造价值。电子市场和电子商务是相互依存的。人们在电子市场中进行产品或者服务交易的行为从属于电子商务的范畴。

电子市场的出现，使交易和供应链发生了以下改变。

（1）信息 消除买卖双方的信息不对称，对买方而言减少信息搜索成本。

（2）交易 交易更加丰富。

（3）时间 电子市场，购买实物商品到实际拥有该商品的时间被缩短，尤其是数字化产品，如电子书等。

（4）地点 位于不同地点的买方和卖方能力大大提高。

（5）效率 电子商务通过提高效率、降低交易和分销成本对 IT 形成了杠杆作用，形成更高效且无摩擦的市场。

二、电子市场的要素

电子市场的主要要素包括：消费者、商家、产品和服务（实物的或电子的）、基础设施、前台、后台、中介与其他业务伙伴，以及支持性服务。

（1）消费者 客户是电子市场的主体。消费者正在寻找便宜货、定制品、收藏品、娱乐产品以及其他更多的产品或服务。他们能够搜索到详细的信息，进行产品比较、招标以及某些谈判活动。各类组织是最大的消费者，占据了电子商务活动数量和价值的 85%。

（2）商家 在 Web 上有数以百万计的店铺，它们提供大量不同的产品或服务。这些商店为公司、政府、代理或个人所有。消费者几乎每天都能发现新的产品或服务。商家可以通过网站或公共电子市场进行直销。

（3）产品和服务 电子市场通过电子化系统销售产品和服务，包括实物产品和数字产品。数字产品有软件、音乐产品、飞机票等，数字产品与普通产品的成本曲线不尽相同，多数成本是固定成本，可变成本非常低。所以，一旦固定成本分摊完毕，销售利润会随着销量的增长而激增。

（4）基础设施 电子市场的基础设施包括电子网络、硬件、软件等。

（5）前台 消费者通过“前台”与电子市场进行交互。“前台”一般包括商家门户、电子目录、购物车、搜索引擎、拍卖引擎，以及支付网关。

（6）后台 “后台”需要完成：所有与订单汇集与履行、库存管理、向供应商的采购、会计与财务、付款处理、包装和产品交付有关的业务活动过程。

（7）中介 电子市场中，中介是买卖双方之间的第三方。所有类型的中介都能在 Web 上提供产品及服务。服务有人工的，也有电子化的。与传统中介（如批发商、零售商）不同，互联网中介负责创建与管理电子市场，它们帮助买卖双方完成交易、提供基础设施服务等。

三、电子市场的基础类型

电子市场分为私有电子市场和公共电子市场两类。

（一）私有电子市场

私有电子市场是指一家公司拥有并运营的市场。私有电子市场又分为买方市场和卖方市场。卖方电子市场中，一个公司向个人（B2C）或企业（B2B）销售标准产品或定制产品，这种销售模式称为一对多。在买方电子市场中，一家公司可以从多家供应商那里进行采购，这种模式称作多对一，它是一种 B2B 活动。私有市场常常只对经过筛选的客户开放，并且不符合公共规范。

（二）公共电子市场

公共电子市场通常是 B2B 市场。它通常为第三方（而非买家或卖家）或者一组买方或卖方的公司（联盟）所拥有，而且服务于众多的买方和卖方。这些市场还被看成交易所（如股票交易所）。它们面向公众，并且由政府或交易所的所有者制定规范。

第二节　医药电子市场概念与类型

一、医药电子市场的概念

医药电子市场是一种虚拟市场，是进行医药电子商务的主要场所，是建立在医药电子商务基础之上的。

医药电子市场是指通过电子化系统为买卖双方提供产品价格和产品特性等信息，并促进了医药信息、医药产品、药学服务和资金的流动与交换。在这一过程中，医药电子市场为买方、卖方、中介乃至社会提供了经济价值。

二、医药电子市场的类型

（一）医药企业对医药企业（B2B）的电子市场

1. 医药商业企业（B2B）的电子市场　医药企业对医药企业（B2B）方式的电子市场，既可以是私有电子市场，也可以是公共电子市场。

医药商业企业是参与医药产品流通业务，促成医药产品交易的组织。按其在医药产品流通中的地位和作用，可分为医药批发商和医药零售商，通常指医药产品代理、批发和零售的医药商业企业，它是联系生产和消费的中间环节。

《商务部关于“十四五”时期促进药品流通行业高质量发展的指导意见》发布，对我国医药流通行业“十四五”期间高质量发展提出明确要求。在此背景下，医药流通行业加快数字化转型，医药电商快速发展，B2B 市场作为其中占比超过 90% 的商业模式，发展迅速。行业、政策、技术以及物流的进步为医药商业企业 B2B 市场的发展奠定了良好基础，促进医药流通供应链降本增效。

医药商业企业 B2B 市场位于医药流通产业链的中游，以数字化方式革新产业链上下游之间的联系方式，节约流通成本，提升流通效率。按照发起方的不同进行划分，医药商业企业 B2B 市场可以分为政府主导的医药商业企业 B2B 市场、传统药批转型的医药商业企业 B2B 市场以及第三方医药商业企业 B2B 市场，如图 9－1，其中政府主导的医药商业企业 B2B 市场主要作为政府的行政事业性平台存在，为药品供需双方提供交易场所，具有非营利性，是公共电子市场。传统药批转型的医药商业企业 B2B 市场以其自有的药品、仓储、客户积累等先发优势搭建互联网市场进行销售，形成“医药＋电商”的商业模式；同时，许多新兴行业企业乘势而入，搭建 B2B 平台加入医药领域，形成“电商＋医药”的又一大商业市场，各方式市场特征与产品体系各不相同，同时以其数字化、便捷化服务共同助力医药流通的高效运转。

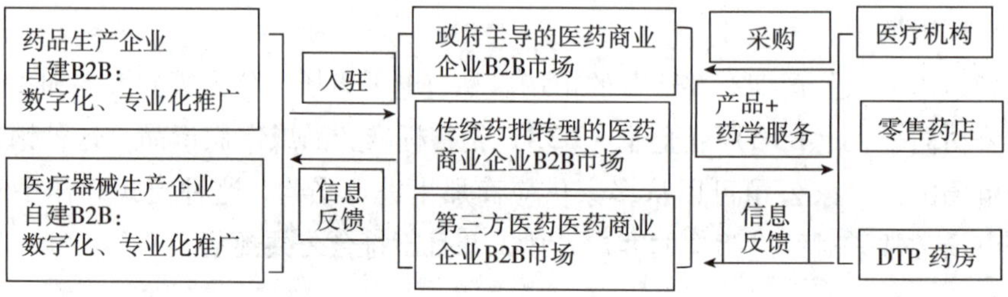

图 9－1　医药商业企业（B2B）的电子市场

宏观环境方面，政策监管、技术应用等方面依然有待进一步发展和完善，使得医药商业企业 B2B 市场的发展存在不确定因素，因此，医药商业企业 B2B 应不断修炼内核提升自身，方能行稳致远；中观行业方面，先进入者把握大量资源，行业集中度将趋提升，强者恒强的马太效应愈加明显；微观服务方面，各 B2B 市场平台将依托自身能力，数智化加码，打造“药品购销 + X”的多元服务，更好地服务上下游购销需求。

2. 医药生产企业（B2B）的电子市场　医药生产企业主要是指药品生产企业和医疗器械生产企业，医药产品主要指药品和医疗器械。

传统营销模式投入产出比逐渐降低，医药生产企业通过电视频道高频率的广告，在过去媒体单一化的时代实现了销售突破，而网络与手机的普及使得媒介日益分散化，广告对销售的增量贡献日益下滑；有些医药生产企业，自建庞大的销售队伍，通过差异化营销产品，保障药品零售企业利润。近年药品零售企业减少，逐渐并入连锁。在此背景下医药生产企业纷纷加大对药品零售企业的投入，推广核心产品，优化营销渠道，引入线上 B2B 推广的方式，以适应新媒体时代的药品营销新需求。

近年，国家推行医疗体制改革。药品集中招标采购、带量采购、一致性评价、医保控费等政策陆续出台，对医药生产企业有较大影响。一方面，医药生产企业加大进行研发策略与产品结构调整，积极布局创新药领域，加大对疗效更好、市场接受度更高的药品生产线的布局。另一方面，利润降低使医药生产企业改革了销售推广模式，数字化、专业化推广已成为医药生产企业主要的营销策略之一。

知识拓展

医药 B2B 市场的发展及其对供应链优化的影响

在现代医药流通体系中，医药企业对企业的电子市场（B2B）模式正逐渐成为主流。《关于“十四五”时期促进药品流通行业高质量发展的指导意见》的发布为医药流通行业的高质量发展提出了明确要求。在此背景下，医药电商 B2B 市场规模迅速扩大，传统医药企业和新兴互联网企业纷纷布局 B2B 平台，以适应市场需求的变化。医药 B2B 市场通过数字化手段革新了产业链上下游之间的联系方式，在供应链优化中扮演关键角色。不仅提高了效率，还降低了成本。通过自建 B2B 平台，整合上游药品生产企业和下游医疗机构、零售药店，利用数字化工具实现订单自动化处理、库存实时监控，显著降低流通成本。医药 B2B 市场不仅是医药流通领域的重要组成部分，更是推动整个行业向数字化、智能化转型的关键力量。

（二）医药企业对消费者（B2C）的电子市场

医药企业对消费者（B2C）的电子市场一般属于私有电子市场，也被称为“网上药店”。

B2C 市场是卖方提供医药产品、药学服务的在线市场平台，直接面对最终消费者；买方通过平台在线比价，类似于淘宝。B2C 市场凭借药品种类丰富、药品平价等优势，能够更好地满足社会需求。按照发起方的不同进行划分，医药企业 B2C 分为自建医药商业企业 B2C 市场、基于第三方平台的 B2C 医药市场，见图 9－2。

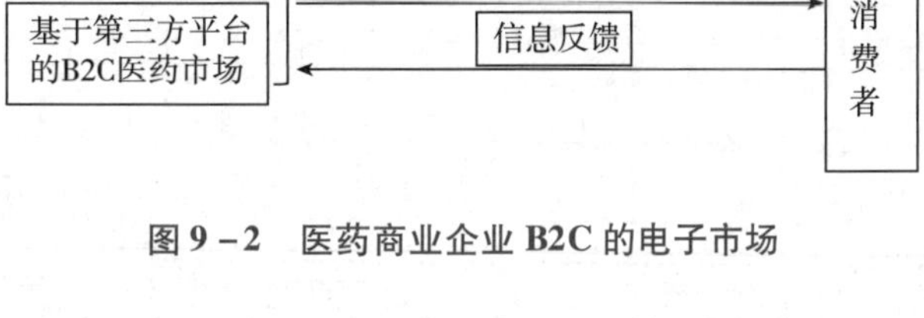

图 9－2　医药商业企业 B2C 的电子市场

医药 B2C 电子市场可以在自建物流或第三方物流体系下覆盖全国市场，不受地域的约束。由于市场广阔，网上药店还可以销售实体药店不愿意经营的专科药品、老品种、小品种来弥补市场空缺。

答案解析

思考题

某新兴第三方医药商业企业 B2B 平台，致力于为中小医药零售商和药企搭建交易桥梁。平台成立初期发展顺利，但随着业务拓展，发现一些问题。一方面，平台与部分药企的信息对接存在延迟，导致药品库存信息更新不及时，影响采购决策；另一方面，在交易过程中，部分中小医药零售商反馈平台交易流程繁琐，需多次重复填写企业信息，影响交易效率。

请结合医药电子市场中 B2B 模式的特点及相关知识，分析该平台出现问题的原因，并提出相应改进措施。

书网融合……

微课　　习题　　本章小结

第十章　独立第三方 B2B 型医药电子市场

微课

PPT

学习目标

1. 通过本章学习，掌握独立第三方 B2B 型医药电子市场的概念、特点以及运行模式，熟悉独立第三方 B2B 型医药电子市场的功能及建立条件，了解独立第三方 B2B 型医药电子市场国内外发展现状及趋势。

2. 具有选择、运作独立第三方 B2B 型医药电子市场运作模式的能力。

3. 树立以客户为中心的服务理念，学习如何有效沟通、协商和满足客户需求。

第一节　独立第三方 B2B 型医药电子市场概述

一、独立第三方 B2B 型医药电子市场的定义

独立第三方 B2B 型医药电子市场是一个由独立第三方提供的，供药品生产企业、药品经营企业、医疗机构等通过互联网进行药品交易的平台。该市场主要起到交易中介的作用，即网上中介型电子商务。交易双方都参与到这个由第三方提供的服务平台中进行交易，交易时需交纳一定的佣金或中介费。

独立第三方 B2B 医药电子市场将众多的产品和需求信息综合到一个市场，市场动态、行业政策法规等辅助信息和网上银行、身份验证、客户管理等辅助交易都可以与电子市场无缝整合，不仅提高了交易率，还可直接减少交易成本，节约交易时间。

二、独立第三方 B2B 型医药电子市场的特点

独立第三方 B2B 型医药电子市场的特点表现在以下几个方面。

（1）中立性与公正性　作为独立第三方，该市场不直接参与药品的生产、销售或医疗服务，而是为买卖双方提供一个公平、公正的交易平台。通过中立的角色，市场能够减少买卖双方之间的信息不对称，促进交易公平。

（2）广泛的参与主体　市场的参与主体包括药品生产企业、药品批发企业、零售药店、医疗机构以及相关的医疗服务提供商等。这些主体通过市场进行药品采购、销售、物流配送以及信息交流等活动。实现了资源的优化配置和高效利用。

（3）专业化的信息服务　市场提供丰富的药品信息、价格信息、库存信息以及市场动态等，帮助买卖双方做出更明智的交易决策。通过大数据分析等技术手段，市场还能为买卖双方提供个性化的推荐和预测服务。这种专业化有助于提升市场的效率和准确性，满足医药行业的特殊需求。

（4）严格的监管与合规性　由于医药行业的特殊性，市场需要严格遵守国家相关法律法规和行业标准，确保交易的合法性和安全性。市场会对参与主体的资质进行审核，对交易过程进行监控，并及时

处理违规行为。这种严格的监管有助于提升市场的信誉度和竞争力。

三、独立第三方 B2B 型医药电子市场的功能

独立第三方 B2B 型医药电子市场的功能主要包括以下几点。

（1）信息发布　提供药品生产企业、经营企业和医疗机构的产品信息、价格信息、供求信息等，允许用户发布和查看供求信息，帮助买卖双方迅速找到符合需求的合作伙伴。

（2）交易撮合　根据交易双方的需求和条件，进行智能匹配和推荐，促进交易的达成。并提供在线合同签订服务，支持电子签名和合同存档，简化交易流程，提高效率。

（3）在线支付　提供多种支付方式，如在线支付、银行转账等，方便交易双方进行资金结算。确保交易资金的安全和便捷流转。

（4）售后服务　提供订单查询、物流跟踪、退换货处理等售后服务，保障交易双方的权益。通过建立用户社区，促进用户之间的交流与互动，分享经验、解决问题，形成良好的行业业态。

四、独立第三方 B2B 型医药电子市场的建立条件

独立第三方 B2B 型医药电子市场需在《中华人民共和国计算机信息网络国际联网管理暂行规定》《互联网信息服务管理办法》《药品网络销售监督管理办法》《中华人民共和国电子商务法》《中华人民共和国电子签名法》等框架下，履行资质审核、信息发布、交易管控、数据安全等义务。确保其合法、安全、高效地运营。以下是建立这类市场所需的主要条件。

1. 法律与合规条件

（1）企业法人资格　根据《中华人民共和国计算机信息网络国际联网管理暂行规定》第八条，必须是依法设立的企业法人，具备合法的经营资质和营业执照。《药品网络销售监督管理办法》中第十八条规定，第三方平台应当将企业名称、法定代表人、统一社会信用代码、网站名称以及域名等信息向平台所在地省级药品监督管理部门备案。省级药品监督管理部门应当将平台备案信息公示。

（2）互联网药品交易服务资格　《互联网信息服务管理办法》（中华人民共和国国务院令第 292 号），在文件中将互联网信息服务分为经营性和非经营性两类。并明确规定，对经营性互联网信息服务实行许可制度；对非经营性互联网信息服务实行备案制度。未取得许可或者未履行备案手续的，不得从事互联网信息服务。其中第五条强调从事新闻、出版、教育、医疗保健、药品和医疗器械等互联网信息服务，在申请经营许可或者履行备案手续前，应当依法经有关主管部门审核同意。《互联网信息服务管理办法》中第十一条要求，互联网信息服务提供者应当按照经许可或者备案的项目提供服务，不得超出经许可或者备案的项目提供服务。非经营性互联网信息服务提供者不得从事有偿服务。

互联网信息服务提供者不得制作、复制、发布、传播含有下列内容的信息：

1）反对宪法所确定的基本原则的。

2）危害国家安全，泄露国家秘密，颠覆国家政权，破坏国家统一的。

3）损害国家荣誉和利益的。

4）煽动民族仇恨、民族歧视，破坏民族团结的。

5）破坏国家宗教政策，宣扬邪教和封建迷信的。

6）散布谣言，扰乱社会秩序，破坏社会稳定的。

7）散布淫秽、色情、赌博、暴力、凶杀、恐怖或者教唆犯罪的。

8）侮辱或者诽谤他人，侵害他人合法权益的。

9）含有法律、行政法规禁止的其他内容的。

（3）遵守法律法规　严格遵守国家关于《中华人民共和国电子商务法》《中华人民共和国电子签名法》等方面的法律法规，确保平台的合法合规运营。

2. 设施与技术条件　根据《中华人民共和国计算机信息网络国际联网管理暂行规定》规定，具有相应的计算机信息网络、装备以及相应的技术人员和管理人员；具有健全的安全保密管理制度和技术保护措施。

（1）基础设施　《互联网信息服务管理办法》中第七条指出，从事经营性互联网信息服务，应当向省、自治区、直辖市电信管理机构或者国务院信息产业主管部门申请办理互联网信息服务增值电信业务经营许可证。《互联网信息服务管理办法》还指出了申请提供互联网药品信息服务的条件是除应当符合《互联网信息服务管理办法》规定的要求外，还应当具备与开展互联网药品信息服务活动相适应的专业人员、设施及相关制度。

（2）交易系统　构建安全可靠的在线交易系统，支持多种支付方式，确保交易资金的安全流转。同时，需要设置灵活的订单管理系统，支持批量下单、订单跟踪与修改等功能。

（3）技术与安全保障　《互联网信息服务管理办法》中第六条指出，从事经营性互联网信息服务，有健全的网络与信息安全保障措施，包括网站安全保障措施、信息安全保密管理制度、用户信息安全管理制度；拥有与开展业务相适应的场所、设施、设备，并具备自我管理和维护的能力。具有健全的网络与交易安全保障措施以及完整的管理制度，能够完整保存交易记录。此外，还需要具备网上查询、生成订单、电子合同、网上支付等交易服务功能，并确保上网交易资料和信息的合法性、真实性。

3. 专业与人员条件　《药品网络销售监督管理办法》第十七条指出，第三方平台应当建立药品质量安全管理机构，配备药学技术人员承担药品质量安全管理工作，建立并实施药品质量安全、药品信息展示、处方审核、处方药实名购买、药品配送、交易记录保存、不良反应报告、投诉举报处理等管理制度。具有保证网络正常运营和日常维护的计算机专业技术人员，以及健全的企业内部管理机构和技术保障机构。具有药学或者相关专业本科学历的专职专业人员组成的审核部门，负责网上交易的审查工作，确保交易的合法性和药品的质量安全。

4. 独立性与公正条件　《中华人民共和国药品管理法》第六十二条规定，第三方平台提供者应当依法对申请进入平台经营的药品上市许可持有人、药品经营企业的资质等进行审核，保证其符合法定要求，并对发生在平台的药品经营行为进行管理。这表明平台需独立履行审核和管理职责，不受平台内经营企业的干扰，以保障药品网络交易的规范有序。《互联网药品信息服务管理办法》规定，提供药品信息服务的网站需备案并在主页显著位置标注备案证书编号，以此规范药品信息发布，确保公众获取真实、合法、安全的药品资讯，保障市场信息公正透明。此外，《医疗器械网络销售监督管理办法》和《医疗器械网络销售质量管理规范》对医疗器械网络销售的第三方平台也提出了相关要求，保障医疗器械网络交易的独立性和公正性，确保公众用械安全。

综上所述，根据相关法规的规定，申请从事互联网药品信息提供和互联网药品交易的独立第三方 B2B 型医药电子市场的资格如下。

（1）依法设立的企业法人。

（2）提供互联网药品交易服务的网站已获得从事互联网药品信息服务的资格并期满三个月，系统运行稳定并且连续三个月内没有任何违法提供互联网药品信息服务记录的网站。

（3）申请的网站中文名称不得以中国、中华、全国等冠名，但申请的网站中文名称与申请单位名称相同的除外。可以出现“电子商务”“药品招标”的内容。

（4）拥有与开展业务相适应的场所、设施、设备，并具备自我管理和维护的能力。

（5）具有健全的网络与交易安全保障措施以及完整的管理制度。

（6）具有完整保存交易记录的能力、设施和设备。

（7）具备网上查询、生成订单、电子合同、网上支付等交易服务功能。

（8）具有保证上网交易资料和信息的合法性、真实性的完善的管理制度、设备与技术措施。

（9）具有保证网络正常运营和日常维护的计算机专业技术人员，具有健全的企业内部管理机构和技术保障机构。

（10）具有两名以上药学或者相关专业本科学历，熟悉药品、医疗器械相关法规的专职专业人员组成的审核部门负责网上交易的审查工作。

（11）不得与行政机关、医疗机构和药品生产经营企业存在隶属关系、产权关系和其他经济利益关系。

因此，建立独立第三方 B2B 型医药电子市场需要满足一系列的法律、技术、专业和人员条件，以确保市场的合法合规、安全高效运营。同时，还需要保持独立性和公正性，为买卖双方提供一个公平、透明的交易平台。

知识拓展

放管结合

2024 年 12 月，《国务院关于修改和废止部分行政法规的决定》发布，明确要求精简审批事项。国家药监局通过取消审批、审批改备案等方式落实这一精神。“放管结合”重塑了 B2B 市场格局。一方面降低准入门槛，激发市场活力；另一方面强化事中事后监管，推动行业规范化。

五、独立第三方 B2B 医药电子市场的运作模式

（一）会员制

独立第三方 B2B 型医药电子市场采用会员制运营模式，意味着市场运营方与药品生产企业、药品经营企业和医疗机构等交易主体之间建立了一种长期的、稳定的合作关系。会员需要缴纳一定的会员费用或满足一定的条件才能加入，并享受市场提供的各项服务和优惠。

1. 会员制运作模式的特点

（1）长期合作　会员制运营模式强调与会员的长期合作关系，通过持续的服务和优惠，增强会员的忠诚度。

（2）专属服务　会员可以享受市场提供的专属服务，如优先采购权、定制化服务、专业培训等。

（3）优惠待遇　会员在交易过程中可以享受一定的优惠待遇，如折扣、返点、积分兑换等。

（4）信息共享　市场会定期向会员提供市场动态、价格信息、政策解读等，帮助会员更好地把握市场机会。

2. 会员制运作模式的实施步骤

（1）会员招募　市场运营方通过线上线下渠道进行会员招募，对潜在会员进行资质审核和身份认证。

（2）会员分类　根据会员的类型、规模、采购需求等因素，将会员分为不同的等级或类别，以便提供个性化的服务。

（3）服务提供　为会员提供包括在线交易、供应链优化、数据分析、营销推广等在内的全方位服务。

（4）优惠与回馈　根据会员的等级或类别，提供相应的优惠待遇和回馈机制，如折扣、返点、积

分兑换等。

（5）会员维护　定期与会员进行沟通和交流，了解会员的需求和反馈，不断优化服务内容和质量。

3. 会员制运作模式的优势

（1）增强会员忠诚度　通过提供专属的服务和优惠，增强会员的忠诚度，促进市场的稳定发展。

（2）提高交易效率　会员制运营模式有助于减少交易过程中的信息不对称和沟通成本，提高交易效率。

（3）拓展市场份额　通过会员的口碑传播和推荐，有助于市场运营方拓展市场份额和品牌影响力。

（4）优化供应链管理　会员制运营模式有助于市场运营方更好地了解会员的采购需求和偏好，从而优化供应链管理，提高运营效率。

（二）佣金

独立第三方 B2B 型医药电子市场的佣金运作模式是一种基于交易促成而设计的商业模式，旨在通过为医药行业的买卖双方提供高效的在线交易平台，促进医药产品和服务的交易，并从中获取佣金收入。

1. 佣金运作模式概述　在独立第三方 B2B 型医药电子市场中，平台作为中间方，不直接参与医药产品的生产和销售，而是为买卖双方提供一个安全、可靠、高效的在线交易平台。平台通过收取交易佣金来维持运营和提供增值服务。佣金通常根据交易金额的一定比例来确定，具体比例由平台与买卖双方协商确定。

2. 佣金运作模式的核心要素

（1）交易撮合　平台通过智能算法或人工服务，根据买卖双方的需求和条件进行精准匹配，促成交易。

（2）信息展示　平台为买卖双方提供详细的医药产品信息和服务内容，包括产品规格、价格、质量认证等，以便双方做出明智的交易决策。

（3）支付与结算　平台提供安全的在线支付服务，确保交易双方的资金安全。交易完成后，平台会按照约定的佣金比例进行结算，将佣金收入纳入平台运营收入。

（4）增值服务　除了基本的交易撮合和信息展示服务外，平台还可以提供包括物流配送、质量监控、数据分析等增值服务，以吸引更多用户并提升用户体验。

3. 佣金运作模式的优势

（1）降低交易成本　平台通过集中采购、仓储、配送等服务，降低了医药企业和医疗机构的采购成本和时间成本。

（2）提高交易效率　平台通过智能算法和人工服务进行撮合，提高了交易的成功率和效率，缩短了交易周期。

（3）促进市场竞争　平台为买卖双方提供了更多的选择和比较机会，促进了市场竞争和价格优化，有助于提升整个医药行业的竞争力。

（4）保障交易安全　平台通过严格的审核和监管措施，确保交易双方的资质和信誉，降低了交易风险。

（三）增值服务

独立第三方 B2B 型医药电子市场的增值服务运作模式是运作模式中的重要形式，旨在通过提供一系列附加服务，增强用户黏性，提升市场竞争力，并实现盈利增长。

1. 增值服务定义　增值服务是指在基础交易服务之外，为满足用户多样化需求而提供的附加服务。在独立第三方 B2B 型医药电子市场中，增值服务包括但不限于物流配送、质量监控、数据分析、营销推广、供应链金融等。这些服务旨在提升用户体验，优化交易流程，降低交易成本，提高交易效率。

2. 增值服务运作模式的特点

（1）多样化　平台提供多种增值服务，满足用户多样化需求。

（2）个性化　根据用户需求，提供定制化的增值服务方案。

（3）智能化　利用大数据和人工智能技术，为用户提供智能化的增值服务体验。

（4）安全性　平台建立严格的安全保障措施，确保增值服务的安全性和稳定性。

3. 增值服务的核心要素

（1）物流配送服务　平台与多家物流公司建立合作关系，为用户提供便捷、高效的物流配送服务。通过智能算法优化配送路线，降低物流成本，提高配送效率。提供实时物流追踪功能，确保用户随时了解货物状态。

（2）质量监控服务　平台对入驻商家进行严格的资质审核，确保商家具备合法经营资格。对上架的医药产品进行质量检测，确保产品质量符合相关标准和要求。建立质量追溯体系，对产品质量问题进行追溯和处理。

（3）数据分析服务　收集和分析用户交易数据，为用户提供市场趋势预测、竞争对手分析等报告。根据用户需求，提供个性化的数据分析服务，帮助用户优化采购和销售策略。利用大数据和人工智能技术，为用户提供智能化的决策支持。

（4）营销推广服务　为商家提供广告投放、品牌推广等营销服务，提高商家知名度和曝光率。组织线上线下营销活动，如促销、折扣、赠品等，吸引用户参与并促进交易。利用社交媒体、电子邮件等渠道，为商家提供精准营销服务。

（5）供应链金融服务　为用户提供供应链融资、应收账款管理等金融服务，缓解用户资金压力。与金融机构合作，为用户提供低利率、灵活的贷款方案。建立风险防控机制，确保金融服务的安全性和稳定性。

4. 增值服务运作模式的优势

（1）提升用户体验　通过提供便捷的物流配送、质量监控等增值服务，提升用户体验和满意度。

（2）优化交易流程　增值服务能够优化交易流程，降低交易成本，提高交易效率。

（3）增强用户黏性　多样化的增值服务能够增强用户对平台的依赖和黏性，提高用户忠诚度。

（4）提升市场竞争力　通过提供优质的增值服务，平台能够在激烈的市场竞争中脱颖而出，提升市场份额和品牌影响力。

独立第三方 B2B 型医药电子市场的增值服务运作模式是其商业模式中的重要组成部分。通过提供多样化的增值服务，平台能够增强用户黏性，提升市场竞争力，并实现盈利增长。未来，随着医药电商市场的不断发展，增值服务将成为平台竞争的重要领域之一。平台需要不断创新和优化增值服务，以满足用户需求，提升用户体验，推动医药电商行业的健康发展。

六、独立第三方 B2B 医药电子市场的交易流程

独立第三方电子虚拟市场型 B2B 交易是指买卖双方在网络商品中介机构的撮合下进行的商品交易，这是 B2B 电子商务的另一种形式。在这种交易过程中，独立第三方电子虚拟市场（即网络商品交易中心）以 internet 为基础，利用先进的通信技术和计算机软件技术，将商品卖方、买方和银行紧密地联系起来，为客户提供市场信息、商品交易、仓储配送、货款结算等全方位的服务。

（1）卖方的业务重点在于编制和发布产品目录、更新产品信息、参与网络竞标、进行线上磋商、达成在线协议、管理订单流程以及监控在线业务数据。

（2）买方的业务活动包括参与在线竞标、线上磋商、在线签订合同、处理订单、支付款项、接收商品以及监控在线业务数据。

（3）B2B 平台的第三方中介主要负责平台的后台管理工作，这包括对平台上商业流程的管理，涉及会员注册管理、系统运维、商品管理、订单处理和信息发布等方面。

（4）认证机构，即电子商务认证授权机构（CA），是负责分发和监管数字证书的权威机构。作为电子商务交易中的可信第三方，它们负责验证公钥的合法性，确保网络信息传递的安全性、真实性、可靠性、完整性和不可否认性。

（5）物流配送机构的主要职责是响应客户的服务请求，并根据客户的指示执行商品配送任务。

（6）网络银行在 B2B 电子商务中扮演着资金流转的角色，为卖方、买方和物流服务机构等提供资金结算服务。企业可以通过网络发布信息、寻找商机、通过交流比较商品价格和条件、深入了解合作伙伴的经营状况，并在交易过程中快速完成合同签订、资金支付、商品交付和税务处理等操作，以加速商品和资金的流通。其流转程式如图 10－1 所示。

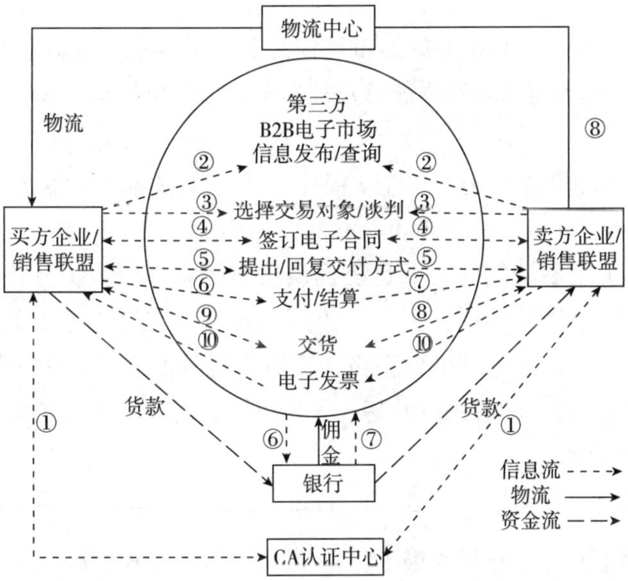

图 10－1　第三方 B2B 电子市场交易流程图

①买卖双方进行 CA（Certificate Authority）认证，以便在交易中能彼此明确对方合法身份；②卖方向在电子市场上发布产品信息或买方发布需求信息，双方在电子市场上查询所需市场信息；③买卖双方选择交易对象并进行产品、价格谈判等；④交易达成后，双方签订电子合同，电子市场将合同发给买卖双方；⑤买卖双方就产品交付方式等合同履约等信息进行沟通；⑥买方通过电子市场向银行发出付款指令；⑦银行通过电子市场向卖方发出收款通知；⑧卖方向买方、第三方物流企业或本企业的物流中心发出发货通知；⑨买方向卖方发出收货通知，报告收货情况；⑩卖方向买方发送电子发票，完成全部交易

第二节　独立第三方 B2B 型医药电子市场的发展

一、国外独立第三方 B2B 型医药电子市场的发展

（一）美国

1. 独立第三方 B2B 型医药电子市场规模　美国作为电子商务的发源地，是药品电子商务开展较早

的国家，政府积极支持药品电子商务的发展。美国医药电子商务 B2B 模式主要由大型的医药批发商及医药企业发展而成。目前全美有五个一级批发商，其中排在医药批发企业前三位的就占据了 96% 的市场份额。

美国医药行业电子商务交易总额由 1999 年的 64 亿美元上升到 4300 亿美元，其中把供应商与医院、药房和门诊部连为一体的 B2B 电子交易额达到 1240 亿美元。某项研究报告表明，在美国，互联网使这个年销售额 830 亿美元的医药市场节约开支 110 亿美元之多。这些数据表明，美国独立第三方 B2B 型医药电子市场具有庞大的市场规模，并呈现出显著的增长趋势。

2. 独立第三方 B2B 型医药电子市场特点 美国独立第三方 B2B 型医药电子市场具有明确的定义、庞大的市场规模与显著的增长趋势，以及多元化的市场主要参与者。这些特点共同构成了美国医药电商 B2B 市场的独特风貌。

（1）垂直化与专业化 美国 B2B 医药电商平台往往专注于某一细分领域或特定产品线，提供更为专业化和精细化的服务。这种垂直化的运营模式有助于平台深入了解市场需求，提供更贴合客户需求的产品和服务。

（2）信息透明度高 平台通过汇集大量的市场信息和产品信息，提高了信息的透明度，降低了信息不对称带来的交易风险。这使得买卖双方能够更加准确地了解市场动态和产品情况，从而做出更为明智的决策。

（3）交易效率高 平台提供线上交易功能，简化了传统交易流程，缩短了交易周期，提高了交易效率。这有助于企业降低运营成本，提升市场竞争力。

（4）服务多样化 除了交易功能外，平台还提供供应链管理、数据分析、营销推广等增值服务，满足企业多样化需求。这些增值服务有助于企业优化运营流程，提升业务效率。

（5）技术先进 美国 B2B 医药电商平台积极拥抱数字科技的广泛应用，如机器人客服、无人机巡检、云存储、云计算等。这些技术的应用有效解决了传统信息门户网站不能满足多样化需求的问题，提升了平台的运营效率和用户体验。

（二）日本

1. 独立第三方 B2B 型医药电子市场规模 日本独立第三方 B2B 型医药电子市场，作为医药产业链中的重要一环，近年来呈现出快速增长的态势。这一市场的规模不仅受到日本国内医药需求的推动，还得益于政府对医药电商的支持和数字化技术的广泛应用。

具体而言，日本独立第三方 B2B 型医药电子市场的规模已经相当可观。随着日本人口老龄化的加剧，慢性病发病率的上升，以及医疗需求的不断增加，医药市场的整体规模持续扩大。而 B2B 型医药电子市场作为医药市场的重要组成部分，也迎来了快速发展的机遇。

2. 独立第三方 B2B 型医药电子市场的特点 日本独立第三方 B2B 型医药电子市场具有高度专业化与细分化、严格的质量监管与合规要求、数字化技术广泛应用、紧密的供应链协同与整合以及注重客户体验与服务创新等特点。这些特点不仅反映了日本医药行业的现状和发展趋势，也为相关行业提供了有益的借鉴和启示。未来，随着技术的不断创新和市场的不断发展，这一市场有望实现更加快速和可持续的增长。

（1）高度专业化与细分化 日本独立第三方 B2B 型医药电子市场的一个显著特点是其高度专业化与细分化。不同平台往往专注于特定的医药产品或服务领域，如药品批发、医疗器械销售、保健品供应等。这种细分化的市场结构有助于平台提供更加精准的服务，满足客户的特定需求。

（2）严格的质量监管 日本对医药产品的质量监管非常严格，这也体现在 B2B 型医药电子市场上。为了确保产品的质量和安全，平台通常会对供应商进行严格的筛选和审核，同时建立完善的质量管理体系。这种严格的监管环境有助于提升市场的整体信誉和客户的信任度。

（3）高度依赖数字化技术 数字化技术在日本独立第三方 B2B 型医药电子市场中扮演着至关重要的角色。平台利用大数据、云计算、物联网等技术手段，实现了交易流程的自动化、智能化和透明化。这不仅提高了交易效率，还降低了运营成本，为客户提供了更加便捷、高效的服务。

（4）紧密的供应链协同 在 B2B 型医药电子市场中，供应链协同是确保交易顺利进行的关键。平台通过整合上下游资源，实现了供应链的高效协同。这有助于降低库存成本、提高物流效率，同时确保产品的及时交付和客户的满意度。

（5）注重客户体验与服务 日本独立第三方 B2B 型医药电子市场非常注重客户体验和服务。平台通常提供个性化的解决方案、灵活的交易方式以及完善的售后服务。这种以客户为中心的服务理念有助于提升客户的忠诚度和满意度，进而推动市场的持续发展。

（三）欧洲

1. 独立第三方 B2B 型医药电子市场规模 欧洲独立第三方 B2B 型医药电子市场的规模在逐年扩大。预计到未来几年，这一市场将继续保持稳定的增长趋势，成为欧洲医药行业数字化转型的重要推动力。欧洲独立第三方 B2B 型医药电子市场的规模在不同区域存在差异。西欧和北欧地区的市场规模相对较大，这得益于这些地区较高的经济发展水平、完善的医疗体系和丰富的数字化技术应用。而东欧和南欧地区的市场规模相对较小，但增长潜力巨大，随着这些地区经济的不断发展和医疗体系的完善，未来市场规模有望进一步扩大。在欧洲独立第三方 B2B 型医药电子市场中，不同细分领域的发展情况也存在差异。例如，药品批发和医疗器械销售是市场规模较大的细分领域，而保健品和医疗服务等领域则相对较小。然而，随着消费者健康意识的提高和医疗服务的多元化发展，这些细分领域也有望迎来快速增长。

2. 独立第三方 B2B 型医药电子市场的特点 尽管欧洲独立第三方 B2B 型医药电子市场具有诸多优势和发展潜力，但仍面临一些挑战。例如，市场竞争日益激烈，企业需要不断创新和提升服务质量以赢得市场份额；同时，随着技术的不断发展，平台需要不断升级和更新技术以保持竞争力。然而，这些挑战同时也孕育着新的机遇。通过加强合作与创新，企业可以共同推动市场的发展，实现互利共赢。

（1）严格的质量监管与合规要求 由于医药产品的特殊性质，欧洲独立第三方 B2B 型医药电子市场对产品质量和合规性要求极高。平台需要对供应商进行严格的筛选和审核，确保所售产品的质量和安全。同时，平台还需要遵守欧洲各国相关法律法规和行业标准，确保交易的合法性和合规性。这种严格的质量监管和合规要求有助于提升市场的整体信誉和客户的信任度。

（2）广泛的供应商与客户群体 欧洲独立第三方 B2B 型医药电子市场拥有广泛的供应商与客户群体。这些平台不仅吸引了众多国内外知名的医药企业入驻，还吸引了大量的医疗机构、药店等下游客户。这使得平台能够提供丰富的产品选择，满足客户的多样化需求。

（3）强大的供应链协同能力 欧洲独立第三方 B2B 型医药电子市场在供应链协同方面表现出色。平台通过整合上下游资源，实现了供应链的高效协同。这有助于降低库存成本、提高物流效率，同时确保产品的及时交付和客户的满意度。此外，平台还可以提供供应链金融等服务，为上下游企业提供资金支持，促进整个产业链的健康发展。

（4）灵活的交易方式与支付选项 欧洲独立第三方 B2B 型医药电子市场提供了多种灵活的交易方式和支付选项。平台支持在线下单、合同采购等多种交易方式，以满足客户的多样化需求。同时，平台还提供多种支付选项，如信用卡支付、银行转账等，方便客户进行支付结算。

（5）国际化的市场布局 欧洲独立第三方 B2B 型医药电子市场具有较高的国际化程度。许多平台不仅服务于欧洲本土市场，还积极拓展国际市场，与全球各地的医药企业和医疗机构建立合作关系。这种国际化的市场布局有助于平台拓展业务范围，提高市场竞争力。

二、我国独立第三方 B2B 型医药电子市场的发展

（一）独立第三方 B2B 型医药电子市场规模

随着全球医药市场的不断发展和数字化转型的深入，我国独立第三方 B2B 型医药电子市场迎来了前所未有的发展机遇。这一市场不仅在政策推动、市场需求以及技术进步的多重因素作用下展现出巨大的发展潜力。

从全国范围来看，近年来我国药品互联网相关企业注册量不断增加，独立第三方 B2B 型医药电子市场作为其中重要组成部分，凭借自身的互联网资源优势切入医药领域，形成了“电商 + 医药”的商业模式，这些平台通过大规模融资或上市，加速扩张，进一步提升了市场份额。独立第三方 B2B 型医药电子市场示例如下（表 10 – 1）。

表 10 – 1 独立第三方 B2B 型医药电子市场示例

证书号	平台名称	公司名称
（粤）经营性 2023—0442	八百方	广州八百方信息技术有限公司
（粤）非经营性 2021—0123	药师帮	广州药师帮网络科技有限公司
（粤）经营性 2023—0318	云药城	广州云药城互联信息技术有限公司
（苏）经营性 2020—0006	中国医药城	中国医药城华药电子商务股份有限公司

来源：国家药品监督管理局网站

（二）独立第三方 B2B 型医药电子市场的特点

我国独立第三方 B2B 型医药电子市场未来将继续保持强劲的增长势头，并呈现出市场规模持续扩大、技术创新引领市场变革、供应链优化与协同成为关键、个性化与定制化服务成为新趋势、国际化拓展与合作成为重要方向、政策环境持续优化以及数字化转型成为必然趋势等特点。这些趋势将推动市场的快速发展和变革，为医药行业的数字化转型和产业升级提供有力支持。

（1）市场化程度高，竞争激烈 独立第三方 B2B 医药电子市场以市场化运作为主导，平台通过提供价格、服务等方面的优势吸引用户。这一市场内竞争激烈，头部平台凭借深厚的服务及仓储运输优势，丰富的产品种类和深度的客户积累，形成了较高的市场壁垒。

（2）供应链整合能力强 独立第三方 B2B 平台通过整合上下游资源，提供全面的供应链管理服务，包括采购、仓储、配送、结算等各个环节。这些平台通过数字化手段，实现交易过程的真实可追溯性，提高供应链的透明度和协同效率。例如，通过物联网技术，企业可以实现对库存和物流的实时监控和管理，提高供应链管理水平。

（3）提供丰富的增值服务 独立第三方 B2B 平台不仅提供药品交易服务，还通过整合各种增值服务，如品种查询、价格比较、供应链融资等，满足上下游企业的多样化需求。这些增值服务有助于提升用户体验，增强平台的竞争力。

（4）数字化赋能成为常态 随着大数据、人工智能等技术的广泛应用，独立第三方 B2B 平台正在实现对药品流通过程的降本、增效、赋能。平台通过优化渠道铺设、产品营销、采购链路等各个环节，提高产业整体效率。例如，通过数据分析，平台可以向各个参与方提供市场趋势和竞争情况，帮助企业制订更加有效的营销策略和产品规划。

（5）政策支持与监管加强 政府对医药 B2B 市场的支持和政策引导为市场发展创造了良好的环境。同时，随着市场的不断发展，监管要求也日益严格。政府加强对医药 B2B 平台的监管力度，要求平台严格遵守相关法律法规和行业标准，确保交易的真实性和可靠性。这些政策措施和监管要求有助于促进

市场的健康发展。

（6）国际化拓展与合作机遇 随着全球化的不断深入和“一带一路”等国际合作倡议的推进，独立第三方 B2B 医药电子市场将迎来国际化拓展与合作的新机遇。这些平台可以通过与国际药品流通企业的合作，引入先进的管理经验和技术手段，提升自身竞争力。

（7）中小企业注重个性化发展 在独立第三方 B2B 医药电子市场中，中小企业通过注重个性化发展，形成“小而美”的并存格局。这些企业通常专注于某一细分领域或特定客户群体，提供个性化的解决方案和服务，从而在市场中占据一席之地。

答案解析

思考题

某企业平台通过提供多品类药品第三方在线交易服务，并自建智能物流体系及团队，向医药企业提供品牌推广解决方案、数据服务、代理和 OEM（original equipment manufacturer）自营药品品牌等多样化服务。平台还通过向医药企业开放协同的生态服务以及数字化智能化的运营，提升医药企业供应链合作效率，降低供应链实施成本。

1. 该企业如何定义自己在医药电商领域的市场定位？
2. 该企业属于什么类型医药电子市场？
3. 该企业运营模式的成功要素是什么？

书网融合……

微课 习题 本章小结

第十一章　药品集中采购医药电子市场

PPT

学习目标

1. 通过本章学习，掌握药品集中采购的概念、药品集中采购模式以及特点，熟悉国家级和省级药品集中采购政策及应用，了解国内外药品采购概况、我国药品集中采购制度沿革、药品申报挂网工作流程等。

2. 具有药品采购平台信息检索能力。

3. 树立职业道德意识，培养责任感，确保在药品采购中严格遵守相关法律法规。

第一节　药品集中采购

微课

药品作为一种独特的商品，因其高度的专业性、严格的质量标准、安全性要求高、广泛的公众关注度以及对政府形象和社会稳定的影响，需对药品的生产、流通、销售与使用等环节实行全面监管。

一、药品采购

（一）药品采购的概念

药品采购是药品流通的重要环节，是指药品需求方（主要包括医疗机构和药房）向药品生产企业、流通公司或代理商等供给方进行所需药品的购买行为。

（二）药品采购的特点

药品是关系到公众身体健康和生命安全的特殊产品，其采购也具有一定的复杂性和特殊性，需要专业的管理和操作。药品采购的特点主要包括以下几个方面。

（1）严格监管　药品采购必须依据《药品管理法》《药品经营质量管理规范》等法律法规的相关规定。《药品管理法》指出，国家完善药品采购管理制度，对药品价格进行监测，开展成本价格调查，加强药品价格监督检查，依法查处价格垄断、哄抬价格等药品价格违法行为，维护药品价格秩序。

（2）药品种类繁多　药品采购涉及的药物在种类、剂型、品种和规格方面较多，以满足多样的医疗需求。

（3）供应渠道多　药品生产厂家繁多，营销方式多样，供应渠道常涉及多个厂家。

（4）采购流程繁复　单一药品的采购数量可能较少，但批次较多，采购周期相对较短，以满足临床需求的变化。

（5）集中采购　药品采购常采用集中采购的方式，可降低采购成本和价格。

二、药品集中采购

药品采购流程的繁复性、药品品种的多样性以及市场价格的动态变化等，都对采购管理工作提出了高要求。我国药品采购模式也经历了由单一到多元、由分散到集中的转变过程。

（一）药品集中采购的概念

药品集中采购是药品采购的重要方式之一，即通过一个或多个机构代表多个采购单位，借助线上采购平台或药品集中采购组织，根据采购目录以招投标、竞价谈判等方式批量采购药品的一种采购方式。"集中"是指将原本分散的采购制度进行改革，旨在通过规模效应实现资源优化配置，降低药品成本、提高采购效率和确保药品质量，促进医药市场的公平竞争。

（二）我国药品集中采购的相关法律规定

2000年1月1日，我国正式实施了《中华人民共和国招标投标法》（以下简称《招标投标法》），该法将集中采购与招标采购相结合，首次确立了集中招标采购的理念。《招标投标法》指出"招标人有权自行选择招标代理机构，委托其办理招标事宜。任何单位和个人不得以任何方式为招标人指定招标代理机构""招标代理机构与行政机关和其他国家机关不得存在隶属关系或者其他利益关系"。在这一法律框架下，2000年7月，河南省、海南省、辽宁省等部分省市率先启动了药品集中招标采购的试点工作。基于试点地区的经验总结，2001年《医疗机构药品集中招标采购工作规范（试行）》（卫规财发〔2001〕308号）发布，要求县级及县级以上人民政府、国有企业（含国有控股企业）等举办的非营利性医疗机构必须参加医疗机构药品集中采购工作，并鼓励其他医疗机构也参加药品集中采购活动。

知识拓展

优良药品采购操作规范

1999年，世界卫生组织（WHO）的基本药物与药品政策部联合机构间药物协调小组发布了《优良药品采购操作规范》，旨在提升成员国间药物协调小组的药品采购效率，同时为其他国家的政府和公私机构在制定内部药品采购流程时提供参考。该规范阐述了药品采购的四个战略目标及十二项操作原则。其中，药品采购的四个战略目标分别是：①采购最具成本－效益的药品，并确保数量适当；②选择可靠的高质量供应商；③确保按时交货和药品供应；④实现尽可能低的药品费用支出。该规范还将十二项操作原则划分为管理高效和透明化、药品目录遴选和采购量、资金筹集和竞争以及供应商选择和质量保证四大主题。

（三）国外药品集中采购实践

1. 美国第三方集团采购模式　医疗机构通过委托药品集中采购组织（group purchasing organization，GPO）汇集需求，增强与上游制造商、分销商和其他供应商的价格谈判能力，为下游医疗机构争取更低的药品采购折扣，从而实现更低采购成本。整个供应链中，GPO作为医疗机构与医疗产品制造商或供应商之间的中介，不仅能帮助上游制药企业提高销售额，还实现降低药品价格、提升药品流通效率和改善服务质量的目标。此外，部分GPO还向医院提供定制化服务。GPO已成为美国医疗机构采购药品、医疗器械、医用耗材等医疗产品的主要方式。美国在20世纪初初步形成了GPO。根据美国医院协会的统计数据，2000年，68%的医院通过GPO进行采购；而到2014年，这一比例上升到98%。美国医疗供应链协会估算，药品集中采购每年能够为医疗机构节省10%～35%的采购支出。

2. 印度德里采购模式　印度德里基本药物目录中的药品，均由政府集中招标采购机构负责药品的采购、配送。为了确保药品的数量充足且质量可靠，探索了双信封采购模式。第一个信封用于评估生产企业的质量，第二个信封则用于价格的竞标。只有在生产企业满足质量标准后，才可进入价格竞标阶段。为了确保药品生产企业能够保证药品供应，德里还要求企业缴纳一定的履约保证金。

3. 德国的自由联合采购模式　德国的主要药品销售渠道是社会药房，而非医疗机构。在德国，

85%的药品通过社会药房销售，而医院的销售占比很小。社会药房的药品需求量小且分散，与药品生产企业的议价能力较为有限，分散的自主采购难以获得价格优惠，导致采购成本较高。社会药房可联合起来，直接与药品生产企业开展谈判来确定价格，从而提高议价能力。

三、我国药品集中采购制度沿革

我国药品集中采购制度自上世纪90年代末开始，经历了从初步探索到不断完善的发展过程，大致可分为以下五个发展阶段。

（一）起步阶段（1993—1999年）

自1993年起，我国在部分省份试行药品集中招标采购模式。河南省卫生厅发布了关于成立河南省药品器材采购咨询服务中心的通知，标志着我国药品集中采购管理模式改革的开始。通过公开招标的方式选定了7家制药企业，要求直属医院向这些指定药企采购，从而显著降低了药品价格。随后，上海、江苏、海南等地陆续开展了药品集中采购的探索，取得了良好的成效，为我国药品集中采购制度奠定了坚实的基础。药品集中采购模式取得了一定成效，但也面临着各界的争议和批评。例如，单一来源药品价格难以得到有效管控，同一种药品在不同地区仍存在较大价格差异，评价指标体系有待完善，以及药品流通领域秩序混乱等问题依然存在。

（二）地市级采购阶段（2000—2006年）

2000年，《关于城镇医疗卫生体制改革的指导意见》（国办发〔2000〕16号）提出要按照《中华人民共和国招标投标法》的要求开展药品集中招标采购试点改革，海南、河南、辽宁和厦门等四个省市成为了试点地区。

为进一步规范集中采购后的药品价格及招标费用，2001年我国陆续出台相关政策，明确招标主体、采购范围及药品评价标准，并计划在全国地级市及以上范围实施药品集中采购。原国家卫生部推出了《医疗机构药品集中招标采购工作规范（试行）》，明确了以政府为主导的运作模式。同年，国务院纠风办等机构联合发布了《医疗机构药品集中招标采购监督管理暂行办法》，对药品集中采购的监督管理进行了规定。

2004年，为进一步规范药品集中采购流程，原卫生部发布了《关于进一步规范医疗机构药品集中招标采购的若干规定》，细化了采购过程中的监管工作，对合同履行和价格管控提出更高的要求。

2005年，各省市开始探索以政府主导下的药品集中采购模式，四川省推行的挂网限价模式表现出色，受到了国家的重点关注并在全国范围内推广。2006年，基于已有经验，广东、宁夏回族自治区、上海等地相继试行了具有当地特色的药品集中采购模式，如宁夏回族自治区的“三统一”改革、广东省的阳光采购模式等。药品集中采购仍主要以地方模式的探索创新为主，并没有国家层面的统一政策。在探索中不断改进，将“药品集中招标采购”改为“药品集中采购”。

（三）省级采购阶段（2007—2014年）

2009年，《关于进一步规范医疗机构药品集中采购工作的意见》发布，提出将“以地市为单位”改为“以省为单位”并实行网上药品集中采购，开启了药品集中采购的新阶段。

2010年，《医疗机构药品集中采购工作规范》发布，规范县级及以上医疗机构的非基本药物集中采购流程，并提出建立完整科学的评价机制。同年底，“双信封”招标模式开始被倡导使用，对基层医疗机构的基本药物采购进行改革并优化了招标制度，从而有效控制了药品价格。由于基本药物与非基本药物分开招标难以满足医疗机构需求，各省市开始探索融合招标方式，并出现了上海“带量采购”、重庆“药交所”等集中采购模式。

（四）区域联合采购阶段（2014—2017 年）

2015 年，我国陆续发布了《国务院办公厅关于完善公立医院药品集中采购工作的指导意见》和《国务院办公厅关于完善公立医院药品集中采购工作的指导意见》，提出"两标合一"、基药和非基药不再分开招标的采购原则，要求公立医院通过省级平台进行集中采购。

2016 年至 2017 年间，我国先后发布了《关于在公立医疗机构药品采购中推行"两票制"的实施意见（试行）》和《国务院办公厅关于进一步改革完善药品生产流通使用政策的若干意见》等文件，进一步优化了药品集中采购政策，规范了药品价格谈判机制，纠正了集中采购过程中存在的一些问题，为药品集中采购的改革提供了发展方向，完成了国家层面的第三次规制。各省市积极响应国家政策，借鉴国内外的成功经验，纷纷探索不同的采购模式。例如，为了增强采购的议价能力，多地尝试跨区域联合采购，逐步形成了三明联盟、京津冀联盟以及 11 市采购联盟等模式。

（五）国家组织集中带量采购阶段（2018—2024 年）

2018 年我国的药品集中采购制度迎来了新的发展阶段。《深化医药卫生体制改革 2018 年下半年重点工作任务》的通知发布，明确提出要实施国家药品集中采购，控制药品价格，进一步完善药品集中采购制度。同年 11 月，上海阳光医药采购网发布《4 +7 城市药品集中采购文件》，拉开了国家组织药品集中采购的序幕。2019 年 1 月 1 日，《国务院办公厅关于印发国家组织药品集中采购和使用试点方案的通知》（国办发〔2019〕2 号），确定了国家组织采购的试点方案。随后，《国家医疗保障局关于国家组织药品集中采购和使用试点医保配套措施的意见》（医保发〔2019〕18 号）发布，标志着我国正式启动了首批国家组织的集中带量采购。我国药品集中采购制度遵循"国家组织、联盟采购、平台操作"总体思路，形成以"带量采购、量价挂钩、招采合一、保证使用、确保质量、保障供应、保障回款"为基本原则的带量采购模式。

综上所述，我国药品集中采购制度经过几十年的持续发展和完善，已经由初期的简单管理逐步形成了国家、省级、跨省联盟采购协同推进的局面。药品集中采购制度我国当前最重要的药品采购模式。未来，药品集中采购制度还将持续优化，加强"系统集成、高效协同"，将呈现"常态化、广覆盖、大联盟、优规则、全配套、强平台、守信用"等趋势，以适应日新月异的医药市场和不断变化的医药政策需求，实现更加合理高效的药品供应和使用。

第二节　药品集中采购模式

我国药品集中采购模式按采购组织主体来分，可以分为省市级自主采购模式和国家组织采购模式；省市级自主采购模式主要包括：省级挂网 + 市级议价、第三方集团采购、药品交易所、跨区域联合采购；国家组织采购模式主要是集中带量采购模式，如图 11 －1 所示。

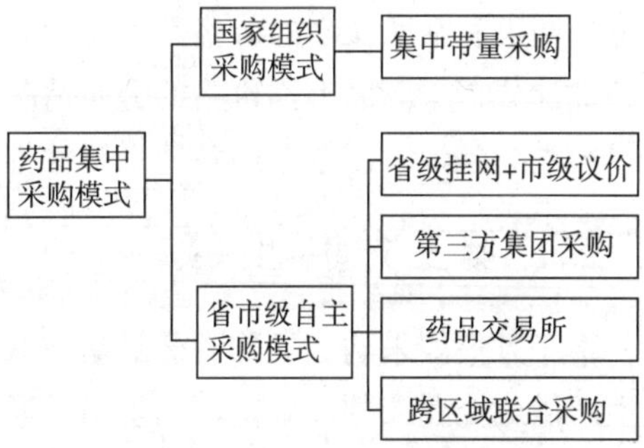

图 11 －1　我国药品集中采购模式

一、省级挂网 + 市级议价

省级挂网是指在省级药品集中采购平台上，医药企业的药品进行公示和挂网，同时医疗机构根据挂网的药品信息和价格在平台上进行采购的过程。目的是实现药品购销过程和药品价格的公开透明，完善药品供应保障体系，规范医疗机构药品采购行为，以及完善以市场为主导的药品价格形成机制。目前，省级挂网 + 市级议价是各省普遍采用的采购模式。该模式的典型流程是，首先在省级采购平台对药品的质量进行审核，针对不同类别的药品实施差异化评审，确定其挂网资格。随后，由市级（医联体）或医疗机构对已挂网的药品通过带量议价的方式确定最终的采购价格。简而言之，省平台负责药品的准入，而市级（医联体）则掌握药品的定价权。对于已获得挂网资格的药品，对其挂网价和采购价等进行动态管理。

2004 年，四川省率先开展了以省为单位的药品招标与采购工作。随后在 2005 年试点了一种新的采购模式——药品挂网限价招标采购，这一举措引起了广泛关注。随后，湖北、宁夏回族自治区、广东等多个地区也陆续采用了以省为单位的集中采购方式。这标志着药品采购从分散模式向集中模式的转变。2015 年，国务院办公厅明确允许以市为采购单位，在省级平台的基础上进行自主采购。自此，浙江、福建、内蒙古自治区、湖北、广西壮族自治区等地开始在省级集中采购的框架下推行市级（医联体）议价。各地在这一基本框架下开展了各具特色的探索，其中湖北省实施的“采购准入”模式引起广泛关注。2017 年 7 月，湖北省人民政府办公厅发布了《省人民政府办公厅关于进一步改革完善公立医院药品采购和供应保障机制的实施意见》（鄂政办发〔2017〕53 号）明确提出，省级采购平台实行“采购准入”制度，取代了以往的“招标准入”，允许药品生产经营企业及其合规产品，只要承诺遵守交易规则、具备相关资质并接受准入规则，均可挂网，供公立医院自主选择。药品购销双方作为交易主体，可以在交易平台上按照市场交易规则自主、平等地进行交易。此外，还提出要建立药品成交价格的市场形成机制，一方面通过建立药品出厂价格信息的可追溯机制，使医药链条源头的原材料价格得以公开；另一方面，及时公布医院交易成交量及价格信息，这不仅为医院带量采购提供支持，也使医药链条终端的药品价格透明，有助于药价回归合理水平。

省级挂网 + 市级议价采购模式的主要优点体现在：充分利用电子市场的优势，允许药品经营者将药品直接上架于统一的购销平台，可对药品价格进行实时动态监控，保障了药品采购过程的价格透明和公正性。同时，在实施两票制的情况下，可以有效遏制商业贿赂，从而降低药价。并且，医疗机构通过线上平台进行选购，有效避免了中间环节的额外费用，通过平台的智能化管理提升了采购效率。

然而，不同省市的挂网规则具有一定差异，药品价格在不同地区仍存在显著差异，应进一步完善审核标准，以保障药品质量。随着国家医疗保障信息系统的建设，打破省际之间的信息壁垒的软硬件条件已经逐步成熟。2023 年 12 月底，《国家医疗保障局办公室关于促进同通用名同厂牌药品省际间价格公平诚信、透明均衡的通知》，通过汇总全国各省集中采购平台上销售药品的价格数据，特别针对“四同药品”，即通用名称、剂型、规格和生产厂家均相同的药品，统计其集中分布和活跃交易的价格水平，并将长期没有活跃交易的价格数据转入后台管理。在确保数据真实、完整、可靠和信息互联互通的基础上，统计分析了药品上网价格的分布情况，将各类药品价格的集中和具有代表性的数据作为监测结果，统一推送给各地，以便帮助各地系统性排查潜在的不公平和歧视性高价。

二、第三方集团采购

第三方集团采购，又称为药品集中采购组织（GPO）采购模式，是指 GPO 作为中介，受委托与药品生产供应企业谈判以确定药品价格。通过汇总下游医疗机构的采购需求，从而增强谈判能力，以获取较低的药品采购价格，达到降低医疗机构药品采购成本的目的。

目前，国内的第三方集团采购主要在上海、广州和深圳等地区开展（表 11 - 1），其中上海的 GPO 是由政府部门主导的非营利机构，而深圳的 GPO 是政府引导、市场主导，广州的 GPO 则采用政府与市场合作的方式。

表 11-1　我国三大 GPO 平台的基本情况

	上海 GPO	广州 GPO	深圳 GPO
成立时间	2016 年 2 月	2018 年 8 月	2016 年 7 月
主管部门	上海市医药卫生发展基金会	广州市人社局	深圳市卫健委
采购模式	政府主导	政府主导、"政府 + 市场"运作	政府引导、市场主导
采购平台	上海集团采购平台	广州公共资源交易中心	全药网平台

上海建立了一个由多家公立医疗机构组成的药品采购联盟，通过整合成员机构的药品目录，形成规模优势，促使生产商和批发商参与竞争，从而建立竞价机制。2016 年，上海市医药卫生发展基金会成立了上海医健卫生事务服务中心，接受来自医疗机构联盟的委托，并借鉴国际 GPO 的通行做法，开展药品采购和集中议价工作。医疗机构自愿加入 GPO，在 2016 年试点启动之初，有 6 家三甲医院和 5 个区属医疗单位共同组建成立上海公立医疗机构药品集团采购联盟，药品采购目录则由联盟内各医疗机构的药品清单合并而成，通过"团购"采购优势引导生产和批发企业参与竞争。截至 2021 年，已有 120 多家医疗机构自愿加入采购联盟。

深圳则由多个政府部门共同挑选出一家药品经营公司，集中组织和负责全市公立医院药品的集中采购。该采购组织会与公立医院签订药品采购合同，明确合同期间各类药品的供货价格、预计采购数量、付款要求及违约责任等。2016 年 7 月，深圳市根据国家及省级改革要求，启动了公立医院药品集团采购改革的试点工作。深圳市行政管理部门发布了《深圳市公立医院药品集团采购目录管理办法（试行）》《深圳市公立医院药品集团采购组织管理办法（试行）》《深圳市公立医院药品集团采购规定（试行）》，对集团采购的基本条件、选拔程序、职责分工、运营规范及监督管理措施进行了明确规定，同时规范了药品交易、配送、结算及供应保障的风险控制等相关行为。2016 年 8 月 16 日，深圳市卫计委公布了遴选结果，被遴选的公司将承担深圳 GPO 相关试点工作的责任，正式拉开了深圳 GPO 的帷幕。

第三方集团采购流程基于"阳光平台"，其优势在于通过集中采购和实施"带量采购"，提升与药品生产企业的议价能力；通过指定生产和采购地点及谈判，减少药品流通过程，从而降低采购成本；有利于优化药品集中采购目录。如深圳 GPO 实施后，剔除了大量"伪创新"品种，集中采购品规并缩小采购范围；通过提升药品及医药企业的集中度，缩减了药品流通领域的开支；通过推动药品采购价格和质量信息的公开与透明，将医疗机构目前承担的药品调剂服务等职能纳入药品流通链，降低药事服务费用和医院的运营成本。GPO 模式还促使政府部门重返监管职能，遏制腐败行为，还能有效发挥市场机制，帮助医疗机构降低采购成本。

第三方集团采购模式仍处于发展完善阶段，应制定符合本土化标准的 GPO 运行规则，同时应完善相应的监管体系。

三、药品交易所

药品交易所模式通过构建第三方药品电子交易平台，形成"交易平台 + 带量采购"的机制。药品交易所模式源于省级挂网 + 市级议价模式，但两者在药品挂网审核存在一定差别。药品交易所模式的药品审核主要侧重于价格，几乎不淘汰药品。目前，药品交易所模式主要在重庆和广东地区实施。

重庆药品交易所成立于 2010 年 3 月 31 日，是全国首家智能医药交易综合运营平台，专注于提供药品、医疗器械及其他相关医用产品的电子交易服务。重庆药品交易所构建"集中带量采购、常态化电子挂牌、采购代理"的融合式多元化交易机制。全国的医药生产经营企业、重庆市公立医疗机构、部分诊所、药店、民营医院、部队医院在药交所平台进行药械采购交易。自主打造集医药全流程交易、智能追溯、电子监管、监测预警、支付结算、数据集成分析等功能为一体的智能医药交易综合运营平台。截至 2022 年底，该平台汇集市场主体超 2 万家，申报药品、器械产品 66 万个，年交易额突破 400 亿。全面实现了药品器械全品类的互联网阳光采购，能满足医疗机构不同层次的药械采购需求。

广东药品交易所于2013年成立，创造了“广东药交”模式。该模式以“五个在线”“分类采购”和“带量采购”为特点，打破了传统的线下招投标集采方式，构建了全国领先的药品交易模式。广东药品交易中心推出了全国首个药品监管与交易互联共享的服务平台——首营电子资料共享服务平台。该平台通过在线认证和交换，极大地提高了药品交易过程中的效率，解决了传统纸质首营资料传递过程中费用高、周期长等问题。此外，广东药品交易所还启动了全国首个零售药店联盟集采，覆盖全省2.8万家药店，极大地提高了零售药店参与药品集采的广度和深度。

药品交易所模式的优势体现在，充分运用网络信息技术，实现了交易信息的全面公开，确保生产企业、医疗机构和配送企业的交易活动受到政府和社会的监督，从而达成了“流程透明”和“阳光采购”的目标。药交所将传统的药品销售转变为线上交易，供需双方在网上平台上直接进行交易和结算，减少了中间采购环节，节省了大量的人力、物力和财力，进一步降低了药品交易成本，从而降低药价。例如，重庆药交所2014—2018年的药品成交价格呈下降趋势，该采购模式有助于提升药品的议价能力。同时，增加了对过期专利药的竞价规定，推动了专利悬崖的形成。如广东药交所通过对过期专利药与仿制药进行竞价交易，促进了药品专利悬崖的出现。

药品交易所模式还有待完善。药品入市价格的制定规则有待完善。药品集中采购应综合考虑药品价格、质量及供货能力等多重因素。

四、跨区域联合采购

跨区域联合采购采用多个地区联合的方式进行药品和耗材的采购，以提升市场容量，实现“以量换价”。跨区域联盟采购包括省级区域内各城市的跨区域采购以及省级层面的联盟跨区域采购。积极推进药品跨区域集中采购，强调要以省级平台为核心，充分发挥区域联盟在集中带量采购改革中的主导作用，减少企业在多次投标中的交易成本，增加集中招标采购的市场容量和竞争性。目前，全国活跃的药品带量采购省际联盟在覆盖地区、采购品种及规模上均呈逐步扩大趋势，已不再局限于经济一体化区域或相邻省份；同一省份参与多个联盟的现象较为普遍，特别是在用药量相对较小的地区更倾向于“抱团”。省级跨区域采购联盟主要有三明联盟、西部联盟和京津冀联盟等。

2015年，乌海市和三明市签署药品集中采购协议，开展药品和耗材的联合限价采购。2016年3月，三明采购联盟（全国）正式成立。截至2021年，该联盟的成员已覆盖全国16个省份、27个地级市及4个全国医改示范县，服务人口超过1.5亿，涉及的医药市场规模超过1万亿元。三明采购联盟（全国）药品耗材联采实施“两票制”，即从药企到配送公司再到医院，旨在防止虚开发票和洗钱行为；同时采用“一品两规”，意味着同一品种有两种规格，包括进口药、原研药及国产仿制药，以满足临床需求；此外，实行“采购目录动态调整”，若国家医保局的全国集采平台价格降低，三明采购联盟（全国）平台也需相应调整。

2016年9月，陕西、四川、内蒙古自治区、宁夏回族自治区四省区共同签署了《陕川蒙宁医用耗材数据共建共享合作协议书》，并进行了第一次四省区医用耗材采购数据交换对接，标志着西部省区医用耗材采购合作联盟成立。截至目前，西部联盟成员增加甘肃、青海、新疆维吾尔自治区、湖南、黑龙江、辽宁等省（自治区）。2021年9月17日，第十三届中国西部国际采购商大会暨第四届中国西部公共采购大会在成都举行，大会以“智慧交易 协同共享”为主题。成立了“中国西部公共资源交易平台共享联盟”，为中国西部公共采购行业搭建了交流学习、务实沟通的平台。

2016年，北京、天津和河北三地共同签署了《京津冀药品、医用耗材集中采购工作协同发展协议》，这标志着京津冀地区药品和耗材的联合采购工作正式启动。根据协议，三地将建立和完善资质审核结果互认机制与药品集中采购价格联动机制，开展区域内的药品联合谈判，以促使联盟价格向全国最低水平靠拢。2020年，在原有京津冀采购联盟的基础上，又增加了吉林、辽宁、黑龙江、内蒙古自治区、山西和山东等省（区），由此组成的“3+N”医药集采联盟，也是目前全国覆盖省份范围最大的医用耗材带量采购联盟。

跨区域联合采购作为一种重要的药品和医用耗材采购模式，具备采购量大、议价能力强等优势，能够将单一省份中采购量较小的品种纳入其中，实现以量换价的高成功率，提高带量效应、降低药品耗材虚高价格、减轻患者负担具有重要意义。同时，联盟参与者统一进行带量采购，将显著降低政府的行政成本和企业负担。如三明采购联盟显著增强了药品采购的议价能力，同时降低了企业的申报成本。该模式打破了各省市单独招采的局面，具备信息统一、联合议价和成果共享的优势，药品耗材联盟采购未来或将成为集中带量采购的主流模式。

跨区域联盟采购也需完善。未来仍需扩大联盟采购范围、增加药品种类以及优化采购流程，以适应医药行业的不断发展和变革。

综上所述，我国现有的集中采购模式已逐步完善，但在发展过程中仍存在一定挑战。我们将分别深入探讨着重介绍省级药品集中采购和国家药品集中带量采购政策在促进药品价格合理化、保障药品供应稳定性方面的具体措施和成效，以及各采购平台的应用现状。

第三节　省级药品集中采购政策及应用

一、省级药品集中采购政策梳理

集中带量采购和药品挂网采购药品为省级药品集中采购流程中的两个关键环节。集中带量采购是指通过集中采购的方式，以量换价，降低药品成本，而药品挂网采购则是指药品生产企业在省级集中采购平台上进行药品信息的公开挂网，以便医疗机构能够在线采购。这两个环节共同构成了省级药品采购的完整体系，对于降低药品价格、保障药品供应、提高医疗服务效率具有重要意义。

（一）省级药品集中带量采购政策

在国家药品集中采购的示范和推动作用下，自2019年下半年开始，各省市陆续开展省级药品集中带量采购的探索。2021年，《国务院办公厅关于推动药品集中带量采购工作常态化制度化开展的意见》（国办发〔2021〕2号）发布，对药品集中带量采购工作从制度方面进行顶层设计。各地的带量采购工作逐步向常态化和制度化发展。同年，《“十四五”全民医疗保障规划》发布，明确要求，到2025年各省（区、市）国家和省级药品集中带量采购品种达500个以上，高值医用耗材集中带量采购品种达5类以上。

国办发〔2021〕2号文发布后，大部分省市已发布相关政策文件，明确了本地带量采购的实施范围和具体措施（表11-2）。总结各省级药品集中带量采购政策，可以概括为以下四个方面。

（1）药品采购范围逐步扩大　各省按照保基本、保临床的原则，探索国家组织集中带量采购以外品种的集中带量采购工作，重点将质量疗效确切、用量大、采购金额高的药品纳入采购范围，逐步覆盖国内上市的临床必需、质量可靠的各类药品。部分地区还积极探索“孤儿药”、短缺药的采购方式，促进药品供应稳定。

（2）医疗机构范围逐步扩大　大部分地区要求所有公立医疗机构、军队医疗机构均应参加集中带量采购，医保定点社会办医疗机构和定点药店也逐步开展集中带量采购。

（3）采购规则逐渐完善成熟　经过多轮国家集采的探索，省级集采规则逐步完善，在体现量价挂钩原则的基础上，明确各家中选企业的约定采购量，通过质量和价格的公平竞争确定中选企业和中选价格。但是，各省在采购量比例、评审方式、质量分组、中选规则、中选数量、分量规则、中选使用与未中选管理等方面仍存在较大差异。

（4）带量采购配套政策逐步完善 大部分地区的采购配套政策包括改进结算方式、中选价格与医保支付标准协同、完善对医疗机构的激励机制、完善药品集中采购平台功能等。

表 11－2 部分省（自治区、直辖市）药品集中带量采购政策

省（自治区、直辖市）	政策文件	发文时间	采购范围
黑龙江省	《黑龙江省关于推动药品集中带量采购工作常态化制度化开展的实施意见》	2021 年 6 月 24 日	重点对国家组织集中带量采购以外品种开展集中带量采购，逐步扩大集中带量采购品种范围，同时通过分类组织、一体推进，逐步覆盖国内上市的临床必需、质量可靠的各类药品
天津市	《市落实国家药品集中采购工作小组关于推动落实药品集中带量采购工作常态化制度化开展工作举措》	2021 年 4 月 7 日	对未纳入国家组织药品集中带量采购的药品探索不同形式的集中带量采购，重点将基本医保药品目录内用量大、采购金额高的药品纳入采购范围，逐步覆盖国内上市的临床必需、质量可靠的各类药品，做到应采尽采。积极探索“孤儿药”、短缺药的适宜采购方式，促进供应稳定
广东省	《关于推动药品集中带量采购工作常态化制度化开展实施方案的通知》	2022 年 4 月 7 日	重点将基本医保药品目录内用量大、采购金额高的药品纳入我省组织实施的药品集中带量采购范围，逐步把更多慢性病、常见病药品等纳入集中带量采购。积极探索“孤儿药”、短缺药的采购方式，促进供应稳定
辽宁省	《关于推动药品集中带量采购工作常态化制度化开展的实施意见》	2021 年 11 月 17 日	重点将基本医保药品目录内用量大、采购金额高的药品纳入采购范围，逐步覆盖国内上市的临床必需、质量可靠的各类药品，做到应采尽采。积极探索“孤儿药”、短缺药的适宜采购方式，促进供应稳定
新疆维吾尔自治区	《关于推动药品和医用耗材集中采购工作常态化制度化开展的实施意见》	2021 年 9 月 27 日	重点将质量疗效确切、临床用量较大、覆盖面较大、采购金额较高或单价高、价差大、竞争较为充分的药品和医用耗材分步纳入带量采购范围
宁夏回族自治区	《关于推动药品集中带量采购工作常态化制度化开展的实施意见》	2021 年 9 月 29 日	临床使用量大、采购金额较高、符合临床诊疗规范、竞争较为充分的临床常用药品。对通过仿制药质量和疗效一致性评价的药品按国家组织集中带量采购要求执行。对未通过一致性评价的药品积极纳入省际联盟等多种形式的集中带量采购。探索“孤儿药”、短缺药的适宜采购方式，促进供应稳定
河北省	《推动药品集中带量采购工作常态化制度化开展实施方案》	2021 年 3 月 5 日	优先遴选省内用药量大、金额较高、竞争充分、临床使用成熟、覆盖面较大的药品，分类分批组织集中带量采购
安徽省	《关于推动药品集中带量采购工作常态化制度化开展的实施意见》	2021 年 6 月 30 日	临床使用量大、采购金额较高、符合临床诊疗规范、竞争较为充分的临床常用未过评药品。优先选择国家基本药物和基本医疗保险药品目录内药品
江西省	《关于推动药品和医用耗材集中带量采购工作常态化制度化开展的实施意见》	2022 年 12 月 14 日	重点将基本医保目录内用量大、采购金额高的药品和医用耗材纳入采购范围，逐步覆盖国内上市的临床必需药品和医用耗材；积极探索“孤儿药”、短缺药的适宜采购方式，促进供应稳定，做到应采尽采
青海省	《关于推动药品集中带量采购工作常态化制度化开展实施方案的通知》	2021 年 9 月 6 日	以医疗机构临床用药需求为导向，重点将《国家基本医疗保险、工伤保险和生育保险药品目录》内用量大、采购金额高的药品纳入采购范围，逐步覆盖国内上市的临床必需、质量可靠的各类药品

（二）省级医药挂网政策梳理

2024 年 2 月，《国家医疗保障局关于在医疗保障服务领域推动“高效办成一件事”的通知》（医保发〔2024〕2 号）发布，明确要求，在省级医保部门指导下，省级集采机构受理核验企业提交的药品和

医用耗材挂网申请，纳入省级集采平台，开通网上采购资格，全流程服务在15个工作日内完成。截至2024年7月，我国大部分省市已发布相关政策文件，进一步优化药品挂网工作（表11－3）。目前，各省份在药品挂网采购方面大多延续了分类采购的思路，但分类标准各不相同。

表11－3　部分省（自治区、直辖市）优化挂网政策

省（自治区、直辖市）	文件通知	发布日期	药品分类挂网
北京市	《北京市关于进一步规范药品挂网采购工作的通知》	2024年6月28日	绿色通道挂网、日常集中挂网
天津市	《市医疗保障局关于印发 < 2024年度天津市医疗保障政务服务领域“高效办成一件事”第一批重点事项清单 > 的通知》	2024年4月17日	医药产品挂网
河北省	《关于进一步优化药品和医用耗材挂网工作的通知》	2024年3月29日	药品挂网申请
山西省	《山西省关于进一步优化调整药品及医用耗材（体外诊断试剂）挂网工作流程的通知（暂行）》	2024年4月29日	集采药品挂网、国家谈判药品（含竞价）挂网、短缺药品挂网、直接挂网药品新增挂网
内蒙古自治区	《关于进一步优化药品医用耗材挂网工作的通知》	2024年3月29日	药品挂网申请
辽宁省	《关于改革完善药品和医用耗材集中挂网采购工作的通知》	2024年4月15日	直接挂网（集中带量采购药品、国家医保谈判药品等）、限价挂网、临时应急采购
上海市	《上海市关于优化本市药品挂网采购机制推动高效办成一件事的通知》	2024年5月15日	直接申报挂网、议价挂网
浙江省	《浙江省关于进一步优化药品和医用耗材挂网工作的通知》	2024年6月27日	药品挂网申请
福建省	《福建省药械联合采购中心关于进一步优化药品和医用耗材挂网工作的通知》	2024年3月29日	药品挂网申请
江西省	《江西省关于进一步优化药品和医用耗材挂网工作的通知》	2024年3月8日	药品挂网申请
山东省	《山东省关于进一步优化药品和医用耗材挂网工作的通知》	2024年3月22日	药品挂网申请
河南省	《河南省关于做好药品挂网有关事宜的通知》	2024年5月31日	增补挂网绿色通道，包括 （1）化学药品新注册分类实施前批准上市的1.1类新药和实施后批准上市的1类药品、5.1类药品，1类治疗用生物制品，1类中药、天然药物 （2）通过加快上市注册程序注册的药品 （3）国谈药品、申报价格低于支付标准的国谈仿制药、申报价格低于支付标准的国谈竞价药品 （4）突发公共卫生事件等特殊情况需紧急挂网的药品等
湖北省	《湖北省关于进一步优化湖北省药品准入工作流程的通知》	2024年3月25日	药品准入
广东省	《广东省药品交易中心关于进一步优化药品和医用耗材常态挂网工作的通知》	2024年3月21日	新申请挂网的药品
广西壮族自治区	《广西壮族自治区医保局关于进一步优化药品和医用耗材挂网事项办理的通知》	2024年4月28日	药品挂网申报

续表

省（自治区、直辖市）	文件通知	发布日期	药品分类挂网
海南省	《海南省公共资源交易服务中心关于进一步优化药品和医用耗材挂网工作的通知》	2024年5月21日	药品挂网申请
四川省	《关于做好挂网药品价格治理期间药品集中采购工作的通知》	2024年3月20日	集采申报、价格联动采购申报、备案采购申报
贵州省	《贵州省医保局关于开展高效优质办理药品和医用耗材挂网工作的通知》	2024年4月9日	新品挂网申报
云南省	《云南省关于做好药品常态化挂网工作的通知》	2024年5月31日	常态化挂网申报
青海省	《青海省医疗保障局办公室关于进一步优化药品和医用耗材挂网工作的通知》	2024年4月11日	增补挂网申报
新疆维吾尔自治区	《新疆维吾尔自治区关于进一步优化药品和医用耗材分类挂网工作的通知》	2024年3月15日	阳光挂网、获得国家医保编码并公布的药品均可申报

二、省级药品集中采购现状

省级药品集中采购主要采用省级挂网和第三方集团采购模式。

（一）省级挂网

省级挂网采购和市级议价模式是我国各地区普遍采用的方式，其政策措施在不同地区有所不同，主要体现在以下几点。

1. 采购实施范围 目前，各省（自治区、直辖市）在药品挂网采购方面大多延续了分类采购的思路，但分类标准各不相同。如重庆、黑龙江、广东、四川、贵州、陕西、湖南、江西、云南、甘肃、内蒙古自治区等11个省（自治区、直辖市）以挂网或采购方式为分类依据，旨在“保障药品价格合理”。例如，广东省省级平台施行分类采购，包含“自主议价”“直接挂网”“按国家规定采购”“竞价”四大类药品。上海、江苏、辽宁、浙江、山东、山西、湖北、广西壮族自治区、新疆维吾尔自治区、河北、宁夏回族自治区、青海、西藏、海南等14个省（自治区、直辖市）则以药品维度进行区分，以“促进药品政策落实”为目标，涵盖国家谈判药品、集中采购中选药品及相关药品和短缺药品等。

2. 价格形成与价格监测 药品价格的形成是指医药企业在申报产品挂网时所采用的定价方式，这是确定药品挂网价格的第一步。目前，我国对麻醉药品和第一类精神药品实施政府指导价格，而对其他药品则采用市场调节价格。对于这些市场调节价格的药品，药品经营者必须遵循公平、合法、诚实信用及质价相符的原则来制订价格，以保证药品的价格合理且稳定。主要有两种情况：一种是企业产品在全国首次挂网或在其他省级平台上没有现行价格；另一种是企业产品已经在其他省级平台上有挂网价。对于首次挂网或没有其他省级平台现行价格的产品，部分省份（如黑龙江省）会参考医疗机构的议价结果进行挂网；对于已经在其他省级平台上有挂网价的产品，大多数省份采用“联动 + 限价”的方式定价。具体来说，医药企业在申报挂网时，需要将其产品在全国其他省份的价格进行联动，并将该联动价作为挂网限价。

对于同通用名、同一企业的药品，各省份普遍规定了比价关系。2011年发布的《药品差比价规则》常常被用来比较和评价同种药品的不同剂型、规格和包装材料之间的差价和比价关系。少数省份还对同通用名、不同企业的药品设定了比价关系。例如，河北省规定，对于同通用名、同剂型、同质量层次的化学药品，如果申请挂网企业有两家或以上，最大价差不得超过1.8倍。但需要注意的是，《药品差比价规则》不再适用于某些特殊情况，如给药途径不同的药品、含量或装量变化导致适应证变化的药品等。广东省等多采用平均价，而山东省则采用最低价来制订限价。

某些药品如备案采购药品和短缺药品，可能没有挂网价，这些药品由医疗机构自主与医药企业议价，容易导致采购价偏高，常常需要重点监控。部分省份，如四川省，已经开始精准监测药品挂网价，采用"纵向＋横向监测"方法，对同类药品的单位可比价进行监控，并根据价格涨幅或价差使用红、黄、绿三色标示（在纵向监测中，红色表示价格涨幅≥100%，黄色表示 50%≤价格涨幅＜100%，绿色表示价格涨幅＜50%）。

3. 监管机制　为了确保药品供应及时到位，部分省份，如福建省，针对生产企业和配送企业分别制定了履约考核表，并每月公开考核结果。对于履约考核得分低于 60 分且情节严重的企业，将被列入"药械供应不诚信企业名单"。被纳入此名单的生产和配送企业，将失去其所有产品在挂网和配送上的资格，且在两年内不得参与福建省的药械采购。同时，所有定点医疗机构不得以任何形式采购被列入不诚信名单的企业产品，原有的购销合同将被视为无效并予以终止。

（二）第三方集团采购

目前，第三方集团采购仍延续了分类采购的思路。如广州 GPO 在"自主议价""直接挂网""按国家规定采购""竞价"四大类药品分类管理基础上，实施分类采购。同时具备三大特色：一是引入了第三方议价和医保谈判的方式；二是将第二类精神药品纳入议价范围；三是允许在采购周期内新通过一致性评价的仿制药直接挂网。深圳 GPO 则在"促进药品政策落实"基础上，采取分批采购的方式，但分类方式较为宽泛。第一批包括国家谈判、定点生产、急救及抢救用药、妇儿专科和常用低价药；第二批的第一部分为化学药品、生物制品和基础输液，第二部分为中成药，整体上采取逐步推进的策略。

广州和深圳 GPO 均采用通用名、规格、剂型分组与质量分层相结合的分组方式。广州 GPO 主要是通过设定最低价格来确定限价，而深圳 GPO 则仅对基础输液类产品采用全国最低三省的平均价格，其他品类则使用全国最低价作为限价。上海市则在议价过程中，按照"绿线参考，黄线提醒，红线拦截"方式，参照药品外省市价格及上海现有价格水平，设定红黄绿线提醒机制。

广州 GPO 在进行竞价分组后，采用双信封评审的方式，首先评审经济技术标，然后再评审商务标。根据经济技术标的得分，从高到低筛选出进入商务标评审的候选品种，最终以报价最低者成交。而深圳 GPO 在竞价分组后则采用综合评审得分（药品质量评价指标占 60%＋价格分）进行排序，从高到低选择一定数量的企业进入议价谈判，最终同样以报价最低者成交。成交结果将由专家进行审核确认。截至 2024 年，根据广州和深圳 GPO 平台最新的药品采购文件，其主要评审指标大体一致，但在指标遴选、赋分等方面仍存在微小差别。

三、省级药品集中采购平台介绍

省级药品集中采购平台不仅是药品交易的枢纽，也是政策执行、价格监管、信息公开的重要载体，为药品生产企业、医疗机构和医保部门提供了一个集中、透明的交易平台，确保药品集中采购工作的顺利进行。以下将从省级医药集中采购平台的建设政策、挂网办理流程，以及第三方集团采购平台的交易流程和电子平台操作示例展开介绍。

（一）省级医药集中采购平台

1. 平台建设政策梳理　2024 年，国家医疗保障局发布《医药集中采购平台服务规范（1.0 版）》。其中规定挂网交易服务主要包括常态挂网、绿色通道挂网、依申请暂停挂网以及依申请恢复挂网等 4 类事项。常态挂网是指企业完成产品关联后申请在省级医药集中采购平台挂网交易，绿色通道挂网主要针对公共卫生紧急事件等临床急需产品申请挂网。《医药集中采购平台服务规范（1.0 版）》发布后，截至 2024 年 7 月，河北省、内蒙古自治区等省市（自治区、直辖市）已发布相关政策文件，进一步优化药品挂网工作（表 11－4）。

表 11－4　部分省（自治区、直辖市）药品集中带量采购平台服务政策

省（自治区、直辖市）	文件通知	发布日期
河北省	河北省转发关于印发《医药集中采购平台服务规范（1.0 版）》的通知	2024 年 3 月 29 日
内蒙古自治区	关于印发《内蒙古自治区医药集中采购平台服务规范（1.0 版）》的通知	2024 年 6 月 24 日
辽宁省	关于改革完善药品和医用耗材集中挂网采购工作的通知	2024 年 4 月 15 日
黑龙江省	关于印发《黑龙江省医药集中采购平台服务规范（1.0 版）》的通知	2024 年 5 月 13 日
江苏省	江苏省医疗保障局关于印发《江苏省医药集中采购平台服务规范（1.0 版）》的通知	2024 年 6 月 29 日
福建省	福建省医疗保障局关于印发《福建省医药集中采购经办业务办事指南》的通知	2024 年 6 月 25 日
山东省	关于发布《山东省医药集中采购平台服务规范（1.0 版）》的通知	2024 年 7 月 4 日
湖南省	关于印发《湖南省医药集中采购公共服务事项（2024 版）》的通知	2024 年 3 月 28 日
陕西省	陕西省公共资源交易中心关于印发《陕西省医药集中采购平台服务规范（1.0 版）》的通知	2024 年 3 月 29 日

2. 药品挂网办理流程　《医药集中采购平台服务规范（1.0 版）》挂网申办规范按照平台交易主体“信息认证、挂网申报、信息变更”的业务周期排列，并按医药企业需求，单列咨询服务规范和查询服务规范。体例上，每章包含业务描述、办理材料、办理地点、办理时间、联系电话、办理流程、注意事项及基本规范等 8 个要素。本部分将主要介绍挂网申报规范。

常态挂网和绿色通道挂网办理流程均包含提交申请、信息核验、公示公布、办结等 4 个步骤。依申请暂停挂网和依申请恢复挂网是针对企业已挂网产品进行申请暂停或者恢复挂网的服务。其办理流程包含提交申请、信息核验、办结等 3 个步骤。

以上海阳光医药采购网为例，药品挂网办理流程见图 11－2 所示。首先企业进行申报信息的提交，上海市药事所负责对申报信息进行预审，对于信息填报无误，申报资料齐全、证明充分且符合规范的通过预审，之后进入复审和终审环节。其次，在基础信息终审通过后，上海市医保中心进行医保规则的维护及审核，审核通过后进入待公告确认流程。最后所有审核完成后，产品相关信息公告会自动生成并发布在招采子系统中。

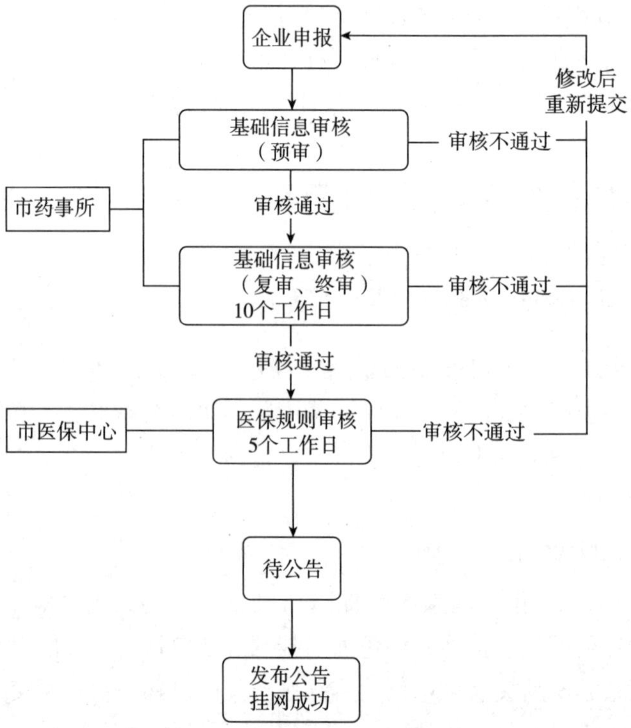

图 11－2　药品申报挂网工作流程

（二）第三方集团采购平台

1. 交易流程　第三方集团采购的交易流程根据对象的不同，主要分为2种。以广州GPO交易流程为例，一种为药品生产经营企业的交易流程，见图11－3，另一种是医疗机构的交易流程，见图11－4。

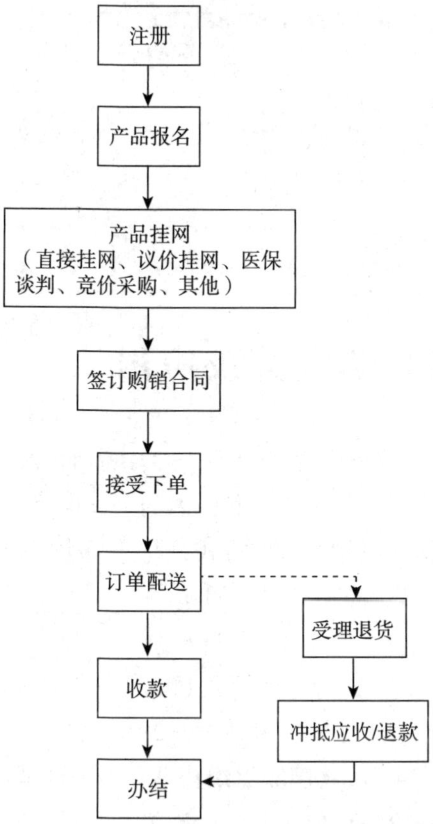

图11－3　第三方集团采购中药品生产经营企业的交易流程

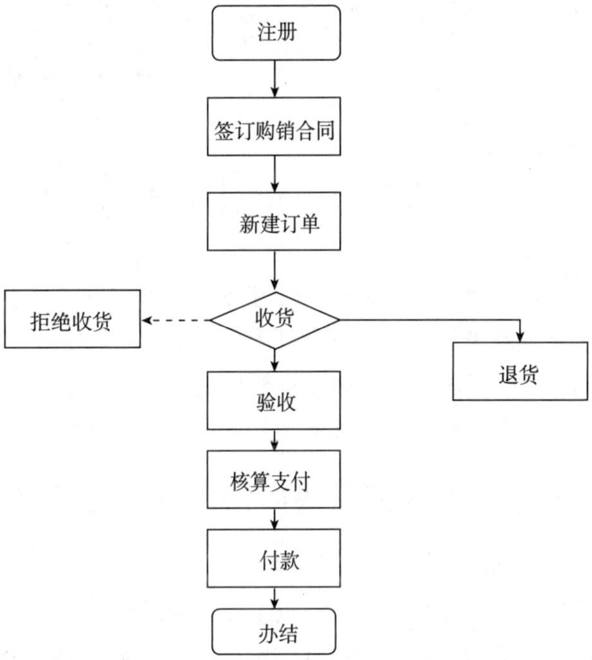

图11－4　第三方集团采购中医疗机构的交易流程

2. GPO电子平台示例　以广州GPO医疗机构方药品采购的部分流程为例进行GPO电子平台的展示。医疗机构登录进入系统后点击“议价挂网管理”，医疗机构通过此功能可对采购类别为“挂网议价”的药品进行议价，医院选定药品，勾选申请有效期，输入申请议价价格、申请数量、申请备注即可发起议价申请，见图11－5。申请完议价后，点击“已申请”即可查看已申请的议价信息。“议价记录”可查看此条议价的全过程，“取消申请”当议价状态为“医院发起待企业响应”时，可主动取消本次议价申请，见图11－6。

图11－5　医疗机构议价挂网管理申请页面

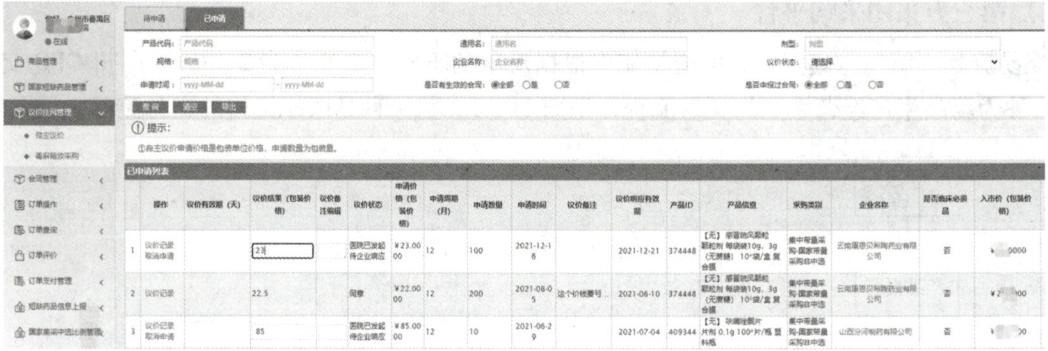

图 11－6　医疗机构查看议价申请页面

第四节　国家药品集中带量采购政策及应用

国家组织集中带量采购遵循“国家主导、联盟采购、平台操作”的总体框架。具体而言，国家设定基本政策、采购范围和要求，组织试点地区建立联盟，集中采购的主体为联盟内的公立医疗机构，从而探索跨区域的集中带量采购模式。通过带量采购、量价挂钩和以量换价的方式，与药品生产企业进行谈判，在确保质量的前提下，旨在降低药品的虚高价格，减轻患者的医疗费用负担。

一、国家药品集中带量采购政策梳理

2018 年，《深化医药卫生体制改革 2018 年下半年重点工作任务》（国办发〔2018〕83 号）提出，开展国家药品集中采购试点工作，降低药品价格。同年 11 月 14 日，《国家组织药品集中采购试点方案》通过，明确要探索和完善市场主导的药品集中采购机制及药品价格形成机制，以减轻药品成本负担，规范药品流通秩序，并提升药品安全性。

2019 年 1 月，《国务院办公厅关于印发国家组织药品集中采购和使用试点方案的通知》（国办发〔2019〕2 号）正式发布，提出了“国家主导、联盟采购、平台实施”的总体思路，明确了数量采购、数量与价格的交换、数量与价格的联系、招聘采购的一体化以及确保数量和收款的主要原则，启动了国家药品集中采购和使用的试点工作。首批试点在北京、天津等 11 个城市进行。同时，成立了试点工作组及办公室（试点办公室）和联合采购办公室（联合采购办公室）。联合采购办公室负责代表联盟区域进行集中采购，并设立监督小组、专家小组和集中采购小组。

2019 年 11 月，《关于以药品集中采购和使用为突破口进一步深化医药卫生体制改革的若干政策措施》（国医改发〔2019〕3 号）发布，要求全面推进国家组织药品集中采购和使用的改革。结合患者的临床用药需求、仿制药的质量及疗效一致性评价，以及化学药品新注册分类审批的进展，逐步扩大国家组织集中采购和使用的药品范围。优先将原研药价格高于世界主要国家及周边地区、原研药与仿制药之间差价较大的品种，以及通过仿制药质量和疗效一致性评价的基本药物纳入集中采购范围，并研究制定改革完善药品采购机制的政策文件。

2020 年 2 月，《关于深化医疗保障制度改革的意见》发布，要求深化药品、医用耗材集中带量采购制度改革。坚持招采合一、量价挂钩，全面实行药品、医用耗材集中带量采购。以医保支付为基础，建立招标、采购、交易、结算、监督一体化的省级招标采购平台，推进构建区域性、全国性联盟采购机制，形成竞争充分、价格合理、规范有序的供应保障体系。推动医疗保险基金与制药企业之间的直接结算，完善医疗保险支付标准与集中采购价格的协调机制。

2024 年 5 月，《国家医疗保障局办公室关于加强区域协同做好 2024 年医药集中采购提质扩面的通知》要求继续大力推进医药集中带量采购工作，加强区域协同，提升联盟采购规模和规范性，明确行业预期，持续巩固改革成果。开展新批次国家组织集采，做好胰岛素和前几批集采药品协议期满接续采购；重点指导湖北继续牵头中成药集采、山东牵头中药饮片集采、河南牵头国家组织集采可替代药品集采、三明联盟开展肿瘤和呼吸系统疾病用药集采等药品全国联采工作。

截至 2024 年 7 月，有关药品及耗材集采政策的发文机构有国务院办公厅、国家医疗保障局、国家卫生健康委、国家药品监督管理局等政府部门（表 11－5）。其中，国务院发布的文件主要是关于药品及耗材招采工作发展方向的指导通知；医疗保障部门作为集采的主导机构，发布的文件主要涉及医保资金结余留用、医药价格及招采信用评价等配套措施；卫生健康部门的文件则强调了对中选产品的配置和使用的管理；而药品监督管理部门的文件要求加强对药品及耗材质量的监管以及仿制药一致性评价的落实。

自 2018 年以来，国家通过一系列政策文件，逐步推进国家药品集中带量采购。未来，国家药品集中带量采购政策将继续深化，通过加强区域协同和提升联盟采购规模，进一步降低药品价格，提高药品可及性和质量，并扩大集中采购和使用的药品范围。同时，将推动医疗保险基金与制药企业之间的直接结算，完善医疗保险支付标准与集中采购价格的协调机制，构建竞争充分、价格合理、规范有序的供应保障体系。此外，药品监督管理部门将继续加强对药品及耗材质量的监管，确保药品安全性和有效性，促进药品集中采购政策的可持续发展。

表 11－5　国家药品集中带量采购政策

发文机构	发文时间	文件名称
国务院深化医药卫生体制改革领导小组	2018 年 11 月	《国家组织药品集中采购试点方案》
国务院办公厅	2019 年 1 月	《国家组织药品集中采购和使用试点方案》（国办发〔2019〕2 号）
	2020 年 2 月	《关于深化医疗保障制度改革的意见》
	2021 年 1 月	《关于推动药品集中带量采购工作常态化制度化开展的意见》（国办发〔2021〕2 号）
国家药品监督管理局	2018 年 12 月	《关于加强药品集中采购和使用试点期间药品监管工作的通知》（国药监药管〔2018〕57 号）
	2020 年 3 月	《关于开展国家组织药品集中采购和使用中选药品专项检查工作的通知》（药监综药管〔2020〕18 号）
国家卫生健康委办公厅	2019 年 12 月	《关于进一步做好国家组织药品集中采购中选药品配备使用工作的通知》（国卫办医函〔2019〕889 号）
国家医疗保障局	2019 年 3 月	《关于国家组织药品集中采购和使用试点医保配套措施的意见》（医保发〔2019〕18 号）
	2020 年 6 月	《关于国家组织药品集中采购工作中医保资金结余留用的指导意见》（医保发〔2020〕26 号）
	2020 年 8 月	《关于建立医药价格和招采信用评价制度的指导意见》（医保发〔2020〕34 号）
	2021 年 11 月	《关于做好国家组织药品集中带量采购协议期满后接续工作的通知》（医保办发〔2021〕44 号）
	2023 年 2 月	《关于做好 2023 年医药集中采购和价格管理工作的通知》（医保办函〔2023〕13 号）

续表

发文机构	发文时间	文件名称
国家医疗保障局	2024年1月	《关于加强医药集中带量采购中选产品供应保障工作的通知》（医保办函〔2024〕5号）
	2024年5月	《关于加强区域协同 做好2024年医药集中采购提质扩面的通知》（医保办发〔2024〕8号）
国家医疗保障局等四部门	2022年7月	《关于加强短缺药品和国家组织药品集中采购中选药品生产储备监测工作的通知》（工信厅联消费函〔2022〕186号）
国家医疗保障局等九部门	2019年9月	《关于国家组织药品集中采购和使用试点扩大区域范围的实施意见》（医保发〔2019〕56号）

二、国家药品集中带量采购实施现状

截至2023年11月，国家共组织了九批次、十轮药品集中采购，即第一批国家药品集中采购（包含4+7城市药品集中采购、联盟地区药品集中采购）、第二批国家药品集中采购、第三批国家药品集中采购、第四批国家药品集中采购、第五批国家药品集中采购、第六批国家药品集中采购（胰岛素专项）、第七批国家药品集中采购、第八批国家药品集中采购、第九批国家药品集中采购（表11-6）。在国家药品集中带量采购的实施过程中，药品采购的电子化、信息化在提高采购效率和透明度、节约交易成本等方面发挥了重要作用。药品电子交易平台不仅采取通过电子合同、在线支付等多种方式为药品交易提供服务，还承担了药品采购数据的收集、分析和监管职能。

表11-6 国家组织药品集中带量采购基本情况

批次	采购文件	地区	时间（正式启动）	中选药品
第一批国家药品集采（4+7城市）	《4+7城市药品集中采购文件》	北京、天津、上海、重庆和沈阳、大连、厦门、广州、深圳、成都、西安11个城市（简称4+7城市）	2018年11月15日	25种药品全部中选
第一批国家药品集采（联盟地区）	《联盟地区药品集中采购文件》	25个省份和新疆生产建设兵团	2019年9月1日	25种药品全部中选
第二批国家药品集采	《全国药品集中采购文件（GY-YD2019-2）》	全国	2019年12月29日	33个品种中32个采购成功
第三批国家药品集采	《全国药品集中采购文件（GY-YD2020-1）》	全国	2020年7月29日	56个品种中55个采购成功
第四批国家药品集采	《全国药品集中采购文件（GY-YD2021-1）》	全国	2021年1月15日	45种药品全部中选
第五批国家药品集采	《全国药品集中采购文件（GY-YD2021-2）》	全国	2021年6月2日	62个品种中61个采购成功
第六批国家药品集采	《全国药品集中采购文件（胰岛素专项）（GY-YD2021-3）》	全国	2021年11月5日	16个胰岛素品种全部中选
第七批国家药品集采	《全国药品集中采购文件（GY-YD2022-1）》	全国	2022年6月20日	61种药品全部中选
第八批国家药品集采	《全国药品集中采购文件（GY-YD2023-1）》	全国	2023年3月2日	40个品种中39个采购成功
第九批国家药品集采	《全国药品集中采购文件（GY-YD2023-2）》	全国	2023年10月13日	42个品种中41个采购成功

（一）第一批国家药品集中采购

2018 年 11 月 15 日，《4 +7 城市药品集中采购文件》正式发布，也启动了药品集中采购试点工作。试点城市包括北京、天津、上海、重庆，以及沈阳、大连、厦门、广州、深圳、成都和西安，共计 11 个城市，也称为 4 +7 城市。随后，《关于公布 4 +7 城市药品集中采购中选结果的通知》发布，此次中选的药品共 25 种，其中 23 种为国产药品，2 种为进口药品。每个采购周期为 12 个月，只有最低报价的企业能够中选。平均药品降价幅度超过 50%。

2019 年 9 月，《联盟地区药品集中采购文件》发布，国家组织的药品集中采购和使用试点范围覆盖全国。联盟地区包括山西、内蒙古自治区、辽宁、吉林、黑龙江、江苏、浙江、安徽、江西、山东、河南、湖北、湖南、广东、广西壮族自治区、海南、四川、贵州、云南、西藏、陕西、甘肃、青海、宁夏回族自治区及新疆维吾尔自治区（含新疆生产建设兵团），但不包括 4 +7 城市。此次集中采购涉及第一批试点的阿托伐他汀口服常释剂型等 25 种中标产品。此次集中采购中选的品种与 4 +7 带量采购中的 25 种中标产品相同。

（二）第二批国家药品集中采购

2019 年 12 月 29 日，《全国药品集中采购文件（GY – YD2019 – 2）》的发布，正式启动了第二批国家药品集中采购。在此次集中采购的 33 个品种中，有 32 个成功中标，总计 100 个产品中选。共有 122 家企业参与了此次采购，最终确定了 77 家拟中选企业。与 2018 年联盟地区的最低采购价格相比，拟中选价格的平均降幅达 53%。

（三）第三批国家药品集中采购

2020 年 7 月 29 日，《全国药品集中采购文件（GY – YD2020 – 1）》的发布，标志着第三批国家药品集中采购的正式启动。在此批采购中，56 个品种中，有 55 个成功中选，仅拉米夫定口服常释剂型未能中标。本次集中采购的平均降幅与前两批持平，最高降幅略高于之前的两批次。大多数国产产品的报价显著低于原省标价，其中 14 个产品的降幅超过 93%。而在本次集中采购中，仅有 3 个外资企业的产品实现中选，原研替代效应愈发明显。

（四）第四批国家药品集中采购

2021 年 1 月 15 日，《全国药品集中采购文件（GY – YD2021 – 1）》的发布，正式启动第四批国家组织药品集中采购工作。此批采购涉及 45 种药品，全部成功中选，平均降价幅度达到 52%。药品所涉及的治疗领域更广泛，涵盖高血压、糖尿病、消化道疾病、精神类疾病及恶性肿瘤等。

（五）第五批国家药品集中采购

2021 年 6 月，《全国药品集中采购文件（GY – YD2021 – 2）》的发布，标志着第五批国家组织药品集中采购和使用工作的正式启动。本次集采涵盖 62 个药品品种，除了普萘洛尔未能中标外，其余 61 个均成功中选。拟中选药品的平均降价幅度达到 56%，涉及抗感染、消化道、抗肿瘤、造影剂等多个治疗领域，此次集采的总金额达 550 亿元，也刷新了历次集采的最高纪录。

（六）第六批国家药品集中采购

2021 年 11 月，《全国药品集中采购文件（胰岛素专项）（GY – YD2021 – 3）》发布，涵盖六大类共 16 种胰岛素，采购周期为两年，标志着胰岛素专项采购的开始。这次集采不仅是对胰岛素的专项采购，也是国家药品集中采购首次从化学药品扩展至生物药领域，具有重要的里程碑意义。根据来自 3.2 万家医疗机构的需求估算，胰岛素集采的需求量约为 2 亿支，涉及金额约 170 亿元。共有 42 个药品中标，平均降价幅度达到 47.67%，最高降幅高达 74%。

（七）第七批国家药品集中采购

2022 年 6 月 20 日，《全国药品集中采购文件（GY－YD2022－1）》发布，正式启动第七批国家组织药品集中采购工作。此次集中采购的品种目录与之前的第七批信息填报中涉及的 50 多个品种 208 个品规有所不同，新增了包括奥美拉唑注射剂、碘帕醇注射剂、盐酸美金刚缓释胶囊在内的 61 个品种。本轮集采主要关注慢性病用药。

（八）第八批国家药品集中采购

2023 年 3 月 2 日，《全国药品集中采购文件（GY－YD2023－1）》发布，标志着第八批国家组织药品集中采购工作的正式启动。本次集中采购涵盖了 40 个药品品种，预计规模约为 216 亿元。在这 40 个品种中，唯一流标的品种为左炔诺孕酮口服常释剂型，39 种成功中标，平均降价幅度达到 56%。按照约定的采购量计算，预计每年可节省 167 亿元。

（九）第九批国家药品集中采购

2023 年 10 月 13 日，《全国药品集中采购文件（GY－YD2023－2）》发布，启动第九批国家组织的药品集中采购。本次集采成功采购 41 种药品，其中 1 个品种（左炔诺孕酮口服常释剂型）再度流标。第九批集采涵盖了感染、肿瘤、心脑血管疾病、胃肠道疾病、精神疾病等常见及慢性病用药，以及急救药和短缺药等重点药品，治疗领域进一步扩大。拟中选药品的平均降价幅度达到 58%，预计每年可为药费节省 182 亿元。采购期接近 4 年，也是国家药品集中采购周期最长的一次。

三、国家招采子系统

自 2019 年，国家医保局开始构建国家医疗保障信息平台药品和医用耗材招采管理子系统，即国家招采子系统。国家招采子系统是国家医保信息平台中负责药品和医用耗材招采管理的一个组成部分，由国家医保局统一建设。

自 2022 年国家医保局宣布全国统一医保信息平台全面建成以来，各省积极响应，迅速推动地方改造与实际应用。2023 年 8 月，上海阳光医药采购网发布了《关于做好国家招采子系统全面上线工作的通知》（以下简称《通知》），宣布国家医保信息平台的药品和医用耗材招采管理子系统将于 9 月 11 日正式投入使用，原有阳光平台的采购功能将不再继续。截止至 2023 年底，据不完全统计，全国 20 余省级集中采购平台的药品交易功能已迁移至国家医保统一信息平台药品和医用耗材招采管理子系统。

（一）主要功能

国家招采子系统包括支付方式、跨省异地就医、公共服务以及药品和医用耗材招采等不同的子系统，这些子系统分为四大类：公共服务、经办管理、智能监管和分析决策。借助该系统的大数据，也可实现药品和耗材的价格监测、集采供应量及使用量的分析与监管。国家招采子系统在集中采购方面主要功能包括以下几点。

1. 挂网申报 根据国家和各省医保部门的“带码招标、带码采购、带码结算”政策，医保编码已成为药品和耗材在国家招采子系统上进行挂网交易的必要前提，见图 11－7。例如，广东省的政策规定，未获得医保编码的药品无法在新招采子系统上进行挂网交易。为此，广东省药品交易中心曾发布通知，要求尚未获得医保编码的挂网药品尽快在国家医保信息业务编码标准数据库的动态维护平台上进行维护。若因缺乏医保编码而导致未能挂网而影响产品销售或医院采购使用，相应责任将由企业自行承担。

2. 价格监测 国家招采子系统的实施使得挂网价格数据的共享变得更加便捷，从而极大地促进了

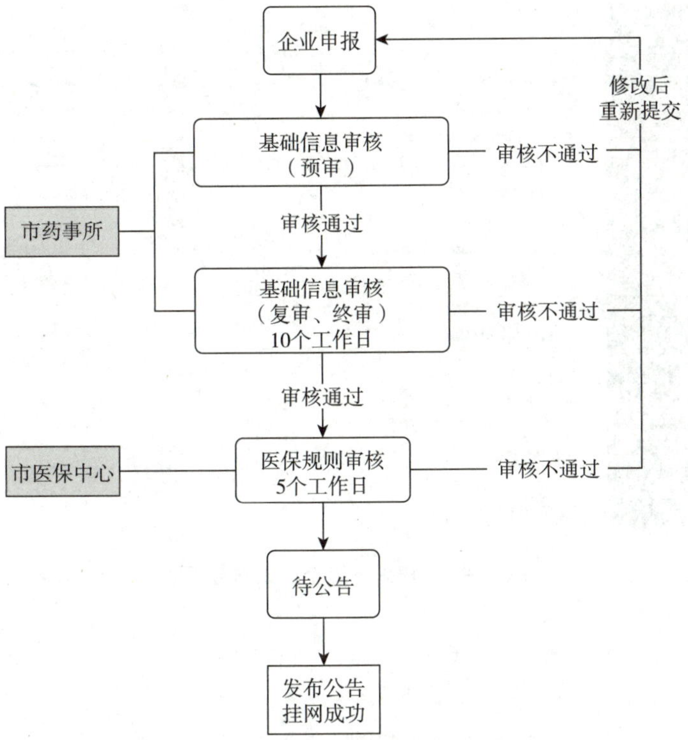

图 11－7　招采系统企业挂网申报流程

对药品价格的监管。随着国家招采子系统在全国范围内的推广，各省依托全国挂网数据的常态化采集，逐步建立起药品价格监测的全国“一张网”。随着招采子系统建成，河北、广东、湖南等省份陆续开始联动挂网药品的“全国最低价”。

3. 采购量监测　国家招采子系统也将成为医疗机构药品采购常态化监管的重要工具。药品价格的共享将有助于各级公立医疗机构依据中选价格进行采购，并加强相互监督，从而防止非中选产品的大规模使用。部分地区也将非中选产品纳入监测目录，作为备选采购，定期监控非中选产品的网上采购及使用情况，并对医疗机构采购价高的非中选产品比例进行定期预警和通报。

4. 结算　国家招采子系统也是带量采购相关的药品执行医保直接结算的重要平台。湖南、天津、福建、青海等地相继发布文件，明确对带量采购相关的药品或医用耗材执行医保直接结算。例如，湖南省医保局在 2023 年 8 月发布了《关于实施医保基金直接结算集中带量采购中选产品医药货款的通知》明确要求，各级医保定点公立医疗机构通过国家招采子系统采购的国家、省际联盟及省级集中带量采购的药品和医用耗材中选产品的货款将直接结算。

（二）平台示例

以广东省招采系统药品挂网申报中“提交申请”为例进行省级药品集中采购电子商务平台的展示。企业进入系统后，点击工作台左侧“药品挂网申报”即可显示药品挂网申报的各个流程，见图 11－8。

点击“提交申请”，进入申报页面，见图 11－9。本页面默认展示本企业所有审核通过的产品信息，点击“产品详情”可以查看当前产品的基本信息。点击“已申报”可以查看当前产品提交的挂网申请。点击“新增申报”即可进入申报页面，见图 11－10，企业可在此页面将药品挂网申报信息如实填写，并提交相关申请。

图 11-8 招采系统企业工作台页面

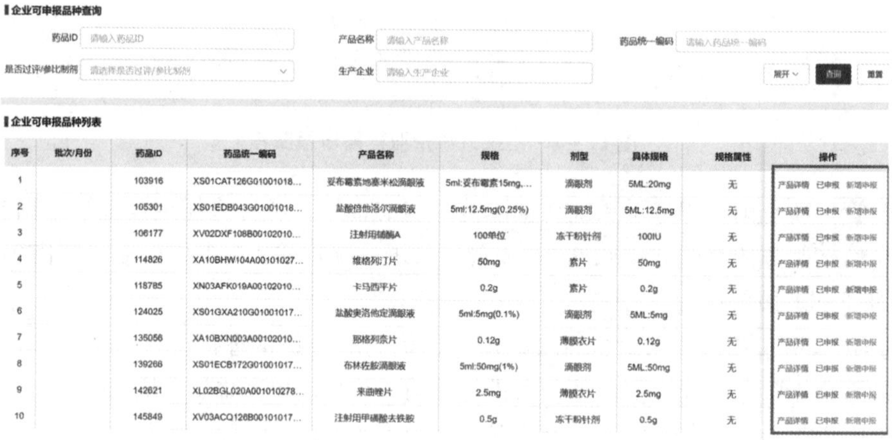

图 11-9 招采系统企业可申报药品查看页面

图 11-10 招采系统企业药品挂网申报页面

答案解析

思考题

1. 近年来，我国为了降低药品价格、提高药品可及性，推行了药品集中采购政策，大幅降低了部分药品的价格。

（1）什么是药品集中采购？

（2）结合 WHO 的优良药品采购操作规范，分析我国药品集中采购政策在实施过程中体现的优点和存在的不足。

（3）从患者的角度出发，集中采购政策对药品可及性和用药负担产生了哪些积极影响？

2. 随着 4 +7 城市药品集中采购试点启动，标志着我国药品集中采购进入新阶段。通过药品集中带量采购，部分药品价格大幅下降。

（1）什么是药品集中带量采购？

（2）为什么要开展国家药品集中带量采购？

（3）集中带量采购中选药品，价格降幅很大，是否会影响药品的质量？

3. 省级挂网采购和市级议价模式是我国各地区普遍采用的药品集中采购方式，但不同地区所采取的政策措施有所不同。

（1）什么是药品挂网采购？

（2）请从采购实施范围、价格形成与价格监测、监管机制等方面比较省级挂网政策异同。

（3）如何利用省级药品采购平台，实现不同省份的药品联动与价格监测？

书网融合……

微课　　习题　　本章小结

第十二章　医药企业自建 B2B 型电子市场

PPT

学习目标

1. 通过本章学习，掌握医药企业自建 B2B 型电子市场定义、条件、功能，熟悉医药行业相关法规对医药企业自建 B2B 型电子市场的影响，了解自建 B2B 型电子销售市场发展交易过程、市场模式及市场运营情况。

2. 具有医药 B2B 电子交易平台的需求分析与功能设计能力。

3. 树立医药电商领域的合规意识，树立数字化思维，关注医药行业数字化转型趋势，适应医药电商创新发展需求。

第一节　医药企业自建 B2B 型电子市场概述 微课

一、医药企业自建 B2B 型电子市场的定义

医药企业自建 B2B 型电子市场，是指药品生产企业与药品批发企业依托自主构建的电子商务交易平台，与自身供应链体系之外的企业成员开展互联网药品交易的专属电子市场。一般的医药企业自建 B2B 电子交易平台分为两种基本类型：即期购买和战略性物资采购。即期购买是指以市场价格为导向来购买药品和服务，药品和服务价格根据市场动态随时调整。买卖双方一般互不相识，通过电子商务平台快速建立临时合作。战略性物资采购则强调长期合作关系的建立，买卖双方经过深入磋商，形成稳固的供需关系。即期购买、战略性物资采购都可以通过独立第三方电子交易市场来支持，而战略性物资采购主要通过医药企业自建 B2B 电子销售市场来进行交易，以强化供应链的稳定性和效率。医药电子商务的 B2B 的交易模式也遵守这一原则。

医药企业自建 B2B 型电子市场是药品供应商拓展网上销售的药品电子交易场所，是实现药品交易电子化、信息化的重要载体。此类平台通常由单一医药企业或企业集团主导运营，面向广泛的下游买家，采用一对多的交易服务模式，有效促进了药品市场的流通与竞争。

二、医药企业自建 B2B 型电子市场的条件

药品生产企业和药品批发企业均可选择 B2B 交易模式进行医药电子商务活动。根据《中华人民共和国药品管理法》第四十一条从事药品生产活动，应当经所在地省、自治区、直辖市人民政府药品监督管理部门批准，取得药品生产许可证。无药品生产许可证的，不得生产药品。药品生产许可证应当标明有效期和生产范围，到期重新审查发证。

根据《中华人民共和国药品管理法》第五十一条从事药品批发活动，应当经企业所在地省、自治区、直辖市人民政府药品监督管理部门批准，取得药品经营许可证。从事药品零售活动，应当经所在地县级以上地方人民政府药品监督管理部门批准，取得药品经营许可证，无药品经营许可证的，不得经营药品。

《药品网络销售监督管理办法》第七条规定从事药品网络销售的，应当是具备保证网络销售药品安全能力的药品上市许可持有人或者药品经营企业。中药饮片生产企业销售其生产的中药饮片，应当履行药品上市许可持有人相关义务。

《药品网络销售监督管理办法》第八条规定药品网络销售企业应当按照经过批准的经营方式和经营范围经营。药品网络销售企业为药品上市许可持有人的，仅能销售其取得药品注册证书的药品。

《药品网络销售监督管理办法》第十条药品网络销售企业应当建立并实施药品质量安全管理、风险控制、药品追溯、储存配送管理、不良反应报告、投诉举报处理等制度。药品网络零售企业还应当建立在线药学服务制度，由依法经过资格认定的药师或者其他药学技术人员开展处方审核调配、指导合理用药等工作。依法经过资格认定的药师或者其他药学技术人员数量应当与经营规模相适应。

《药品网络销售监督管理办法》第十一条规定药品网络销售企业应当向药品监督管理部门报告企业名称、网站名称、应用程序名称、IP 地址、域名、药品生产许可证或者药品经营许可证等信息。

《药品网络销售监督管理办法》第十二条规定药品网络销售企业应当在网站首页或者经营活动的主页面显著位置，持续公示其药品生产或者经营许可证信息。药品网络零售企业还应当展示依法配备的药师或者其他药学技术人员的资格认定等信息。

《药品网络销售监督管理办法》第十三条规定药品网络销售企业展示的药品相关信息应当真实、准确、合法。

《药品网络销售监督管理办法》第十四条规定药品网络零售企业应当对药品配送的质量与安全负责。

《药品网络销售监督管理办法》第十六条规定药品网络销售企业对存在质量问题或者安全隐患的药品，应当依法采取相应的风险控制措施，并及时在网站首页或者经营活动主页面公开相应信息。

《互联网药品信息服务管理办法》第十一条规定申请提供互联网药品信息服务，除应当符合《互联网信息服务管理办法》规定的要求外，还应当具备下列条件：①互联网药品信息服务的提供者应当为依法设立的企事业单位或者其他组织；②具有与开展互联网药品信息服务活动相适应的专业人员、设施及相关制度；③有两名以上熟悉药品、医疗器械管理法律法规和药品、医疗器械专业知识，或者依法经资格认定的药学、医疗器械技术人员。

综上所述，医药企业自建 B2B 型电子市场的条件归纳为如下几点。

（1）依法设立的药品生产企业或药品经营企业；从事药品网络销售的，应当是具备保证网络销售药品安全能力的药品上市许可持有人或者药品经营企业。

（2）提供互联网药品交易服务的网站已获得从事互联网药品经营服务的资格。

（3）具有与开展业务相适应的场所、设施、设备，并具备自我管理和维护的能力。

（4）具有健全的管理机构，药品网络销售企业应当建立并实施药品质量安全管理、风险控制、药品追溯、储存配送管理、不良反应报告、投诉举报处理、网络与交易安全保障等完善的管理制度。

（5）药品网络销售企业应当向药品监督管理部门报告企业名称、网站名称、应用程序名称、IP 地址、域名、药品生产许可证或者药品经营许可证等信息。

（6）药品网络销售企业应当在网站首页或者经营活动的主页面显著位置，持续公示其药品生产或者经营许可证信息。

（7）药品网络销售企业展示的药品相关信息应当真实、准确、合法。

（8）具有完整保存交易记录的能力、设施和设备。

（9）药品网络零售企业应当对药品配送的质量与安全负责。配送药品，应当根据药品数量、运输距离、运输时间、温湿度要求等情况，选择适宜的运输工具和设施设备，配送的药品应当放置在独立空间并明显标识，确保符合要求、全程可追溯。

（10）具备网上查询、生成订单、电子合同等基本交易服务功能。

（11）具有保证网上药品相关信息、交易的资料和信息的真实性、准确性、合法性的完善管理制度、设施、设备与技术措施。

（12）能够建立在线药学服务制度，有两名以上熟悉药品、医疗器械管理法律、法规和药品、医疗器械专业知识，或者依法经资格认定的药师或其他药学技术人员能够开展处方审核调配、指导合理用药等工作，人员数量应当与经营规模相适应。

（13）药品网络销售企业对存在质量问题或者安全隐患的药品，应当依法采取相应的风险控制措施，并及时在网站首页或者经营活动主页面公开相应信息。

另外，通过自身网站与本企业成员之外的其他企业进行互联网药品交易的药品生产企业和药品批发企业只能交易本企业生产或者本企业经营的药品，不得利用自身网站提供其他互联网药品交易服务。

三、医药企业自建 B2B 型电子市场的功能

医药企业自建 B2B 型电子市场不仅限于网上进行药品采购和销售，而包括基于互联网、物联网、移动网络的医院、药房、连锁药店供药管理和综合的供应链信息管理，实现了医药价值链的医药全流程服务与智能化管理。

1. 商品展示与智能化管理 商品信息展示是指医药企业在自建 B2B 电子交易平台上构建详尽的商品信息库，涵盖药品、医疗器械、保健品等，通过图文、视频等多种形式，全方位展示商品特性，助力买家快速了解产品详情。医药企业还应对商品信息进行分类与搜索优化，采用先进的分类算法与智能搜索技术，使买家能够轻松定位所需商品；医药企业还需提供医药商品价格查询、药品价格走势分析，库存数量及流向查询，热门销售医药商品，包括交易次数、交易金额、销售居前的医药商品，行业数据分享等，提升采购效率与用户体验。此外，医药企业建立库存智能管理，实时更新库存数据，结合库存预警与自动补货系统，确保商品供应的稳定性与灵活性，减少因库存问题导致的业务中断。

2. 在线交易 在线交易指通过医药企业 B2B 型电子市场进行医药商品和服务的交易，其支付方式不尽相同，某公司创立的线上商城可使用包括在线支付、银行汇款等方式付款；也有公司创立的某线上中药城不支持货到付款、汇款、线下转账等方式进行支付，购物订单须通过网银支付或第三方平台支付的方式进行在线付款。

3. 订单处理与物流追踪 医药企业自建的 B2B 型电子市场通过集成化的订单全链条管理系统，实现了从订单生成、确认、支付到发货、跟踪的一体化操作，这一流程的批量处理能力大幅提升了交易的效率。同时，医药企业与多家物流服务商建立了商务合作，为客户提供了多元化的配送选择，确保了配送过程的灵活性和可靠性。此外，自建 B2B 电子交易平台开放的物流追踪功能使客户能够实时监控货物的运输状态，从而确保药品能够安全、准时地送达，提升客户信任和满意度。

4. 客户关系管理与服务提升 客户关系管理与服务提升是增强医药企业竞争力的核心环节。医药企业自建 B2B 电子交易平台应具备三方面功能：一是客户信息建档。通过全面建档的方式，收集并整理客户的基本信息、交易记录和偏好设置，以此构建完善的客户档案，为精准营销和个性化服务提供了数据支持，也为理解客户需求和行为模式提供帮助。二是客户分级。平台根据客户购买量、活跃度等关键指标，实施客户分级管理，确保不同层级的客户能够享受到与之相匹配的差异化服务和优惠政策，提升客户黏性，促进建立长期合作关系。三是一站式客户服务。为了确保客户能够获得及时、有效的服务体验，平台提供了一站式客户服务，包括在线客服、投诉处理和售后支持等全方位服务，快速响应客户需求，提升客户满意度与忠诚度。

5. 咨询与售后服务 与客服人员在线沟通或在线投诉，可以查询已经提交的咨询或投诉的回复信

息。通过 B2B 型电子市场平台进行退换货申请，在线提交售后服务申请单，由工作人员审核确认进行后续处理。部分医药企业自建 B2B 型电子市场实现物流追踪（logistics tracking）功能，即开放物流追踪管理系统供客户查询的一种增值服务。

6. 供应链管理与优化 通过建立一套全面的供应商评估体系和信用档案，医药企业自建 B2B 型电子交易平台能够对供应商进行细致的动态管理和绩效评估，这不仅确保了供应链的稳定性和可靠性，还为医药企业提供了一个持续改进和优化供应商关系的机制。此外，自建 B2B 型电子交易平台可采用采购协同功能，使得采购计划可以在线上进行制定、审批和执行，显著提高了采购流程的透明度和效率，同时也降低了采购成本。此外自建 B2B 型电子交易平台可以通过与金融机构的紧密合作，为供应链的上下游企业提供了融资和保险等金融服务，降低了整个供应链的融资成本，提升资金的使用效率。

7. 财务管理与结算便捷化 财务管理与结算的便捷化是提高医药企业自建 B2B 电子销售运营效率的重要方面。该环节包括三大功能：一是财务自动化统计。自动生成销售数据与财务报表，为管理层提供实时、准确的财务状况与运营绩效分析。通过自动化的财务统计功能，自动生成详尽的销售数据和财务报表，为管理层提供了实时且准确的财务状况分析和运营绩效评估。二是多元化支付方式。自建 B2B 型电子交易平台支持多元化的支付方式，包括传统的银行转账和现代的第三方支付平台等，这种多样化的支付选项既简化了交易流程，还显著提升了资金流转的效率和交易的安全性。三是电子发票管理。实现电子发票的开具、管理与查询功能，简化财务流程，降低运营成本，提升工作效率。

8. 数据分析与智能决策 数据分析与智能决策是推动医药企业持续进步和创新的关键驱动力。数据分析与智能决策主要功能包括三方面：一是销售数据分析。运用大数据分析工具，深入挖掘销售数据，揭示市场趋势与消费者行为，为医药企业决策提供有力支持。二是库存预警与策略优化。通过数据分析预测库存需求，及时调整库存管理策略，避免库存积压与短缺现象，优化资源配置。三是市场洞察与策略制定。基于数据分析结果，为医药企业提供市场洞察与战略建议，助力医药企业制定科学合理的市场策略与经营计划。这些策略和计划涵盖了产品开发、市场定位、营销推广等多个方面，通过数据分析与智能决策，医药企业能够实现数据资产的有效转化，使医药企业能够更加精准地满足市场需求。

9. 广告宣传 通过在网站展示医药企业相关文字或图片或动画等形式，直观介绍医药企业主营业务、产品、企业规模及人文历史，用于提高企业知名度。

10. 合规运营与安全保障 医药企业自建的 B2B 型电子市场应严格遵守国家及行业相关法律法规要求，如药品管理法、网络安全法等，确保平台运营的合法性与规范性。因此应注重数据安全防护和风险防控。在数据安全防护方面，采用先进的加密技术与安全防护措施，保护用户数据与交易信息的安全性与隐私性，防止信息泄露与非法访问。在风险防控方面要建立健全的风险防控体系，对交易过程中的潜在风险进行识别、评估与预警，确保平台的稳健运营与持续发展。

医药企业自建 B2B 型电子市场实现医药产、供、销、存、管、用的全流程的电子商务服务。可以帮助医药生产企业、经营企业和医疗机构实现内部采购、经销、库存的统一管理，提高医药企业内部各部门间的协作效率，还可以实现各企业或机构间的系统对接和信息交换，剔除冗余环节，优化整个交易流程，将各方连接成为一个利益共同体，提高了行业集中度的同时，又使全行业管理水平提高。

四、企业自建 B2B 型电子市场的交易流程

（一）企业自建 B2B 型电子市场的构建与交易流程

B2B（business to business）电子商务是指企业与企业之间的网络交易。交易从寻找和发现客户出发，企业利用自己的网站或网络服务商的信息发布平台发布买卖、合作、招投标等商业信息。借助 internet 超越时空的特性，企业可以方便地了解到世界各地其他企业的购买信息，同时也有随时被其他企

业发现的可能。通过商业信用调查平台，买卖双方可以进入信用调查机构申请对方的信用调查；通过产品质量认证平台，可以对卖方的产品质量进行认证。然后在信息交流平台上签订合同，进而实现电子支付和物流配送。最后是销售信息的反馈，完成整个 B2B 的电子商务交易流程。图 12－1 反映了这种交易形式的流转过程。

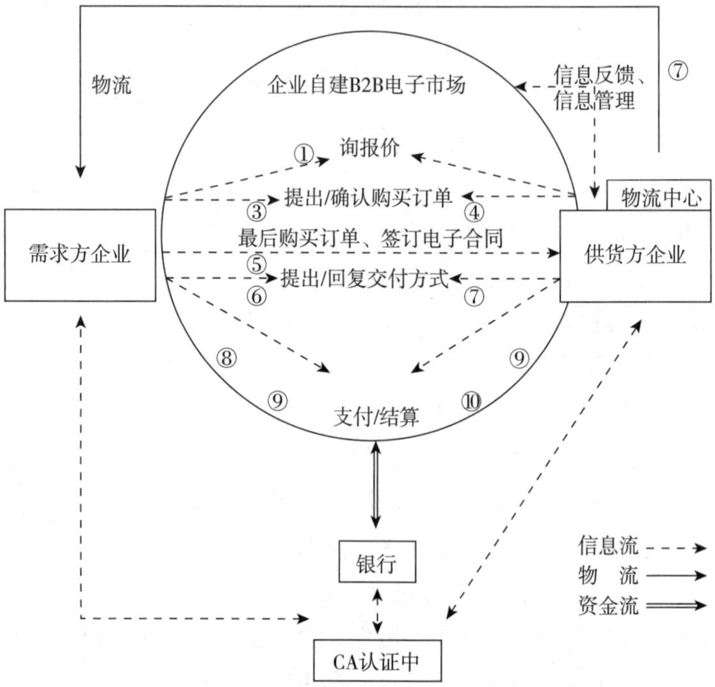

图 12－1 供货方企业自建 B2B 电子市场的交易流程

①需求方向供货方提出药品报价请求，说明想购买的药品信息；②供货方向需求方回答该药品的报价，说明该药品的报价信息；③需求方向供货方提出药品订购单，说明初步确定购买的药品；④供货方对需求方提出的药品订购单的应答，说明有无此药品及规格、型号、品种、质量等信息；⑤需求方向供货方提出是否对订购单有变更请求，说明最后确定购买药品信息；⑥需求方向供货方提出药品运输说明，说明运输工具、交货地点等信息；⑦供货方向需求方发出发货通知，说明运输公司、发货地点、运输设备、包装等信息；⑧需求方向供货方发回收货通知，报告收货信息；⑨交易双方收发汇款通知，买方发出汇款通知，卖方报告收款信息；⑩供货方向需求方发送电子发票，买方收到商品，卖方收到货款并出具电子发票，完成全部交易

（二）某医药企业自建 B2B 型电子市场交易过程示例

1. 会员注册与登录 在医药企业自建 B2B 型电子市场进行医药商品交易，需要先注册为会员。具体步骤为进入注册页面，填写基本信息，提供资质证明，其中：①若终端客户申请成为会员，必须是具备合法药品经营资格的药店、诊所、药品经营企业，或具有合法执业资格的医疗机构，需按照 GSP 要求提供一切合法证照；②若供应商申请成为会员，必须是具有合法资格的药品生产企业或药品经营企业，按照 GSP 的要求提供一切合法证照。客服人员进行审核确认后，进行会员登录，方可进行医药商品交易。

2. 网上采购 通过商品分类查找或者直接搜索所需要的医药商品，可以按照药品的通用名、商品名以及该药品的生产企业进行搜索。查找到所需要的药品，可点击查看药品详细信息，或者直接加入购物车。加入购物车中的药品，可以进行修改数量、从购物车中删除等操作。

3. 订单生成 选购药品完毕后，核对购物车中所购药品的清单，和收货信息，并选择支付方式后，将购物车药品提交结算，生成订单。大多数 B2B 型电子市场会选择网上支付等支付方式，而有部分 B2B

型电子市场指定支付方式，例如货到付款等，无须选择支付方式。

4. 订单支付　提交成为订单后，需要按照所选择的支付方式进行付款，买卖合同成立。此处支付方式主要包括汇款、线下转账、通过余额支付、网银支付或第三方平台支付的方式进行在线付款，若使用货到付款的方式，则订单生成后直接提供药品配送服务。

5. 药品配送服务　合同成立后，根据客户选择方式进行药品配送。药品配送的方式主要包括：①上门自提，需客户到指定地点自取商品。②公司物流，在配送区域内，由公司物流负责免费送货上门。③托运，托运需支付一定费用，根据托运货物的多少以及距离而定。④快递，支持全国绝大多数地区，送达速度快，资费较高。

6. 确认收货与售后服务　根据医药销售网站设计的不同，部分网站终端客户在收到货物后，须进行确认收货。售后服务包括货款到账查询，发货进程查询，药品质量咨询，及退换货等服务。交易过程，见图 12－2 所示。

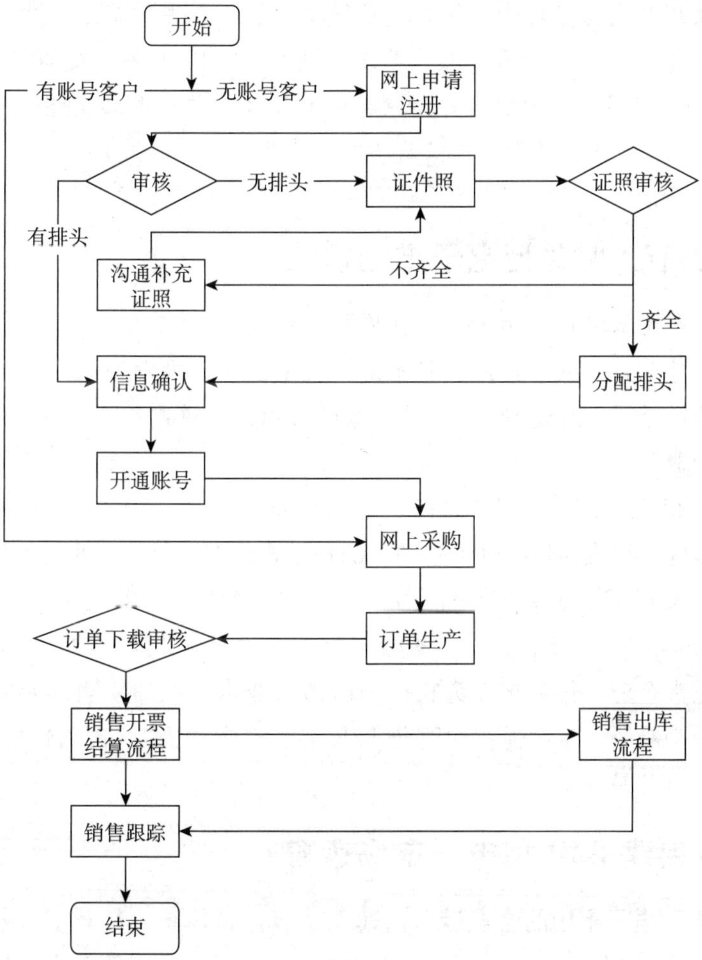

图 12－2　某医药企业自建 B2B 型电子市场交易流程图

第二节　医药企业自建 B2B 型电子市场的发展

一、医药企业自建 B2B 型电子市场获批情况

2005 年 12 月 1 日，政府鼓励开展网上 B2B 贸易。医药企业自建 B2B 型电子市场，采用会员制形式

向其下游客户提供产品和价格信息、在线订货服务等。已取得B2B型互联网药品交易服务资格证书的单位有70余家，具体单位可在国家药品监督管理局网站查询。2017年1月，《国务院关于第三批取消中央指定地方实施行政许可事项的决定》（国发〔2017〕7号）正式取消“互联网药品交易服务企业（第三方平台除外）审批”事项。除第三方平台（B2C类）外，药品生产企业、批发企业通过自身网站与其他企业（B2B）开展的互联网药品交易服务不再需要审批，改为备案管理。已取得《互联网药品交易服务资格证书》的B2B企业，在证书有效期内可继续运营，到期后无须换证，按新规执行。

知识拓展

互联网药品B2B交易的政策演变：2017年审批取消与备案制下的监管新逻辑

2017年1月，《国务院关于第三批取消中央指定地方实施行政许可事项的决定》（国发〔2017〕7号）的新规实施后，国家药品监督管理局及省级部门不再颁发新的B2B资格证书，原有70余家持证企业成为历史存量。企业开展B2B交易只需依法备案，符合《中华人民共和国药品管理法》及《药品网络销售监督管理办法》要求即可，行政门槛降低。第三方平台的B2C业务仍受审批监管，B2B交易放开。2017年后B2B互联网药品交易审批的取消是简政放权的体现，监管重心调整为通过备案公示、数据追溯、飞行检查等方式强化事中事后监管，确保药品流通安全。

二、医药企业自建B2B型电子市场模式

在我国，医药企业自建B2B电子市场主要有两种基本模式。

1. 以本企业为中心主导的模式 该模式基本上是大型的医药批发公司在自建网站平台发布药品批发价格，为下游客户提供透明、便捷的在线查询与采购渠道，此模式主要收益来源于向客户提供增值服务的服务费和交易中介费。

2. 行业联盟交易所模式 行业联盟交易所（consortium trading exchange，CTE）是由本行业中一些大型医药企业共同协作构建组成的超级电子市场，CTE模式打破了单一企业的界限，把各医药企业的供应商和客户集中起来，实现了资源共享和优化配置。2005年4月，由五大医药商业公司发起成立的“中国医药商业经济联盟”正式宣布成立。“联盟”分布在我国京、津、沪、渝、穗5大中心城市，都是区域性医药商业的龙头企业。作为迄今为止中国医药行业重量级的联盟，如果各企业能利用已有的B2B平台组建行业联盟交易所，将增强我国医药B2B市场整体竞争力和影响力，推动行业向更加标准化、规模化、智能化方向发展。

三、医药企业自建B2B型电子市场运营

医药企业自建B2B型电子市场的合规运营需建立三级监管体系：基础层、业务层和技术层。在基础层，《药品管理法》和GSP构成制度基石，重点规范主体资质、质量管理和追溯体系。业务层以《药品网络销售监督管理办法》为核心，针对线上交易特点建立特殊监管要求，包括交易主体双验证、处方药销售闭环管理等。技术层则依托《中华人民共和国网络安全法》《中华人民共和国数据安全法》，构建信息安全保障体系。

从演化趋势看，合规管理正经历三个关键转型：一是监管维度从单一质量管控向“质量+数据+交易”多维治理转变；二是技术应用从人工审核向智能风控升级，区块链存证、AI资质核验等技术大幅提升合规效率；三是平台角色从被动合规向主动治理演进，领先企业已构建包含预警、处置、改进的闭环合规机制。

这种演进本质上是医药流通领域"监管科技（RegTech）"的实践创新，其核心在于通过技术手段实现监管要求的内生性满足，既保障合规性，又提升运营效率。未来，随着电子证照互通互认等政策的推进，医药企业自建 B2B 型电子市场将形成更加智能化、标准化的合规生态。

答案解析

思考题

请选择一家医药企业自建 B2B 平台进行访问调研。

1. 了解所选择医药企业自建 B2B 平台特色、药品种类、网站功能、发货要求、交易过程等。

2. 分析所选择医药企业自建 B2B 平台属于哪一种类型医药企业自建 B2B 型电子市场模式。

3. 分析该医药企业自建 B2B 平台有哪些药品正在做推广，哪些企业在该平台完成交易，并将完成的交易信息作为调研对象。如果你是这个自建 B2B 交易平台业务员，你将给该企业提出怎样的推广建议。

书网融合……

微课　　习题　　本章小结

第十三章　医药企业自建 B2C 型电子市场

PPT

学习目标

1. 通过本章的学习，掌握医药企业自建 B2C 型电子市场的定义、功能及运营条件，熟悉我国网上药店的法律政策环境及发展现状，了解影响我国网上药店发展的主要因素及未来发展趋势。

2. 具有设计和运营网上药店的基本能力，包括网页结构设计、服务设计、交易流程设计及法律规范遵守能力，能够分析网上药店发展中的问题并提出解决方案，能够运用大数据技术优化网上药店的用户体验和运营效率。

3. 树立合法合规经营网上药店的意识；养成以消费者为中心的服务理念，注重用户体验与满意度，培养创新思维与团队协作精神，提升解决实际问题的能力。

第一节　医药企业自建 B2C 型电子市场概述

微课

一、医药企业自建 B2C 型电子市场的定义

医药企业自建 B2C 型电子市场，是指医药企业依法建立的在线平台，用于与消费者进行医药商品和服务的交易，是医药电子商务的一个分支，属 B2C 交易模式，俗称网上药店。根据我国《药品网络销售管理办法》（国家市场监督管理总局令第 58 号）规定，医药企业自建 B2C 型电子销售市场属于药品网络零售企业，可简称为网上药店（或称虚拟药店），其主要功能是网上药品零售和在线药学服务。

网上药店的开展使得消费者可以 24 小时全天候享受购药的方便，只需在网络上输入网上药店地址、购药品种和数量以及支付方式等信息，药品就会送到消费者手中，实现足不出户，在家购药的便利。

二、网上药店的条件和备案

2017 年 1 月公布的《国务院关于第三批取消中央指定地方实施行政许可事项的决定》国发〔2017〕7 号“取消互联网药品交易服务企业（第三方平台除外）审批”。《总局办公厅关于落实 < 国务院第三批取消中央指定地方实施行政许可事项的决定 > 有关工作的通知》食药监办法〔2017〕46 号规定药品零售连锁企业可以向个人消费者提供互联网药品交易服务，但不得超出《药品经营许可证》的经营范围。2017 年 9 月公布的《国务院关于取消一批行政许可事项的决定》国发〔2017〕46 号，互联网药品交易服务企业（第三方）审批。至此《互联网药品交易服务审批暂行规定》中关于互联网药品交易服务全部取消审批。

根据 2019 年修订的《中华人民共和国药品管理法》：①第五十一条规定从事药品零售活动，应当经所在地县级以上地方人民政府药品监督管理部门批准，取得药品经营许可证。无药品经营许可证的，不得经营药品。②第三十四条规定药品上市许可持有人从事药品零售活动的，应当取得药品经营许可证。根据 2017 年修订的《互联网药品信息服务管理办法》（国家食品药品监督管理局令第 9 号）网上药店

应获得互联网药品信息服务资格证书，并应当在其网站主页显著位置标注互联网药品信息服务资格证书的证书编号。

《药品网络销售监督管理办法》第七条规定从事药品网络销售的，应当是具备保证网络销售药品安全能力的药品上市许可持有人或者药品经营企业。中药饮片生产企业销售其生产的中药饮片，应当履行药品上市许可持有人相关义务。第十一条规定药品网络销售企业应当向药品监督管理部门报告企业名称、网站名称、应用程序名称、IP 地址、域名、药品生产许可证或者药品经营许可证等信息。信息发生变化的，应当在 10 个工作日内报告。药品网络销售企业为药品上市许可持有人或者药品批发企业的，应当向所在地省级药品监督管理部门报告。药品网络销售企业为药品零售企业的，应当向所在地市县级药品监督管理部门报告。第十二条规定药品网络销售企业应当在网站首页或者经营活动的主页面显著位置，持续公示其药品生产或者经营许可证信息。药品网络零售企业还应当展示依法配备的药师或者其他药学技术人员的资格认定等信息。上述信息发生变化的，应当在 10 个工作日内予以更新。

三、网上药店的功能

网上药店应为消费者提供药品销售和在线药学服务，以及健康咨询等专业化的精准服务，是大数据时代网上药店的必然发展方向。网上药店应利用大数据技术，加强会员定向促销，实现长期慢病跟踪与管理，为患者提供针对性医治和个性化用药建议，通过提升平台品牌、增强药品质量安全信任度、完善规范化的药品物流配送体系，提升用户购物体验，从而增加用户忠诚度。

1. 广告宣传 通过在网站展示医药企业相关文字或图片或动画等形式，主观介绍企业主营业务、产品、企业规模及人文历史，用于提高企业知名度。通过网上药店平台，医药企业可以展示自己经营的非处方药。宣传过程中应注意遵守《药品、医疗器械、保健食品、特殊医学用途配方食品广告审查管理暂行办法》（国家市场监督管理总局令第 21 号）相关规定，如除不得发布广告的药品外的处方药广告只能在国务院卫生行政部门和国务院药品监督管理部门共同指定的医学、药学专业刊物上发布；药品广告的内容应当以国务院药品监督管理部门核准的说明书为准，不得超出说明书范围。

2. 用药指导 网上药店在销售非处方药的过程中，需要有执业药师的在线用药指导，当消费者登录进入到网上药店的平台里时，在线客服系统应该在最短的时间内实现自动侦测，并安排在线执业药师给予用药指导。执业药师提供的在线用药指导应通过实名注册的系统进行，以确保指导质量并防止滥用。

3. 药品查找 消费者可通过在线执业药师指导明确所需药品，网上药店提供快捷搜索功能，支持按药品通用名、品牌等多维方式定位目标药品，提升需求与药品的匹配度，提高客户购买转化率，使消费者快速进入购药订单或订物车系统。对于可以自行选择的药品，可结合人工智能技术，提供语音搜索和基于症状的药品推荐功能，以提升用户体验。

4. 在线交易 购物车系统支持重复购买药品，并可修改商品数量等信息。通过购物车系统，可重复购买所需要的药品，对商品数量等信息进行修改。提供多种支付方式，方便用户进行支付，然后系统生成消费者购药订单，订单号可用于查询订单。注意保证安全支付系统和数据加密要求，以保护消费者的支付信息安全。

此外，为了帮助消费者合理用药，规避药品的配伍禁忌，还应有消费者购药的安全用药警示，如某网推出“安全用药警示系统”，即由该网资深专业团队将国家药品监督管理局（National Medical Products Administration，NMPA）及其药品审评中心（Center for Drug Evaluation，CDE）官方数据进行功能整合，可以标示出网上药店里有配伍禁忌问题的药品，一旦消费者将标示的药品加入同一个购物车（订单）后系统马上会提示“不能同时服用，请放回”。如散利痛与维 C 银翘片因同时含有乙酰氨基酚，同时服用便极大地增加了乙酰氨基酚超量而引起肝损害的风险。因此当两种产品加入同一购物车后药房网“安全用药警示系统”会提示“一人服用请返回购物车”，此时需购买者返回购物车对所购买的有配伍禁忌的药品进行修改方可继续下单；若配伍禁忌的药品为“多人服用”则可“继续下单”。而且“安全用药警示系统”可利用人工智能系统和大数据分析，提供更为有效而精准的警示。

5. 药品配送 网上药店平台在收到消费者的订单后，通过自营物流或第三方物流系统进行药品的配送服务。对于需要冷藏的药品，确保冷藏药品在整个配送过程中的温度控制，使用温度记录设备进行监控。选择有经验的物流合作伙伴，确保冷链配送的专业性和可靠性。提供冷链配送的实时温度监控数据，增加用户信任。

6. 订单查询 提供的订单查询系统，使用消费者的会员名及密码登录，点击“我的订单”，根据消费者需要查询的相关订单状态，包括所有历史订单，需支付的订单，需确认收货的订单，待评价的订单。提供订单号和追踪链接，方便消费者随时查询。实现订单配送的实时追踪，提供配送状态，尤其是配送过程中的关键节点，如出库、分拣、配送，应实时更新。配送状态更新可选择通过短信、邮件或App推送等多种方式通知消费者。此外，在网站上可通过帮助中心解答用户关于订单追踪的常见问题。根据消费者查询的需求，可以实时跟踪到消费者购买的商品的动态信息。

7. 意见反馈 平台的意见反馈系统收集消费者在购药的过程中的感受和意见。客服会定期进行整理，合理的建议和意见将会得到改正，并在消费者下次购药过程中体现出来。

8. 在线客服 在线处理顾客订单，处理顾客关于产品或服务的网上及电话咨询，了解顾客的需求并积极做出回应；结合大数据为消费者提供个性化帮助和推荐，以提升客户满意度；负责与顾客的沟通和维护工作；负责顾客的投诉及各种问题的解决并及时反馈问题及建议，定期总结出现的问题及寻求解决方案达到减少客户投诉率，提高顾客满意度；负责药品的退换货服务并开具发票等。

9. 社会责任 药品是特殊商品，关系到用药人的身体健康和生命安全，为了让消费者能够正确识别合法网上药店和合理用药，以及日常保健等，网上药店会发布一些信息、文章或举办一些活动来进行健康科普，提升社会责任感。如某网倡导春季疾病早预防，诚信是网上药店生存根本，教您正确脱离亚健康等。

10. 大数据管理 建立完整的大数据管理系统，为消费者提供个性化定制服务。实时上传、下架活动商品，调节库存、商品价格等信息，强化会员管理和商品数据管理；实时查询订单信息，包含用户信息、订单时间、订单组成、配送方式、付款方式等进行订单数据管理。针对消费者浏览、询问和购买、售后服务等记录进行客户信息的整理、归纳和分析，建立客户健康管理信息档案，实时监控数据，持续进行会员数据管理，如会员来源、用户不同活跃度、日均不同时点启动次数、不同时点使用时长、各领域用户重合度、各App日均启动次数、顾客浏览信息分析、成交数据分析等；结合客户的个体身体健康状况，及时、有针对性地向客户推广产品信息，加强客户健康监测与提醒，实行分级治疗服务，逐渐获得消费者对其专业的信赖，增强消费者购药体验感受，改变传统的看诊和购药模式，提高推广成功率和持续的客户满意度。

此外，网上药店要注意对于收集到的消费者信息与资料要保管好，不要用于医药企业与消费者之间管理之外的事务，如将消费者资料泄露给第三方等危害消费者隐私的行为。

第二节　我国网上药店的发展

一、我国网上药店法律政策环境的演变

2004年7月，《互联网药品信息服务管理办法》的发布，标志着互联网提供药品信息服务合法性的

开始，企业可以申请在网络上发布药品信息，这是网上药店发展的基础。2005 年 9 月，《互联网药品交易服务审批暂行规定》发布，明确规定了向个人消费者提供互联网药品交易服务企业的条件，即开办网上药店的基本条件。此部门规章的颁布实施是我国网上药店发展的正规化与合法化的里程碑式的文件。

2007 年，《商务部关于促进电子商务规范发展的意见》发布，旨在优化网络交易环境，维护网络市场秩序，保障资金流动安全，健全物流支撑体系，促进电子商务的规范发展。

2013 年，《食品药品监管总局关于加强互联网药品销售管理的通知》对药品交易网站资质的认证、含麻黄碱类复方制剂的销售、处方药的销售、网售药品的配送等内容进行了规范，并进一步加大了对互联网非法售药的查处力度。

2015 年，《国务院关于大力发展电子商务加快培育经济新动力的意见》要求相关部门尽快制定和完善互联网食品药品经营监督管理办法，加强互联网食品药品市场监测监管的体系建设，推动医药电子商务发展，反映了国家对于网上药品交易的认同和重视。

2017 年，《国务院关于第三批取消中央指定地方实施行政许可事项的决定》取消了互联网药品交易企业的资格审批，包括批发交易类 B2B 证书（医药电商 B 证）和网上零售类 B2C 证书（医药电商 C 证），意味着药品零售连锁企业可以自建网站，并遵照法律法规在互联网上推广和销售药品，此举标志着我国网上药品交易的发展迎来了新的机遇”。同年，《国务院关于取消一批行政许可事项的决定》又取消了互联网药品交易服务企业（第三方）的资格审批（医药电商 A 证）。至此，我国开办网上药店从审批制转为备案制，进一步解除了对医药电商扩张的限制，反映出我国从政策层面开始大力扶持医药产品电商的发展。

2018 年，《关于促进“互联网 + 医疗健康”发展的意见》进一步放开了处方药领域的管理权限，允许网上药店依据处方销售处方药，进一步完善了“互联网 +”药品供应服务，大大推动了我国网上药店的持续健康发展。

2019 年新修订的《药品管理法》又从立法高度重新划定了网络药品的禁售范围，并明确规定国家对药品管理实行药品上市许可持有人制度，授权国务院药品监督管理部门会同国务院健康卫生主管部门等多部门联合制定具体的网络药品销售相关规定，以助力我国网络药品销售的进一步实践探索。

2021 年，《国务院办公厅关于全面加强药品监督管理能力建设的实施意见》则要求进一步提升“互联网 + 药品监管”应用服务水平，推动工业互联网在疫苗血液制品、特殊药品等监管领域的融合应用，同时进一了对药品网络交易的质量监管能力。

2022 年，《药品网络销售监督管理办法》被制定，该办法于 2022 年 12 月 1 日起施行，对药品网络销售管理、平台责任履行、监督检查措施及法律责任作出了规定，主要内容包括：落实药品经营企业主体责任，明确从事药品网络销售的药品经营企业主体资格和要求以及不得在网络上销售的药品；压实药品网络销售平台责任；明确处方药网络销售管理；落实“四个最严”要求，强化各级监管部门的监管措施等。

二、我国药品连锁零售企业的发展

随着医疗保险制度、药品分类管理制度、跨地区连锁经营管理办法的逐步实施，连锁药店成为药品流通业发展最为迅速的一个业态，得到了迅猛发展。

连锁药店逐渐占据主导地位。在我国，零售药店以连锁药店为主。这些企业门店数量多、营收规模大，主要分布在湖南、云南、广东、上海等省市。连锁药店通过规模化经营和标准化管理，提高了市场竞争力，占据了市场的较大份额。

新零售模式兴起。除了传统线下业务的扩张，O2O 等新零售模式也成为连锁药店的重要增长点。新零售模式的兴起，不仅为消费者提供了更加便捷的购药渠道，也为连锁药店带来了新的增长点。

随着市场规模的扩大，药品连锁零售企业的竞争也日益激烈。一方面，头部企业通过并购和扩张不断巩固市场地位；另一方面，新的竞争者也在不断涌入市场。这种竞争态势将促使企业不断提升服务质量和管理水平，以赢得消费者的信任和支持。其次，数字化转型加速。数字化转型是药品连锁零售企业未来发展的必然趋势。通过运用大数据、云计算、人工智能等先进技术，企业可以实现精准营销、优化库存管理、提高运营效率等目标。同时，数字化转型也有助于企业更好地满足消费者的个性化需求，提升消费者体验。随着市场竞争的加剧和消费者需求的多样化，药品连锁零售企业需要更加注重专业化和差异化经营。通过提供专业的药学服务、差异化的产品组合和优质的服务体验，企业在市场中脱颖而出，赢得消费者的青睐。

三、我国网上药店的产生与发展

《互联网药品交易服务审批暂行规定》公布，明确规定了向个人消费者提供互联网药品交易服务企业的条件，即开办网上药店的基本条件，此规章的颁布实施是我国网上药店发展的正规化与合法化的里程碑式的文件。

自此我国首家合法的网上药店“京卫大药房”诞生，其于 2005 年 12 月 29 日通过由原国家食品药品监督管理局、北京市药品监督管理局组织的现场验收，获得由北京市药品监督管理局颁发的《互联网药品交易服务资格证书》，标志着我国药品销售开始步入互联网时代。

2009 年我国网上药店数量开始出现井喷，连年呈现跳跃式增长的轨迹。从其经营状态来看，多数网上药店已经具备商品展示、电话咨询、网络订药、在线支付等网上药店应当具备的基本特征。此后，中国网上药店市场规模逐年增长，近年有望突破千亿规模。

知识拓展

医药企业自建 B2C 型电子销售市场发展及展望

随着现代信息技术的快速发展，医药企业自建 B2C 型电子销售市场正在改变传统药品零售模式，为消费者提供便捷的购药体验，同时为医药企业开辟新的销售渠道。线上购药的便捷性、健康管理需求的增长以及消费者互联网使用技能的提升，推动了医药电商市场的持续扩张。

医药 B2C 行业整合加速，大型电商平台通过线上线下资源联动打造医药健康服务生态圈，而小型平台面临淘汰风险。行业整合优化资源配置，提升效率。实体药店在政策和市场压力下，逐步向医药电商转型，借助互联网技术满足消费者诊疗及购药需求，同时提升自身经营能力。

技术创新成为行业发展的重要驱动力。大数据、云计算、人工智能等技术的应用，使医药电商能够通过智能推荐系统实现精准营销和个性化服务，提升用户体验和运营效率。物联网和区块链技术的引入，推动药品追溯和供应链优化，确保药品质量和物流安全。此外，医药冷链物流行业的专业化升级，进一步完善了药品从生产到配送的闭环链路，降低了运输风险。

处方外流和医保支付接入为医药电商打开了新增市场空间。国家政策推动处方从医院流向网上药店，医保支付接入则为慢性病患者提供更便捷的复诊和购药服务。数据显示，我国有 4 亿慢性病患者，对长期用药和医疗服务需求较高，这为医药电商带来了巨大的市场潜力。

新特药、罕见病用药及跨境药品成为医药电商新的增长点。互联网技术的进步和全球化贸易的发展，使医药电商能够满足患者对多样化药品的需求。在政策支持下，跨境医药电商迎来快速发展，为罕见病患者提供了更多选择，同时提升了中国医药企业的国际竞争力。

医药电商平台正向覆盖患者全生命周期的健康服务商转型。通过医生教育、药品配送、线上问诊等服务，平台实现了慢性病患者的全方位健康管理，形成了全场景闭环。这种转型不仅满足了患者的长期健康需求，也符合当前“自我健康管理”的趋势。

政府对医药电商行业的支持力度逐步加大，监管政策不断完善。政策放宽了互联网药品销售限制，简化了药品经营许可证办理流程，同时加强了对市场的监管力度，确保药品质量和消费者权益。这些措施为医药电商行业的规范化和可持续发展提供了有力保障。

总体来看，医药企业自建 B2C 型电子销售市场在技术创新、政策支持和市场需求的共同推动下，正迎来快速发展的黄金期。未来，医药电商将进一步优化资源配置，提升服务质量，成为医药行业的重要增长引擎。

四、影响我国网上药店发展的因素

尽管网上售药市场潜力巨大，但其在整个零售业中所占的比重仍然很小。虽然从网上有时可以买到本地市场难觅的药品，网络购买的方式对于购买者也更为私密，但总体来说，以这种方式消费的人群有限。当前我国网上药店的发展主要受以下因素影响。

（一）消费者

1. 消费者对网上药店不信任　线下药店有实体的店面，消费者可以亲身感受到其真实的存在，必然认可其具备一定的条件并经过严格审批，所经营的药品质量有一定的保证，从心理上就对线下药店十分信任。网上药店是虚拟的，无法眼见为实。实地考察部分网上药店后发现，网上药店售药对消费者存在以下潜在危险：①部分网上药店购买处方药时对于处方审核不严，甚至不需要凭处方就能购买；②药品质量保证问题。假冒伪劣药品可能流入消费者的手中；③过时或者即将到有效期的药品的处理问题。因此，医学界人士认为，药品不同于其他商品，不能盲目购买，而网上售药的安全问题，对于监管部门也提出了很大的挑战。

2. 消费者认为网上买药不方便　目前我国线下的药店分布得相当密集，消费者到药店买药非常方便，在网上药店进行订购，等待送药的模式适合于慢性病患者。大部分的消费者是患病后才需要买药，通过网上购药，需要等待一两天才能到货。在中国第三方医药物流还不是十分发达的情况下，出门买药可能要比上网订购快得多。因此，网上药店的配送效率是影响消费者选择的主要因素。此外，有的消费者还表示网上购药不能和店员及药学技术人员面对面直接沟通，担心耽误病情。

3. 上网群体购药需求少　中青年是我国网民的主力军，也是网上购物的热衷者，但是这个群体恰恰缺少购药需求，不是药品的主力消费群体，而拥有购药需求的人绝大多数是中老年人。

（二）医药企业

1. 初期运营成本较高，利润空间小　网上药店对扩展市场份额的作用是肯定的，但在降低成本方面尤其在运营初期并不明显。相对于实体店来说，虽然网上药店可以降低 10% ~15% 的门店租金和库存投资出售成本，但在购买服务器、域名、各类软件，网络维护和更新，聘请专业的网络技术人才等其他方面的花费，以及网站的宣传的投资，导致网上药店的经营成本较高。网上药店的价格比实体药店低，但是只有金额达到一定数量后（大约需要 50 元）才可以免费配送，但一般消费者订单价格较少一次性达到免费配送的金额，因此消费者需要额外支付配送费用，提高了消费者购药的准入门槛了，进一步压缩了网上药店的利润空间。

2. 执业药师的水平有待提高，指导合理用药的难度较大　网络销售药品尤其是处方药更需要配备执业药师在线指导，由执业药师全面负责处方审查、调配与监督，指导患者合理使用药物。但现有的执业药师在指导患者合理用药上发挥的作用有限。目前执业药师的药学服务与公众日益增长的合理用药需求之间仍存在差距。一是执业药师的数量不能满足药店发展需要。其中相当部分执业药师注册在医疗机构、药品生产和批发企业等，从而导致药店缺口较大。二是审方执业药师对处方药的审方水平参差不齐。另外，执业药师职业发展体系有待完善。

3. 物流配送能力有待提高 由于消费者买药数量一般不会太大，网上药店自建配送队伍不经济，须借助于第三方物流。第三方物流对于所送商品的质量一般不负责，而且药品配送过程中的质量并不好把关。普通的配送方式并不适用于所有的药品。药品的运输必须符合 GSP 的要求，如保持一定的温度、湿度等，而普通的快递显然无法满足这些要求。这也在很大程度上限制了网上药店业务的开展。此外，配送过程出现的问题如未能按照要求妥善存储，或者在运输过程中出现破损，或者药品被替换等，尚未有比较明确的责任认定规定。只有当一些优秀的专业物流和快递公司涌现，或药品零售连锁企业发展壮大其配送网络时，网上药店业务才可能得到蓬勃发展。

4. 人才队伍建设水平有待提高 随着网上药店的日趋规范化、竞争手段不断升级。现有医药人才队伍所积累的传统经营模式的资源和经验，对网上药店服务来说很难起到实质性的促进作用，医药电商服务运营管理人才，不仅要求具有电子商务专业知识功底，还应具备较好的医药知识素养，同时还需熟知医药电商经营管理规律，而目前医药电商领域既懂“计算机技术”、又熟悉“医药知识”还擅长“经营管理”的复合型人才有待增加。

（三）网上药店发展配套设施

电子处方流转的规范性有待提高 目前各医院均拥有完整的药品供应体系，实行封闭的医院计算机管理系统，电子处方或协定处方与医疗机构外的药店不相连接，一些医疗机构甚至严格限制处方外流，导致零售药店的处方来源困难。目前，很多药店针对现场或网络购买处方药的消费者通过互联网 + 医疗服务平台开具处方这一现象，在形式上符合处方药销售的要求，但存在着与诊疗相关要求不一致的可能性，如《互联网诊疗管理办法》。

目前，我国很多地区统筹基金可以在实体医保定点药店或者医疗机构进行购药，比如一些基本药物和中药饮片，这在一定程度上影响了消费者对互联网药品的购买需求。同时，我国不同省份地区的医保管理制度不尽相同，监管程序、筹资标准报销比例以及财政状况等也各有特点。开发契合互联网药品医保支付对接平台，需要政府、医疗机构、医保第三方机构等均投入大量资金支撑、人力支撑，我国大部分互联网药品零售系统尚未与医疗保险报销系统有效对接，在一定程度上影响患者网上购买药品的意愿。

（四）监管方面

1. 对在线提供服务的药师监管 伴随着网上药店的出现，药师就更成为不可或缺的重要角色。网上药店的出现有可能使药师为顾客提供服务的方式发生变革。在网上药店，消费者可以足不出户，通过点击鼠标购买所需药品；而药师，只要拥有一台电脑在家即可提供用药咨询，指导患者安全用药，同时还可“以一当十”，利用网络优势，在同一时间解答更多消费者的疑问。此种自由、弹性、高效的工作方式会给网上药店经营与政府部门的监管提出了新课题。与“驻店”药师不同，提供网上咨询的药师可以处于“居无定所”的状态，如何对在线提供服务的药师资质进行考察也是目前存在的主要挑战。

2. 电子处方合法性及流转规范有待完善 目前我国法律法规对电子处方的合法性认定、流转过程中的责任界定等方面有待完善。例如不同地区对电子处方的认可程度和管理要求存在差异，导致医药电商在跨地区运营时面临合规困境。电子处方的审核须依托于互联网，而互联网因其开放性、虚拟性衍生出一系列风险，交互模式的开放和传统壁垒的破除使其监管过程更复杂，行政监管职责难以划分。

第三节　网上药店的设计与运营

一、网上药店的设计

（一）网上药店网页的结构

1. 网页的总体布局　布局是网页设计的骨架，能够决定网页的整体效果。一般来说，网上药店的网页布局应该包括以下几个部分。

（1）导航栏　在网页的顶部设置导航栏，包括首页、药品分类、药品查询、关于我们等按钮，方便用户快速找到所需内容。

（2）促销功能区　包括热门商品和推荐、最新产品（新品上架）、特价产品区、促销产品、会员专区、销售排行榜、广告等。在网页的顶部设置轮播图，以展示药店的特色药品和促销活动，吸引用户的注意力。

（3）药品分类区　在网页的左侧或右侧设置药品分类区，一般包括中药材、中成药、西药、保健品等主要的药品品种。可按照药品的种类和剂型、保健品、医疗器械等多进行分类，方便用户查找所需商品，帮助用户快速定位产品。支持按药品类型、价格范围、品牌、功效、是否为处方药等条件进行筛选。

（4）药品信息展示区　在网页的中心位置展示药品的实物图和价格等信息，方便用户了解药品的外观和价格。网上药店应根据用户的浏览和购买历史，推荐相关药品。药店网站设计应该为消费者提供有关其销售药品的详细信息。每个药品的单独页面包括名称、适应证/功能主治、用法用量、禁忌、不良反应以及任何其他相关信息。该网站还应提供药品的清晰图像，以确保客户能够准确地看到他们正在浏览的商品。此外，如果客户的首选药品不可用或客户需要不同类型的药物，网站应提供相关或替代选项的建议。

（5）处方审核区　处方审核区提供了一个安全的上传处方门户，设有验证功能，检查处方的真实性，并确保药品的合法销售。该区域还应提供关于处方处理和数据安全处理的详细信息，确保了药品销售的合规性和安全性

（6）购物功能区　包括有购物车和结账系统。购物车帮助用户查看已选择商品，并可以修改、删除商品，结账系统集成安全支付方式，确保用户交易的安全性和便捷性，支付系统应支持多种付款方式，并确保数据加密传输。

（7）会员功能区　网上药店一般实行会员制，消费者在购买药品时应先注册成为会员，才可以购买药品。注册成为会员的一般是长期有购买关系，是网上药店的稳定的消费用户群。用户登录/注册包括账户管理、订单历史、收货地址和支付方式管理功能。允许用户通过社交媒体账号快速注册和登录，提供药品分享到社交媒体的功能。药品提醒与用药跟踪提供提醒功能，提醒用户补充药品或按照处方服用。网上药店还应为会员提供特定服务，如优惠活动、打折信息、会员价和购物积分活动等。网上药店的出现可能改变药师为顾客提供服务的方式。

（8）客户支持区　包括常见问题解答（FAQ）和在线客服。FAQ 回答用户的常见问题，提供帮助。在线客服可以通过电话、电子邮件或实时聊天为用户提供即时帮助，确保用户问题能够及时解决。

（9）药店信息展示区　在网页的底部设置信息展示区，可以展示药店简介联系方式、售后服务等信息。药店简介是对网上药店所依托的实体药店的情况介绍，以增加顾客对网上药店的信任度，如同信任该实体药店一样，从而增加上网消费者点击率，提高购买率。添加“我们的团队”页面，附上执业药

师和（或）执业医师的照片和简短简历。此外，附上您的员工工作、药房活动以及场地周围药房内部和外部的照片。有声誉的药店的网上药店，其光顾的消费者也多是慕名而来。此外，药店的业务和位置信息（包括电话和传真号码、电子邮件地址、位置和社交媒体账户）应战略性地放置在您的网站上，尤其是在主页上，即使在页面页脚也可能效果很好。

2. 药品搜索栏 使消费者在短时间里找到要买的药品是开展网上药店的重要功能设计。搜索框应当放置在网页顶部的显著位置，使其成为用户进入网站后最先看到的功能之一。在用户输入药品名称时，搜索框应提供即时建议或自动补全选项，减少用户的输入量，同时提高查询的准确度。可以根据价格、销量、用户评价等对查询结果进行排序，帮助用户根据不同需求找到合适的药品。允许用户按品牌、疾病种类、适用人群（儿童、成人、老年人）等条件进行多维度、细化筛选，进一步提升用户的搜索体验。考虑到老年人用户或不熟悉打字的用户，药品查询系统可以集成语音搜索功能，提升用户体验。基于用户的浏览和购买历史，系统可以推荐相关药品、替代药品或促销产品，增强用户体验并增加销售机会在用户查询某种疾病或药品时，可以提供相关健康咨询或药剂师建议，提高网站的服务水平和用户信任感。此外，网页上要有互动查询功能，可以按照药品的总的分类目录、处方药、非处方药、科目、类型、功效、品牌、价格区间、剂型（片剂、胶囊、注射剂等）等进行药品分类查找。

3. 购药指南 购药指南说明消费者购药的基本流程，如：注册成为会员（或以非会员身份）→浏览商品→点击购买按钮加入购物车→购完所需商品后去收银台→检查购物车里面的商品信息，核实商品数量等信息→填写订单信息并输入收货人信息→选择付款方式→选择收货方式→确认订单→发送订单→购药完成。整个购药过程见图 13 - 1 所示。

4. 相关证书的标示 药品经营许可证、互联网药品信息服务资格证书、药品经营质量管理规范认证证书、营业执照、电信业务经营许可证等证书，使网上购药的用户更加信任网上药店，更加有安全感。

（二）服务设计

1. 订购方式 网上药店通常是网上订购，但也可以结合网上药店信息传播多样化的特点，在网站页面提供更多的、用户可多样化选择的订购方式。

（1）网上订购　可以通过浏览相关的网上药店的网站后，选择需要的药品，然后点击网页上的“订购”，并按网页上的提示选择比较喜欢的配送方式、付款方式等，便能轻松完成网上购买药品的过程。

（2）电话订购　上网浏览某个网上药店后，如果有意购买网站上发布的药品，可以拨打网上药店的订购热线进行电话订购。

（3）邮寄订购　在选择好要购买的商品后，可以将要订购商品的货款加上网上药店送货时所需要的费用，一起通过邮局汇款或是银行汇款到网上药店所留的地址。邮寄的地址如公司的地址、公司的全称、邮政编码等。电汇的地址如：公司的开户行、户名、账号等。

（4）E - mail 订购　用户可以填写网上药店所提供的 E - mail 订单，（在相关的位置上应有 E - mail 订单的下载）填写完成后点击“提交”订单按钮，系统就会自动将用户所填写的这份订货单发送至网上药店的电子邮箱，当收到药品订单后，网上药店的客户服务人员就应立即与用户联系。在发送电子邮件时，用户应当把要购买的商品名称、规格、颜色、生产厂家、订购数量、订货人姓名、订货人联系电话、收货人姓名、收货人联系电话、收货人地址、邮编、发货方式、付款方式，是否开发票，发票抬头、发票填写内容（如：药品、保健品、医疗器械、所购商品真实名称）等通过邮件的方式发送给网上药店。

（5）手机短信订购　随着网络技术的发展与通信技术的结合，用户可以通过手机短信的形式进行

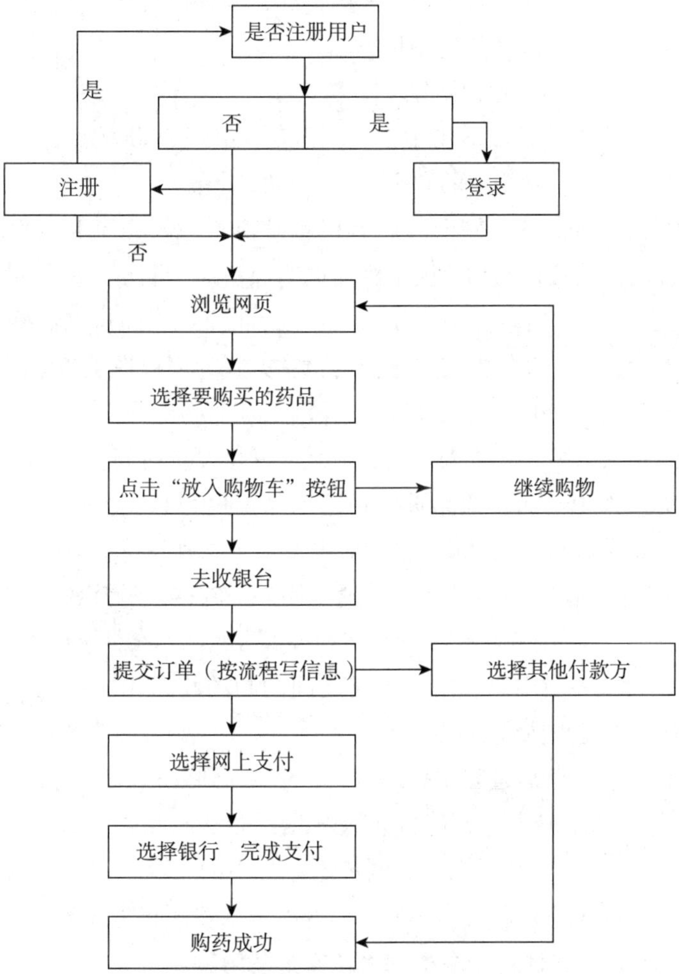

图 13－1　网上药店购药流程

网上药品的订购，将需要购买药品的相关信息通过手机发送给商家，发送成功后，网上药店就会回应订购请求。

2. 配送服务　通过配送服务确保药品从仓库发出后到达用户手中，确保配送时效性和药品质量。

选择合适的物流供应商，尤其是针对冷链药品的专业运输服务。为用户提供标准配送、加急配送等多种配送方式选择服务。提供物流信息追踪服务，提供实时更新的药品物流信息，让用户掌握药品的配送状态。

配送方式具体可选择的方式如下。

（1）送货上门　要说明能够送货上门的服务区域以及送货费用等内容。

（2）快递　要说明能够进行快递或邮递的药品名称、种类和送达的时间。

在货款确认后，如果所选的送货方式为邮寄，网上药店一般应该在 24 小时之内将货寄出，对于周末或节假日确认的订单将顺延到下一个工作日处理。如果碰巧所购买的商品库中缺货，将及时给予回复，并根据购买者的选择进行后续处理。在运输过程发生物品损坏或丢失由相关运输部门负责，网上药店会协助处理。

（3）用户直接提货　说明用户到网上药店所指定的直接提货的地点和时间，以及提货手续等。

3. 数据安全与隐私保护服务　数据安全与隐私保护贯穿用户购药的整个过程。通过此项服务，保护用户的个人信息和支付数据的安全。在订单提交和支付过程中，使用高级加密技术保护用户信息。通过隐私政策透明服务，向用户明确其个人数据的使用情况，并确保符合相关法律法规。而且网上药店应通过用户授权，合法使用其个人数据（如定制推荐）。

4. 交易条款 网上药店需要向用户说明以下交易条款。

（1）有效性 所有交易条件的条款适用于由网上药店为用户提供的产品销售服务。任何对于这些条款的修正，网上药店都应即时在网站上的“公告板”加以公布。

（2）网上药店和用户之间的契约 网上药店有权在发现了购药程序上显现的产品及订单的明显错误或缺货的情况下，单方面撤回任何契约。网上药店同时保留对产品订购的数量的限制权。

（3）订单确认 收到客户订单后，网上药店客服（药剂师）将通过电话确认订单信息。客户的订单号、应付金额、收货人信息等，并依据用户选择的付款方式为用户提供相应的信息。

（4）到款确认 收到用户到款的一个工作日内，网上药店会给用户发送一封到款确认邮件。邮件内容一般包括：收到客户到款金额、收货人姓名、地址、安排发货时间。

（5）定价和商品状态 网上药店在商品页面标注产品定价与状态。这些信息将随时更改且不发任何通知（网上药店应该尽量保证信息的准确性）。如果发生了意外情况，在确认了用户的订单后，商品发生了价格变化，网上药店要通过 E－mail 等方式通知用户，在网上药店没有取消订单的情况下，应由用户决定是否取消订单。

（6）适用的法律和管辖权 当用户和网上药店之间的契约将适用中华人民共和国的法律，所有的争端将诉诸网上药店注册所在地的人民法院。

（7）安全、隐私保证 网上药店遵守《中华人民共和国网络安全法》和《中华人民共和国个人信息保护法》（简称《个人信息保护法》），确保个人数据的合法、正当、必要的收集与使用。实施 SSL（安全套接层）加密技术，保护用户数据在互联网传输过程中的安全；引入两因素认证，增强账户安全性，确保敏感操作如在线支付和处方审核的安全；部署反恶意软件和防病毒软件，保护网站不受恶意攻击；定期更新安全补丁和软件，关闭网络系统的潜在安全漏洞。

未经用户本人同意，网上药店不应向第三者透露用户的任何个人信息和购买记录。用户支付时，其个人信息将直接传送至金融认证系统，有关个人资料在结算时将向有关的金融认证系统直接传送，包括网上药店在内的任何其他人员都无法得知。为了尊重每个客户的隐私权，网上药店采取保密邮寄方式，保障用户隐私，任何网上商店配送商品时均经过严密包装，他人无权查看用户购买商品的具体名称和数量。用户在邮局取货时将看不到任何敏感标志。对客户的所有订购、咨询严格保密，并在送货时禁止一切可能暴露客户隐私的包装、标识，维护客户的隐私权。

5. 质量保证 网上药店应向用户承诺，用户在网上药店所购药品与在医院或药店所购药品具有同等的质量保证，含有质量保证书的商品按照保证书的承诺执行，其他商品按国家有关规定执行。网上药店需为商品退换提供明确保证，对于从网上药店售出的商品，用户如有不满意的地方，网上药店将负责退换。一般要提醒用户遵守以下条件：①商品包装未拆封，商品未使用过；②需在规定期限内提出更换要求（以邮戳或收货签名为准），如 7 日；需特别指出某些药品售出后不在更换之列，如一些口服产品和外用药品等。

6. 优惠活动说明 网上药店还可以实行会员级别管理，如分为铜牌会员、银牌会员、金牌会员。一般说来，网上药店可以根据注册用户在购买产品时，由网上药店送出一定的积分，用户积分达到相关等级时，系统将自动升级用户的会员级别，享受更高的会员级优惠。由于会员的级别不同，所享受的优惠政策也是不同的。

作为网上药店的会员，还可以参加由网上药店所举行的一系列优惠活动。

作为某个网上药店的高级会员，在该网上药店进行消费，除部分特殊说明的商品外，均可在会员价的基础上，再获得更优惠的折扣。高级会员会在年底或特殊日子里时收到该网上药店送出的一些精美礼物，同时会不定期参加消费积分抽奖活动等。

（三）网上药店交易流程设计

1. 药师在线咨询 用户登录到网上药店的网站，就自己的病情向网上药店的药师进行在线咨询，可以通过网站上的订购电话，或者通过网站上的客户留言，论坛、聊天室之类的软件进行联系。通过咨询后，了解药品的适应证、价格等信息。确定自己要购买的药品之后，在网上药店查找相应的药品。

2. 用户进入网上药店查找相关药品 欲在网上药店购买药品的用户，浏览到相应的网上药店的网站，可以用以下的方法进行药品查找。

（1）分类查找 在网站首页设有药品分类栏，其中对所有药品的分类一般分为：西药（抗感染药、消化系统、抗过敏药、神经系统、免疫系统、抗菌消炎、呼吸系统、心脑血管、解热镇痛、儿科用药等）、中成药（感冒用药、免疫调节药、祛风湿药、安神药、补益类、清热类等）、医疗器械（保健器械、家用器械、医用器械等）、保健品（改善记忆、免疫调节、抑制肿瘤、调节血糖、改善贫血、清咽润喉、参茸饮片、维生素类等）、减肥瘦身（减肥药品、减肥用品、减肥食品、减肥器械、减肥保健、健康减肥等）、美容护肤（洁面、保湿、防晒、排毒祛斑、祛痘、抗敏、抗皱、除疤、除螨、健胸、美体美发、美齿、护手、护足等）、成人用品、母婴用品（棉织类、洗护卫生、奶嘴、服装鞋帽、成长训练、童车童床、奶瓶配件、奶粉等）及其他。用户可以通过点击类别进行药品选择。

（2）在索引栏中查找 用户可以在网页上端的索引栏中直接输入药品名称、品牌、功能进行查找。

（3）电话咨询查找 如果用户对网络操作不熟悉，还可以通过打电话咨询的方式，由药店的工作人员指导用户进行网上药品查找的操作。

3. 选购与订单生成 用户将选购的商品放入购物车，选择支付手段，便可以生成订单。订单属于法定合同文书，明确双方的权利义务以及违约责任，特别要明确对因产品信息的真实性、交易产品的质量、交易达成后产品的配送以及网络安全问题导致的用户利益受到损失时双方的责任约定。

4. 网上药店对订单的确认 网上药店通过后台数据库服务器生成订单，此时网上药店数据管理人员会时刻注意生成订单情况。数据库工作人员会通过与其实体门店相联系的药品数据库系统中查找，用户所订购的药品是否存在，将核实情况与订单交给药剂师。其中一名药剂师会与用户联系，以确认订单上的药品相关信息（如药品名称、药品分类、剂型、规格等基本信息），收货人相关信息（如姓名、手机、地址、地点等）。如缺货，订单的取消权由用户决定。用户可以随时利用订单号，通过网上药店的浏览查询子系统对交易药品进行查询。

5. 网上药店提供配送等相关服务 订单确认完成后，网上药店要进行药品的配送，即药品的送达。依托实体药店的物流配送系统或企业可利用的合法有效系统，按照就近原则进行物流配送；也可以允许用户在网上订购后，自己到药店去进行提货。

此外，网上药店还可以提供一些增值服务来吸引用户。例如，可以提供在线咨询医生的服务，让用户在购买药品之前能够获得专业的建议。也可以提供健康资讯、疾病预防和治疗等方面的信息，帮助用户更好地了解和管理自己的健康状况。

另外，为了保证药品的质量和安全，网上药店应建立严格的质量控制体系，对供应商进行严格筛选，并定期对所售药品进行抽检。同时，还应该建立健全的售后服务制度，为用户提供退换货、投诉处理等服务。

二、网上药店运营中要特别注意遵守的法律法规

根据 2019 年修订后的《中华人民共和国药品管理法》，网上药店运营时要特别注意第五十八条规定

药品经营企业零售药品应当准确无误，并正确说明用法、用量和注意事项；调配处方应当经过核对，对处方所列药品不得擅自更改或者代用。对有配伍禁忌或者超剂量的处方，应当拒绝调配；必要时，经处方医师更正或者重新签字，方可调配。药品经营企业销售中药材，应当标明产地。依法经过资格认定的药师或者其他药学技术人员负责本企业的药品管理、处方审核和调配、合理用药指导等工作。

根据2017年1月公布的《国务院关于第三批取消中央指定地方实施行政许可事项的决定》国发〔2017〕7号，取消网上药店审批后，药品监督管理部门要强化“药品生产企业许可”“药品批发企业许可”“药品零售企业许可”，对互联网药品交易服务企业严格把关。要建立网上信息发布系统，方便公众查询，指导公众安全用药，同时建立网上售药监测机制，加强监督检查，依法查处违法行为。

根据《药品网络销售监督管理办法》，网上药店运营时要特别注意遵守以下条款：①第四条规定，从事药品网络销售、提供药品网络交易平台服务，应当遵守药品法律、法规、规章、标准和规范，依法诚信经营，保障药品质量安全。②第五条规定，从事药品网络销售、提供药品网络交易平台服务，应当采取有效措施保证交易全过程信息真实、准确、完整和可追溯，并遵守国家个人信息保护的有关规定。③第七条规定，从事药品网络销售的，应当是具备保证网络销售药品安全能力的药品上市许可持有人或者药品经营企业。中药饮片生产企业销售其生产的中药饮片，应当履行药品上市许可持有人相关义务。④第八条规定，药品网络销售企业应当按照经过批准的经营方式和经营范围经营。药品网络销售企业为药品上市许可持有人的，仅能销售其取得药品注册证书的药品；未取得药品零售资质的，不得向个人销售药品。疫苗、血液制品、麻醉药品、精神药品、医疗用毒性药品、放射性药品、药品类易制毒化学品等国家实行特殊管理的药品不得在网络上销售，具体目录由国家药品监督管理局组织制定。药品网络零售企业不得违反规定以买药品赠药品、买商品赠药品等方式向个人赠送处方药、甲类非处方药。⑤第九条规定，通过网络向个人销售处方药的，应当确保处方来源真实、可靠，并实行实名制。药品网络零售企业应当与电子处方提供单位签订协议，并严格按照有关规定进行处方审核调配，对已经使用的电子处方进行标记，避免处方重复使用。药品网络零售企业接收的处方为纸质处方影印版本的，应当采取有效措施避免处方重复使用。⑥第十五条规定，向个人销售药品的，应当按照规定出具销售凭证。销售凭证可以以电子形式出具，药品最小销售单元的销售记录应当清晰留存，确保可追溯。药品网络销售企业应当完整保存供货企业资质文件、电子交易等记录。销售处方药的药品网络零售企业还应当保存处方、在线药学服务等记录。相关记录保存期限不少于5年，且不少于药品有效期满后1年。

三、对网上药店的监管

对资格合格性监管、销售药品的质检管理、销售过程的监管等诸多问题使得药监部门很难保证有足够的人力和技术来监管网上药店的经营行为。药品监督管理部门除了应对网上药店进行认证，加强监管外，还应向消费者进行广泛的宣传，使他们能够区分合法与非法的网上药店以及合法与非法的网上售药行为。

1. 建立药监部门考核、企业自检、消费者监督的机制 互联网信息量庞杂，对网上售药行为的监管难度较大。药监部门可以通过日常检查、网上监控、接受举报和投诉发现互联网药品交易存在的问题，从而进一步对网上药店加强管理。互联网药品销售平台应要求申请入驻平台的药品经营者实名登记，并对其进行管理，发现违法违规经营药品行为的应当断开链接、屏蔽、删除、停止提供平台服务，并报告药品监督管理部门。互联网药品销售平台内药品经营者应当依法真实、全面、准确地展示与注册及备案资料一致的药品信息，遵守“线上线下一致”的监管原则。

对网上药店的监管同样需要依靠社会力量。除医药企业自己进行自检外，消费者一旦发现被批准的网上药店出现质量问题，可以向药监部门举报。一旦接到群众举报，相关部门会及时通知当地药监部门，警告违规企业，并责令整改，甚至吊销其网上药品交易资格。对于屡教不改者，会移送电信管理部门，建议取消其ICP（电子商务经营许可）资格，并参照有关部门有关法律、法规规定予以处罚。

2. 建立保护用户利益的赔偿机制　提供互联网药品交易服务的企业，应与其客户签署明确的法律合同文书范本，合同范本内容应包括：①双方主体信息，包括企业名称、地址、法定代表人、联系方式等，以及客户姓名、身份证号、联系方式等。②服务内容，明确双方约定的药品交易品种、数量、价格、支付方式等。③权利义务，企业应确保药品质量、安全，按照约定的时间、地点交付药品；客户应按约定支付货款，收货后及时验收，如有问题应及时提出。④网络安全责任，企业应采取必要的网络安全措施，保护用户信息安全；如因网络安全问题导致用户利益受损，企业应承担相应责任。⑤违约责任，明确双方违约行为及相应的违约责任，如企业未按时交付药品，应承担违约金；客户未按约定支付货款，应承担滞纳金等。⑥争议解决，约定争议解决方式，如协商、调解、仲裁或诉讼等。⑦其他条款，包括合同的生效、变更、解除、终止等事项。

向个人消费者提供互联网药品交易服务的企业，必须向消费者明示双方的权利、义务以及违约责任。赔偿机制或制度应包括：①建立药品质量保证制度，企业应对药品质量负责，确保药品安全有效。②建立售后服务制度，对于用户反映的问题，企业应及时处理，提供满意的解决方案。③建立用户投诉渠道，设立专门的投诉电话、邮箱等，方便用户反馈问题。④建立用户权益保障基金，企业可设立专项资金，用于赔偿因企业原因导致用户利益受损的情况。⑤定期进行用户满意度调查，了解用户需求，改进服务质量，提高用户满意度。网上药店的方便是显而易见的，但药品毕竟是一种特殊的商品，因此，网上药店如果能建立一种保护用户利益的赔偿机制或建立相应制度并对用户做出承诺将会对培育消费群起到重要作用。

3. 建立网上药店的医保自助支付系统　积极完善和发展医保自助支付手段。在实体药店进行消费时，消费者可以医保卡购买药品。目前，医保系统还不能适应网上药店的发展，网上购药的顾客还不能享受用医保卡进行购买药品的便利。如果能实现利用医保卡进行网上支付，则会增大消费群体数量。

建立统一的网上医保管理信息系统，连接全国各省市的医保卡管理中心。通过该信息系统，消费者可以在此将自己的医保卡转成网上可以支付的，具有用户名、密码、网上医保卡号的虚拟医保卡，这同网上银行卡支付情形一样。

4. 构建“互联网＋药品监管”体系　健全互联网药品销售监管信息化系统，推进药品监管、市场监管、网络监管等各部门信息共享共用，利用大数据一体化在线综合监管，通过技术手段监控互联网药品销售数据，逐步实现一网通管，依托国家药品监督管理局已建成的药品网络交易监测系统加强“以网管网”，推进互联网药品销售数字化、网络化监管，形成追溯性闭环监管体系。

答案解析

思考题

1. 某消费者希望在网上药店购买药品，但对药品的质量和用药安全存在疑虑。

请结合本章内容，说明网上药店可以通过哪些功能来增强消费者的信任感和用药安全性。

2. 某医药企业计划自建网上药店。

请结合本章内容，说明该企业需要遵守哪些主要的法律法规，并简要说明这些法规的主要要求。

3. 某网上药店发现其用户增长缓慢。

请结合本章内容，分析可能的原因，并提出至少两项改进建议。

4. 某网上药店因未按规定审核处方药的电子处方，导致消费者用药出现不良反应。请结合本章内容，说明该药店在运营过程中可能存在的问题，并提出改进建议。

书网融合……

微课　习题　本章小结

第十四章　基于第三方平台的网上药店的开展

PPT

学习目标

1. 通过本章学习，掌握第三方平台网上药店的定义及类型、主要商业模式、日常管理内容，熟悉网上药店第三方平台的选择与入驻流程，了解第三方平台网上药店的特点、优劣势、发展现状与趋势、相关政策与法规。

2. 具有在第三方平台上开设网上药店、订单处理、物流配送、药店品牌定位和药店品牌设计的能力。

3. 树立诚信经营与法律合规意识，养成专业精进与服务至诚理念。

第一节　第三方平台网上药店的概述 微课

一、第三方平台网上药店的定义与类型

（一）第三方平台网上药店的定义

第三方平台网上药店（第三方平台医药 B2C），是指依托第三方电子商务平台开展药品销售及相关服务的线上药店。

这种模式下，第三方平台本身并不直接销售药品，而是作为一个中介平台，为药品销售者（包括药品零售企业、医药电商企业等）和药品购买者提供交易场所、交易信息发布、交易撮合等服务。

（二）第三方平台网上药店的类型

1. 综合型第三方平台网上药店　综合型第三方平台网上药店，是指在第三方电子商务平台上开设的，销售药品、医疗器械、保健品等多种医药产品的网上药店。这类网上药店通常具有经营规模大、商品种类丰富、品牌众多、服务完善等特点，能够满足消费者的多样化需求。

2. 专科型第三方平台网上药店　专科型第三方平台网上药店，是指在第三方电子商务平台上开设的，专注于某一特定领域或疾病的网上药店。这类网上药店通常具有专业性强、商品针对性强、服务个性化、临床经验丰富等特点，能够为消费者提供更加专业的医药产品和服务。

3. 品牌型第三方平台网上药店　品牌型第三方平台网上药店，是指在第三方电子商务平台上开设的，由知名药品生产企业或药品经营企业经营的网上药店。这类网上药店通常具有较高的品牌知名度和美誉度，能够为消费者提供更加优质的医药产品和服务。

二、第三方平台网上药店的特点、优势和劣势

（一）特点

1. 便捷性

（1）随时随地购物　突破了时间和空间的限制，消费者可以在任何时间、任何地点通过网络访问

第三方平台网上药店进行购药，无须前往实体药店，节省了时间和精力。

（2）快速搜索与比较　平台通常具备强大的搜索功能，消费者可以通过药品名称、症状、疾病等关键词快速找到所需药品。同时，可以比较不同品牌、不同规格药品的价格、功效、用户评价等信息，帮助消费者做出更明智的购买决策。

（3）简化购买流程　注册、登录、选药、支付等购物流程相对简单便捷，一般支持多种支付方式，如银行卡支付、第三方支付平台等，方便消费者快速完成支付。

2. 多元化

（1）种类丰富　第三方平台网上药店可以汇聚众多药品供应商和药企的产品，药品的种类丰富多样，涵盖了处方药、非处方药、保健品、医疗器械等各种类型。无论是常见疾病的治疗药物，还是罕见病的特殊药品，消费者都有更大的机会在平台上找到。

（2）品牌众多　有来自不同品牌药企的产品，消费者可以根据自己的需求和对品牌的信任度进行选择，增加了药品选择的多样性和灵活性。

3. 低价格

（1）运营成本较低　第三方平台网上药店没有实体店铺的租金、水电、人员等高额运营成本，这些成本的降低使得网上药店能够提供更具有竞争力的价格，药品价格相对实体药店可能更便宜。

（2）促销活动多样　为了吸引消费者，平台经常会推出各种促销活动，如满减、优惠券、折扣、赠品等，进一步降低了消费者的购买成本。

4. 信息丰富

（1）药品信息详细　第三方平台网上药店提供详细的药品信息，包括药品的成分、功效、用法用量、禁忌证、不良反应等，帮助消费者更好地了解药品，正确使用药品。有些平台还会提供专业的药师咨询服务，消费者可以在线咨询药师，获取关于药品选择、用药方法、药物相互作用等方面的专业建议。

（2）健康资讯丰富　除了药品销售，第三方平台网上药店还会提供丰富的健康资讯，如疾病预防、养生保健、健康饮食等方面的知识，帮助消费者增强健康意识和自我保健能力。

5. 精准营销　平台可以收集消费者的购药行为、搜索记录、健康信息等数据，通过大数据分析技术，了解消费者的需求和偏好，为消费者提供个性化的药品推荐和健康服务。基于数据分析的结果，第三方平台网上药店可以针对不同的消费者群体开展精准营销活动，提高营销效果和消费者的满意度。

（二）与自建网上药店比较的优劣势

1. 第三方平台网上药店的优势

（1）流量与用户基础方面　①庞大的用户流量。第三方平台通常具有较高的知名度和广泛的用户基础。这些平台每天都有大量的用户访问，能够为入驻的网上药店带来巨大的流量。相比之下，独立网上药店需要花费大量的时间和资金去进行推广和营销，才能吸引到一定数量的用户。对于新成立的网上药店来说，借助第三方平台可以快速提高品牌知名度和曝光度。②多样化的用户群体。第三方平台的用户来自不同的地区、年龄层、消费习惯等，这为网上药店提供了更广泛的潜在客户群体。不同用户的需求和偏好各不相同，第三方平台能够帮助网上药店更好地满足这些多样化的需求，提高销售机会。

（2）成本与运营效率方面　①较低的运营成本。第三方平台已经建立了完善的基础设施和技术系统，包括网站建设、服务器维护、支付系统等。网上药店入驻第三方平台后，可以共享这些资源，无须自己投入大量的资金和人力去建设和维护平台，从而降低了运营成本。而独立网上药店需要承担网站开发、维护、升级等一系列费用，成本相对较高。②高效的物流配送体系。大型第三方平台通常与多家物流企业建立了合作关系，拥有成熟的物流配送网络。网上药店入驻后，可以借助平台的物流资源，实现快速、准确的药品配送。同时，第三方平台的物流配送体系具有规模效应，能够降低物流成本，提高配送效率。独立网上药店则需要自己建立物流配送团队或与物流企业合作，在物流管理和成本控制方面面临较大的挑战。

（3）药品品种与供应方面 ①丰富的药品供应。第三方平台上可以汇聚众多的药品供应商和网上药店，药品的种类和品牌更加丰富多样。消费者可以在一个平台上比较不同商家的药品价格、质量、功效等信息，选择最适合自己的药品。而独立网上药店的药品供应主要依赖于自身的采购渠道和合作供应商，药品的品种和品牌相对有限。②稳定的药品供应。第三方平台通常对入驻的商家有一定的管理和监督机制，能够保证药品的供应稳定性。在药品缺货或供应紧张的情况下，平台可以协调其他商家或供应商进行补货，减少药品断货的情况发生。独立网上药店在面对药品供应问题时，可能需要自己独立解决，应对能力相对较弱。

（4）信任与信誉方面 ①较高的信任度。知名的第三方平台具有较高的信誉度和口碑，消费者对平台的信任度较高。网上药店入驻第三方平台后，可以借助平台的信誉度，提高消费者对自己的信任度。消费者在购买药品时，更愿意选择在有信誉保障的平台上购买，这有助于提高网上药店的销售额。②完善的评价体系。第三方平台通常建立了完善的用户评价和反馈机制，消费者可以对购买的药品和网上药店的服务进行评价和反馈。这些评价和反馈信息对其他消费者具有参考价值，能够帮助网上药店提高服务质量和药品质量，增强消费者的信任度。独立网上药店需要自己建立评价体系，在用户信任度的建立方面相对较慢。

2. 第三方平台网上药店的劣势

（1）竞争与价格方面 ①竞争环境激烈。第三方平台上的网上药店数量众多，竞争非常激烈。商家为了吸引消费者，可能会进行价格战、促销活动等，导致利润空间被压缩。同时，竞争激烈也可能导致一些商家采取不正当的竞争手段，影响整个平台的信誉度。②价格透明度高。第三方平台上的药品价格比较透明，消费者可以很容易地比较不同商家的价格。这对于一些价格较高的网上药店来说，可能会影响其销售。此外，第三方平台可能会对商家的价格进行一定的限制或监管，以保证市场的公平竞争。

（2）自主性与控制权方面 ①经营自主性受限。网上药店入驻第三方平台后，需要遵守平台的规则和政策，在店铺装修、商品上架、促销活动等方面受到一定的限制。商家的经营自主性受到影响，无法完全按照自己的意愿进行经营管理。而独立网上药店可以自主制定经营策略和发展规划，具有更高的经营自主性。②数据控制权较弱。第三方平台拥有用户的购买数据、浏览数据等信息，网上药店无法完全掌握这些数据。这对于商家进行市场分析、用户画像、精准营销等方面带来一定的困难。独立网上药店可以自己收集和分析用户数据，更好地了解用户需求，制定个性化的营销策略。

（3）品牌建设与独立性方面 ①品牌建设难度大。在第三方平台上，网上药店的品牌形象容易被平台的整体形象所掩盖。消费者在购买药品时，更关注的是平台的信誉度和口碑，而对网上药店的品牌认知度相对较低。这对网上药店的品牌建设和推广带来一定的挑战。独立网上药店可以通过自己的网站、品牌宣传等方式，树立独立的品牌形象，提高品牌知名度和影响力。②对平台的依赖性强。网上药店入驻第三方平台后，业务的开展依赖于平台的稳定性和发展。如果平台出现技术故障、政策调整、经营不善等问题，可能会影响网上药店的正常运营。而独立网上药店则相对独立，不受平台的影响。

三、第三方平台网上药店的主要商业模式

（一）平台佣金模式

1. 按销售额抽成 根据网上药店在第三方平台上的药品销售总额，抽取一定比例的佣金，具体扣点比例因店铺类型和产品类别而异，商家与第三方平台在签署合作协议中明确。比如，平台规定按照销

售额的 5% ~20% 不等作为抽成比例。如果网上药店在一个月内的销售额为 100 万元，若抽成比例为 10%，那么该月需向平台支付 10 万元的佣金。这种模式下，网上药店的销售业绩越好，平台获得的佣金收入就越高。

2. 按订单数量抽成 以网上药店在第三方平台上完成的订单数量为基础进行抽成。每成功完成一笔订单，平台收取一定金额的佣金。比如，每笔订单平台收取 3 ~10 元的佣金费用，无论该订单的药品金额大小。对于订单量较大但单笔订单金额不高的网上药店来说，这种抽成方式需要重点关注成本控制。

（二）广告推广模式

1. 搜索排名广告 网上药店向第三方平台支付费用，以提高自己店铺或药品在平台搜索结果中的排名。当消费者在平台上搜索相关药品时，付费的网上药店能够在搜索结果的前列展示，增加被消费者看到和点击的机会。

2. 展示广告 第三方平台在其网站的首页、频道页、专题页等位置为网上药店提供广告展示位。这些广告位通常以图片、文字链、视频等形式呈现，吸引消费者点击进入网上药店的店铺。广告费用的收取可以根据广告位的位置、大小、展示时间等因素来确定。

3. 精准营销广告 基于第三方平台收集的用户数据，如用户的搜索历史、购买记录、浏览行为等，对用户进行精准画像和分析。然后，平台将网上药店的广告推送给符合特定特征的目标用户群体，提高广告的针对性和效果。网上药店根据广告的曝光量、点击量、转化率等指标向平台支付费用。

（三）会员服务模式

1. 平台会员体系 第三方平台推出自己的会员服务，消费者成为平台会员后，可以享受一系列的会员权益，如会员专享折扣、积分兑换、免费配送等。网上药店参与平台的会员服务体系，为平台会员提供额外的优惠或服务，吸引会员消费者选择自己的药品。同时，网上药店需要向平台支付一定的费用，以参与会员服务合作。

2. 药店自身会员体系 一些大型的网上药店在第三方平台上也会建立自己的独立会员体系。消费者在该网上药店注册成为会员后，可以享受药店提供的专属优惠、会员积分、健康咨询等服务。通过这种方式，网上药店可以增强消费者的黏性和忠诚度，提高消费者的复购率。

（四）数据服务模式

1. 销售数据分析 第三方平台收集和分析网上药店的销售数据，包括药品的销售数量、销售额、销售趋势、用户购买行为等，并将这些数据提供给入驻平台的网上药店。网上药店可以根据这些数据了解市场需求、消费者偏好、药品销售情况等信息，从而制订更加科学合理的采购计划、营销策略和库存管理策略。平台可能会根据数据的详细程度和服务的深度，向网上药店收取一定的费用。

2. 用户画像分析 基于平台收集的用户信息，为入驻平台的网上药店提供用户画像分析服务。通过对用户的年龄、性别、地域、健康状况、购买习惯等信息的分析，帮助网上药店更好地了解自己的目标用户群体，从而进行精准的营销和服务。

四、第三方平台网上药店的发展现状与趋势

（一）发展现状

1. 市场规模不断扩大 越来越多的消费者，包括年轻人、上班族、老年人等，开始选择在第三方平台网上药店购买药品。尤其是对于一些常见疾病的非处方药、保健品等，线上购买方便快捷，节省了时间和精力，因此吸引了大量的用户。

2. 参与者众多且竞争激烈

（1）平台竞争　目前既有知名的第三方平台涉足网上药店业务，也有专注于医药领域的专业平台。这些平台之间为了争夺市场份额，在药品品种、价格、服务等方面展开了激烈的竞争。

（2）药店商家竞争　众多连锁药店、单体药店等纷纷入驻第三方平台，开设网上店铺。这些药店商家在平台上通过各种差异化竞争，提高店铺的知名度和信誉度，以吸引消费者购买。

3. 业务模式多样化

（1）医保支付对接　部分地区已经开始尝试将医保支付与第三方平台网上药店对接，方便消费者使用医保个人账户购买非处方药品。北京、上海、广东、天津等地开通了使用医保个人账户在线购药第三方平台试点工作。这一举措进一步促进了第三方平台网上药店的发展，也为消费者带来了实惠。

（2）多平台运营　除了在传统的电商平台上开设店铺，第三方平台网上药店还会拓展到其他社交平台、生活服务平台等。如在微信上建立小程序商城，方便用户通过微信直接购买药品。

4. 政策监管加强

（1）合规要求提高　为了保障药品的质量和安全，国家和地方政府不断加强对第三方平台网上药店的监管。要求平台取得相关的资质证书，如互联网药品信息服务资格证书、电信增值业务经营许可证等。同时，对药品的销售、配送、信息展示等方面也制定了严格的规定。

（2）处方药销售管理　对于处方药的网络销售，监管部门也进行了严格的管控。要求网售处方药的企业在入驻第三方平台时，遵守相关的规定，比如不得展示处方药包装、标签、说明书等信息，并且要对药品使用者和购买者的姓名进行登记，实名购买信息记录保存期限不少于 5 年，且不少于药品有效期满后 1 年。

（二）发展趋势

1. 市场规模持续增长

（1）需求持续增加　随着人们健康意识的提高，对药品和保健品的需求将不断增加。同时，由于生活节奏的加快，消费者对于便捷的购药方式的需求也会持续增长，这将为第三方平台网上药店的发展提供广阔的市场空间。

（2）覆盖范围扩大　未来第三方平台网上药店的服务范围将不断扩大，不仅覆盖城市地区，还将逐渐向农村地区延伸。随着物流配送体系的不断完善，农村地区的消费者也能够享受到便捷的线上购药服务。

2. 技术创新推动发展

（1）人工智能与大数据应用　人工智能技术将在第三方平台网上药店中得到更广泛的应用。如通过人工智能算法，可以为消费者提供更加精准的药品推荐和健康咨询服务；利用大数据分析，平台可以更好地了解消费者的需求和购买行为，优化药品的库存管理和营销策略。

（2）区块链技术应用　区块链技术可以用于药品的追溯管理，确保药品的来源可追溯、质量可保证。消费者可以通过区块链技术查询药品的生产、流通、销售等环节的信息，增强对药品的信任度。

3. 合作与融合加强

（1）与药企合作深化　第三方平台网上药店将与药品生产企业加强合作，直接从药企采购药品，减少中间环节，降低采购成本。同时，药企也可以通过与平台的合作，更好地了解市场需求，优化产品结构，提高产品的市场竞争力。

（2）与医疗服务融合　未来第三方平台网上药店将与医疗服务机构进行更紧密地融合。如与医院、诊所等合作，开展在线问诊、处方流转等业务，为消费者提供一站式的医疗健康管理和服务。

4. 行业集中度提高

（1）大型平台优势凸显　在激烈的市场竞争中，大型的第三方平台由于具有强大的资金实力、技术实力、用户基础和品牌影响力等优势，将逐渐占据市场的主导地位。小型平台可能会面临被兼并或淘汰的风险。

（2）药店商家整合　连锁药店等大型药店商家将通过收购、合并等方式，整合小型药店商家，扩大自己的市场份额。同时，药店商家也会加强与第三方平台的合作，提高自身的线上运营能力和市场竞争力。

5. 国际化发展

（1）跨境电商业务拓展　随着全球经济的一体化，第三方平台网上药店将开展跨境电商业务，引进国外的优质药品和保健品，满足国内消费者对于多样化药品的需求。同时，国内的药品也可以通过平台出口到国外，拓展国际市场。

（2）国际合作加强　国内的第三方平台网上药店将与国外的医药电商平台、药企等进行合作。

第二节　第三方平台网上药店的相关政策与法规

一、国家对网上药店的总体政策框架

（一）监管机构

国家药品监督管理局及其各级药品监督管理部门负责对网上药店的日常监管工作。主要包括对网上药店的药品质量、经营行为、广告宣传等方面进行监督检查，对违法违规行为进行查处。此外，市场监督管理部门等也会对网上药店的经营行为进行监管，确保网上药店的经营活动合法合规。

（二）准入门槛与资质要求

1. 经营主体要求　网上药店的经营主体必须是依法设立的药品零售连锁企业。药品零售连锁企业应当具备药品经营许可证、药品经营许可证、互联网药品信息服务资格证书等合法资质。同时，网上药店的经营主体应当具有独立的法人资格，能够独立承担民事责任。

2. 人员资质要求　网上药店应当配备执业药师，负责网上药店的药品质量管理和药学服务工作。执业药师应当具备相应的专业知识和技能，能够为消费者提供准确的用药咨询和指导。此外，网上药店还应当配备一定数量的药品经营管理人员和技术人员，负责网上药店的日常经营管理和技术支持工作。

3. 经营场所要求　网上药店应当有固定的经营场所，经营场所应当符合《药品经营质量管理规范》的要求。经营场所应当具备与经营规模相适应的仓储设施、设备和配送条件，能够保证药品的储存和配送安全。同时，网上药店的经营场所应当与药品零售连锁企业的总部或配送中心在同一城市或地区，便于药品的配送和管理。

4. 技术要求　网上药店应当具备与经营规模相适应的计算机信息管理系统，能够实现药品的购进、储存、销售、配送等全过程的信息化管理。计算机信息管理系统应当符合《药品经营质量管理规范》的要求，具备药品追溯、质量控制、安全保障等功能。同时，网上药店应当具备与药品监督管理部门、医保部门等相关部门进行数据对接的能力，确保药品经营数据的真实、准确、完整。

（三）法规中的适用条款

1.《中华人民共和国药品管理法》

（1）药品经营许可　网上药店应当依法取得《药品经营许可证》，方可从事药品经营活动。《中华人民共和国药品管理法》（2019 年修订版）（以下简称《药品管理法》）第五十二条规定，从事药品经营活动，应当具备以下条件：①有依法经过资格认定的药师或者其他药学技术人员；②有与所经营药品相适应的营业场所、设备、仓储设施和卫生环境；③有与所经营药品相适应的质量管理机构或者人员；④有保证药品质量的规章制度，并符合国务院药品监督管理部门依据本法制定的药品经营质量管理规范要求。

（2）药品采购与销售　网上药店应当从合法的药品生产企业、药品经营企业购进药品，不得销售假药、劣药。《药品管理法》第九十八条规定，禁止生产、销售假药。假药包括：①药品所含成分与国家药品标准规定的成分不符；②以非药品冒充药品或者以他种药品冒充此种药品；③变质的药品；④药品所标明的适应证或者功能主治超出规定范围。禁止生产、销售劣药。劣药包括：①药品成分的含量不符合国家药品标准；②被污染的药品；③未标明或者更改有效期的药品；④未注明或者更改产品批号的药品；⑤超过有效期的药品；⑥擅自添加防腐剂、辅料的药品；⑦其他不符合药品标准的药品。

（3）药品储存与运输　网上药店应当按照药品说明书的要求储存、运输药品，确保药品质量。《药品管理法》第五十九条规定，药品经营企业应当制定和执行药品保管制度，采取必要的冷藏、防冻、防潮、防虫、防鼠等措施，保证药品质量。药品经营企业应当按照国家有关规定，对药品进行包装和标识，保证药品在运输过程中的质量和安全。

2.《药品经营质量管理规范》

（1）质量管理体系　网上药店应当建立健全质量管理体系，制定质量管理文件，明确各部门、各岗位的质量职责。《药品经营质量管理规范》第五条规定，企业应当依据有关法律法规及本规范的要求建立质量管理体系，确定质量方针，制定质量管理体系文件，开展质量策划、质量控制、质量保证、质量改进和质量风险管理等活动。

（2）人员管理　网上药店应当配备与经营规模相适应的人员，包括执业药师、药品经营管理人员、技术人员等。《药品经营质量管理规范》第二十二条规定，企业应当配备符合以下要求的质量管理、验收及养护等岗位人员：①从事质量管理工作的，应当具有药学中专或者医学、生物、化学等相关专业大学专科以上学历或者具有药学初级以上专业技术职称；②从事验收、养护工作的，应当具有药学或者医学、生物、化学等相关专业中专以上学历或者具有药学初级以上专业技术职称；③从事中药材、中药饮片验收工作的，应当具有中药学专业中专以上学历或者具有中药学中级以上专业技术职称；④从事中药材、中药饮片养护工作的，应当具有中药学专业中专以上学历或者具有中药学初级以上专业技术职称。

（3）设施设备管理　网上药店应当具备与经营规模相适应的设施设备，包括仓储设施、设备和配送条件等。根据《药品经营质量管理规范》第四十七条规定，库房应当配备货架与托盘、温湿度检测设备、照明设备、特殊药品储存设备等；根据第四十九条规定，储存、运输冷藏、冷冻药品的，应当配备冷库、冷藏车、备用电源等；根据第五十条规定，运输药品应当使用封闭式货物运输工具（如厢式货车）。

3.《药品网络销售监督管理办法》

（1）经营资质合规　第七条规定从事药品网络销售的，应当是具备保证网络销售药品安全能力的药品上市许可持有人或者药品经营企业。中药饮片生产企业销售其生产的中药饮片，应当履行药品上市许可持有人相关义务；第十二条规定企业需在网站首页公示药品经营许可证、药师资格等信息，并实时更新。

（2）经营行为规范　第八条规定药品网络销售企业应当按照经过批准的经营方式和经营范围经营；第十条规定药品网络零售企业应当建立在线药学服务制度，由执业药师或药学技术人员审核处方、指导用药；第十三条规定处方药销售主页面、首页面不得直接公开展示包装、标签等信息，处方审核前不得展示说明书或提供购买服务；

（3）风控应急管理 第十六条规定药品网络销售企业对存在质量问题或安全隐患的药品，应当依法采取风险控制措施，并公开信息。发现药品存在质量问题或安全隐患时，须立即停止销售、召回产品，并在网站首页公示相关信息，进行应急响应。

二、针对第三方平台的法规

（一）第三方平台责任与义务

1. 入驻资质审核 《药品网络销售监督管理办法》第二十条规定第三方平台应当对申请入驻的药品网络销售企业资质、质量安全保证能力等进行审核，对药品网络销售企业建立登记档案，至少每六个月核验更新一次，确保入驻的药品网络销售企业符合法定要求；对于药品零售连锁企业，平台需确认其连锁经营体系的完整性和规范性，包括是否有统一的采购、配送和质量管理体系。同时，平台还应要求商家提供相关人员的资质证明，如执业药师的注册证书等。

2. 持续信息公示 《药品网络销售监督管理办法》第十九条规定第三方平台应当在其网站首页或者从事药品经营活动的主页面显著位置，持续公示营业执照、相关行政许可和备案、联系方式、投诉举报方式等信息或者上述信息的链接标识。

3. 经营行为监督 《药品网络销售监督管理办法》第二十二条规定第三方平台应当对药品网络销售活动建立检查监控制度。发现入驻的药品网络销售企业有违法行为的，应当及时制止并立即向所在地县级药品监督管理部门报告。包括对药品的销售价格进行监测，防止商家出现不合理的高价或恶意低价竞争行为。对入驻药店的广告宣传行为进行监督，确保其广告内容真实、准确，不含有虚假宣传、夸大疗效等违法违规内容。对平台药店的售后服务进行监督，确保商家能够及时处理消费者的投诉和退换货要求。平台应建立投诉处理机制，及时接受消费者的投诉，并督促商家在规定时间内给予回应和解决。

4. 交易记录保存 《药品网络销售监督管理办法》第二十一条规定第三方平台应当保存药品展示、交易记录与投诉举报等信息。保存期限不少于5年，且不少于药品有效期满后1年。第三方平台应当确保有关资料、信息和数据的真实、完整，并为入驻的药品网络销售企业自行保存数据提供便利。

（二）对入驻药店的审核与管理规定

1. 入驻标准制定 第三方平台应制定明确的入驻标准，为网上药店的入驻提供规范指引。入驻标准除了包括上述的资质要求外，还可以涵盖商家的信誉评级、经营规模、服务质量等方面。例如，平台可以要求商家在一定时间内无重大违法违规记录，具备一定数量的专业客服人员等；对于新入驻的网上药店，平台可以设置一定的试用期，在试用期内对商家的经营表现进行评估，如药品质量、发货速度、客户满意度等。只有在试用期内表现合格的商家，才能正式在平台上开展经营活动。

2. 日常管理措施 平台应建立对入驻药店的日常巡查机制，定期对商家的店铺页面、销售记录、库存管理等进行检查。如发现商家存在违规行为，如销售过期药品、超范围经营等，平台应立即采取措施，包括下架商品、暂停营业、扣除保证金等，直至商家整改合格；平台可以通过数据分析等手段，对入驻药店的经营情况进行动态监测。

（三）数据安全与隐私保护规定

1. 数据安全保障 第三方平台应采取有效的技术措施，保障平台网上药店和消费者的药品交易数据安全。这包括对数据进行加密存储和传输，防止数据被窃取、篡改或泄漏。平台应建立完善的数据备份和恢复机制，确保在发生数据丢失等意外情况时能够及时恢复数据；平台要加强对内部员工的管理，制定严格的数据访问权限制度，防止员工非法获取或滥用数据。平台应定期对数据安全系统进行评估和升级，以适应不断变化的安全威胁。

2. 隐私保护规定　第三方平台在处理网上药店和消费者的个人信息时，必须严格遵守隐私保护法规。平台应明确告知用户其个人信息的收集、使用和披露方式，并征得用户的同意。对于敏感个人信息，平台应采取更加严格的保护措施；平台不得将用户的个人信息出售或非法提供给第三方，除非经过用户的明确授权或法律另有规定。在与合作方共享数据时，平台应签订严格的保密协议，明确双方的隐私保护责任。同时，平台应建立用户投诉处理机制，及时处理用户关于隐私泄露的投诉。

第三节　网上药店第三方平台的选择与入驻

一、平台选择

（一）平台资质与信誉

1. 合法性与合规性　根据《药品网络销售监督管理办法》，第三方平台需向省级药品监管部门备案。需与国家药品监管平台（如“药品追溯协同服务平台”）对接，确保药品流向可追溯，以保证其经营药品交易业务是合法合规的。

2. 信誉评价　查看平台的市场信誉，可通过查阅行业报告、消费者评价、专业机构评级等来评估。具有良好信誉的平台往往在处理交易纠纷、保障消费者权益、维护市场秩序等方面表现出色。

3. 品牌影响力　选择品牌知名度高的平台。一个广为人知的平台品牌能够吸引更多的消费者流量，这对于药店拓展业务范围和增加销售机会至关重要。对于在健康领域已经建立起较高品牌知名度的平台，其庞大的用户基础可以为入驻药店带来更多的潜在客户。

（二）平台流量与目标客户群体

1. 流量规模和质量　了解平台的访问量、活跃用户数等流量指标。流量规模大意味着更多的曝光机会和潜在客户。同时，还要关注流量的质量，即这些用户是否是药店的目标客户群体。

2. 目标客户匹配度　分析平台用户的年龄、地域、健康需求等特征，确保与药店自身的目标客户群体相匹配。如果药店主要经营母婴药品和保健品，那么入驻一个年轻父母群体占比较高的母婴类电商平台或者育儿社区相关的第三方平台会更合适。

（三）平台服务与支持

1. 技术支持　平台应提供稳定的技术服务，包括但不限于安全的交易系统、快速的网页加载速度、可靠的数据存储和备份等。良好的技术支持能够确保药店的线上业务顺利开展，避免因技术故障导致交易中断或数据丢失等问题。

2. 运营支持　包括店铺搭建与装修、商品上架与管理、营销推广等方面的支持。例如，平台能够提供简单易用的店铺管理工具，让药店工作人员可以方便地设置店铺信息、更新药品库存、处理订单等。

3. 售后服务　优质的售后服务是药店选择平台的重要因素之一。平台应具备完善的售后服务体系，能够及时处理消费者的投诉、退换货等问题。例如，当消费者对药品质量或配送服务不满意时，平台能够迅速介入，协调药店和消费者之间的关系，保障双方的合法权益。

（四）平台规则与费用

1. 规则合理性　仔细研究平台的规则，包括药品上架规则、交易规则、质量监管规则、违规处理规则等。合理的规则能够保证公平竞争的市场环境，同时也有助于药店规范自身的经营行为。

2. 费用结构 商家入驻第三方平台费用一般有保证金、技术服务费或平台使用费、佣金、其他费用（广告推广费、履约服务费等），不同第三方平台的费用结构可能差异较大，药店可以根据自己的业务规模和发展规划选择适合自己的方案。

（五）数据安全与隐私保护

1. 数据安全措施 平台应具备强大的数据安全防护能力，包括数据加密、用户信息保护、防止网络攻击、数据备份与恢复等措施，并且符合《网络安全法》《个人信息保护法》要求。药品交易涉及大量的敏感信息，如消费者的个人信息、药品购买记录等，确保这些数据的安全至关重要。

2. 隐私政策 明确平台的隐私政策，确保其符合法律法规要求，并且能够有效保护消费者和药店的隐私权益。

二、入驻申请

（一）入驻条件

1. 基础资质证件

（1）药品经营许可证 这是药店合法经营药品的基本许可，由当地药品监督管理部门颁发。无论是销售处方药还是非处方药，都必须持有该许可证，且许可证需在有效期内。

（2）营业执照 作为合法经营的企业主体证明，营业执照是必不可少的。营业执照上的信息应与药店的实际经营情况相符，包括企业名称、经营范围、法定代表人等。

2. 互联网相关资质

（1）互联网药品信息服务资格证 分为经营性和非经营性两类：经营性的资格证是指通过互联网向上网用户有偿提供药品信息等服务的活动；非经营性的则是无偿提供公开的、共享性药品信息等服务的活动。药店入驻第三方平台进行药品销售及相关信息展示，通常需要具备经营性的互联网药品信息服务资格证。

（2）ICP 备案或增值电信业务经营许可证（ICP 许可证） 根据《互联网信息服务管理办法》，国家对经营性互联网信息服务实行许可制度，对非经营性互联网信息服务实行备案制度。如果药店入驻的第三方平台要求提供 ICP 许可证，药店需要根据自身情况进行申请；如果平台要求进行 ICP 备案，药店也应确保其网站或相关信息已在相关部门完成备案。

3. 人员资质要求

（1）药师资质 部分平台可能要求药店配备一定数量的执业药师。例如，销售非处方药和处方药的零售连锁药店需提供至少 2 名执业药师，而单体药店可能需提供 1 名执业药师。

（2）资质有效 执业药师应具备相应的执业资格证书，且证书在有效期内。

4. 其他特殊资质

（1）医疗器械经营相关资质 如果药店销售医疗器械，则需要具备医疗器械经营许可证和二类医疗器械经营备案等相关资质。

（2）食品经营许可证 如果药店经营保健食品，则需要具备食品经营许可证。

（3）质量保证体系相关证明 为了确保药品的质量和安全，一些第三方平台可能会要求药店提供质量保证体系相关的证明文件，如药品采购渠道的合法性证明、药品储存和运输条件的符合证明等。

（二）入驻流程

1. 注册账号

（1）访问选定的第三方平台官方网站或相关应用程序，找到商家入驻入口。

（2）根据系统提示，填写基本信息，如手机号码、电子邮箱等，完成账号注册。部分平台可能支持使用已有的第三方账号快速注册或登录。

2. 提交申请

（1）登录注册好的商家账号，进入入驻申请页面。

（2）按照系统要求，上传准备好的各类资质文件的扫描件或照片，确保文件清晰、完整、真实有效。同时，填写店铺相关信息，如店铺名称、经营范围、联系方式等。

（3）仔细核对所填信息和上传文件无误后，提交入驻申请。

3. 平台审核

（1）平台会对药店提交的申请资料进行审核，审核时间根据平台不同可能会有所差异，一般在1～7个工作日。

（2）审核过程中，平台可能会通过电话、短信或系统消息等方式与药店联系，要求补充或核实某些信息。若申请审核不通过，平台会告知驳回原因，药店需根据原因进行修改和完善，然后重新提交申请。

（3）平台须向商户明确审核流程，提供审核进度查询服务，并在规定时间内完成审核工作。

4. 签署协议

（1）审核通过后，平台会向药店发送签约通知。

（2）药店仔细阅读协议条款，明确双方的权益和责任，包括平台的服务规则、收费标准、商品规范、售后服务等，确认无误后，按照平台要求进行电子签约或线下邮寄签约文件。

5. 店铺设置与商品上架

（1）签约完成后，根据平台提供的店铺管理工具和操作指南，设置店铺的基本信息，如店铺 logo、店铺介绍、营业时间等。

（2）对药品进行分类整理，按照平台要求的格式和规范，逐一录入商品信息，包括药品名称、规格、价格、库存、有效期、图片等。

（3）检查商品信息的准确性和完整性，确保无误后，将商品上架销售。

第四节　第三方平台网上药店的日常管理

为确保第三方平台网上药店能够规范、有序的运营，为消费者提供安全、可靠的药品和优质的服务，加强日常管理显得尤为重要。

一、商品管理

（一）药品采购

1. 供应商评估与选择

（1）资质审核　对供应商的营业执照、药品经营许可证或者药品生产许可证、GSP 认证证书等进行严格审查，确保其合法合规经营。同时，核实供应商的经营范围是否涵盖所需药品类别。

（2）质量信誉评估　考察供应商的质量管理体系，包括药品采购、验收、储存、运输等环节的质量控制措施。了解供应商是否有完善的质量检测设备和专业的质量管理人员；查阅供应商的行业口碑、客户评价、信用记录等，评估其信誉度。可以向其他网上药店或医药企业咨询，了解供应商的供货稳定性和服务质量。

（3）价格比较　对不同供应商的药品价格进行比较，在保证质量的前提下，选择价格合理的供应商。同时，考虑供应商的批量折扣、付款条件等因素，降低采购成本。

2. 采购流程管理

（1）需求预测　根据历史销售数据、市场趋势、季节变化等因素，对药品的需求进行预测。制订合理的采购计划，确保药品库存既能满足销售需求，又不会造成积压。

（2）采购申请　由采购部门根据需求预测提出采购申请，明确药品的名称、规格、数量、预算等信息。采购申请需经过相关部门审批，确保采购的合理性和必要性。

（3）供应商选择　根据供应商评估结果，选择合适的供应商进行采购。可以采用招标、询价等方式，确保采购过程的公平、公正、公开。

（4）合同签订　与供应商签订采购合同，明确药品的质量标准、价格、交货期、付款方式、售后服务等条款。合同应符合法律法规要求，保护双方的合法权益。

（5）货物验收　在药品到货后，进行严格的验收。检查药品的包装、标签、说明书是否符合规定，核对药品的数量、规格、批号、有效期等信息。对需要检验的药品，进行抽样检验，确保药品质量合格。

3. 质量控制

（1）质量追溯　建立药品质量追溯体系，对每批药品的来源、生产过程、流通环节等进行记录，以便在出现质量问题时能够及时追溯和处理。

（2）定期质量评估　定期对供应商的药品质量进行评估，根据评估结果调整供应商名单。对质量稳定、信誉良好的供应商给予优先采购权，对质量问题较多的供应商进行淘汰或整改。

（二）药品上架

1. 分类与标签

（1）药品分类　按照药品的类别、用途、剂型等进行分类，方便消费者查找。可以采用多级分类的方式，如将药品分为处方药、非处方药、中成药、西药、保健品等大类，再根据具体的疾病类别、药品功效等进行细分。

（2）标签设置　为药品设置适当的标签，如“畅销药品”“新品上市”“特价优惠”“医保药品”等，提高药品的吸引力。同时，对于特殊药品，如儿童用药、妊娠期妇女用药、老年人用药等，设置专门的标签，提醒消费者注意。

2. 信息准确

（1）药品信息收集　从药品生产厂家、供应商、权威医药数据库等渠道收集药品的详细信息，包括名称、规格、禁忌证、用法用量、不良反应、禁忌证等。确保信息的准确性和完整性。

（2）信息审核　对收集到的药品信息进行审核，由专业的药师或医药人员进行核对。审核内容包括药品信息的准确性、合法性、规范性等。对不符合要求的信息进行修改或补充。

（3）信息更新　及时更新药品信息，特别是药品的价格、库存、促销活动等信息。确保消费者能够获取到最新的药品信息。同时，对药品的说明书、标签等进行定期检查，确保其符合国家相关规定。

3. 图片与描述

（1）图片拍摄与处理　拍摄清晰、真实的药品图片，展示药品的外观、包装、标签等特征。对图片进行适当的处理，提高图片的质量和美观度。但要注意不得对图片进行虚假宣传或误导消费者的处理。

（2）描述撰写　编写详细、准确的药品描述，包括药品的主要成分、功效、适用人群、使用方法、注意事项等。描述应简洁明了、通俗易懂，避免使用专业术语或模糊不清的表述。

（3）消费者评价展示 展示消费者对药品的评价和反馈，帮助其他消费者了解药品的实际效果和使用体验。对消费者评价进行筛选和管理，确保评价的真实性和客观性。

（三）库存管理

1. 库存监控与预警

（1）库存实时监控 建立库存管理系统，实时监控药品的库存水平。可以通过条形码、无线射频识别等技术，实现对药品库存的自动化管理。库存管理系统应能够及时更新库存数量、入库时间、出库时间等信息。

（2）库存预警设置 设置库存预警机制，当库存低于一定数量时，自动发出预警信号，提醒采购部门及时补货。预警数量应根据药品的销售情况、采购周期、供应商交货期等因素进行合理设置。

（3）效期预警设置 建立近效期药品预警机制，提前对即将到期的药品进行处理。可以设定药品有效期的预警期限，如距离有效期还有 6 个月时发出预警。

对于近效期药品，可以采取促销、退换货等方式进行处理，避免药品过期浪费。同时，要加强对近效期药品的管理，定期检查其质量状况。

（4）库存分析 定期对库存进行分析，了解库存的结构、周转情况、滞销品种等。通过分析库存数据，找出库存管理中存在的问题和不足，采取相应的改进措施。

2. 存储条件管理

（1）温湿度控制 根据药品的存储要求，对仓库的温度、湿度进行严格控制。安装温湿度监测设备，实时监测仓库的温湿度变化。对于需要冷藏、冷冻的药品，配备相应的冷藏设备，确保药品的质量稳定。

（2）避光通风 药品应存放在避光、通风良好的地方，避免阳光直射和潮湿环境。对于易挥发、易氧化的药品，应采取密封保存的措施。

（3）分类存放 按照药品的类别、剂型、有效期等进行分类存放，避免不同药品之间的相互影响。对于特殊药品，如麻醉药品、精神药品、医疗用毒性药品等，应按照国家相关规定进行严格管理。

3. 盘点与对账

（1）定期盘点 定期对库存药品进行盘点，核对实际库存与系统库存是否一致。盘点可以采用全盘、抽盘等方式，确保盘点的准确性和全面性。盘点过程中发现的差异应及时进行调查和处理。

（2）与供应商对账 定期与供应商进行对账，核对采购数量、金额、发票等信息。确保双方的账目一致，避免出现财务纠纷。对账过程中发现的问题应及时与供应商沟通解决。

二、订单管理

（一）订单处理

1. 订单接收与确认

（1）订单实时接收 第三方平台订单接收系统应能够与网上药店的销售平台、库存管理系统等进行无缝对接，实现订单信息的自动传输和处理。

（2）订单信息审核 网上药店在接到新订单时，应对订单信息进行审核，包括消费者的联系方式、收货地址、药品名称、数量、规格等，确保订单信息的准确性和完整性。对不符合要求的订单，及时与消费者沟通进行修改。

（3）订单确认 在审核通过后，进行订单确认。

2. 订单分拣与包装

（1）订单分拣 根据订单信息，快速准确地分拣药品。可以采用自动化分拣设备或人工分拣的方式，提高分拣效率和准确性。分拣过程中应注意药品的批次、有效期等信息，确保发出的药品符合质量要求。

（2）包装材料选择　选择合适的包装材料，确保药品在运输过程中不受损坏。包装材料应符合国家相关标准，无毒、无味、无污染。对于易碎药品、液体药品等，应采取特殊的包装措施。

（3）包装标识　在包装上标注订单号、药品名称、数量、规格、生产日期、有效期等信息，便于物流配送和消费者核对。同时，标注药品的储存条件、注意事项等，提醒消费者正确使用药品。

3. 订单跟踪与反馈

（1）订单跟踪　网上药店商家利用物流跟踪系统，实时跟踪订单的配送进度。消费者则可以通过网上药店的销售平台或手机 App 查看订单的配送状态，了解药品的运输情况。

（2）配送异常处理　当出现配送异常情况，如延迟、丢失、损坏等，及时与物流合作商沟通解决。同时，向消费者反馈处理进度和结果，争取消费者的理解和支持。

（3）订单完成反馈　在订单完成后，向消费者发送订单完成信息，征求消费者的意见和建议。对消费者的反馈进行认真分析和总结，不断改进订单管理和服务质量。

（二）物流配送

药品物流配送是网上药店运营的关键环节之一，直接关系到药品能否及时、准确地送达消费者手中，以及药品的质量和安全。在选择合作物流商时，需要综合考虑多方面因素，以确保药品物流配送的高效、安全和可靠。根据发货仓与收货地址的距离远近，商品一般 2 ~5 天能送达消费者。

1. 物流合作商选择

（1）资质评估　对物流合作商的营业执照、道路运输经营许可证、快递业务经营许可证等进行严格审查，确保其合法合规经营。同时，核实物流合作商的经营范围是否涵盖网上药店的配送区域。

（2）服务质量评估　考察物流合作商的配送速度、准确率、服务态度等方面的表现。可以通过查阅客户评价等方式，了解物流合作商的服务质量。

（3）价格比较　对不同物流合作商的配送价格进行比较，在保证服务质量的前提下，选择价格合理的物流合作商。同时，考虑物流合作商的结算方式、优惠政策等因素，降低配送成本。

（4）技术支持　选择具有先进物流技术和信息系统的物流合作商，能够实现订单的实时跟踪、库存的可视化管理等功能。这有助于提高物流配送的效率和准确性。

2. 配送流程管理

（1）订单交接　第三方平台网上药店与物流合作商之间应建立规范的订单交接流程，确保订单信息的准确传递和药品的安全交接。订单交接时应核对订单数量、药品名称、规格等信息，双方进行确认。

（2）货物运输　第三方平台网上药店应根据药品的特点和配送要求，告知物流合作商选择合适的运输方式和工具。

（3）签收确认　消费者在收到药品后，应进行签收确认。物流合作商应及时将签收信息反馈给网上药店，以便网上药店进行订单的闭环管理。

3. 特殊药品配送

（1）特殊药品识别　对特殊药品，如麻醉药品、精神药品、医疗用毒性药品等，进行特殊标识和管理。在订单处理和配送过程中，严格遵守国家相关规定，确保特殊药品的安全配送。

（2）配送方案制订　针对特殊药品的特点，制订专门的配送方案。例如，采用专人配送、密封包装、全程监控等措施，确保特殊药品的安全运输。同时，与消费者进行充分沟通，告知其特殊药品的配送要求和注意事项。

（3）应急处理　建立特殊药品配送的应急处理机制，当出现配送异常情况时，能够及时采取有效的措施进行处理。

三、客户服务管理

（一）咨询服务

1. 客服团队建设　第三方平台网上药店不同于实体药店，顾客咨询工作是在互联网上进行的，所以具有专业一流的客服团队是能否达成交易的关键因素。第三方平台网上药店应加强客服团队建设，组建具有医药专业背景或相关工作经验的人员组成客服团队，包括执业药师、医药专业人员和普通客服人员。对客服人员进行定期培训，提高其医药知识水平和服务技能。

2. 咨询渠道建设

（1）多渠道服务　提供多种咨询渠道，满足不同消费者的需求。除了在线客服外，还可以开设社交媒体平台的咨询服务，方便消费者随时随地进行咨询。对于在线客服，设置合理的响应时间标准，确保消费者的问题能够得到及时解答。

（2）智能客服辅助　引入智能客服系统，利用人工智能技术为消费者提供快速、准确的咨询服务。智能客服可以回答常见问题（FAQ）、提供药品信息查询等功能，减轻人工客服的工作压力；不断优化智能客服系统，提高其智能化水平和问题解决能力。

3. 用药咨询服务

（1）专业药师指导　第三方平台网上药店应配备专业的执业药师，为消费者提供用药咨询服务。建立执业药师值班制度，确保在工作时间内有执业药师在线为消费者提供服务。

（2）个性化用药方案　针对不同消费者的需求，制订个性化的用药方案。对于特殊人群，如儿童、妊娠期妇女、老年人等，提供专门的用药指导，确保用药安全。

（3）用药安全提醒　在提供用药咨询服务的同时，向消费者强调用药安全的重要性。提醒消费者严格按照药品说明书的要求使用药品，避免超剂量、超频次用药。对于可能出现不良反应的药品，提前告知消费者不良反应的症状和处理方法，以便消费者在用药过程中能够及时发现并处理问题。

（二）售后服务

1. 退换货政策

（1）明确退换货条件　因质量问题退换货，如果消费者收到的药品存在包装破损、药品变质、过期、药品与订单不符等质量方面的问题，一般可以在规定时间内申请退换货，并且第三方平台网上药店承担运费；非质量问题退换货，对于一些非处方药、保健品等，在符合一定条件的情况下可能支持七天无理由退货。由于药品的特殊性，多数第三方平台网上药店对于部分药品明确不支持七天无理由退货。如一些特殊药品、冷藏药品、拆封后可能影响质量和安全的药品等，一旦售出，若非质量问题，通常不允许退换。

知识拓展

某平台网上药店退换货条件

对于非处方药，如果药品保持完好，不影响二次销售，在符合平台以及商家规定的退货期限内是可以退货的。

对于处方药，退货可能会有更严格的限制。如果是因为药品质量问题或者商家发错货等原因，消费者可以申请退货；但如果仅仅是消费者个人原因想要退货，可能会比较困难，具体需要根据商家的规定以及与商家的沟通协商结果来确定。

对于一些特殊商品，商家明确标注不支持 7 天无理由退货的药品，或者是海外购药品等，可能不适用常规的退货政策。

（2）规范退换货流程　消费者提出退换货申请后，平台网上药店客服人员应及时响应，指导消费者进行申请退换货，并告知消费者退货的注意事项。商家在收到退货后，应及时进行检查和验收。若符合退换货条件，尽快为消费者办理换货或退款手续；若不符合条件，应及时与消费者沟通说明原因。

2. 投诉处理机制

（1）建立投诉渠道　第三方平台网上药店应设立投诉渠道，方便消费者随时进行投诉。确保投诉渠道畅通无阻，客服人员应及时回复消费者的投诉，不得拖延或推诿。

（2）快速响应投诉　由于网络传播速度快，为了避免给药店带来负面影响。第三方平台网上药店在接到消费者投诉后，应及时作出响应，向消费者表示歉意并了解投诉的具体情况，承诺在一定时间内（如48小时）处理投诉。对投诉进行分类登记，根据投诉的性质和严重程度，确定处理的优先级。

四、药店品牌形象管理

当下网上药店市场竞争日益激烈，品牌形象作为网上药店的核心竞争力之一，对于吸引消费者、提高市场份额、增强药店竞争力有着至关重要的作用，网上药店在第三方平台上进行品牌形象管理主要有如下策略。

（一）明确药店品牌定位

1. 目标客户群体细分　网上药店可以根据年龄、性别、健康需求、消费习惯等因素，将目标客户群体进行细分。针对不同的客户群体，了解他们的特定需求和痛点。

2. 确定品牌价值主张　网上药店根据自身优势和目标客户群体需求，确定自身的品牌价值主张。以品质保证为价值主张的药店，可以强调与知名药企的合作、严格的质量检测流程、药品追溯体系等；以专业服务为价值主张的药店，可以突出执业药师团队的专业资质和丰富经验，提供在线问诊、用药方案定制等个性化服务；强调价格优势的药店，可以通过与供应商的谈判降低采购成本，为消费者提供实惠的价格；注重创新产品的药店，可以积极引入新的药品和保健品，满足消费者对新兴健康产品的需求。

（二）打造药店品牌视觉形象

1. 品牌标识设计　结合网上药店自身的特点和品牌定位，设计一个简洁、独特、富有识别性的品牌标识，能够传达药店的品牌理念和特色，体现商业价值、艺术价值、现代感等。

2. 店铺界面设计和装修风格　网上药店要设计简洁美观、易于操作的店铺界面，让消费者能够快速找到所需的药品和服务，合理布局商品分类、搜索栏、购物车等功能模块，提高用户体验。根据品牌标识和品牌定位，设计统一的店铺装修风格，注重色彩搭配、布局设计、图片选择等方面，增强店铺的视觉效果，营造出舒适、专业、时尚的购物环境。

（三）开展药店品牌传播

1. 电商平台广告投放　利用第三方电商平台的广告资源，进行精准的品牌推广。可以选择搜索广告、展示广告、信息流广告等多种形式，提高品牌的曝光度和点击率。

2. 内容营销　通过发布有价值的健康知识文章、视频等内容，吸引消费者关注，树立品牌的专业形象。内容营销要注重内容的质量和实用性，能够满足消费者的健康需求和知识需求。

3. 社交媒体营销　利用社交媒体平台，进行品牌推广和互动营销。社交媒体营销要注重内容的趣味性和互动性，能够吸引消费者的参与和分享。

4. 口碑营销　通过提供优质的产品和服务，鼓励消费者进行口碑传播，提高品牌的美誉度和信任度。口碑营销要注重消费者的体验和满意度，能够让消费者自愿为品牌进行宣传。

（四）加强客户关系管理

1. 培养客户专业信任感　设立专职线上药师团队，提供24小时用药咨询，根据客户健康需求，为客户提供优质产品和个性化服务，培养客户对药店的信任感，塑造专业可信赖的品牌形象。

2. 增强客户互动黏性和忠诚度　利用第三方平台推送功能，定期向客户发送用药提醒、健康科普、优惠活动等信息，与客户保持良好的互动，增加客户黏性和忠诚度，巩固药店品牌在客户心中的地位。

3. 提升客户品牌认同感　通过构建分层会员体系，按照客户消费频次或额度划分铂金、黄金、白银等不同等级，并分类为高价值客户、中价值客户、低价值客户，给不同等级、类别的客户提供差异化服务，强化用户身份专属权益，提升客户品牌认同感。

答案解析

思考题

M药品零售连锁企业在某第三方平台开设了网上药店，销售非处方药和处方药。消费者张某通过该平台咨询一款奥利司他胶囊，客服王某向张某详细说明该药品的作用机制、产品优势、用法用量等信息。张某下单一盒（规格0.12克×21粒），网上药店接收订单并进行确认，然后对订单进行分拣（规格0.12克×7粒）、包装，并联系合作物流公司发货。3天后，张某收到货，发现与订单信息不符，在平台上进行了投诉。

1. 该交易的顺利达成，体现出客服王某的哪些职业素养？
2. 网上药店处理订单的行为是否正确，订单处理的注意事项有哪些？
3. 网上药店接到投诉后应该如何处理？

书网融合……

微课　　习题　　本章小结

第十五章　网络药品消费者行为

PPT

学习目标

1. 通过本章学习，应能掌握网络药品消费者购买决策的内容、类型和过程，熟悉消费者行为特点、影响网络药品消费者行为的内部和外部因素，了解网络药品消费者行为研究的内容和方法。

2. 具有根据网络药品消费者的消费行为分析消费者的消费行为和影响因素，具有制订针对性营销方案的能力。

3. 树立服务客户意识，培养用专业知识网络经营、分析问题、解决问题的素养。

第一节　网络药品消费者行为概述

近年来，随着互联网技术的不断进步和消费者购药习惯的改变，网络药品消费市场呈现出强劲的增长势头。网络药品销售平台为消费者提供了丰富的医药信息，消费者可以随时随地咨询和购买药品，节省了购买药品的时间、精力和成本。网络购药渠道通过提供便捷的服务、具有竞争力的价格、丰富的商品选择以及保护消费者隐私等优势，在满足消费者购药服务方面发挥了重要作用。

一、消费者行为的概念和特点 微课1

消费者行为是心理活动过程的产物。消费活动包括消费者的心理活动和消费者的行为，消费者的心理活动是消费者行为的基础。

（一）消费者行为的概念

美国市场营销协会（AMA）把消费者行为定义为感知、认知、行为及环境因素的动态互动过程，是人类履行生活中交易职能的行为基础，如图 15－1 所示。

消费者行为是一个整体、一个动态互动过程，获取或者购买只是这一过程的一个环节。因此，研究消费者行为，既要了解消费者获取商品和服务之前的需要、评价与选择的活动，也应当重视消费者在获取商品后对商品的使用和处置活动，从而更加全面地理解消费者行为。

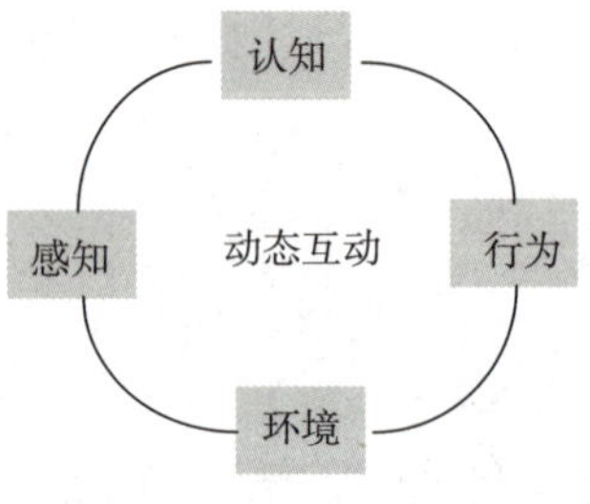

图 15－1　消费者行为的定义

（二）消费者行为的特点

消费者行为的特点因消费环境变化而变化，在不同的消费环境下，消费者行为表现出的特点会有所不同。

1. 传统消费环境下消费者行为特点　传统消费环境下，消费者行为具有多样性、复杂性、可诱导性、发展性、示范性和目的性等特点。

（1）多样性　消费者因受年龄、性别、职业、收入、文化程度等因素的影响，消费需求存在很大的差异，对产品的要求也不尽相同，从而会产生不同的消费行为。

（2）复杂性　消费者在购买产品的过程中，通常要经历收集信息、产品评价、慎重决策、用后评价等多个阶段。在广泛了解产品功能、特点的基础上，消费者才会做出购买决策。在购买的过程中，消费者行为受到各个环节因素的影响，因此具有复杂性。

（3）可诱导性　企业可通过提供合适的产品、广告宣传、营销推广、促销等来激发消费者购买欲望，达到诱导消费者购买商品的目的，故消费者行为具有可诱导性。

（4）发展性　随着社会的发展和人们生活水平的不断提高，消费需求也在不断变化。消费者的新需求不断地产生，消费者行为也不断地发生变化，因此消费者行为具有发展性。

（5）示范性　消费者行为方式不仅受自身收入水平、消费习惯的影响，还受相关群体的影响。相关群体的消费行为和生活方式为消费者提供了可供选择的模式，通过他们的消费行为和生活方式，为其他消费者提供了参考和模仿的对象，从而对消费者行为起到示范作用。

（6）目的性　消费者行为都是在一定的目标引导下受各种动机驱使的，为了满足个人生活需要、家庭生活需要以及公共生活需要，在求实、求名、求美、求新、求廉和便利等动机驱使下，消费者行为具有明显的目的性。

2. 数字电商消费环境下消费者行为特点　在数字电商消费环境下，消费者行为具有消费需求趋于个性化和差异化、消费的主动性和互动意识增强、追求便捷的消费过程、消费行为更加理性化等特点。

（1）消费需求趋于个性化和差异化　在数字电商时代，市场上消费品的种类得到了很大程度的丰富，消费者可以在全球范围内选择产品，在众多选择中形成了自己独特的消费准则，每一个消费者都成了一个细小的消费市场，消费者越来越注重个性化体验，追求“小众化”和“个性化”，愿意为定制化的商品和专属的服务体验支付更高的溢价，个性化和差异化消费需求成为社会的主流。

（2）消费的主动性增强　在数字电商时代，社会分工日益细化，商品趋于专业化，消费者在购买商品时，会主动通过各种信息的渠道获取与商品有关的信息并进行分析和比较。这种分析和比较在一定程度上能够帮助消费者减轻风险感或减少购买后的后悔感，增加对产品的信任程度和心理上的满足感。

（3）消费的互动意识增强　在数字电商消费环境中，消费者通过电话、直播、评论等方式直接参与消费过程，在消费过程中可以与供应商进行直接沟通，提升了消费的互动性。

（4）追求便捷的消费过程　在数字电商消费环境下，消费者借助线上网络购物平台进行消费，大大增加了购物的便捷性，尤其是进口商品的消费，节约了购物的时间。

（5）消费行为更加理性化　在数字电商时代，消费者在购物过程中可以通过多种渠道获取商品大量信息，经过同类产品反复比较，作出购买决策，体现了消费者消费行为的理性。

二、网络药品消费特点

随着电子商务的快速发展和网购的普及，药品网络销售活动日趋活跃。网络药品消费特点包括以下几点。

1. 便捷性　线上购药平台不受营业时间限制，消费者可以在任何时间、任何地点进行药品购买，极大地提高了购药的便捷性。此外，线上药店提供多种支付方式，满足消费者的不同需求。

2. 价格透明　一方面，网络售药平台药品价格信息直接展示，消费者可以轻松比较不同药店的药品价格；另一方面，监管部门可以方便地登录平台进行药品价格的查询和监管，使药品价格进一步公开、合理、透明。

3. 多样化选择　网络药品消费通常提供多种药品供消费者选择，消费者可以根据自身需求，购买药品，不受具体门店的库存限制。随着智能化和大数据技术的应用，网购药品市场将提供更加个性化、专业化的服务，如定制化的用药方案、专业的健康咨询等。

4. 跨地域销售　由于互联网的跨地域特性，网络药品销售不受地域限制，销售可以覆盖全国甚至全球，销售范围广泛，消费者可以在任何地方购买药品，从而实现药品销售的跨地域。

三、网络药品消费者行为研究的内容和方法

（一）网络药品消费者行为研究内容

网络药品消费者行为研究的内容主要是关注消费者及其行为反应，目标是深化对网络药品消费过程的认识和理解，为企业销售策略的制定提供依据和参考。网络药品消费者行为研究的主要内容是消费者的购买决策过程和影响因素。

1. 购买决策过程 网络药品消费者的购买决策过程包括需求确认、信息收集、选择比较、购买药品、购后评价。研究者可针对以上环节进行系统研究，了解网络药品消费者疾病和药品信息搜寻的方式、渠道和平台，药品需求确认的具体过程，需求确认过程的参与方、角色和作用，购药平台的选择过程、主要平台类别、选择原因，购买药品环节的具体心理过程，购后评价的主要内容和关注点等，从而为更好地服务网络药品消费者提供依据。

2. 影响因素 影响网络药品消费者行为的因素主要包括个人因素、环境因素和营销因素。个人因素主要包括：消费者对网络药品消费的了解熟悉程度、认可接受程度，个人的消费习惯，从事行业职业情况，自身的医药知识储备等。环境因素主要包括：网络药品消费的法律法规完善程度、监管力度、规范化程度，周围参照群体的药品消费方式，消费者的社会阶层和家庭环境影响，购买药品的具体情境和环境因素等。营销因素主要包括药品消费者对营销方式的敏感程度。

（二）网络药品消费者行为研究方法

网络药品消费者研究的主要研究方法包括问卷调查法、桌面研究、数据研究等。

1. 问卷调查法 问卷调查法是社会调查中广泛使用的一种方法，通过设计好的问卷，由被调查者填写问卷来收集数据和资料。研究者可通过设计问卷，对网络药品消费者进行线上或线下的问卷调查，了解其购药意愿和影响因素等。

2. 桌面研究 是指不进行一手资料的实地调研和采集，而是直接通过电脑、杂志、书籍、文档、互联网搜索等，对现有二手资料进行分析和研究的方法。这种方法也可以称为案头研究或二手资料研究。桌面研究的重点在于对二手资料进行搜索、筛选、整理和分析，能够快速对研究内容形成初步认知，避免重复研究。桌面研究主要应用于项目前期，通过二手资料了解项目的现状，得出分析结果，为下一步研究（如访谈等）做铺垫。例如，对网络药品消费的市场规模、法律政策、竞争情况、用户需求等进行分析，识别网络药品消费的趋势与机会。

3. 数据研究 数据研究是一种基于数据进行分析和挖掘的研究方法。包括对数据的收集、处理、分析和解释，数据研究旨在揭示数据背后的规律、趋势和关联，为决策提供科学依据。研究者通过分析网络药品消费者的购买历史、浏览行为、搜索习惯等数据，可构建详细的用户画像，从而进行个性化推荐，满足用户的即时需求并激发潜在的购物潜力。

知识拓展

用户画像

用户画像是指根据用户的属性、行为、需求等多方面数据，抽象出的一个标签化的用户模型。具体来说，用户画像是通过收集和分析消费者的社会属性、生活习惯、消费行为等主要信息，构建出一个虚拟代表，这个代表能够反映目标用户群体的主要特征和行为模式。

用户画像通常包括以下要素：年龄、性别、地域分布、兴趣爱好、价值观、消费习惯、使用场景等。用户画像在大数据时代背景下得到了广泛应用，特别是在电商领域。通过用户画像，企业可以更好

地理解用户需求，提供个性化的服务和营销策略，从而提高用户体验和销售转化率。

第二节　网络药品消费者的购买决策

通过研究网络药品消费者的购买决策，可以更好地理解消费者的需求和偏好，科学进行市场细分，提供更加符合消费者需求的产品和服务，帮助企业提升在线购药平台的用户体验，制订差异化的营销策略，提高消费者的信任度和忠诚度，并推动行业的创新和发展。

一、网络药品消费者购买决策的内容和类型

（一）网络药品消费者购买决策的内容

网络药品消费者购买决策指消费者计划购买药品时想到问题的存在，寻求最佳解决方案，对多种购买方案进行评价和抉择，并对最终的选择结果展开评价的全过程。网络药品消费者购买决策的内容包括六个方面：谁来购买（who）、购买什么（what）、为何购买（why）、何时购买（when）、何处购买（where）和如何购买（how）。

1. 谁来购买　一般来说，在消费过程中消费者所扮演的角色基本上划分为五种类型：提议者、影响者、决策者、购买者和使用者，网络药品消费者在购买药品的决策过程中扮演着不同的角色。网络药品消费者的主要群体包括①习惯于网上购物的消费者：在购买药品时，习惯于通过网络平台购买商品的自我药疗、常见病和慢性病患者，均通过线上平台购买消费药品。②追求便利性的消费者：消费者对购买药品的便利性要求高，就会选择通过网络购买药品。③价格敏感型消费者：价格优惠是吸引消费者选择网络购药的重要因素之一，价格敏感型消费者会通过线上药品比价，选择较优惠的渠道进行药品消费。④寻求丰富品类的消费者：众多网上药店提供了品类丰富的药品是吸引消费者的重要因素之一，消费者可通过网络购药平台进行众多品类的选择。

2. 购买什么　购买什么主要是回答网络药品消费者购买的药品类别和品牌。①化学药：化学药涵盖多个治疗大类，网络药品消费者购买的药品主要集中在全身用抗感染药物、消化系统及代谢药、生殖泌尿系统和性激素类药物、皮肤病用药等类别。②中成药：网络消费者购买中成药主要是常见病和慢性病患者，主要类别包括泌尿系统疾病药品、呼吸系统疾病药品、消化系统疾病药品和补气补血类药品。

3. 为何购买　为何购买是确定网络药品消费者购买药品的动机。①健康型动机：消费者购买药品的最重要原因就是为了保证和维护身体健康，健康型动机是药品需求的根本。②方便型动机：与线下药品销售渠道相比，网络药品销售渠道具有方便快捷的特点，是网络药品消费者选择线上消费的重要原因之一。③隐私型动机：网络药品消费者无须直接面对药店店员进行需求确认，讲述自己的隐私性疾病，为消费者提供更多的隐私保护。

4. 何时购买　了解网络药品消费者购买药品的时间，是为了了解消费者的行为习惯和需求，从而优化网络药品销售策略，提升用户体验。①了解消费者行为习惯：通过研究消费者在不同时间段购买药品的行为，可以了解消费者的购物习惯和偏好，从而更好地满足消费者的需求。②优化销售策略：根据消费者的购买时间分布，可以调整库存管理和物流配送，确保在高峰时段有足够的库存和高效的配送服务，提升消费者满意度。③提升用户体验：了解消费者的购买时间，可以优化网站或App的用户界面和功能，提供更加便捷的购物体验，从而增加消费者黏性。

5. 何处购买　了解网络药品消费者购买药品的平台对于企业优化销售渠道、提升服务质量、应对市场变化等方面具有重要意义。①了解消费者行为：通过了解消费者购买药品的平台，可以更好地了解

消费者的购买行为和偏好，帮助企业调整营销策略和产品布局。②优化药品销售渠道：通过分析消费者购买药品的平台，企业可以优化其销售渠道，从而提高市场竞争力。③应对市场变化：线上购药平台众多，了解消费者选择平台的种类和原因，可帮助企业精准了解消费者行为，从而调整经营策略，以适应市场环境。

6. 如何购买 网络药品的经营模式主要包括以下类型。①企业对个人的模式（B2C）：在这种模式下，药品连锁零售企业通过自建网站直接向个人消费者销售药品。这种模式适用于医药企业直接面向消费者销售药品和相关服务。②药品网络交易第三方平台模式：这种模式下，第三方平台提供网络系统，为购销双方提供药品交易服务。这种模式通过互联网平台连接供需双方，提供便捷的药品交易服务。③线上与线下联动模式（O2O）：这种模式包括“网订店取”和“网订店送”，消费者通过网络下单购买药品，可以选择到药店取货或由药店配送到家，并提供相关的药学服务。了解消费者选择哪种模式和方式购买药品对企业科学制订产品策略、价格策略、渠道策略和促销策略具有重要指导意义。

（二）网络药品消费者购买决策的类型

了解网络药品消费者购买决策的类型，可提高企业精准满足消费者需求、提升顾客满意度、促进患者健康合理用药等能力和水平。

1. 理智型决策 这种类型的消费者在购买药品时会进行大量的信息搜集和比较，注重产品的质量和疗效，决策过程较为理性和谨慎。①强调综合全面的信息收集：理智型决策风格注重收集全面的信息，确保决策基于充分的数据和事实支持。②理智思考：决策过程中，理智型决策者会进行冷静、理性的思考，避免情绪化的决策。③冷静判断：在决策时，理智型决策者会进行冷静的判断，避免冲动和主观判断。④综合分析：决策者会对各种方案进行综合分析，评估其优劣，选择最优方案。

2. 冲动型决策 部分消费者在购买药品时可能会受到广告、促销等因素的影响，做出较为冲动的购买决策。①快速决策：冲动型决策者通常在面对决策时，会迅速作出决定，而不进行过多的思考和权衡。②缺乏深思熟虑：冲动型决策缺乏对各种治疗药品和方案的详细分析和比较，决策过程较为草率。③高风险：由于冲动型决策者没有经过充分的思考，决策过程中易忽略重要的信息和潜在的风险，因此决策的风险较高。④购后体验不佳：由于决策过程缺乏充分的考虑，决策者可能会在购后感到不满和后悔，表现为治疗效果不佳、病情延误等。

3. 经济型决策 经济型决策的消费者在购买药品时会考虑价格因素，选择性价比高的产品。①价格敏感：经济型决策的消费者在购买商品时，对价格极为敏感，总是会进行详细的价格比较和分析，以此来判断商品是否物有所值。只有在确信价格合理的情况下，才会做出购买的决定。②有限理性：在选择商品时，消费者更倾向于在价格优惠的时机购买，同时在注重价格的同时，可能会忽视商品的质量，表现出在追求经济实惠的同时，对商品了解不足的特性。

4. 疑虑型决策 部分消费者在购买药品时会因为对产品的不了解或对疗效的担忧而产生疑虑，决策过程较为犹豫。①决策迟缓：疑虑型决策消费者在购买药品时缺乏主见，决策过程缓慢，反复询问、挑选与比较。②对销售人员不信任：疑虑型消费者对销售人员缺乏信任，购买中犹豫不定，事后易反悔。③情绪波动：在购买过程中，消费者的情绪容易波动。疑虑型消费者在购买药品时需要更多的时间和耐心，店员在服务这类顾客时需要特别耐心和细心，通过专业的药学服务和耐心的解答来帮助消费者做出决策。

二、网络药品消费者购买决策的过程 微课2

网络药品消费者购买决策的过程包括需求确认、收集信息、比较评价、购买决策和购后行为五个步骤。

1. 需求确认 消费者首先要明确自己的需求，确认需要购买药品的具体类型和用途。药品消费者需求确认常用的三个途径是医生开处方、药师等专业技术人员推荐和自我药疗。①医生开处方：医生根据患者的患病情况进行诊断，并对症开处方，确定药品的种类和剂量。②药师等专业技术人员推荐：药师首先会仔细询问顾客的病情，了解顾客的具体症状和病史，科学判断病情，在充分了解顾客病情后，药师根据专业知识推荐适合的药品。③自我药疗：对于轻微的、短期的疾病或症状，患者可选择自我药疗，结合自己的医药知识进行判断，选择药品。

2. 收集信息 需求确认后，消费者会通过各种渠道收集药品的相关信息，包括药品的功能、价格、品牌、剂型、副作用等，为最后的决策提供依据。①网络平台：消费者可通过各种网络平台进行药品信息的收集，方便快捷。②药品说明书：药品说明书印有关于药品的全部基本信息，且信息权威。③国家药监局网站：消费者可通过访问国家药监局网站，在"药品查询"系统中输入药品名称、批准文号等信息，查询药品的生产厂家、批准文号等详细信息。④药品追溯码：大多数药品包装上都有唯一的药品追溯码，消费者可通过扫描追溯码，查看药品的基本信息、生产信息、流通信息等，确保药品的来源和生产批次等信息。

知识拓展

药品追溯码

药品追溯码是国家为实现药品来源可查、去向可追，有效防范非法药品进入合法渠道，确保药品质量安全而制定的，是药品的"电子身份证"。通常由一系列数字、字母和（或）符号组成，标识在药品包装盒的显著位置，是每一盒药品从生产出厂时就被赋予的唯一身份标签，是实现药品"一物一码、物码同追"的必要前提和重要基础，是用于唯一标识药品各级销售包装单元的代码。

一般是一维条码或二维码，标识在药品包装盒的显著位置，旁边写有表示"药品追溯码"的字样，可以扫码查看，扫码后便可查看药品信息，包括①基本信息：药品通用名称、药品商品名称、剂型、规格、包装规格、批准文号。②生产信息：生产日期、生产批号、有效期。③类别属性。④厂商信息：上市许可持有人名称、药品生产企业名称等。⑤更多信息：成分、性状、用法用量、适应证、禁忌证等。

3. 比较评价 在收集足够的药品信息后，消费者会对不同药品进行比较和评价，考虑其疗效、安全性、价格等因素，最终选择最适合自己需求的药品。①药品质量：消费者在选择药品时，药品的质量是最重要的考量因素之一，质量好的药品安全性更高。②药品品牌：药品的品牌会影响消费者的选择，知名品牌的药品通常更受消费者信赖。③药品适应证和疗效：消费者会关注药品的适应证是否与自己的症状和病情相符，以及药品的疗效是否显著，疗效好的药品更易被消费者选择。④药品价格和毒副作用：药品的价格和毒副作用也是消费者考虑的重要因素，价格合理且毒副作用小的药品更受欢迎。⑤药品广告宣传：药品的广告宣传会影响消费者的选择，广告中强调的药品特点和优势会吸引消费者的注意，从而影响消费者的最终选择。⑥药学服务：药学服务的专业性和服务态度会影响消费者的选择，专业的药学服务和良好的服务态度会赢得消费者的青睐。⑦政策制度：国家的医保目录和政策会限制或影响消费者用药的选择，医保消费者会选择医保目录中产品，进而可以享受医保报销的政策。

4. 购买决策 在比较和评价之后，消费者会做出最终的购买决策，选择合适的药品进行购买。①确认药品信息：消费者下单后需要确认药品的所有信息，保证购买的药品是安全的、正确的、有效期内的、对症的。②确认收货地址：核对收货地址、手机号码等信息，确保药品可以送达。③确认用药方法：消费者需要确认所购买药品的正确科学使用方法、用法用量、配伍禁忌等信息，从而确保用药安全。

5. 购后行为 购买药品后，消费者会对所购买的药品进行评价，包括使用效果、价格、服务质量等方面，这些评价会影响消费者本人和其他消费者未来的购买行为。①用药指导：部分网络药品消费者购买药品后，由于缺乏线下当面用药指导的购物环境，会在线上询问和咨询用药方法、用法用量等，线上服务的药师等药学专业人员需要及时提供专业的用药指导，保证患者用药安全。②投诉和差评：当消费者对药品的质量和服务等产生不满意情绪时，就会出现线上投诉和差评的行为，售后人员需要及时处理和回应，提出解决问题的措施和办法，从而提升消费者满意度。

第三节 影响网络药品消费者行为的内部因素

了解影响网络药品消费者行为的因素可以为更好地预测和满足用户需求，制订更有针对性的营销策略，增加用户黏性，提高广告效果和用户转化率，推动网络药品市场的健康发展提供依据和支撑。影响网络药品消费者行为的内部因素包括群体特征、个体特征、消费动机、消费者心理活动。

一、群体特征

消费者群体是指具有一种或多种相同消费特征的消费者所形成的集体。这些特征可能包括年龄、性别、职业、收入水平、受教育程度等。消费者群体的形成使得具有相同或相似特征的消费者在消费行为、消费心理及习惯等方面有许多共同之处。网络药品消费者群体可以根据不同的分类标准进行划分，主要包括以下类型。

1. 按年龄划分 按照年龄将网络药品消费者群体划分为青年、中年和老年三个群体。①青年消费群体：这个群体由18 ~ 30岁的年轻人组成，年轻人对新鲜事物接受度高，喜欢尝试新的保健品和美容产品等，同时对健身和健康生活方式的关注度也在不断增加，青年消费群体网上药店消费以购买保健品、美容护肤产品、健身产品为主。②中年消费群体：这个群体由31 ~ 60岁的人群组成，中年消费群体在提升生活品质的领域消费占比较高，注重性价比和品牌信誉，网上药店消费以品牌保健品和药品为主。③老年消费群体：这个群体由60岁以上的老年人组成，老年人更注重保健和健康，购买药品、保健品和医疗器械时更倾向于选择有保障的产品和服务。

2. 按性别划分 按照性别将网络药品消费者群体划分为男性和女性两个群体。①男性群体：男性消费者注重通过保健品和膳食补充剂来维护健康，关注肝脏健康和降脂清肝的产品，选择药品时，更加注重产品的科技含量和实用性，倾向于选择知名品牌的产品，以确保产品的质量和效果。男性消费群体在网上药品消费中主要购买的产品包括保健品、维生素、膳食补充剂、中药材和医疗器械等。②女性群体：女性消费群体在网上购买药品时，通常会选择价格实惠、购买方便的药品。在购买药品时，自我意识较强，更加注重个人体验和满意度，注重药品的质量、效果和用户评价。表现出从众心理，容易受到周围人或社交媒体上的推荐影响。女性消费群体在网上药品消费中主要购买的产品包括滋补类、美容类和常用的非处方药。

3. 按职业划分 按照职业将网络药品消费者群体划分为医药类职业和非医药类职业。①医药类职业：医药类职业的网络药品消费者群体对药品的专业知识比较熟悉，购买药品属于指定性购买，不会征求药师意见，对品牌和剂型都有明确的要求。②非医药类职业：非医药类职业的网络药品消费者与医药类职业相比较，药品专业知识不足，购买时依靠药师等专业技术人员推荐和指导，很少出现指定性购买行为。

二、个体特征

网络药品消费者的个性和健康意识都对药品消费行为产生影响。

1. 个性　消费者个性包括消费者的兴趣、偏好、能力、性格等多个方面。①兴趣和偏好：网络药品消费者会根据自身的兴趣和偏好选择购买某一种或者某一类药品。例如：喜欢片剂的消费者不愿意选择颗粒剂。②能力：网络药品消费者的能力包括对药品的辨别力、挑选力、评价力、鉴赏力、决策力等多个方面，大部分消费者需要依靠药师等专业技术人员进行药品购买的决策。③性格：不同性格的网络药品消费者会表现出不同的消费行为。例如：理智型消费者会经过周密的思考和权衡，决策过程较长。

2. 健康意识　不同健康意识的消费者在网络药品消费方面存在显著差异，主要体现在药品类型选择、品牌选择以及消费行为等方面。①健康意识较高的消费者：这类消费者在选择药品时更加注重药品的成分、副作用等信息，倾向于选择天然、无糖、植物提取物等健康概念的产品。在品牌选择上，更注重品质和口碑，倾向于选择知名品牌或有良好评价的产品。②健康意识较低的消费者：这类消费者在选择药品时可能更注重药品的即时效果和价格，倾向于选择价格较低或广告宣传较多的产品，对药品的具体成分和副作用信息关注较少。

三、消费动机

消费动机是消费者消费行为的内在动力，网络药品消费者购买药品的动机包括预防动机、治疗动机、方便动机和价格动机。

1. 预防动机　医药消费者对于保持健康和预防疾病有着强烈的需求，并希望通过采取措施来预防疾病的发生。网络药品消费者购买药品的主要目的之一就是为了预防疾病或症状的发生。例如，流感季节到来时，人们会提前购买预防流感的药品。

2. 治疗动机　消费者购买药品的主要动机之一是期望通过使用药品达到治疗效果，缓解或消除疾病症状，达到治疗的目的。例如，头痛时购买止痛药，咳嗽时购买止咳药。

3. 方便动机　消费者购买药品时，方便性也是一个重要因素。网络购药可以随时随地进行，不受时间和地点的限制。消费者可以通过手机或电脑轻松访问网上药店，选购药品，并在短时间内完成支付和配送。

4. 价格动机　价格是影响网络药品消费者购买决策的重要因素，价格合理、性价比高的药品更受欢迎，网上药店经营降低了中间环节和库存成本，具有价格优势。

四、消费者心理活动

消费者的心理活动包括知觉、态度、情绪和记忆。

1. 知觉　知觉在网络药品消费者的购买行为中起着至关重要的作用，通过影响消费者的选择、理解、恒常性和期望等方面，进而影响购买决策。①知觉的选择性：知觉的选择性帮助消费者确定购买目标。消费者在面对众多药品时，会根据自己的需求和偏好选择特定的药品，这种选择性使得消费者能够快速锁定目标，进行购买决策。②知觉的整体性与理解性：知觉的整体性特征使得具有整体形象的事物比局部的、支离破碎的事物更具吸引力和耐人寻味。在广告中，整体形象的展示比局部展示更能吸引消费者的注意，从而影响其购买行为。③知觉的恒常性：知觉的恒常性使得消费者在面对不同情境下的相同药品时，仍然能够保持对其基本属性的稳定认知。例如，即使药品的包装或展示方式发生变化，消费者仍然能够识别出其基本属性，这有助于维持品牌忠诚度。④知觉的对比效应：消费者在比较不同药品时，会受到知觉对比效应的影响。例如，如果一种药品的价格明显低于同类产品，消费者可能会因为价格优势而选择该药品，从而影响其购买行为。⑤知觉的期望效应：消费者的期望和态度也会影响其对药品的知觉。如果消费者对某种药品有较高的期望，即使该药品的实际效果不如期望中的那么好，消费者仍可能会继续使用或推荐给其他消费者。

2. 态度 消费者的不同态度和类型对网络药品购买行为有显著影响。①影响药品的判断与评价：消费者在购买药品时，会根据已有的态度对药品进行评价。如果消费者对某个品牌药品有正面态度，他们更可能选择该品牌；反之，如果态度负面，则可能避免购买。②影响购买意向：消费者的态度直接影响其购买意图。积极的态度会导致明确的购买意图，而消极的态度则可能导致没有购买意图。③影响学习兴趣与学习效果：消费者在接触药品信息时，不同的态度会影响他们对信息的注意和理解，进而影响其学习效果和购买行为。

3. 情绪 消费者的情绪对药品购买行为有显著影响。情绪可以激发消费者的购买动机，当消费者处于积极情绪状态时，他们更愿意积极治疗，通过购买药品缓解病情。相反，处于消极情绪中的消费者可能会通过购买药品来缓解压力和改善睡眠，尤其是那些能够助眠的药品。

4. 记忆 记忆在网络药品购买行为中起着至关重要的作用，记忆通过不同类型的作用机制，影响着消费者的购买行为。①形象记忆：药品的包装、设计、色彩、符号等都会影响消费者的记忆，从而影响购买决策。②词语—逻辑记忆：药品的说明书、广告词等文字信息会被消费者记住，进而影响购买行为。③情景记忆：消费者在特定场景下使用药品的经历会被记住，从而影响对药品的记忆和购买决策。④情绪记忆：消费者对药品使用过程中的情绪体验会被记住，影响消费者对药品的记忆和购买决策。

第四节　影响网络药品消费者行为的外部因素

了解外部因素对网络药品消费者行为的影响不仅有助于企业制定有效的营销策略，提升消费者对药品信息的关注和购买决策，还能推动市场需求变化，促进市场增长，提升消费者的消费信心。影响网络药品消费者行为的外部因素主要包括经济、品牌和广告。

一、经济

经济因素对网络药品消费者行为的影响是多方面的，包括药品价格、消费者收入水平、医保政策、药品价格调控政策等。这些因素共同作用，影响着消费者的购买决策和消费行为。

1. 药品价格 药品的价格是影响网络药品消费者购买行为的重要因素之一。如果药品价格过高，超出了消费者的经济承受能力，尤其是自费药品品种，消费者就会选择不购买或者寻找替代品。因此，药品的价格是否为目标市场的顾客所接受，直接影响到消费者的购买决策。

2. 消费者收入水平 消费者收入水平对网络药品消费者购买行为有显著影响，不同收入水平的消费者在选择药品时会表现出不同的偏好和需求。收入较低的消费者对药品价格更为敏感，会选择价格较低的药品或性价比高的药品，而高收入消费者则更关注药品的疗效，更倾向于选择知名品牌和高品质的药品，选择的空间和余地更多。

3. 医保政策 医保政策是影响网络药品消费者行为的重要因素。符合医保支付政策要求的网络药店可以使用医保卡购买药品。对于想要刷医保卡进行支付的消费者来说，就会选择可进行医保卡支付的网络药店进行消费。

知识拓展

互联网购药医保在线支付试点项目落地

过去，医保个人账户只能用于参保人到医保定点医疗机构或药店线下看病购药。自2023年10月起，上海市上线零售药店互联网购药医保结算服务。在这里，市民可以通过互联网轻松购买非处方医保药品，并直接使用医保个人账户完成支付，告别了传统线下购药的奔波和繁琐。为了保证药品的质优价廉，上海医保部门积极引导定点药店自律经营，遵循公平合法原则，确保线上销售药品价格合理。同时，强化智能监控大数据分析，加强定点零售药店的结算数据的归集和利用，针对药品费用和数量增长较快的异常情况予以及时预警和监管，对冒用他人社保卡等违法违规行为予以严厉打击。

4. 药品价格调控政策　国家的带量采购和地方联盟采购等政策会影响药品的价格，部分药品价格大幅下调，进而影响网络药品消费者对药品的购买决策，价格下降的品种购买量会增加。

二、品牌

药品的品牌是影响网络药品消费者行为的重要因素。

1. 品牌能够协助网络药品消费者进行信息过滤和处理　品牌作为一种识别系统，是特定产品和服务的标志。品牌的最终目的是建立不同品牌的同类产品之间的差异，这种差异便于消费者区分不一样的品牌，根据品牌来挑选自己满意的产品，进而简化消费者的购买行为。网络药品消费者在选购药品时，可以直接根据想要选择的品牌进行药品的筛选，提高药品信息的处理效率。

2. 品牌影响网络药品消费者的满意度　网络药品消费者不仅注重药品的质量，追求好的治疗效果，而且对药品的品牌具有一定的要求。药品的品牌在一定程度上代表着企业对消费者的承诺，越是百年老字号、大品牌，就越容易获得消费者的信任，进而提升消费者的满意度，产生消费者重复购买该品牌药品的行为。

3. 品牌影响网络药品消费者的忠诚度　企业的品牌文化能帮助企业塑造鲜明的品牌价值，以此来形成消费者对品牌独有的忠诚度。通过长期积累和传承，企业形成了相对稳定的品牌声誉和形象，获得了消费者的信任和认可，从而提升了购买的忠诚度。

三、广告

广告的宗旨是将商品信息传递给受众群体，从而促进商品销售。广告对网络药品消费者行为的影响主要体现在以下几个方面。

1. 传递商品信息，提升认知度　广告作为信息传播的主要手段，通过电视、报纸、互联网等多种渠道广泛传播商品信息，使消费者能够了解并获取药品的知识。广告传递的信息内容丰富，包括市场动态、药品特性和服务详情等，通过广告，消费者可以了解药品的名称、品牌、适应证、功能主治、用法用量、不良反应和禁忌、生产厂家和批准文号等信息，提升消费者的认知度。

2. 影响消费者的整个购买决策过程　在需求确认阶段，广告具有“激发功能”，能够激发网络药品消费者的消费欲望和动机，唤起消费者的需求，保持消费者对药品和品牌的记忆；在信息收集阶段，广告具有“显露功能”，可以将药品的名称、适应证、品牌、价格等信息传达给消费者，潜移默化地改变消费者的消费观念；在选择评价阶段，广告具有“引导功能”，提供不同药品之间的对比信息，帮助消费者了解药品，提供决策信息；在购买决策阶段，广告具有“说服功能”，帮助消费者决策购买种类和方式等；在购买后反应阶段，广告具有“强化功能”，通过强化药品效果，巩固消费者购买后的积极反应，巩固品牌忠诚度或形成持续购买行为。

3. 满足不同消费群体的需求 不同年龄段的网络药品消费者对广告的关注点不同。青少年喜欢刺激感强的广告，如快节奏的音乐、动感的色彩等。他们对有代表性和个人形象的广告比较容易接受，同时也容易被广告影响，对同一品牌的黏性较低；中青年群体阅历丰富，更注重广告的实用性，关注产品的功能特点和使用体验，对夸张、虚假或过于抽象的广告不感兴趣，对同一品牌或同类产品的广告会保持较高的接受度和忠诚度，注重细节和深度；中老年群体对品牌的忠诚度较高，会因为过去的使用经验、品牌口碑和体验感等因素来确定购买的药品品牌和类别，对广告的接受度相对较低，更看重广告传递的信息和情感内涵，注重广告的真实性和可信度。因此，需要根据目标消费群体的特点调整广告内容和形式，提升广告的针对性和实效性。

思考题

答案解析

“买药不出门”已成为互联网时代消费者健康需求便捷满足的生动缩影。2022 年 12 月 1 日《药品网络销售监督管理办法》开始实施，大型企业竞相加入，互联网购药平台快速崛起。网络购药逐渐成为许多消费者的重要购药途径。

线上购药的便利性是其迅速普及的主要原因。对于许多患有慢性病或需要长期用药的消费者来说，他们不再需要为了买药而专门请假或奔波于各大药店之间，只需轻轻一点手机屏幕，就能轻松解决购药问题。

价格上的优势也是线上购药的重要吸引力。线上药店由于运营成本更低，往往能够提供比线下药店更优惠的价格。

与此同时，线上购药平台不断创新服务模式，提升用户体验。根据电商平台数据显示，线上平台的医疗药品、营养保健品和医疗器械等的销售额，均迎来了全面增长。

近日，发起的一项《线上购药消费者行为问卷调查》结果显示，药品商品价格和药品种类丰富程度成为驱动消费者倾向于线上购买药品的两大核心要素，占比高达 86.26% 和 61.34%；而在影响未选择线上购药的因素调查中，无法辨别网上药店药品的真伪成为消费者最担忧的问题。此外，专业医师在线咨询服务、医保支付的便捷性，以及药品售后服务的保障情况，也同样是消费者在做决定时重点权衡的几大要素。

1. 消费者选择网上购药的主要原因是什么？
2. 消费者不选择网上购药的主要原因是什么？
3. 网上购药的优势有哪些？

书网融合……

微课 1　　微课 2　　习题　　本章小结

第十六章　网络药学服务

PPT

学习目标

1. 通过本章学习，掌握网络药学服务从前期准备到业务模式选择、核心功能实现及人员培训的全流程知识，熟悉医药电子商务相关的法律法规体系，以及网络药学服务需遵循的行业标准和操作规范，了解网络药学服务作为医药电子商务重要组成部分的基本概念、类型及其在医药流通体系中的角色与功能。

2. 具有运用问卷调查、大数据分析、社交媒体监测等方法，分析医药消费者的购买行为和健康需求的能力，能为网络药学服务的精准营销和个性化服务提供依据，具有良好的沟通协作能力，能够与团队成员、供应商、消费者等多方进行有效沟通，共同推动网络药学服务的持续改进和创新。

3. 树立以客户为中心的服务理念，尊重消费者的健康权益和隐私安全，始终将患者的健康放在首位，需培养高度的责任感和使命感，严格遵守医药行业的法律法规和道德规范，确保网络药学服务的合法合规性和安全性，培养创新思维和持续学习的能力，不断适应医药电子商务领域的快速发展和变化。

第一节　药学服务概述

一、药学服务的基本概念与类型

（一）药学服务的基本概念

药学服务是指药师运用其专业知识和技能，为患者、医护人员及其他相关人员提供的一系列以药物为中心的服务。这些服务包括但不限于药物信息的传递、用药咨询、药品管理、药物监测、药物疗效评估以及用药教育等，旨在确保患者能够安全、有效、经济地使用药物，从而提高药物治疗的效果，减少药物相关的不良反应，促进合理用药，最终达到改善患者生活质量的目的。药学服务体现了以患者为中心的医疗服务理念，旨在提高患者用药依从性，降低药品不良反应，促进合理用药，是现代医疗体系中不可或缺的一部分。

20 世纪 90 年代至今药学服务强调药物治疗的个性化，药师在慢性病管理、药物基因组学、药物经济学等领域发挥着重要作用。在当代，药学服务已经成为医疗保健体系的重要组成部分，并扩展到社区药房、医院药房、远程药学服务等多个领域。药学服务与信息技术结合，利用电子健康记录（EHR）、药历系统等提高服务质量。药师在促进合理用药、减少药物不良事件、提高患者生活质量等方面发挥着关键作用，药师参与药物治疗管理（MTM），为患者提供个性化的用药方案。

（二）药学服务在现代医疗中的地位和作用

在现代医疗体系中，药学服务的地位日益凸显，它已成为确保药物治疗安全、有效和经济的关键环节。作为合理用药的推动者，药师通过专业的药物知识，协助医生和患者选择最合适的药物、剂量和用药方案，从而提高药物治疗的整体效果。同时，药学服务在保障药物治疗安全方面发挥着重要作用，药师通过对药物不良反应的监测、药物相互作用的评估以及患者用药教育，有效减少了药物使用过程中的潜在风险，确保了患者的用药安全。此外，药师还扮演着医疗成本控制者的角色，通过优化药物治疗方案，避免不必要的药物使用，降低了医疗成本，提高了医疗资源的利用效率。

此外，药学服务在提升患者健康水平和服务质量方面也有着不可替代的作用。药师作为患者健康的守护者，提供个性化的用药指导，帮助患者理解药物治疗的重要性，提高用药依从性。在医疗团队中，药师作为合作伙伴，参与治疗决策，为医护人员提供药物相关的专业意见，共同提升医疗服务质量。作为药物信息的提供者，药师不断更新和传递最新的药物知识，为临床决策提供科学依据。在药学研究领域，药师将研究成果转化为临床实践，推动药学知识的进步。在公共卫生领域，药师通过参与疫苗接种、慢性病管理等项目，为提升公众健康水平作出贡献。因此，药学服务在提升患者满意度、增强医疗服务的连续性和完整性方面发挥着重要作用，是现代医疗体系中不可或缺的一部分。

（三）药学服务的类型

随着服务模式的不断创新，药学服务的类型日益丰富，涵盖了临床、社区、网络和工业等多个领域。在临床领域，药师们深入参与到患者药物治疗过程中，提供个性化的用药指导和服务；在社区层面，药学服务贴近居民生活，满足了社区居民的基本用药需求，增强了群众的自我药疗意识；网络药学服务的兴起，使得药学信息传播更加迅速，为患者和医护人员提供了便捷的在线咨询和教育；而在工业领域，药学服务则保障了药品从研发到生产、销售的全过程质量，为药品生产企业提供了专业的支持。这些多样化的药学服务模式协同作用，促进了药学事业的全面发展。

1. 临床药学服务 临床药学服务是指药师在医疗机构内部，直接参与患者药物治疗过程的服务。这种服务主要包括药物治疗的监测、药物不良反应的评估、个体化用药方案的制定、药物治疗效果的评估、患者用药教育以及为医护人员提供药物信息支持。临床药学服务的目标是确保患者用药的安全、有效和经济，提高患者的用药依从性，促进合理用药。

2. 社区药学服务 社区药学服务是指药师在社区药房或其他社区环境中，为社区居民提供药学服务。这包括处方审核、药物配送、用药咨询、慢性病管理、健康教育和疾病预防等。社区药学服务的特点是贴近居民生活，更加便捷，能够满足社区居民的基本用药需求，增强社区群众的自我药疗意识和能力。

3. 网络药学服务 网络药学服务是指利用互联网、移动通信等技术手段，为患者、医护人员和社会公众提供在线药学信息、咨询、教育和远程监测等服务。这种服务形式不受时间和地点的限制，能够迅速传播药学知识，提供实时药学咨询，帮助用户解决用药相关问题。网络药学服务包括在线药物信息查询、远程用药咨询、电子药历管理、在线药学教育等。

4. 工业药学服务 工业药学服务是指药师在药品研发、生产、销售和物流等环节中提供的服务。这包括药品注册申报、药品生产过程中的质量控制、药品存储和运输条件的优化、市场准入和药品推广等。工业药学服务的目的是确保药品的质量和安全性，促进药品的市场应用，满足临床用药需求，同时为药品生产企业提供专业的药学支持。

二、网络药学服务的基本概念、特点与发展历程

（一）网络药学服务的基本概念

网络药学服务是一种依托互联网技术的药学服务模式，主要由专业药师或药学机构通过线上平台提供全方位的药学相关服务。这种服务模式充分利用信息技术的便捷性，打破了传统药学服务的地域和时间限制，使得专业药师能够高效、广泛地服务于用户。服务内容涵盖了在线药物咨询、用药指导、药品信息查询、远程药物配送、电子处方审核以及患者教育等多个方面，旨在满足公众、患者、医护人员及医疗机构等不同用户群体的药学需求。

网络药学服务的目标在于提升药物治疗的安全性和有效性，推动合理用药，从而提高公众的健康水平。服务方式包括网站、移动应用程序（App）和社交媒体等多种线上渠道，方便用户根据自己的需要选择合适的服务路径。通过提供实时用药咨询、个性化用药建议、药品信息查询和配送等服务，网络药学服务不仅为用户带来了便捷，还在普及药学知识和提升药学服务水平方面发挥了作用。

（二）网络药学服务的特点

1. 便捷性 用户可以不受地理位置的限制，通过互联网随时获取药学服务。无论是咨询用药问题、查询药品信息，还是获取电子处方，网络药学服务都能在短时间内提供响应，极大地节省了用户的时间和精力。这种即时服务的特性，尤其对于忙碌的工作人群、居住在偏远地区的患者，以及行动不便的特殊群体来说，提供了极大的便利，使他们能够在任何需要的时候，快速获得专业的药学支持。

2. 互动性强 用户与药师之间可以通过文字、语音甚至视频的方式进行实时交流，这种双向互动不仅提高了沟通的效率，也增强了服务的个性化和精准性。药师可以根据用户的描述和需求，提供个性化的用药建议，而用户也可以即时反馈自己的感受和问题，从而形成一个闭环的沟通模式。这种互动性有助于建立用户对药师的信任，提升用户对药物治疗的依从性，最终提高药物治疗的效果。

3. 信息量大且更新迅速 用户可以访问到包括药品说明书、用药指南、药物相互作用、最新研究成果等丰富的药学资源。更重要的是，这些信息能够及时更新，确保用户获取到的是最新、最准确的药学知识。这种信息优势不仅帮助用户做出更明智的用药决策，也为药师提供了强大的知识支持，使得他们能够提供更加专业的服务。

4. 服务范围广泛 网络药学服务能够覆盖包括患者、医护人员、药师以及医疗机构等在内的广泛用户群体，满足不同用户的不同需求。无论是普通公众的用药咨询，还是专业医护人员的临床决策支持，网络药学服务都能提供相应的解决方案。这种广泛的服务范围不仅提升了公众的健康意识，促进了合理用药，还加强了医疗资源的有效分配，具有很高的社会效益。

（三）网络药学服务的发展历程

网络药学服务的历史演变可以追溯到20世纪末期，其发展经历了从起步到成熟的多个阶段。起初，网络药学服务主要以提供单向药品信息的形式出现，这一阶段标志着药学服务向网络化迈出的第一步。随后，随着互联网技术的不断进步，药学服务进入了一个快速发展阶段，出现了专业的药学网站、在线药房、药学论坛和社区，医疗机构也开始提供在线咨询服务，这些变化极大地丰富了网络药学服务的内涵。到了成熟阶段，移动互联网的普及、专业网络药学服务平台的建设、新技术的应用以及政策法规的完善，共同推动了服务的个性化和智能化，用户可以通过手机应用、电子处方等手段，更加便捷地获得全方位的药学支持。

网络药学服务未来发展趋势，服务的整合将成为关键，通过网络平台将医疗资源更加有效地连接起来，实现资源共享和优化配置。药师在线角色的强化将使得药学服务更加专业和个性化，药师将能够提供更加精准的用药指导和服务。区块链技术的应用将提升数据安全和隐私保护，增加服务的透明度和可信度。智能药学服务系统的发展将使得服务更加智能化，通过大数据分析和人工智能技术，为用户提供更加智能化的用药建议和管理方案。这些发展趋势预示着网络药学服务将更加高效、便捷，为公众提供更加全面、连续的药学服务。

第二节 有关药学服务的相关规定

药学服务作为保障公众健康的重要环节，其规范化、法治化管理显得尤为重要。随着医药行业的快速发展，药品的种类和销售渠道日益多样化，药学服务的范围也不断扩大。为了确保药品的安全、有效和可及性，我国制定了一系列药学服务的法律法规。

一、《中华人民共和国药品管理法》中的相关规定

《中华人民共和国药品管理法》是中国药品监管的基本法律，涵盖了药品的研制、生产、经营、使用和监督管理等多个方面。该法律强调了药品管理应当以人民健康为中心，坚持风险管理、全程管控、社会共治的原则，规定药品的生产和销售必须取得相关许可，并要求药品经营者和使用者遵循专业的操作规范，以确保药品在使用过程中的安全。

《中华人民共和国药品管理法》规定国家对药品实行处方药与非处方药分类管理制度。依法经过资格认定的药师或其他药学技术人员负责药品管理、处方审核和调配、合理用药指导等工作。药师在药品零售企业中承担着重要的药学服务职责，包括审核处方、指导合理用药、监测药品不良反应等，确保患者用药安全。《中华人民共和国药品管理法》还强调了对药品广告的监管，禁止虚假宣传和误导消费者的行为。这一条款对于网络药学服务尤为重要，因为互联网平台往往容易传播不准确的信息。药学服务提供者需在法律框架内，确保所有推广内容真实可信，避免因违法行为导致的法律责任和声誉损失。

二、《药品网络销售监督管理办法》中的相关规定

《药品网络销售监督管理办法》由国家市场监督管理总局颁布，旨在规范药品网络销售和药品网络交易平台服务活动，保障公众用药安全。该办法明确了在中华人民共和国境内从事药品网络销售、提供药品网络交易平台服务及其监督管理应遵守的规则。其中包括对药品网络销售企业的要求，如必须具备保证网络销售药品安全的能力，按照经过批准的经营方式和经营范围经营，以及遵守药品法律法规、规章、标准和规范等。

国家药品监督管理局主管全国药品网络销售的监督管理工作，各级药品监督管理部门负责本行政区域内的具体监管工作。从事药品网络销售的，应当是具备保证网络销售药品安全能力的药品上市许可持有人或者药品经营企业。中药饮片生产企业销售其生产的中药饮片，应当履行药品上市许可持有人相关义务。药品网络销售企业应当按照经过批准的经营方式和经营范围经营，并确保交易全过程信息真实、准确、完整和可追溯。同时，疫苗、血液制品、麻醉药品、精神药品等特殊管理的药品不得在网络上销售。通过网络向个人销售处方药的，应当确保处方来源真实、可靠，并实行实名制。药品网络零售企业应当与电子处方提供单位签订协议，并严格按照有关规定进行处方审核调配。药品网络销售企业应当在网站首页或经营活动的主页面显著位置，持续公示其药品生产或经营许可证信息及相关药学技术人员资格认定等信息。

三、《药品零售企业执业药师药学服务指南》中的相关规定

国家药品监督管理局（NMPA）作为中国药品监管的主要机构，其相关规定对药学服务的开展具有重要指导意义。NMPA 制定了一系列规章制度，旨在规范药品的生产、流通和使用，这些规定确保药品在整个生命周期内的安全性和有效性，从而保护公众健康。

近年来，通过发布一系列政策文件，加强对执业药师的管理和药学服务质量的提升。国家药品监督管理局执业药师资格认证中心发布的《药品零售企业执业药师药学服务指南》详细规定了执业药师在药品零售企业中的药学服务职责，包括处方审核、用药指导、健康宣教等，强调执业药师应持续提升药学服务质量和水平，保障公众安全合理用药。国家药品监督管理局鼓励药品零售企业参与线上线下融合发展，推动药品处方信息共享及安全流转，确保在线药学服务的真实性和可追溯性。执业药师在开展在

线药学服务时，必须由其本人真实开展，不得以人工智能程序替代服务，并在企业网站或主页面醒目位置展示执业药师注册信息。这些规定旨在加强药品管理，保证药品质量，保障公众用药安全和合法权益，以及保护和促进公众健康。

四、《药品经营质量管理规范》中的相关规定

《药品经营质量管理规范》针对药品流通环节提出了严格的质量管理标准，确保药品在流通过程中的安全和有效。这一规范要求药品流通企业建立健全的质量管理体系，涵盖从药品采购、储存、运输到销售的每个环节。通过规范化的管理，能够有效降低药品在流通过程中发生变质或损坏的风险，确保药品质量。

规范还强调了对流通企业员工的培训和管理，要求员工掌握必要的药学知识和质量控制技能。这不仅提高了药品管理的专业性，也增强了企业的整体服务能力。同时，企业还需定期进行自查和外部审核，以确保质量管理体系的有效性。

第三节 网络药学服务的核心内容

网络药学服务为公众提供了全新的药品获取与健康管理体验。从药品信息查询到专业药师咨询，从电子处方开具到药品快速配送，再到全面的在线健康教育，这一系列服务不仅打破了传统药学服务的时空限制，更以其便捷、高效、个性化的特点，满足了现代社会人们对健康生活的需求。

一、电子处方管理

电子处方服务简化了传统的处方流程，患者在网上就诊后，医生可以远程开具电子处方，药师在线审核后，患者即可凭电子处方在网络平台上购买药品。这一流程不仅节省了患者排队等待的时间，还减少了纸质处方遗失的风险，提高了处方的管理效率。同时，电子处方的使用也有助于医疗机构实现信息化管理，提升医疗服务质量。

（一）电子处方的法律要求

电子处方作为传统纸质处方的数字化形式，首先必须满足法律法规的合法性要求。根据《中华人民共和国药品管理法》及《互联网诊疗管理办法（试行）》等相关规定，电子处方必须由具备合法资质的医疗机构开具，并经过电子认证服务机构的认证，确保处方信息的真实、完整和不可篡改。这一要求旨在保障电子处方在传输、存储和使用过程中的法律效力，与纸质处方具有同等地位。

电子处方的开具必须严格遵守医疗诊疗规范，由具有相应执业资格的医师根据患者病情和用药需求进行。同时，医疗机构应建立电子处方审核系统，由具备药学专业技术职务任职资格的药师对电子处方进行审核，确保用药的适宜性、安全性与合理性。对于不符合规定的电子处方，药师有权拒绝调配，并及时与开具处方的医师沟通，确保处方质量的持续改进。

电子处方涉及患者的个人信息和医疗数据，其信息安全与隐私保护至关重要。根据《中华人民共和国网络安全法》及《中华人民共和国个人信息保护法》等相关法律法规，医疗机构和药品零售企业在处理电子处方信息时，必须采取有效的技术措施和管理手段，确保数据的安全存储、传输和使用。同时，应明确告知患者相关信息的收集、使用目的及范围，并征得患者同意，切实维护患者的合法权益和隐私安全。对于违反信息安全与隐私保护规定的行为，将依法追究相关责任人的法律责任。

（二）电子处方的操作流程与管理

电子处方的操作流程是确保医疗过程高效、准确、安全的关键环节。首先，患者在医疗机构完成挂

号与就诊后，医生通过电子病历系统详细记录患者的病史、诊断及用药需求。随后，医生在系统中开具电子处方，包括药品名称、剂量、用法、频次等关键信息，并确认无误后签名提交。这一过程中，系统会自动检查药品的相互作用、剂量限制等安全性问题，辅助医生做出合理决策。接着，电子处方被自动传送至药房，由药师进行专业审核。药师需确认处方的合法性、合理性及患者用药的适宜性，必要时与医生沟通调整。审核通过后，患者可通过医院自助终端或手机 App 等渠道支付费用，并凭借支付凭证或电子凭证前往药房取药。整个流程实现了无纸化操作，既提高了工作效率，又减少了人为错误。

为了保障电子处方管理的规范性和有效性，医疗机构需采取一系列管理措施。首先，建立健全的电子处方管理制度，明确各环节的职责、权限和操作流程，确保各岗位人员能够严格按照规定执行。其次，加强系统安全建设，采用先进的加密技术、防火墙等安全措施，防止电子处方信息被非法获取或篡改。同时，定期对系统进行维护和升级，确保其稳定运行和适应医疗服务的需求。此外，重视人员培训，提高医生、药师等关键岗位人员的专业素养和技术水平，确保他们能够熟练掌握电子处方的操作流程和管理要求。最后，建立健全的监管机制，对电子处方的开具、审核、支付、取药等各个环节进行全程监控，及时发现并纠正问题，保障患者用药的安全和有效。通过这些管理措施的实施，可以确保电子处方管理的规范性和有效性，为医药电子商务的发展提供有力支持。

（三）电子处方的审核与存档

电子处方的审核是保障患者用药安全的重要步骤。在电子处方开具后，系统会自动将其发送至药房的药师审核端。药师需仔细核对处方中的药品信息、用法用量、患者诊断等，确保处方的合法性和合理性。审核过程中，药师会利用自身的专业知识，对处方中的药品是否存在相互作用、剂量是否适宜、是否符合患者病情等进行综合评估。对于存在问题的处方，药师会及时与医生沟通，要求修改或重新开具。通过这一环节，可以有效避免因处方错误导致的用药风险，保障患者的用药安全。

电子处方的存档是医疗记录和用药追溯的重要依据。一旦电子处方经过审核并确认无误后，系统会将其自动存档至电子病历系统中。存档的电子处方包含完整的处方信息、审核记录及患者信息等，具有法律效力。医疗机构需确保电子处方的存档安全、可靠，防止数据丢失或泄露。同时，为了方便患者查询和医疗机构的管理，电子处方存档系统应具备便捷的检索功能，支持按照患者姓名、处方日期等条件进行快速查询。此外，医疗机构还需定期对电子处方存档进行备份和检查，确保数据的完整性和可用性。在需要时，医疗机构可根据相关法律法规的规定，向患者或相关部门提供电子处方的存档记录，以满足医疗纠纷处理、医保结算等需求。

二、药师在线咨询服务

远程药师咨询是网络药学服务的核心内容之一。用户可以通过电话、即时通信软件、视频通话等方式，与专业药师进行一对一的咨询。药师根据用户的具体情况，提供个性化的用药指导、药物相互作用提醒、副作用处理建议等服务。这种远程咨询方式尤其适用于慢性病患者、老年人以及居住在偏远地区的用户，为他们提供了专业、便捷的药学支持。

（一）药师在线咨询服务的资格要求

药师在线咨询服务作为网络药学服务的重要组成部分，其资格要求日益受到重视。《执业药师职业资格制度规定》明确了执业药师的资格要求、考试制度、注册管理等事项。其中规定“从事药品生产、经营、使用和其他需要提供药学服务的单位，应当按规定配备相应的执业药师”。为了确保患者能够获得专业、准确的用药指导，药师在线咨询服务的提供者应满足以下资格要求：药师必须具备国家承认的药学专业学历和执业资格。这意味着药师必须完成正规的药学教育，并通过国家执业药师资格考试，获得执业药师证书。这一要求确保了药师具备扎实的药学理论基础和丰富的实践经验，能够准确解答患者关于药品的疑问。

药师还需具备良好的沟通能力和服务意识。在线咨询服务是一种远程交流方式，药师需要通过文字、语音或视频等形式与患者进行沟通。因此，药师需要具备清晰、准确的表达能力，能够耐心、细致地解答患者的问题，并提供个性化的用药建议。同时，药师还应具备高度的责任心和服务意识，积极关注患者的用药情况，及时提供必要的帮助和支持。

药师还需接受定期的培训和考核。由于医药领域的知识更新迅速，新药、新技术层出不穷，药师需要不断学习新知识、新技能，以适应药学服务的需求。因此，医疗机构或服务平台应定期组织药师参加专业培训，提高其专业素养和服务能力。同时，还应建立考核机制，对药师的服务质量进行评估和反馈，确保药师在线咨询服务的专业性和有效性。

（二）药师在线咨询服务的操作规范

药师在线咨询服务应遵循一定的流程，包括患者咨询、药师解答、用药指导等环节。在服务内容上，药师需针对患者提出的用药问题给予专业、准确的解答，并提供个性化的用药指导。同时，药师还需关注患者用药过程中的不良反应，及时发现并处理潜在问题，确保患者用药安全。

患者隐私保护与信息安全。药师在线咨询服务中，患者隐私保护和信息安全至关重要。药师需严格遵守相关法律法规，确保患者在咨询过程中的个人信息不被泄露。此外，药师还需采取技术手段，保障咨询过程中的信息安全，防止数据被非法获取、篡改或丢失。

应建立健全药师在线咨询服务的质量管理体系，对药师的服务质量进行监督、评价和持续改进。通过定期对药师进行业务考核、患者满意度调查等方式，了解服务存在的问题，针对性地进行整改，不断提升药师在线咨询服务水平。

（三）药师在线咨询服务的记录与监督

在药师提供在线咨询服务的过程中，记录不仅是服务质量的重要体现，也是保障患者权益、确保用药安全的关键环节。完善的记录能够真实反映药师与患者之间的沟通内容、患者咨询的问题、药师的解答与建议等，为后续的服务跟进、问题解决乃至法律纠纷的处理提供有力依据。因此，药师必须高度重视在线咨询服务的记录工作，确保每一笔咨询都有迹可循、有据可查。

药师在进行在线咨询服务时，应详细记录以下内容：患者的基本信息（如姓名、年龄、性别等，需注意保护患者隐私）、咨询时间、咨询内容（包括患者的主诉、症状描述、用药史等）、药师的解答与建议（包括药品选择、用法用量、注意事项、可能的不良反应及应对措施等）、患者的反馈与确认等。这些记录应准确、清晰、完整，避免模糊或遗漏关键信息。同时，药师还应注意记录的格式化和标准化，以便于后续的整理、归档和检索。

为了确保药师在线咨询服务的规范性和有效性，建立健全的监督与审核机制至关重要。一方面，医疗机构或网络平台应设立专门的监督部门或岗位，对药师在线咨询服务的全过程进行实时监控和定期抽查，及时发现并纠正服务中存在的问题和不足。另一方面，应建立严格的审核制度，对药师的咨询记录进行定期审核，对于存在问题的记录，应及时反馈给药师本人进行整改，并视情况采取相应的管理措施。此外，还可以鼓励患者参与对药师在线咨询服务的监督和评价，以患者的满意度作为衡量服务质量的重要指标之一。

三、药品信息查询与购买

网络药学服务为用户提供了便捷的药品信息查询平台。用户可以通过关键词搜索、药品分类浏览等方式，快速找到所需药品的详细信息，包括成分、适应证、用法用量、副作用、价格等。同时，许多网络药学服务平台还支持在线购买，用户在了解药品信息后，可以直接下单购买，享受一键式的购物体验。此外，这些平台通常还会提供药品比较、用户评价等功能，帮助消费者做出更加明智的购买决策。

四、药品配送与物流管理

网络药学服务还包括高效的药品配送系统。用户在完成在线购买后，平台会通过合作的物流公司进行药品配送，确保药品安全、快速地送达。为了保障药品在运输过程中的质量，许多平台还采用了专业的温控包装和冷链物流，尤其对于生物制品、胰岛素等需要特殊储存条件的药品，这一点尤为重要。

五、在线健康教育与推广

在线健康教育是网络药学服务的重要组成部分。平台通过发布健康文章、视频、直播讲座等形式，向公众普及药学知识、疾病预防、健康生活方式等内容。这种教育方式不受时间和空间限制，能够覆盖更广泛的受众，有助于提高公众的健康素养，促进合理用药。同时，通过网络平台的推广，还可以增强用户对品牌和服务的认知，提升药学服务的整体形象。

第四节　网络药学服务的开展 微课

在医药电子商务的快速发展背景下，网络药学服务作为重要组成部分，不仅提升了药学服务的可及性和效率，还促进了医药资源的优化配置。本节将详细探讨网络药学服务开展的前期准备工作、网络药学服务的业务模式、网络药学服务的核心功能等。

一、网络药学服务的前期准备

（一）市场调研与需求分析

网络药学服务开展前，必须进行详尽的市场调研。这包括了解当前医药电子商务市场的整体规模、发展趋势、竞争格局以及消费者行为等。通过大数据收集、细节问题的网络问卷调查、访谈、数据分析等多种方式，收集行业内的第一手资料，为服务定位和市场策略的制订提供数据支持。

在市场调研的基础上，深入分析潜在用户对网络药学服务的需求。这包括患者对药品信息的获取、用药咨询、用药指导、药物重整及药物治疗管理等多元化需求。同时，也要关注医疗机构、药品生产企业和零售药店等合作伙伴对网络药学服务的具体需求，以便在后续服务设计中做到精准对接。

（二）平台搭建与技术支持

网络药学服务平台的搭建是服务开展的基础。平台应具备良好的用户体验，包括清晰的界面设计、便捷的操作流程、稳定的运行环境等。平台功能需覆盖处方审核、用药咨询、用药教育、药物重整、药物治疗管理等多个方面，确保能够满足用户的多样化需求。

技术支持是网络药学服务得以顺利运行的保障。这包括互联网技术、大数据技术、云计算技术等的应用。通过构建安全可靠的数据库系统，实现用户信息的有效管理和数据安全保护；利用大数据分析技术，对用户行为进行深度挖掘，为服务优化提供数据支持；借助云计算技术，提高平台的运行效率和扩展性；采用加密、防火墙等技术，保障用户隐私和信息安全。

（三）资质认证与政策合规

开展网络药学服务，必须取得相应的资质认证。依据网络药学服务具体内容对应办理互联网医院执业许可证、药品经营许可证、互联网药品信息服务资格证书、医疗器械网络销售备案等。同时，提供服务的药师也应具备相应的专业资格，如药师及以上专业技术职务任职资格，并具有相应的药学服务经验。通过严格的资质认证，确保服务的专业性和合法性。建立健全内部管理制度，制定质量管理、信息安全、用户服务等方面的规章制度，确保服务质量和安全。

在提供服务的过程中，必须严格遵守国家相关法律法规和政策要求。这包括《互联网诊疗管理办法（试行）》《互联网医院管理办法（试行）》等文件关于互联网医疗服务的规定，以及《中华人民共和国药品管理法》《处方药与非处方药分类管理办法》等关于药品管理的法律法规，还需要密切关注国家政策法规的调整，及时调整服务内容和策略。

二、网络药学服务的业务模式

（一）B2C（企业对消费者）模式

B2C 模式是指医药企业直接面向消费者提供药学服务的模式。在这种模式下，企业通过建立自己的电子商务平台或利用第三方电商平台，展示并销售药品，同时提供在线咨询、用药指导等药学服务。消费者可以通过网络浏览药品信息、下单购买，并享受便捷的配送服务。B2C 模式拉近了企业与消费者之间的距离，使消费者能够更加方便地获取到专业的药学服务。

（二）B2B（企业对企业）模式

B2B 模式则是指医药企业之间通过网络平台进行交易和合作，共同提供药学服务的模式。这种模式主要面向医疗机构、药品批发商、零售药店等企业客户。通过 B2B 平台，企业可以实现药品的批量采购、库存管理和供应链优化，同时提供定制化的药学服务方案。B2B 模式有助于降低交易成本，提高供应链效率，促进医药行业的资源整合和协同发展。

（三）O2O（线上线下结合）模式

O2O 模式是将线上药学服务与线下实体药店相结合的一种创新模式。在这种模式下，消费者可以通过线上平台预约咨询、下单购买，并选择到附近的实体药店取药或享受专业的药学服务。同时，实体药店也可以通过线上平台拓展销售渠道，提升品牌影响力。O2O 模式充分利用了线上线下的优势资源，为消费者提供了更加便捷、全面的药学服务体验。

（四）移动端药学服务模式

移动端药学服务模式是随着智能手机普及而逐渐兴起的，通过手机应用或小程序为用户提供便捷的药品销售和在线咨询服务。这一模式使得消费者可以随时随地访问平台，快速下单购买药品，极大地提升了用户的购物便利性。移动端还可实现即时支付和快速配送，平台能够及时推送促销信息和健康管理建议，吸引用户的关注和参与。此外，移动端药学服务能够通过用户数据分析，提供个性化的健康管理方案，提升用户体验。然而，为了确保用户信息的安全，平台必须采取有效的数据保护措施，防止信息泄露和不当使用，这对于维护用户信任至关重要。

三、网络药学服务的核心功能

（一）药品在线查询与购买

药品在线查询与购买是网络药学服务的基础功能之一。用户可以通过网络平台，轻松查询药品的详细信息，包括药品名称、规格、价格、生产厂家、批准文号、适应证、用法用量、注意事项等。同时，平台提供便捷的购买流程，用户可以选择心仪的药品加入购物车，完成支付后等待药品配送到家。这一功能不仅节省了用户的时间和精力，还拓宽了药品的销售渠道。

（二）药师在线咨询与指导

药师在线咨询与指导是网络药学服务的重要特色。用户可以通过网络平台，与专业的药师进行实时交流，咨询药品使用、疾病治疗、健康保健等方面的问题。药师根据用户的病情和需求，提供专业的用药建议、用药指导以及健康管理方案。这种服务模式打破了地域限制，使得用户能够随时随地获得专业的药学服务，提高了用药的安全性和有效性。

（三）电子处方与药品配送

电子处方与药品配送是指医疗机构可以通过网络平台开具电子处方，并直接传输至指定的药店或配送中心。用户无须亲自前往医院或药店取药，等待药品配送上门即可。这一功能不仅简化了就医流程，减少了患者的等待时间，还提高了医疗资源的利用效率。通过电子处方系统，也可以实现对药品使用情况的监控和管理。

（四）健康管理与个性化服务

健康管理与个性化服务是网络药学服务的高级功能。平台可以根据用户的健康状况、生活习惯、用药记录等信息，为用户提供个性化的健康管理方案。这些方案可能包括饮食建议、运动指导、定期体检提醒等，旨在帮助用户改善生活方式、预防疾病发生。此外，这种服务模式体现了网络药学服务的人文关怀和个性化特点，有助于提升用户的健康水平和生活质量。

健康管理与个性化服务功能是网络药学服务的重要组成部分，它为用户提供了一个全面的健康管理方案和定制化的服务体验。用户通过创建个人健康档案，记录自己的用药历史和健康数据，平台则基于这些档案信息为用户提供个性化的健康管理和用药建议。同时，平台还可以根据用户的特殊需求，提供定制化的药学服务，如特殊药品代购、慢性病管理计划等。药师会根据用户的需求，推荐适合的药品和服务，还可以通过设置用药提醒来帮助用户按时用药。整个服务流程以用户为中心，用户接收用药提醒并管理自己的健康，同时反馈服务效果，促使平台不断优化服务内容。这种服务模式体现了网络药学服务的人文关怀和个性化特点，有助于提升用户的健康水平和生活质量。

四、网络药学服务的人员培训

（一）药师与技术人员的培训

药师作为网络药学服务的核心力量，须具备扎实的药学专业知识、丰富的临床经验和良好的沟通技巧。培训应涵盖最新的药品信息、用药指导原则、药物相互作用及不良反应处理等内容，同时加强药师对网络平台操作、在线咨询服务流程的熟悉度。此外，还应培养药师的数据分析能力，以便更好地利用患者用药数据提供个性化服务。

技术人员负责网络药学服务平台的建设、维护与优化。其培训应聚焦于信息技术、网络安全、数据分析及平台运营等方面。通过培训，技术人员需掌握最新的软件开发技术、网络安全防护措施以及数据分析工具，确保平台的稳定运行和数据的安全性。同时，还需培养技术人员的创新思维和问题解决能力，以应对技术挑战和推动平台创新。

（二）客户服务人员的培训

客户服务人员虽不直接从事药物处方审核或复杂药学咨询，但掌握基本的药学知识是提供高质量服务的前提。培训中，需重点介绍常见药物的分类、作用机制、用法用量及注意事项，使客服人员能够初步识别用户的用药需求，并在必要时引导其至专业药师处进行进一步咨询。此外，还应介绍药物相互作用、不良反应等基础知识，以便在解答用户疑问时，能给予科学合理的建议。

良好的沟通技巧是客户服务人员的核心能力之一。培训应强调倾听的重要性，教会客服人员如何耐心细致地了解用户需求，用简单易懂的语言解答疑问，避免使用专业术语造成误解。同时，面对用户的焦虑、不满或质疑，培训还需涵盖情绪管理的技巧，如保持冷静、积极回应、同理心表达等，以构建和谐的沟通氛围，提升用户满意度。

客户服务人员还需熟悉网络药学服务的整个流程，包括用户咨询、信息记录、问题转交、跟踪反馈等，确保每个环节都能高效、准确地进行。此外，培训必须强调法律法规的重要性，如《中华人民共和国药品管理法》《药品网络销售监督管理办法》《互联网药品信息服务管理办法》等，使客服人员明确自身职责范围，知晓哪些信息可以透露，哪些需要保密，以及如何合法合规地处理用户咨询和投诉，维护企业声誉和用户权益。通过这一系列培训，旨在打造一支既专业又贴心的网络药学服务客服团队，为患者提供更加优质的远程药学服务体验。

（三）持续教育与培训考核

持续教育是网络药学服务人员不断提升自我、适应行业变化的必经之路。随着医药知识的不断更新、政策法规的持续调整以及新技术的不断涌现，药学服务人员需要不断学习新知识、新技能，以确保能够为患者提供准确、及时、专业的药学服务。因此，建立科学、系统的持续教育机制，定期组织线上或线下的培训课程，邀请行业专家、学者进行授课，成为企业提升服务质量、增强竞争力的有效手段。这些课程应涵盖最新的药物研究进展、临床用药指南、药事法规解读以及信息技术应用等多个方面，以满足药学服务人员多样化的学习需求。

根据药学服务人员的岗位职责和工作需求，设计贴近实际的培训课程和考核内容，确保所学知识与实际工作无缝对接。同时，鼓励药学服务人员积极参与临床实践、科研活动和学术交流，拓宽视野、提升能力。通过持续不断的教育与培训考核，构建一支高素质、专业化的网络药学服务团队，为患者提供更加优质、高效的药学服务，推动医药电子商务行业的健康发展。

知识拓展

远程药学服务的新技术与实践

在远程药学服务的最新进展中，具体的技术应用和服务模式创新令人瞩目。一方面，人工智能（AIGC）与机器学习技术被深度整合进远程药学咨询系统中。这些系统能够通过自然语言处理（NLP）技术，准确理解患者的用药咨询问题，并基于庞大的医学知识库提供精准的解答和建议。AIGC 还能根据患者的健康状况和用药历史，推荐个性化的用药方案，大大提高药师工作效率，提高药物治疗的安全性和有效性。

远程药学服务还结合了远程监控和可穿戴设备技术。患者可以通过佩戴智能手环、血压计等设备，实时监测自身健康状况，并将数据传输至远程药学服务平台。药师根据这些数据，可以及时调整用药方案，预防药物不良反应，并提供及时的健康指导。这种服务模式不仅提高了患者的生活质量，还减轻了医疗系统的负担。

在实践层面，一些领先的医药电商平台和医疗机构已经成功推出了远程药学服务。他们通过建立专业的药师团队，利用视频通话、即时通信等工具，为患者提供便捷的在线咨询和用药指导。同时，这些平台还注重与线下药店和医疗机构的合作，实现线上线下资源的有效整合，为患者提供更加全面的健康管理服务。

思考题

答案解析

某健康平台是国内知名医药电商平台，初期主营药品在线零售业务。面对市场竞争与消费者需求升级，公司战略转型为网络药学服务平台，提供远程医疗咨询、电子处方及个性化健康管理服务。关键步骤包括以下四部分：①前期准备，通过市场调研明确用户需求，投入技术升级平台，取得互联网药品交易资质，确保合规性。②业务创新，采用 B2C（线上购药）与 O2O（线下合作药店/诊所）结合模式，推出移动 App，实现药品查询、药师咨询等功能。③功能强化，聚焦药品查询、在线药师咨询、电子处方流转及配送服务，聘请资深执业药师团队提升专业性。④人员培训，系统性培训药师及服务人员，涵盖药品知识、法规及沟通技巧，建立考核机制保障服务质量。

1. 健康平台在转型过程中，为什么将市场调研与需求分析作为首要任务？这对后续工作有何影响？
2. 分析该平台采用的 B2C 与 O2O 相结合的业务模式有何优势？
3. 该平台在强化核心功能方面采取了哪些具体措施？这些措施如何提升了用户体验？
4. 人员培训在该平台的网络药学服务转型中扮演了怎样的角色？

书网融合……

微课 习题 本章小结

第十七章　医药网络营销环境与战略

PPT

学习目标

1. 通过本章的学习，掌握通过互联网、人工智能、大数据和云技术等手段进行个性化信息传递与服务，提高营销效率和合规性，熟悉医药传统营销与网络营销之间的差异，了解医药网络营销的基本概念及其在药企、医生、患者三方中的具体价值。

2. 具有能够全面分析医药网络营销发展的背景和环境因素的能力，理解法律环境、政策环境，技术和社会的发展是如何改变医药营销手段的，了解医生和患者在互联网医疗中的角色和行为变化。

3. 树立对医药电商发展的正确认知，养成以用户为中心的服务意识和合规性思维；注重医药电商在医生端、患者端和药店端的操作流程，培养实际应用中的责任感与职业道德。

第一节　网络营销概述

一、医药网络营销的含义

医药网络营销，是指企业基于互联网、人工智能、大数据和云技术等，通过网络数字系统与医生、患者等进行互动，并精准地、个性化地传递信息与提供服务，从而改变目标对象对药品的认可度及用药行为，达到减少人力依赖的同时，扩充营销渠道、提高营销效率、满足合规需求以及促进药品销售。医药网络营销的受众群体，主要是医生与患者。通过网络营销手段的触达，实现对医生与患者的教育与影响。

二、传统营销与网络营销的对比

（一）中国医药市场产业链

中国医药市场产业链由上游、中游和下游构成（表 17－1）。上游主要由产品供应商（制药企业和医疗器械企业）和企业服务商（医药推广企业和医药流通企业）构成；中游是医疗服务机构（卫生人员和医疗机构）；下游是患者和消费者。

表 17－1　中国医药市场产业链

上游	中游	下游
产品供应商（制药企业和医疗器械企业）	卫生人员（医生、护士、药剂师和卫生技术）	患者（主要付费群体）
企业服务商（医药推广企业和医药流通企业）	医疗机构（医院、诊所、体检中心和基层医疗机构）	消费者（有健康管理需求的人群）

中游的医生是连接上下游“供”和“需”的关键角色。

第一，医生是患者处方的直接决策人，其用药方案和处方往往能够得到患者的高度信任与依赖，直接影响到药品销售情况。

第二，在提供医疗服务时，医生需要对药物的成分、适应证、作用机制、用法以及如何控制不良反应等信息有充分认识，并不断了解新的诊疗方案，为患者提供最有效的服务。

第三，医药企业通过为医生提供相应的学术指导和药品介绍的模式已经趋于成熟。

（二）传统营销与网络营销的模式对比

基于以上中国医药市场产业链的特点，传统医药营销聚焦于中游。这种模式主要依赖于线下的实体媒介，通过学术介绍、行业会议和研讨会等形式，与医疗卫生人员的紧密联系，进行医学产品和服务的推广。主要包括医药企业的内部销售团队、合同销售组织（contract sales organization，CSO，即产品持有人将产品销售服务外包给专业机构）来完成，CSO 专注于销售环节的外部服务，代理模式则是将药品出厂后几乎所有环节都交给代理商完成。

医药网络营销的模式则以中游为主，但兼顾下游。该模式拥有更加完善的履约和触达服务体系：药企通过数字系统实现线上拜访、线上学术会议、最新的医疗信息推送等方式，加强与医护人员的联系，同时通过线下联络和定期拜访提高用户黏性，发掘更丰富的线下推广场景。主要包括生态级解决方案提供商、医药 B2B 交易平台、医药电商、数字医生社区、互联网医院、医药推广 SaaS 服务商等。两种模式的特征如下（表 17－2）。

表 17－2 传统和网络营销模式的比较

营销模式分类	营销模式特征
传统服务商（内部销售团队、CSO、线下服务提供商等）	●内部销售团队：是医药推广服务最大的参与者群体，未来该市场将会因为政策和高成本等影响不断压缩 ●CSO：在合法合规的基础上，在有限的资源条件下进行各种类型资源的充分整合，具体服务内容包括产品的筛选、推广外包服务等 ●线下医疗会议的传统会议供应商：往往为药企提供长期的服务，但由于政策和高成本等因素，推广效果受限
网络营销服务商（生态级解决方案提供商、医药 B2B 交易平台运营商、医药电商平台、数字医生社区平台、互联网医院服务机构、医药推广 SaaS 服务商）	●不同类型的医药推广服务供应商具有不同领域的竞争优势。例如生态解决方案服务商强调“线上＋线下”的服务模式；数字解决方案服务商注重推广流量管理；互联网医院与医药电商平台背靠庞大的消费用户群，有利于 C 端的广告推广及非处方药销售

（三）网络营销的优势与价值

1. 对上游医药企业的价值

（1）提高效率和合规性　医药网络营销可以减少人力依赖，扩充营销渠道并提高营销效率，并满足合规需求。在数字化技术的驱动下，能够打破时间和空间的限制，在合理的时间内对医生进行线上拜访和学术会议，从而覆盖更多的目标医生资源，维护并培养医生的处方观念。

（2）强化合作关系　通过在热门平台帮助医生打造个人品牌（intellectual property，IP），提升医生的行业影响力，并协助医生进行患者管理，药企能够强化与医生的合作关系。

（3）提升患者依从性　基于医药电商、互联网医院、第三方平台等线上渠道，药企可以为患者提供疾病教育、诊前诊中诊后服务，提升患者的购药用药依从性。

（4）全渠道沟通模式　面对面沟通与多种线上和远程方式相结合，使销售代表在人数不变的情况下，增加覆盖的医生和医院数量，并提升接触频次和丰富性。

（5）数据驱动决策　数字技术系统能够为药企提供大规模病案征集，推进药品临床研究。通过数据沉淀，药企可以进行市场情报动态分析，实现医患行为的连续性监测，优化产品或服务，指导精准营销决策。整个过程中的用户信息全程留痕，确保营销过程的透明化和可追溯性，满足合规需求。

2. 对中游医生的价值

（1）提升学术及临床水平　数字系统汇集了丰富的学术资源，能够实时更新新药审批动态并提供最新的临床方案实践，帮助医生提升学术及临床水平。

（2）提高工作效率　网络平台为医生提供便捷的科研和职场交流机会，有助于积累行业人脉，提高工作效率，减轻工作负担。

（3）改善医患沟通　医药网络营销改善了医患沟通，医生能够及时高效地传递患者所需的知识，提升医患沟通质量和体验。

（4）提升个人影响力　通过热门流量平台帮助医生打造个人IP，提升其行业影响力和个人声望，减轻医生的工作负担，提高患者满意度和认可度，避免医患关系紧张。

3. 对下游患者的价值

（1）改善就医体验　数字化患者管理帮助患者跨越时间和空间限制，更好地与医生互动，提升就医体验。

（2）获取疾病和药品信息　通过专业平台和社交网络平台，患者可以多渠道获取疾病和新药信息，增进对自身疾病和药品疗效的认知。

（3）全方位服务　通过医药电商、互联网医院、第三方平台等线上渠道，药企提供患者诊前、诊中、诊后的全方位服务，提升患者购药和用药依从性，确保合理用药的治疗效果。

（4）确保信息专业性和合规性　尽管市场法规及药企合规限制，目前针对患者的教育平台多由第三方平台公司运营，但这种方式保证了信息的专业性和合规性，使患者能够安全、有效地获取所需的医疗信息和服务。

三、网络营销的主要内容

作为实现企业营销目标新的营销方式和营销手段，网络营销的内容非常丰富，主要包括以下内容。

1. 网上市场调查　它主要利用互联网交互式的信息沟通渠道来实施调查活动，重点是如何利用有效工具和手段实施调查和收集整理资料，如何在信息海洋中获取想要的资料并分析出有用的信息。

2. 网上消费者行为分析　互联网作为信息沟通工具，正成为许多兴趣、爱好趋同的群体聚集交流的地方，并且形成一个个特征鲜明的网上虚拟社区，因此了解这些虚拟社区的群体需求特征、购买动机和购买行为模式是网上消费者行为分析的关键。

3. 网上产品和服务策略　网络作为信息有效的沟通渠道，可以成为一些无形产品的载体，改变了传统产品的营销策略，特别是渠道的选择。作为网上产品和服务营销，必须结合网络特点，重新考虑产品的设计、开发、包装和品牌的传统产品策略。

4. 网上价格营销策略　在制定网上价格营销策略时，必须考虑到互联网对企业定价的影响和互联网独特的免费思想。

5. 网上渠道选择与直销　互联网对企业营销影响最大的是对企业营销渠道的影响，改变了传统渠道中的多层次的选择、管理与控制问题，最大限度降低了营销渠道中的费用。

6. 网上促销与网络广告　互联网作为一种双向沟通渠道，在网上开展促销活动依赖互联网的第四媒体的功能，最大优势是可以使沟通双方突破时空限制，直接进行交流，而且简单、高效、费用低廉。

四、网络营销的细分对象

（一）医生端的网络营销

医药网络营销为上游医药企业提供数字化医药推广服务，不仅包括一般的数字化解决方案下的平台建设、医生资源管理、销售终端资源开发等，还包括一整套完善的线下履约、人员触达的服务体系。药企通过数字系统实现线上拜访、线上学术会议、最新的医疗信息推送、医护人员培训等，加强与医护人员的联系。通过线上联络和线下定期拜访的方式，提高用户黏性，发掘更丰富的线下推广场景，从而实现产品推广和销量提升。主要的网络营销推广方式有如下几种（表 17－3），其中以生态服务驱动型的优势最为显著。

表 17－3　医药推广企业驱动模式对比

类型	特点描述	优势	劣势
生态服务驱动型	配有线下服务团队，解决无法与一线医生形成长期稳定合作关系的痛点，保证推广履约效果和医生黏性	1. 提供线上、线下的一站式服务 2. 满足药企 SKU 级别的定制化精准推广服务 3. 实现医药信息闭环的搭建	对企业线上、线下团队协调、资源调配、信息联通要求高，挑战巨大
线上模式驱动型	围绕传统线下推广场景的数字化，盘活药企私域流量，通过互联网流量实现药品推广服务	技术驱动型企业的推广成本显著低于传统线下推广	1. 对前期技术应用与实践和原始数据积累的要求高 2. 需每年投入较大的技术维护和数据池更新费用，影响前期盈利能力
医疗服务驱动型	建立成熟运营的专业医生管理平台，通过线上问诊、健康咨询等服务确保医生黏性，为医药数字化推广奠定基础	能以 C 端患者流量为核心，从医生端和患者端实现潜在的医药推广计划	1. 临床服务数据和药品数据集中于互联网医院平台，药企与医生、患者的联系较弱 2. 存在“信息孤岛”风险
平台业务驱动型	向医生群体传递前沿医学研究成果和诊疗指南，提升互动性和平台黏性，通过推送医药推广信息实现推广效果	1. 医生黏性高，互动情况好 2. 平台中医生群体与平台间建立高度信任关系	1. 学术交流属性强，对医生临床处方决策渗透率低 2. 不利于向实际医药销售的转化。

（二）患者端的网络营销

各类数字营销企业都积极布局患者管理和患者教育。药企联合数字营销企业，通过提供诊前、诊中、诊后服务，提升患者购药用药依从性，实现药品的销量和利润增长。

1. 诊前　药企通过在专业医学平台以及社交网络平台以医生科普及患者亲历分享的形式，多渠道向患者传递疾病和药品信息，增进患者对于自身疾病和药品疗效的认知了解。通过互联网医院平台提供患者诊前咨询和指导，并线上引导患者到线下进行部分疾病的筛查、检测服务。目前最为常见的患者教育形式是医生 IP 科普以及关键意见患者（key opinion consumer，KOC）亲历分享，其中医生 IP 科普在各疾病领域都较为普遍。近年来，医生群体参与医学内容科普的比例逐步提高，通过打造个人 IP，加强了患者对疾病和药品的认知，同时也有助于强化医生的合作关系。近年来，各地卫生高级职称评审陆续加入发表科普文章这一条件，健康科普已经成为医护晋升必备条件。

2. 诊中　药企通过互联网医院、线上问诊平台等途径提供诊中服务，帮助患者实现线上问诊、购药、医保支付等功能。患者通过互联网医院平台完成诊断后，可以在线购买处方药品，并享受同样的医保报销政策。解决患者线下就诊面临的问题。让患者实现足不出户就可就医配药，大大增强患者获得感，让其以更便捷、低价的方式完成整个就诊过程。对于医生而言，医生利用自身闲置时间进行线上诊疗，通过远程会诊、远程治疗等方式，能够减轻工作负荷，改善门诊工作环境，提高服务水平和效率，从而提升患者的就医体验和满意度。

3. 诊后　诊后环节，药企联合数字营销企业主要围绕提升患者服务可及性、支付可及性、药品可及性三个方面，增强患者的购药用药依从性。

（1）服务可及性　为患者提供全面的疾病用药知识，帮助他们更好地理解和管理自身的健康状况是提升服务可及性的核心。药企通过以下方式实现这一目标：①多渠道疾病与药品信息传递。药企通过专业医学平台，以及交媒体平台，以医生科普和患者亲历分享的形式，传递疾病和药品信息。通过这种方式，增进患者对自身疾病和药品疗效的认知和理解。②诊后药事服务，通过互联网医院及其他第三方患者管理平台或私域社群，药企与数字营销企业、线上药房和O2O医药电商协同合作，提供诊后药事服务和患者管理，提升患者的购药用药依从性。

（2）支付可及性　通过与医保、商业保险、金融机构和基金不断创新探索新的合作形式，药企可以多维度缓解和减轻患者的经济负担，提升支付可及性，助力患者顺利完成疗程性治疗。

（3）药品可及性　联合线上药房和医药电商为患者提供更加便捷的购药体验是提升药品可及性的关键。目前，一些医药电商平台与全国主要供应链企业建立了深度合作，实现特药、普药、非处方药、医疗器械、特医食品及境外药械等多类型产品的仓储配送，以及履约全过程的数据互通，确保药品供应链的高效性与稳定性。联合线上药房和医药电商为患者提供更加便捷的购药体验是提升药品可及性的关键。

（4）切入刚需场景　并非所有领域的药物都适合做面向患者的管理，切入刚需场景尤为重要。药企与数字营销企业普遍认为，面向C端患者的服务对整个数字平台的搭建能力和用户运营能力提出了更高的要求。在处方药领域，许多品种具有明显的消费属性，如鼻炎、脱发、痛经、皮肤病、辅助生殖等。这些疾病每天都能深度影响患者，因此这些品种在数字营销方面的布局可以更偏向于新零售的打法。

近年来，医药的消费者化已成为一个显著的发展趋势，药企和数字营销企业需抓住这一趋势，通过精准的患者管理和教育，提升购药用药依从性，实现患者和企业的双赢。

（三）药店端的网络营销

1. 医药电商的B2B模式　药店属于B2B型医药电商的下游主要对象。在传统的院外医药流通模式中，流通通路与采购模式单一，药店等终端采购成本高，议价能力弱。在这一情况下，医药电商介入医药流通领域，将传统流通方式平台化、线上化，丰富了流通渠道，降低了采购成本，提高了市场透明度，院外医药产业的数字化转型自此开始。

在优先升级中游流通能力之余，医药电商的数字化能力不断向产业链两端拓展，利用其信息与数据沉淀向上下游赋能，帮助上游药企优化营销推广与库存管理，辅助下游终端灵活采购、平台比价，提升运营能力和库存管理能力，从而实现整个院外医药产业的数字化转型升级。

2. 药店数字化升级　在院外医药产业下游端，连锁与单体药店不断拉锯，DTP（direct to patient）药房（区别于传统零售药房主要销售非处方药，DTP药房专注于销售包括抗肿瘤药、罕见病药、重大慢性病药物等在内的新特药、高值药、处方药，包括手术用药及患者自主用药）持续火热。药店连锁化主要由连锁巨头兼并扩张形成，大型连锁与中小连锁和单体药店诉求不同，各自发挥优势，满足市场需求。这当中，医药电商B2B能够发挥其数字化能力，重点帮助中小连锁与单体药店实现采购、管理、运营的转型升级。

此外，中国DTP药房持续发展。相比药企，医药电商能够以与药企相当的价格满足药店各种体量的药品需求，同时提供更为快捷、专业的冷链运输服务，保证药品供应的时效性与安全性，顺应并助力DTP药房向前发展。中国三种药店的特征如下（表17-4）。

表 17-4 三种药店的特征

	大型连锁药店	中小连锁、单体药店	DTP 药房
采购	联合采购价格低	对上游话语权差	新特药为主，采购数量灵活，希望获得友好价格，冷链要求高
营销	集团培训营销能力强	促销活动单一，营销弱	医—药—患—险服务闭环，差异化
服务	以售药为中心，加以简单用药咨询，测量血压等	以售药为中心，加以简单用药咨询，测量血压等	以患者为中心，提供一对一专业药学服务和健康管理服务
数字化	建设早、水平较高	未开始建设或初期，水平低	建设晚，水平高
覆盖区域	广	多服务单一地区、黏性大	广
建设需求	充分发挥规模效应降低费用占比	提升采购效能 数字化创新改造需求迫切	药品品种、服务内容、药师配备、制冷、保温、发电机等运营成本高

顺应趋势，中国药店开始借助互联网、物联网、人工智能等技术进行数智化升级，通过创新的网络营销等工具满足当前药店经营的需求。

近年来，部分院外医药产业数字化平台致力于利用技术赋能市场各参与者，包括药企、药品分销商、药店及基层医疗机构等。这些平台通过提供线上交易服务，有效缓解了院外医药市场供需失衡问题，同时提升了整体交易效率。

某些平台开发了自营业务和厂牌推介等创新业务，通过自建仓库、数据分析和精准营销等能力，服务于上下游参与者。特别是在基层医疗机构领域，这些平台不断提高供应链效率，并为下游用户提供更高质量的专业服务。

依托数字化能力，这些平台针对供需双方的痛点，优化交易流程，降低信息不对称带来的成本，提升行业透明度和规范性。同时，平台通过丰富产品品类和服务项目，吸引了更多用户入驻，从而扩大了生态规模并增强了网络效应。

在运营过程中，平台积累了大量交易数据，并通过深度分析挖掘新的市场需求，为药企创造增量市场。这种“平台＋自营”的服务模式不仅优化了行业效率，也为未来的发展提供了更多可能性。通过持续强化平台服务能力和探索新业务方向，这些平台在推动院外医药市场的数字化进程中起到了重要作用。

第二节 网络营销环境

一、网络营销法律因素

法律环境松绑医药网络营销。21 世纪初，网络医疗信息咨询开始发展，“互联网＋医疗”模式初现。2005 年，《互联网药品交易服务审评暂行规定》出台，开始允许非处方药品网络销售，互联网医疗进入“互联网＋医药”阶段。近年来，随着 5G 技术发展和互联网智能手机的普及，以线上预约挂号、互联网医院、线上咨询、远程医疗、线上药店、临床数字化信息采集等为代表的“互联网＋医疗”场景不断涌现，终端消费行为随之发生改变。随着“互联网＋医疗”渗透率的持续加深以及场景的不断扩大，终端的态度发生了从陌生到尝试再到接受的转变。其中，线上药物销售渠道的开辟为药物营销带来了巨大影响，为制药企业提供更广阔、更快速的营销平台。2022 年 12 月 1 日，《药品网络销售监督管理办法》正式施行，标志着“网售处方药”终于正名。与此同时，《关于规范药品网络销售备案和报告工作的公告》和《药品网络销售禁止清单（第一版）》公布，这意味着在“线上线下一致”监管政策的推动下，网络售药将趋向更加严格和规范，并在健康的市场环境下获得更公平的竞争和高质量发展。

二、网络营销政策因素

政策环境促进药企转型网络营销，提升营销效率，开拓处方成交新渠道。

（一）带量采购与医保谈判缩短药品生命周期

2018年以来，国家医保局会同有关部门以带量采购为核心，推进药耗带量采购改革，现已进入常态化、制度化阶段。带量采购政策的施行对处方药行业的利润产生了巨大影响。截至目前，我国已开展九批药品带量采购，共纳入374种药品，平均降幅超过50%。预计未来将继续按照保基本、保临床原则，逐步将符合条件的临床用量大、采购金额高的药品纳入采购范围，积极探索“空白”品种，减轻患者用药费用负担，提高患者的用药可及性。

自国家医保局成立以来，新药通过价格谈判纳入医保成为年度常规操作。获批上市的新特药一般在两年内就会参与医保谈判，创新药纳入医保的速度大大加快。从2017年底开始，目前已经连续进行了七次医保谈判，谈判成功药品数量持续增加，从36增至121种，平均降价幅度也基本稳定在60%。政策环境促进药企在有限的价值周期内，用更短的时间影响更多的医生和患者。

随着医保谈判的稳定进行以及带量采购政策逐步在全国落地，中标品种大幅降价，药品的利润空间被显著压缩，未中标产品出现进院难等问题。近些年，国内创新药的发展已经发生了很大改变，无论是研发、上市审批，还是上市后的医保谈判，或是专利期到期以后受到的仿制药挑战。以前药品商业化可能要花二十年才能走完的旅程，现在一下子缩短到十年，甚至七年。

伴随着带量采购、医保谈判政策的全面施行，过往药品高毛利的时代终结，药品生命周期明显缩短，市场环境促进药企探索创新模式提升医药营销效率，同时开拓处方成交新渠道，以保障产品销量和利润。基于数字化的手段和技术可以提高医药营销效率，成为部分制药企业选择维持产品销量和增长利润的方法。此外，基于风险控制的考虑，药企也愈发重视数字化转型和数据资产积累，以灵活应对业务和团队可能发生的变动。药品更新迭代速度不断加快，迫使药企必须在更短的时间内让药品进入更多的渠道，下沉到更广阔的市场，以获取更多利润。

（二）分级诊疗与数字化驱动药企基层布局

我国县级医院服务覆盖人口9亿多，占全国居民总数70%以上，基层市场发展潜力巨大。近年来，国家出台一系列医疗下沉政策，推动医疗卫生体制改革，加强基层医疗卫生服务体系和全科医生队伍建设，不遗余力加大县级医院发展支持力度。2014年8月，《全面提升县级医院综合能力工作方案》（国卫医发〔2014〕48号）发布，决定通过建设、培训、支援等方式，加强县级医院以人才、技术、重点专科为核心的能力建设，让医疗服务能力达到要求，能够承担县域居民常见病、多发病诊疗，危急重症抢救与疑难病转诊的任务，力争使县域内就诊率达到90%左右，基本实现大病不出县。2021年，《“千县工程”县医院综合能力提升工作方案（2021—2025年）》发布，着力推动省市优质医疗资源向县域下沉，逐步实现县域内医疗资源整合共享，有效落实县医院在县域医疗服务体系中的龙头作用和城乡医疗服务体系中的桥梁纽带作用，力争通过5年努力，全国至少1000家县医院达到三级医院医疗服务能力水平，为实现一般病在市县解决打下坚实基础。

下沉基层医疗市场成为药企的必然选择和重点布局方向。但基层医疗机构普遍规模小、分布范围广、距离偏远，线下拜访的成本高、效率低，药企想要依靠传统的营销手段难以有效覆盖这部分市场，其获得的成本获益比远远达不到跨国药企人效比或者利润率的要求。借助数字化技术手段，药企通过更加高效、低成本的客户拜访和学术会议开展模式，实行线上线下双打策略，实现对医生的高频次、大范围、精准化触达，有效提升药企在县域市场开展医药营销的效率并降低成本。通过与医药电商、第三方平台等线上渠道深化合作，药企还为广阔的县域提供便捷的购药渠道和更好的服务体验，进一步提升患者购药、用药依从性。

（三）两票制与备案制度推动药企营销合规

两票制和一票制试点减少医药流通环节、降低药价，促使药企营销财税合规转型。两票制政策大幅减少了药企到销售终端中间的流通环节，一票制政策更是要求药企直接向销售终端供货，降低药价，意味着药企的接触对象将从过去的少数几个区域经销商，转向数以万计的医院、药店、医药电商。医药价格和招采信用评价制度的实施同样促使药企营销财税合规转型。

医药代表备案制度的发布，促使医药代表角色回归学术本位。2020 年 9 月 30 日，《医药代表备案管理办法（试行）》发布，于 2020 年 12 月 1 日正式施行。随后全国各地纷纷落实医药代表备案，不同医院的举措在细节上有所区分，但整体更加趋严。“定时定点定人”“有预约有流程有记录”等规定在全国各地医院铺开。医药代表备案制度明确了医药代表的职能为拟订医药产品推广计划和方案、向医务人员传递医药产品相关信息等学术相关事宜，回归医药代表行业初始的角色定位：临床与企业之间的学术“桥梁”。同时明确禁止医药代表担销售任务及统方等其他有可能干预临床合理用药的行为。

三、网络营销技术因素

技术环境解决药企营销痛点。近年来，政府对互联网医疗服务行业给予了高度认可与支持，陆续出台了数字化医疗、互联网医院等相关的管理政策，保障互联网医疗服务行业的健康发展。同时，随着行业各企业不断加强技术投入，未来互联网医疗服务行业将凭借先进的互联网技术，更好地将传统线下医疗资源实现线上整合，不仅能够缓解中国区域医患资源不均衡的社会痛点，而且还能加快促进居民健康管理意识的提高。

网络营销手段全程留痕，数据可追溯，能够满足药企合规要求。网络营销通过 AI、数据分析及 SaaS（软件运营服务）云服务等新技术方式及业务模式提供端到端营销服务，可以记录行为数据、合规证据链、用户数据，整个过程用户信息全程留痕，数据可追溯，能够保证营销过程透明化和可追溯，满足药企合规要求。此外，合规医患数据的积累和沉淀有助于药企进行战略分析、市场研究及营销分析，有助于分析营销活动的结果，并优化营销策略，从而满足药企对有效营销的需求。

四、网络营销社会因素

社会环境提供网络营销的土壤。互联网的快速发展，改变了人类习惯获取信息的方式。医患获取医学信息的行为改变，促进医药数字营销行业快速发展。通过在线搜索引擎和社交媒体积极获取医疗知识已成为众多网民的习惯。

（一）医生层面

目前大多数医生已经养成了线上获取信息的习惯，尤其年轻医生甚至更偏好于在数字化平台上的交流。大多数医生也已经习惯在线问诊、学习，线上平台用户活跃度增强。据相关统计，2023 年与 2022 年相比，线上问诊的渗透率逐步提高，由 2022 年的 39% 上升至 2023 年的 54%。目前，有超过 100 万名医生提供在线诊疗服务，仅有不到四成医生从未尝试过线上问诊。医生在网络平台从事大众科普的参与度也在持续提高。

（二）患者层面

未病消费者和未诊断患者在搜索引擎和社交媒体上主动获取医学内容和建议的习惯已经养成，用户对于线上医疗的认知、信任和使用均有所增长。患者院外购药自主性的增强，引导药企重视线上、线下多渠道的品牌塑造、知名度提升、体验优化。同时加强对下沉市场经销商的重视，通过深化合作，共同为广阔的县域提供便捷的购药渠道和更好的服务体验。

药企对网络转型战略及其数字化能力建设的重视程度日益提升，通过数字化赋能医药营销成为必然。

第三节　网络营销战略 微课

一、数字化转型战略

在数字化转型的大背景下，医药企业追求以有限的资源投入最大限度提升营销效果成为关键。制药企业在研发、生产、营销以及销售等全流程过程中，积累了大量的内部和外部数据，包括客户行为数据、销量数据、渠道和流向数据等，这些数据蕴含着大量的市场信息，其潜力亟待挖掘。

在医药企业进行营销数字化转型过程中，核心参与部门包括销售部、市场部、销售效能（sales force effectiveness，SFE）部门和 IT 部门。部分企业近几年成立了独立的数字化（digital）部门，以更好地支持和推动转型进程。图 17－1 展示了医药网络营销架构图，其中实线路径为业务流，虚线路径为数据流。这两种路径共同构成医药企业的院内营销路径。数据流产生以下四个服务内容。

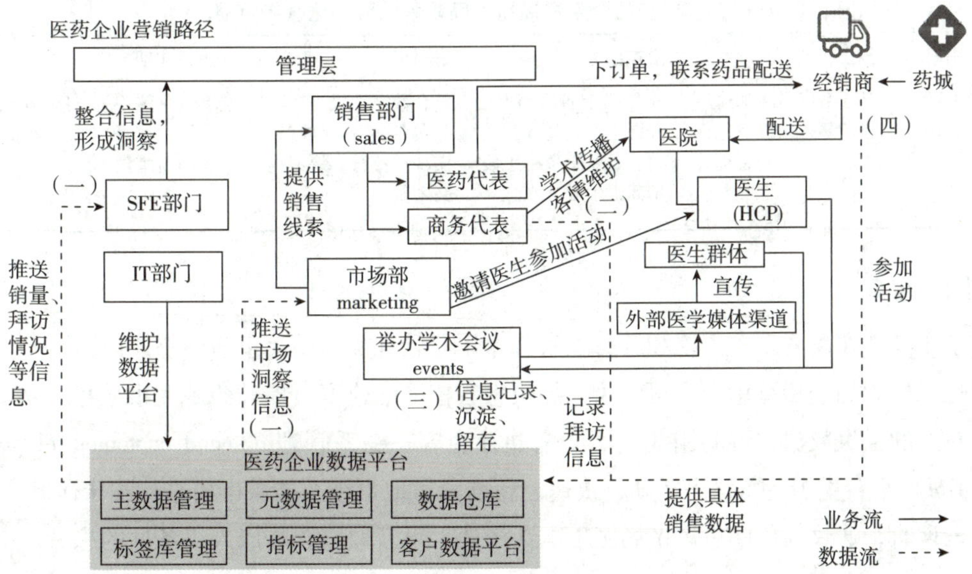

图 17－1　医药网络营销路径图

（1）推送数据和信息　数据平台向销售效能（SFE）部门推送销量、拜访信息等数据，向市场部门推送竞品信息和医生信息。各部门通过信息整合，形成有价值的洞察，供管理层参考决策。

（2）记录拜访信息　记录线下学术拜访的详细记录，包括销售情况、医生信息，以及医药代表与医生的线上沟通记录等。

（3）记录学术会议信息　记录学术会议的活动预算、签到管理、活动管理、讲座信息等内容，确保学术信息的留存，以满足医药企业内部和外部的合规要求。

（4）提供考核依据　提供流向管理、报表分析等服务，主要记录商务代表的销量情况，为绩效考核提供依据。

通过上述数字化转型战略，医药企业能够有效整合和利用数据资源，提高营销效率和效果，确保合规性，并为管理层决策提供数据支持，最终实现企业的数字化转型目标。

知识拓展

数字化转型战略的成功案例

随着医药行业竞争加剧，数字化转型已成为企业提升营销效率的关键战略。一些医药企业通过全渠道沟通模式，结合线上线下资源，显著提高了销售效率。例如，某国际知名药企通过整合医生社区平台、医药电商以及企业自有数字工具，建立了覆盖医生、患者和药店的全链路数字营销体系。该体系通过大数据分析医生行为习惯，精准推送个性化内容，显著提高了医生对药品的认知度和处方依从性。此外，企业还利用虚拟医学代表与传统医药代表协作，提高了对基层市场的覆盖率。这种战略的实施，不仅优化了资源配置，还使企业在严苛的政策环境下保持竞争力，为行业的数字化转型提供了借鉴。

二、布局药品全生命周期战略

根据药品流通生命周期不同可大致分为围上市期、上市期、进医保以及带量采购期这几个阶段。处于不同生命周期阶段的药品网络营销策略各不相同（表 17－5）。

表 17－5　药品全生命周期不同阶段的数字化营销策略

药品流通生命周期	围上市期	上市期	进医保	带量采购期
数字营销布局策略	基于数字手段加速患者招募入组以及进行患者临床用药管理等	药品线上首发宣传，开展患者购药福利活动以及基于数字手段培养医生处方观念	结合数字手段进行药品的快速下沉放量，实现广覆盖，快速提高销量	基于数字平台等向患者提供诊前、诊中、诊后服务，在院外市场做局部保量及创新增量

（一）围上市期

基于数字手段加速患者招募入组和进行患者临床用药管理。药品上市前的临床阶段，数字营销企业可基于数字化手段为药企招募患者，帮助药企加快患者招募的速度，提升药品上市效率。例如，某企业基于全国 336 万的医生数据，可利用线上团队搭建社会客户关系管理（social customer relationship management，SCRM）平台组织运营线上活动，快速、精准覆盖地市级及县域市场进行临床研究、患者招募。在目标药品三期时，通过与广阔下沉市场医生电话沟通，可获取符合临床入组条件的患者。

（二）上市期

药品线上首发，开展患者购药福利活动以及基于数字手段培养医生处方观念。药品刚上市时，药企可通过医药电商、医生社区等平台进行药品上市线上首发宣传。药品上市后，数字营销企业通过线上学术会议、医生社区的病例分享等方式，结合线下医药代表进行学术营销，培养医生处方观念，强化医生合作关系，扩展目标医生群体覆盖。

（三）进医保

结合数字手段进行药品的快速下沉放量，实现广覆盖，快速提高销量。通过虚拟代表结合线下医药代表的方式可快速覆盖三线城市医院以及广大基层医院，实现广覆盖而快速提高销量。此阶段通过线上学术会议、医生社区的病例分享等方式结合线下医药代表持续培养医生处方观念，强化医生合作关系，扩展目标医生群体覆盖。

（四）带量采购期

基于数字平台等向患者提供诊前、诊中、诊后服务，在院外市场做局部保量及创新增量。药企针对带量采购落标药品，可通过互联网医院、医药电商等平台向患者提供诊前、诊中、诊后服务，在院外市场做局部保量及创新增量。通过虚拟代表结合线下医药代表的方式，可深挖基层社区医院患者用药潜力，触达从前因线下人力资源限制而尚未触达的区域。

三、医院内外全场景服务战略

药品销售服务以医院内（以下称院内）和医院外（以下称院外）两大场景组成。院内医药市场以各级医院终端为主，长期以来较为集中规范，院内药品零售始终是药品销售的主流场景，主要原因在于院内的处方场景是带动药品销售的核心决策场景。随着带量采购、院内药品零加成、处方外流和“双通道”等政策的持续实施落地，院内医药流通增长放缓，院外医药市场逐步成为各参与者争相追逐的热门阵地，市场地位愈发重要。

（一）医院内网络营销服务战略

1. 医疗保健专家（healthcare professional，HCP）360 画像分析　通过构建标签规则体系，包括医生姓名、学术影响力、社会地位、擅长治疗领域等基础标签，营销偏好、品牌支持度等营销标签，以及患者背书、同行宣传、关注的话题方向、处方习惯、接受信息偏好等价值标签，并结合 AI 和神经语言程序学（neuro－linguistic programming，NLP）技术打造 HCP360 医生画像，可以支持药企业务部门进行医生等级划分、根据不同类别 HCP 生成不同的话术素材库，为线上、线下代表分发拜访任务和拜访线索，指导针对性的拜访与会话策略，真正实现精准拜访跟进，实现“千人千面”式精准沟通与关系维护，做到资源和策略的精细化分配，实现精准化营销。

2. 虚拟代表　在 HCP360 画像的基础上，虚拟代表利用人工智能让科技完成医药营销中大量重复性工作，例如常规的拜访、学术会议邀请、常规的学术内容传达、拜访纪要生成等。其显著的低成本、广覆盖属性，能够极大减少人力的依赖，尤其适合应用在药企依靠传统医药代表推广方式难以进行充分覆盖的部分省份以及基层县域包括社区医院。

3. 线上宣传与推广　传统医药推广服务主要依赖于线下的实体媒介，经由学术介绍、行业会议和研讨会等形式，通过与医疗卫生人员的紧密联系进行医学产品和服务的推广。此模式下通常需要依赖大量线下推广人员与医生进行面对面交流，以传递医学产品信息。但其推广效率低，以及基层市场开拓难度大都令药企业的转型迫在眉睫。目前线上学术交流平台、医生 IP 等在内的线上宣传与推广是目前数字营销行业最为成熟落地的方向之一。客观来看，虽然线上学术会议开展效果逊于线下学术会议，但其在开展效率、执行成本、时间可控性、证据链的规范透明以及可管控性上具有独特优势。随着近些年互联网的快速发展以及疫情影响，大部分医生已经养成线上获取信息的习惯，尤其年轻医生甚至更偏好于在数字化平台的交流，线上学术交流平台功能的不断优化升级，线上学术会议的开展成为药企普遍布局落地的数字营销应用。

此外，药企通过联合数字营销企业打造医生 IP，可以帮助提升医生行业声望以强化合作关系。随着医生 IP 打造逐渐形成一套规范化流程操作体系，以及国家对于医生进行科普的鼓励支持，越来越多的药企通过此方式加强与所覆盖医生群体的黏性。药企营销合规需求强烈，线上宣传推广整个过程用户信息全程留痕，能够保证营销过程透明化和可追溯，充分满足药企合规需求，这一应用场景还在不断快速扩围。

（二）医院外网络营销服务战略

在数字化转型浪潮的推动下，院外医药产业吸引了众多企业入场。根据企业特征可划分为传统流通企业、电商平台、自营电商、综合服务平台以及其他企业（表 17－6）。各类企业在数字化转型中逐渐发展出不同的营销服务战略。

1. 传统流通企业 这些企业逐渐从线下渠道向线上销售渠道延伸拓展。利用其既有的渠道优势，结合数字化手段，优化供应链管理和客户服务，提升整体运营效率。

2. 电商平台 互联网企业抓住机遇，纷纷切入医药领域，形成了多种细分模式。这些平台利用其技术优势，通过线上营销、数据分析和用户体验优化，吸引大量消费者并提供便捷的购药渠道。

3. 自营电商 一些企业通过自建电商平台，发挥品牌优势，提供高质量、可信赖的药品和服务。这些平台注重用户体验，通过品牌效应提升消费者信任度和忠诚度。

4. 综合服务平台 凭借其深度服务能力，综合服务平台成为目前发展阶段最为领先的平台模式。这类平台通过整合线上线下资源，为患者提供全方位的医疗服务，从诊前咨询、诊中治疗到诊后管理，覆盖了筛诊治管的全链条，极大提升了患者的服务体验和依从性。

整体来看，各类市场参与者各具特色，通过共同发展，促进了院外医药产业的整体繁荣。传统流通企业的渠道优势、互联网电商平台的技术优势、自营电商的品牌优势以及综合服务平台的整合能力，共同构建了一个多元化、互补性强的院外医药市场生态系统。在这一生态系统中，各类企业通过数字化手段，不断优化服务模式，提升运营效率，推动院外医药市场向更加智能化、个性化的方向发展。

表 17－6 院外医药产业数字化主要企业类型及其特点

企业类型		核心优势	盈利模式
传统流通企业	传统大型医药流通企业	上游：上游资源丰富 自身：具备仓储优势，线下渠道成熟能够带动线上销售的发展	依托固有业务模式，从代理销售、物流配送等服务中产生盈利
电商平台	多为新兴互联网电商企业	自身：轻资产模式、技术和运营能力强 下游：以用户体验为核心	提供平台供购销双方自主交易，收取市场推广服务、交易结算服务等费用
自营电商	多为新兴互联网电商企业	自身：资金链稳健、供货仓储体系应迅速、服务质量有标准化保障 下游：能够提供更有保障的产品	企业具备药品定价权，以此赚取购销双方之间的差价
综合服务平台	多为新兴互联网电商企业	自身：平台与自营兼备，精细运营 上下游：深度合作药企，兼具议价、增值服务等能力	自营与平台结合，盈利包括营销推广费、交易佣金
其他	其他赛道切入企业	医药电商 B2B 作为其延伸业务，与主营业务更易形成服务链条，加强整体辐射能力	可能包括撮合交易佣金、营销推广费用、物流配送服务费用等

答案解析

思考题

某药企针对一款用于慢性疾病管理的处方药制定了全生命周期数字营销策略。在上市前期，该药企通过医生社区平台与线上会议招募临床研究患者，并依托医生画像与智能内容分发系统实现精准招募。上市后，公司重点依托医生端开展病例分享与学术宣传，同时在患者端通过互联网医院、短视频平台开展药品科普，并打造医生 IP，提升影响力。随着药品纳入医保，该企业启动“线上＋线下”双通道销售模式，利用虚拟代表和医药电商迅速覆盖基层市场，并联合第三方平台开展用药随访服务。

1. 该药企如何体现了“药品生命周期数字营销”的特点？请结合案例分阶段说明。

2. 该药企如何运用医生端与患者端网络营销手段提升药品推广效果？

3. 该药企采用“线上＋线下＋第三方平台”协同策略的核心优势是什么？请结合基层市场的特点说明。

书网融合……

微课　　习题　　本章小结

第十八章　医药网络营销策略 微课

PPT

学习目标

1. 通过本章学习，掌握网络营销的产品整体概念和产品生命周期、网络营销定价需考虑的因素和定价策略、网络营销渠道的功能、类型，网络营销的促销的方式、搜索引擎营销，熟悉网络营销的产品品牌和产品包装、网络营销的定价方法、网络营销渠道的管理、微博营销、微信营销，了解网络新产品开发、网络营销的产品增值服务、网络营销的定价目标、团购营销、秒杀营销、直播营销。

2. 具有针对电子商务企业实际需要，设计并执行网络营销方案，包括网络推广、网站策划、营销渠道运营等，以提升企业的市场竞争力的能力。

3. 树立创新思维和团队协作精神，能够适应网络营销领域的快速变化，并在团队中有效沟通与协作；树立职业道德情操和法律意识，确保在网络营销活动中能够规范合法经营。

网络营销是企业利用互联网这一技术，围绕网络环境，通过创建、运营自己的网站、公众号等网络平台，以达到满足消费者和商家需求的目的的过程。营销是企业经营和运作的重要内容，如何结合实际制定合理的营销策略是企业实现其经营价值和利润的核心工作。特别是在电子商务环境下，营销方式、技术基础、消费者和市场竞争都发生了深刻的变化。网络营销的策略主要是指 4P 组合，即产品（product）、价格（price）、地点（place）和促销（promotion）。在网络营销环境下，企业在营销工作中面临了无限的生机与挑战，通过这些营销策略，共同运营好企业的营销工作，为企业、为消费者创造更多的价值。

第一节　网络营销的产品策略

一个企业的生存和发展，关键在于它生产的产品和服务能否满足消费者的需求。任何开展网络营销的企业都要制订好的产品策略，满足消费者的需求，并且紧跟发展趋势。

一、网络营销的产品整体概念

产品就是指某种有形的劳动产物，例如服装、家具、食品等，又如药品，就是指药品的成分、包装、剂型等。但从市场营销学的观点来看，市场营销的过程不单只是推销产品的过程，它更是一个满足消费者需要的过程，而消费者的需要是多方面的，不但有生理和物质方面的需要，而且还有心理和精神方面的需要，所以，企业营销的产品是一个整体概念，包含五个层次（表 18－1）。

1. 核心产品层　这是产品最基本的层次，是满足消费者需要的核心内容，是消费者要购买的实质性的东西。例如，消费者购买食品的核心是为了满足充饥和营养的需要；购买药品，是为了预防和治疗疾病，获得健康、减少疾病折磨。营销的目标在于发现隐藏在产品背后的真正需要，向消费者提供他们所需要的核心利益和服务。所以，开展网络营销的企业要了解消费者需要的核心所在，以便有针对性地提供产品和输出服务。

2. 形式产品层　这是产品在市场上出现时的具体物质形态、外部特征，是企业的设计和生产人员将核心产品通过一定的载体，转载为有形的物体表现出来、能让消费者感知的部分。比如药品，就包括药品的质量水平、功能、剂型、规格、品牌和包装等。具有相同化学成分、相同效用的药品，其表现形态，比如包装、品牌等存在一定区别的。

3. 期望产品层　网络营销中，消费需求呈个性化的特征，不同消费者可以根据自己的爱好对产品提出不同的要求，因此产品的设计和开发必须满足消费者的个性化消费需求。消费者在购买产品前对可购产品的质量、使用方便程度、特点等方面的期望值，就是期望产品。现代社会已由传统的企业设计开发、消费者被动接受转变为以消费者为中心、消费者提出要求、企业辅助消费者来设计开发产品、满足消费者个性需求的新时代。

4. 延伸产品层　这是指消费者在购买产品时所得到的附加的服务或利益，主要是帮助消费者如何更好地使用核心利益和服务。例如产品质量保证、免费送货、售后服务等。例如，一些网上药店开展免费送药、熬煮中药、网络义诊、免费用药咨询等延伸活动，提高消费者的满意度。

5. 潜在产品层　这是在延伸产品层次之外，由企业提供能满足消费者潜在需求的产品层次，标示可能的发展前景，是产品的一种增值服务。它与延伸产品的主要区别是，消费者没有潜在产品层次的需要时，仍然可以很好地使用消费者需要的产品的核心利益和服务。因为随着高科技的发展，有很多潜在需求和利益或服务还没有被消费者认识到。

网络营销是在网上虚拟市场开展营销活动，实现企业的营销目标，面对与传统市场有差异的网上虚拟市场，必须满足网上消费者一些特有的需求特征。网络营销中，产品的设计和开发的主体地位已经从企业转向消费者，企业在设计和开发产品时还必须满足消费者的个性化需求。

表 18－1　产品的整体概念

产品层次	表现形式
核心产品层	基本效用与利益
形式产品层	品质、商标、包装、特色、式样
期望产品层	购买者期望得到的一系列属性与条件
延伸产品层	销售服务与保证
潜在产品层	标示可能的发展前景

二、网络营销的产品生命周期

新产品从开始进入市场到被市场淘汰的整个过程，分为导入期、成长期、成熟期和衰退期四个阶段。这一过程主要由消费者的需求变化以及影响市场的其他因素所决定，反映了产品在市场中的经济寿命。

1. 导入期　新产品投入市场，此时，消费者对产品还不了解，只有少数追求新奇的消费者可能购买，产品的销售量很低。为了扩展销路，需要在提高产品功能、解决消费者痛点、提供优质服务等方面去下功夫，主要目标是提高消费者的认知度和接受度。

2. 成长期　这时消费者对产品已经熟悉，大量的新消费者开始购买，市场逐步扩大。竞争者看到有利可图，将纷纷进入市场参与竞争，这时企业可以通过营销活动、灵活多变的转化方式去迅速抢占消费者市场。主要目标是巩固市场份额，提高产品的知名度和影响力。

3. 成熟期　产品在市场上已经取得成功，消费者的认知度和接受度很高，市场需求趋向饱和，销售额增长缓慢直至转而下降，标志着产品进入了成熟期。在这一阶段，竞争逐渐加剧，产品售价降低，企业利润下降，可以通过一些老带新等营销方式去持续保持消费者量和营业额的增长，也可以挖掘更多盈利模式。

4. 衰退期 随着产品更新换代或其他替代品的出现，消费者的消费习惯逐渐发生改变，转向其他产品，从而使原来产品的销售额和利润额迅速下降。于是，产品进入了衰退期。这个阶段要采取方式召回流失消费者，尽量延长产品的生命周期，或者推出新的替代产品。

三、网络营销的产品品牌

网络的发展为企业品牌的整合传播开辟了一条新途径。网络资源的最大优势在于快速、便捷、低廉、高效，且具有互动性。网络平台上，信息传播面广，传播速度快，企业可以充分利用网络的这些特点，为企业品牌宣传，是提升品牌知名度和美誉度的关键策略。比如不少制药企业为企业，或者企业的某一款产品，设立了公众号、微博等，通过网络，打响产品的知名度和美誉度，使企业和产品为消费者所知、所喜欢。

通过网络营销，可以使企业品牌提升、拓展、纵深品牌的形象、价值及外延。网站是实现网上产品品牌推广营销的根据地。一方面，可以配合广告、公关、促销等开展系列营销活动；另一方面，网站、公众号等平台本身就是一个互动沟通平台，二者活动的反馈沟通均可在网站实现。并且，这些活动都应以品牌核心价值为基准点，因此可以确保活动的持久性与连贯性。

企业利用网络平台进行品牌宣传，需要明确目标定位，了解目标受众的基本信息、喜好和消费特点，研究竞争对手的品牌网络营销策略，寻找差异化的定位点。在此基础上，精心设计内容，创造有价值、具有吸引力的内容主题和形式，最好是有深度的原创内容。再者就是要充分利用社交媒体，选择针对目标客户的社交网络平台，与消费者互动，尽可能提高消费者参与度。在这个过程中，企业可以积极利用搜索引擎优化，通过优化网站内容和结构，提高在搜索引擎中的排名，吸引自然流量，并且使用数据分析工具，追踪关键的指标，利用数据挖掘信息，不断优化品牌的网络营销。

通过有效的网络营销活动，企业能够更为快捷地实现深化品牌传播目的，可以扩展品牌形象。

四、网络营销的产品包装

虽然消费者在网络认识产品、选择产品并且进行网络上的交易，看似不能直接接触、识别、感觉产品的包装，但是在网络营销的时候还是需要将产品的包装、外观等通过图片形式呈现，这样有利于消费者更好地了解产品，产品包装是提升品牌形象和销售转化的关键环节。

网络营销的产品包装，要突出产品的核心价值：通过包装设计突出产品的独特卖点和核心价值，具有一定的视觉冲击力，吸引目标消费者的注意，建立产品的差异化。企业通过产品的包装，可以影响消费者的价格感知，既要根据产品定位和目标消费者，通过包装设计提升或降低消费者对产品价格的敏感度，又要考虑环保与成本控制，符合可持续发展趋势。对于网络营销的产品，其包装还需适应物流配送需求，确保产品安全送达消费者手中。在包装上的信息应准确无误，便于消费者了解产品详情。

此外，网络营销上对产品实物、包装的拍摄图片，切勿使用过多的拍摄技巧，过分修饰，使产品的图片和实物有较大差距，避免消费者在最后收到产品的时候，有货不对板的感觉，这会大大降低消费者的消费体验和满意度。尤其是药品，关系到消费者的健康和用药安全，网络上通过图片、视频展示的产品和产品包装一定要实事求是。

五、网络新产品开发

由于网络平台体现的信息对称性，企业和消费者可以随时随地进行信息交换。在产品开发中，企业可以迅速向消费者提供新产品的结构、性能等各方面的资料，并进行市场调查，消费者可以及时将意见反馈给企业，从而大大地提高企业开发新产品的速度，也降低开发新产品的成本。通过互联网，企业还可以迅速建立和更改产品项目，并应用网络平台对产品项目进行虚拟推广，从而以高速度、低成本实现对产品项目及营销方案的调研和改进，并使企业的产品设计、生产、销售和服务等各个营销环节能共享信息、互相交流，促使产品开发从各方面去满足消费者的需要，以最大限度地实现消费者满意。比如药品，尽管经过了严格的研发流程，药品的安全有效得到最大的保障，但鉴于研发试验的一些局限性，产品最终还是要放在广大的市场中得以验证，经得起考验。所以网络营销下，企业通过网络平台搜集到的消费者使用回馈的意见和建议能更有利于产品开发。

六、网络营销的产品增值服务

在网络营销的过程中，企业可以获得消费者群的完整信息，通过网络客户服务，开发个性化增值服务，从而创造出更大的价值，而非仅仅停留在产品实物本身销售所获得的利润，这主要表现在以下九个方面。①与媒体界建立友好的关系。通过网络可向媒体记者和企业员工及消费者即时发布公司的政策变化。②消除误导信息。通过企业网站可以及时纠正网上社区、评论中关于企业的不准确的信息，避免引起消费者的误解，开展正向的引导。③在网上举行新闻发布会。企业通过网络端的发布会可以向全网同步、即时发布新闻发布会，让消费者更好地了解企业的动态。④通过消费者反馈信息，了解消费者对公司产品的满意程度、消费偏好、对新产品的反应等。⑤准确了解消费者的消费心理及决策过程，通过E－mail、微信等方式与消费者建立起“一对一”的亲密关系。⑥对目标市场进行精确细分，根据这种细分将专门服务于这类消费者的信息或广告发送给他们。⑦通过回复消费者的问题，及时向他们传送公司新产品信息、升级服务信息等，保持与消费者的长期友好关系。⑧及时发现不满意消费者，了解他们不满意的原因，及时处理。⑨建立忠诚消费者数据库。可吸收对公司产品非常了解的忠诚消费者介入公司的网络营销，他们能帮助公司解决消费者的问题，回答一些技术上的问题，同时他们还会提醒公司关注个别消费者在网上发布对公司不利的负面信息。

第二节　网络营销的定价策略

任何企业的网络定价都不是孤立行为，必须按照企业的目标市场战略及市场定位战略的要求来进行。虽然网络交易的成本相对比较低廉，但因交易形式多样化，所以价格弹性比较大。企业制定产品价格应在核算产品成本的基础上，适当增加无形成本的含量，精确计算产品的无形价值含量，因此应该以理性的方式制定网络产品的价格。

一、网络营销定价需考虑的因素

网络营销中提供产品和服务的价格要根据产品和服务的需求弹性来确定，同时又要考虑网络营销的特点。网络营销中的定价比实体营销中的定价更具有灵活性，因此在网络营销定价的时候需要考虑的因素主要有国际化、趋低化、弹性化和价格解释体系。

1. 国际化　由于互联网营造的全球市场环境，消费者可以在全球范围内获得产品并且比较价格，所以全球企业在制定产品和服务的价格时，要考虑国际化因素，针对国际市场的需求状况和产品价格情况，以确定本企业的价格对策。

2. 趋低化　由于网络营销使企业的产品开发和促销等成本降低，企业可以进一步降低产品价格。同时由于互联网的开放性和互动性，市场是开放和透明的，消费者可以就产品及价格进行充分的比较、选择，因此，要求企业以尽可能低的价格向消费者提供产品和服务。

3. 弹性化 由于网络营销的互动性，消费者可以和企业就产品价格进行协商，也就是可以议价。另外，企业也可以根据每个消费者对产品和服务提出的不同要求，来制定相应的价格。

4. 价格解释体系 企业通过互联网，向消费者提供有关产品定价的资料，如产品的生产成本、销售成本等，建立价格解释体系，为产品定价提供理由，并答复消费者的询问，使消费者认同产品价格。

二、网络营销中企业的定价目标

定价目标是指企业通过制定产品价格所要达到的目的。企业在为产品定价时，首先必须有明确的目标。不同企业、不同产品、不同市场、不同的时期有不同的营销目标，因而也就要求采取不同的定价策略。但是，企业定价目标不是单一的，而是一个多元的结合体。在网络营销中，企业定价目标主要有以下几种。

1. 以维持企业生存为目标 当企业经营管理不善，或由于市场竞争激烈、消费者的需求偏好突然发生变化等原因，而造成产品销路不畅、大量积压、资金周转不灵，甚至濒临破产时，企业只能为其积压的产品定低价，以求迅速出清存货，收回资金。但这种目标只能是企业面临困难时的短期目标，长期目标还是要获得发展，否则企业终将破产。

2. 以获取当前理想的利润为目标 追求目前利润的最大化，而不考虑长期效益。选择此目标，必须具备一定的条件，即当产品声誉好，而且在目标市场上占有竞争优势地位时，方可采用，否则还应以长期目标为主。

3. 以保持和提高市场占有率为目标 市场占有率是企业经营状况和企业产品竞争力的直接反映，它的高低对企业的生存和发展具有重要意义。一个企业只有保持或提高市场占有率，才有可能生存和发展。因此，这是企业定价选择的一个十分重要的目标。所以要实行全部或部分产品的低价策略，以实现提高市场占有率这一目标。

4. 以应付或抑制竞争为目标 有些企业为了阻止竞争者进入自己的目标市场，而将产品的价格定得很低，这种定价目标一般适用于实力雄厚的大企业。中小企业在市场竞争激烈的情况下，一般是以市场为导向，随行就市定价，从而可以缓和竞争、稳定市场。

5. 以树立企业形象为目标 有些企业的定价目标实行的是“优质优价”，以高价来保证高质量产品的地位，以此来树立企业的形象。

总之，企业定价目标一般与企业的战略目标、市场定位和产品特性相关。企业价格的制定应主要从市场整体来考虑，它取决于需求方的需求强弱程度和价值，取决于接受程度以及来自替代性产品的竞争压力的大小。在网络营销中，市场还处于起步阶段，企业进入网络营销市场的主要目的是占领市场以求得生存和发展的机会，然后才是追求企业的利润。因此，目前网络营销产品的定价一般都是低价，甚至是免费，以期在快速发展的虚拟市场中寻求立足机会。网络市场一般可分为两个部分，即消费品市场和生产资料市场。对于消费品市场，企业必须采用相对低价的定价策略来占领市场；对于工业品市场，购买者一般是商业机构和组织机构，购买行为比较理智，所以企业可以采用通过网络技术降低企业、组织之间的供应采购成本而带来的双方价值增值的双赢策略。总之，企业应选择合适的定价目标以促进企业的长期、稳定发展。

三、网络营销的定价方法

在传统市场营销行为中，企业对产品营销价格的确定方法主要有成本导向定价法、需求导向定价法和竞争导向定价法。而在网络营销中，除了传统的三种方法外，还有以下四种新的方法。

1. 方便价格查询　消费者可通过网络价格查询功能，查询市场相关产品的价格，进而理性地购买价格合理的产品，即可以非常方便地货比三家。因此企业一定要核对上网企业相关产品价格和竞争情况，在进行认真调研的基础上，合理估计本企业产品在消费者心目中的形象，进而确定产品的价格。

2. 开展网络会员制　依据会员过去的交易记录与偏好的多少，给予消费者折扣，鼓励消费者上网消费。

3. 智慧型议价系统　与消费者直接在网上协商价格。这是卖家和买家，不同价格立场之间的直接对话，充分地体现了网络营销的整合特点。

4. 自动调价系统　根据季节变动、市场供需状况、竞争产品价格及其他因素，在计算最大盈利的基础上，进行实际的价格调整。

四、网络营销的定价策略

1. 低价定价策略　借助互联网进行销售，比传统销售渠道的费用低廉，因此网上销售价格一般来说比流行的市场价格要低。采用低位定价策略就是在公开价格时一定要比同类产品的价格低。采取这种策略一方面是由于通过互联网，企业可以节省大量的成本费用；另一方面，采用这一策略也是为了扩大宣传、提高市场占有率并占领网络市场这一新型的市场。

在采用这一策略时，应注意以下三点：①在网上不宜销售那些消费者对价格敏感而企业又难以降价的产品；②在网上公布价格时要注意区分消费对象，要针对不同的消费对象提供不同的价格信息发布渠道；③因为消费者可以在网上很容易地搜索到价格最低的同类产品，所以网上发布价格要注意比较同类站点公布的价格，否则，价格信息的公布会起到反作用。

2. 定制生产定价策略　个性化定制生产定价策略，是在企业能实行定制生产的基础上，利用网络技术和辅助设计软件，帮助消费者选择配置或者自行设计能满足自己需求的个性化产品，同时承担自己愿意付出的价格成本。这种策略是利用网络互动性的特征，根据消费者的具体要求，来确定产品价格的一种策略。网络的互动性使个性化行销成为可能，也将使个性化定价策略有可能成为网络营销的一个重要策略。

3. 拍卖竞价策略　网上拍卖是目前发展较快的领域，是一种最市场化、最合理的方式。随着互联网市场的拓展，将有越来越多的产品通过互联网拍卖竞价。由于目前购买群体主要是消费者市场，个体消费者是目前拍卖市场的主体，因此，这种策略并不是目前企业首要选择的定价方法，因为它可能会破坏企业原有的营销渠道和价格策略。比较适合网上拍卖竞价的是企业的一些原有积压产品，也可以是企业的一些新产品，可以通过拍卖展示起到促销作用。

4. 声誉定价策略　在网络营销的发展初期，消费者对网上购物和订货还有着很多疑虑，例如网上所订产品的质量能否保证、货物能否及时送达等。所以，对于声誉较好的企业来说，在进行网络营销时，价格可定得高一些；反之，价格则定得低一些。比如老字号的名贵中药材，有好的企业口碑和产品品质，采用声誉定价策略，价质相符。

5. 使用定价策略　所谓使用定价，就是消费者通过互联网注册后可以直接使用某公司产品，消费者只需要根据使用次数进行付费，而不需要将产品完全购买。这一方面减少了企业为完全出售产品进行大量不必要的生产和包装的浪费，同时还可以吸引过去那些有顾虑的消费者使用产品，扩大市场份额。采用这种定价策略，一般要考虑产品是否适合通过互联网传输，是否可以实现远程调用。目前比较适合线上医疗咨询服务、线上心理咨询等按次数消费的服务。

6. 折扣定价策略　为鼓励消费者多购买本企业产品，可采用数量折扣策略；为鼓励消费者按期或提前付款，可采用现金折扣策略；为鼓励中间商淡季进货或消费者淡季购买，也可采用季节折扣策略等。

上面六种价格策略是企业在利用网络营销拓展市场时可以考虑的、比较有效的策略，并不是所有的产品和服务都可以采用上述定价策略的，企业应根据产品的特性和网上市场发展的状况来决定定价策略的选择。不管采用何种策略，企业的定价策略应与其他策略配合，以保证企业总体营销策略的实施。

第三节 网络营销的渠道策略

网络营销的销售渠道是借助互联网将产品从生产者转移到消费者的中间环节，它不仅具备和传统营销渠道一样的功能，还具有传统营销渠道不可比拟的优势。

传统渠道中，厂家、代理商与分销商之间的关系常常不外乎两种：买卖关系和合作伙伴关系。第一种关系比较简单，只是单纯的交易行为，双方责、权、利约束性不强；第二种合作伙伴关系更进一步，但许多情况下，都是不稳固的联盟关系，而且双方的关系是松散的，缺乏一致的目标和利益。如果要将厂商和经销商的关系提升为一体化的关系，把代理商作为厂家的销售队伍、作为厂家的一部分，使代理商更有安全感和归属感，就要借助网络，选择合适的网络营销渠道，进而促进产品的销售。

一、网络营销渠道的特点

网络营销渠道，主要有三个特点：①每一个网上分销渠道和传统的分销渠道一样，起点是制造商，终点是最后的消费者或消费者，但是它结构简单、虚拟存在，可以打破地域的限制。②传统的分销渠道由参加产品流通过程的各种类型的机构组成，而网络营销渠道的中介模式为电子交易市场。电子交易市场即在线中间商，完全承担起为买卖双方收集信息的作用；同时也利用其在各地的分支机构，承担起批发商和零售商的作用，交互性强。③网络营销的渠道，能为企业节省大量的资金，比如能节约店铺租金、水电煤消耗等，具有非常好的经济性，能以较低的成本实现广泛的传播。

网络虽然缩短了人们的沟通距离，但并没有缩短人们与产品的物理距离，开展电子商务后，虽然服务方式、方法发生了改变，但产品流通的中间渠道还是非常必要的。

二、网络营销渠道的功能

营销渠道是指与提供产品或服务，以及在使用或消费这一过程中有关的一整套相互依存的机构，它涉及信息沟通、资金转移和产品转移等。因此，一个完善的网上销售渠道应有三大功能：订货功能、结算功能和物流配送功能。

1. 订货功能 订货功能要能为消费者提供产品信息，同时要便于厂家获得消费者的需求信息，以求达到供求平衡。订货功能的强大，可以最大限度地降低库存，减少销售费用。

2. 结算功能 消费者购买产品后，可以运用多种方式进行付款，那么厂家（商家）也应相应有多种结算方式。目前网络结算的方式主要有：信用卡、电子货币、网上转账、微信支付、支付宝支付等多种方式。

3. 物流配送功能 物流功能是指计划、执行与控制有形的原材料和产品从产地到使用地点的实际流程，并在盈利的基础上满足消费者的需求。而无形产品如线上医疗咨询服务、线上心理咨询等，可以直接通过网上进行服务。配送系统主要是研究、解决有形产品的配送问题，因为要涉及运输和仓储。国内外的物流配送公司，它们的业务已覆盖全球，实现了全球快速的专递服务，有的物流公司更是专注医药领域的配送，这些公司为医药企业提供全方位的医院物流服务，涵盖药品、医疗器械、耗材等物资的配送和回收，以及医疗废弃物的处理。它们配备了专业的医药仓储设施和先进的物流信息系统，确保医药物品在运输和存储过程中的安全和质量。

三、网络营销渠道类型

（一）根据经过中间环节的数量进行分类

互联网的发展改变了营销渠道的结构。从总体上看，网络营销渠道可分为网络直接营销渠道和网络间接营销渠道两种类型。

1. 网络直接营销渠道 网络直接营销渠道与传统的直接分销渠道一样，都没有营销中间商，产品直接从生产者转移给消费者或使用者。网络直接营销渠道也有订货功能、支付功能和物流配送功能。在网络直接营销渠道中，生产企业可以通过建设网络营销站点，使消费者直接从网站进行订货；可以通过一些电子商务服务机构的合作，如网上银行等，直接提供支付结算功能，解决资金流转问题；另外，还可以利用互联网技术，通过与一些专业物流公司进行合作，建立有效的物资体系。网络直接营销渠道一般适用于大型医药产品，比如医疗器械，或者是医药产品生产资料的交易，并不太适合于一般中小件的医药产品，特别是面向个体消费者的药品销售与配送。

2. 网络间接营销渠道 它是通过融入互联网技术后的中间商提供网络间接营销渠道，是指把产品由中间商销售给消费者或使用者的营销渠道。传统间接分销渠道可能有多个中间环节；而由于互联网技术的运用，网络间接营销渠道只需要新型电子中间商这一中间环节即可。间接营销渠道一般适用于小批量产品及生活资料的交易，比如对一般个体消费者的药品的销售和配送。

直接营销渠道和间接营销渠道构成了网络营销渠道的两种基本类型。但应注意的是，有人认为随着网络营销的发展，直接销售渠道将会完全代替间接销售渠道，这种认识是片面的。因为从产品流通的构成来看，它是由信息流、商流、资金流、物流四个方面构成的，在网络技术比较发达的情况下，信息流、商流和资金流可直接通过网上来完成，但产品的物流，也就是产品实体空间的转移，必须通过储存和运输来完成。一个企业不可能也不需要在自己的营销区域内自己建立起完善的物流配送体系，它还需要通过不同区域、不同环节的物流商来共同配合，完成产品的实体配送。

（二）根据销售对象的不同类型进行分类

网络营销的销售对象主要是网上消费者及其需求，这些消费者包括企业和个人，他们构成了电子商务交易的主体，所以根据网络营销的销售对象不同，网络营销的销售渠道又可以分为主要有两种方式，一种是 B2B，另一种是 B2C。

1. B2B business - to - business，即企业对企业的模式，这种模式下，每次交易量很大、交易次数较少，并且购买方比较集中，因此网上销售渠道的建设关键是建设好订货系统，方便购买企业进行选择；由于企业一般信用较好，通过网上结算实现付款比较简单；另一方面，由于交易数量大次数少，因此配送时可以进行专门运送，既可以保证速度也可以保证质量，减少中间环节造成损失。

2. B2C business - to - consumer，即企业对消费者模式，这种模式的每次交易量小、交易次数多，而且购买者非常分散，因此网上渠道建设的关键是结算系统和物流配送系统。目前国内的网上结算系统非常发达，各类电商平台的配送系统也很丰富，既有自建的，也有第三方物流配送系统，这大大方便了 B2C 渠道的发展，成为企业销售产品、消费者购买产品的重要渠道。

四、网络营销渠道的管理

通过优质的网络营销渠道管理，以此确保渠道的高效运作和营销目标的实现。首先，需要明确目标受众和营销目标，根据消费者的需求、兴趣和购买行为，选择消费者易于接受的方式来建设网络营销渠道。其次，企业可以整合渠道资源，通过多渠道、跨平台合作，布局渠道，利用搜索引擎、社交媒体、电商平台等，确保渠道布局既能广泛覆盖市场，又能精准触达目标客户。在网络营销渠道中塑造品牌形象，提供高质量内容和良好客户服务，赢得目标受众信任和忠诚。再者，企业可以建立有效的沟通机制和冲突解决流程，及时发现并妥善处理渠道成员之间的分歧和矛盾，维护渠道的稳定性和高效运作。最后，就是在网络营销渠道的运行中，持续监测和分析数据，了解营销活动效果，通过设定评估指标、数据分析和消费者反馈等方式，及时调整优化策略，提升营销效果。

第四节 网络营销的促销策略

善于经营的企业，不仅要努力开发适销对路的产品，制定具有竞争力的价格，选择合理的分销渠道，而且还要及时、有效地将产品或劳务的信息传递给目标消费者，与生产者、经营者与消费者沟通，制定相应的网络营销促销策略。

一、促销的实质

市场交换活动是由买方和卖方共同实现的，为了保证这种产品交接活动的顺利进行，买卖双方就必须相互沟通信息。卖方如果不了解买方的需求，就不可能生产和经营适销对路的产品；如果买方不了解卖方的供应信息，就不会采取购买行动。因此，任何促销都与信息的沟通息息相关，信息及其沟通手段、传递信息的媒介，以及沟通的质量都影响着促销效果。任何促销都应指向有关消费者，只有适合消费者需求特征的信息，才会被接受和产生效果。所以促销是指将产品或劳务的信息传递给目标消费者，从而引起其兴趣，促进其购买，实现企业产品销售的一系列活动。促销的实质是传播与沟通信息。

一般来说，市场上买卖双方信息沟通的基本方式有两种：一种是单向沟通，即一方发出信息，另一方接收信息，是买卖双方的信息单向沟通；另一种是双向沟通，即买卖双方互相交流信息，是买卖双方的双向信息沟通。

二、网络营销中促销的作用

1. 告知功能 网络促销能够把企业的产品、服务、价格等信息传递给目标消费者，引起他们的注意。比如企业上市了新的药品，通过网络平台告知消费者，引起消费者的注意和购买的欲望。

2. 说服功能 网络促销的目的在于通过各种有效的方式，解除目标消费者对产品或服务的疑虑，说服目标消费者坚定购买决心。例如，在同类产品中，许多产品往往只有细致的差别，消费者难以察觉。企业通过网络促销活动，宣传自己产品的特点，使消费者认识到本企业的产品可能给他们带来的特殊效用和利益，进而乐于购买本企业的产品。比如同样化学成分的非处方药，通过宣传，企业可以将自己看似相同、但又具有不同的药品介绍给消费者，引导消费者注意到产品的不同。

3. 反馈功能 网络促销能够通过电子邮件及时地收集和汇总消费者的需求和意见，迅速反馈给企业管理层。由于网络促销所获得的信息基本上都是文字资料，信息准确，可靠性强，对企业经营决策具有较大的参考价值。比如很多制药企业通过网络平台，建立了评论区、留言板、客服企业微信等渠道，方便消费者咨询和反馈用药体验。

4. 创造需求 运作良好的网络促销活动，不仅可以诱导需求，而且可以创造需求，发掘潜在的消费者，扩大销售量。

5. 稳定销售 由于某种原因，一个企业的产品销售量可能时高时低，波动很大，这是产品市场地位不稳的反映。企业通过适当的网络促销活动，树立良好的产品形象和企业形象，往往有可能改变消费者对本企业产品的认识，使更多的消费者形成对本企业产品的偏爱，达到稳定销售的目的。

三、网络促销的实施

对于任何企业来说，如何实施网络促销都是一个新问题。促销是刺激消费者或中间商迅速或大量购买某一特定产品的许许多多激励工具，促销具有信息沟通、刺激和诱导三个明显特征。网络上的各大站点都争着想引起消费者的注意，因此每个企业都必须摆正自己的位置，深入了解产品信息在网络上传播的特点，分析网络信息的接收对象，设定合理的网络促销目标，通过科学的实施程序，打开网络促销的新局面。根据国内外网络促销的实践，网络促销的实施程序主要有以下六个方面。

1. 确定网络促销对象 网络促销对象是针对可能在网络虚拟市场上产生购买行为的消费者群体提出来的。随着网络的迅速普及，这一群体也在不断膨胀。这一群体主要包括三部分人员：产品的使用者、产品购买的决策者、产品购买的影响者。

2. 设计网络促销内容 网络促销的最终目标是希望引起消费者的购买。这个最终目标是要通过设计具体的信息内容来实现的。消费者的购买过程是一个复杂的、多阶段的过程，促销内容应当根据购买者目前所处的购买决策过程的不同阶段和产品所处的寿命周期的不同阶段来决定。

3. 决定网络促销组合方式 网络促销活动主要通过网络广告促销和网络站点促销展开。但由于企业的产品种类不同，销售对象不同，将会产生多种网络促销的组合方式。企业应当根据网络广告促销和网络站点促销两种方法各自的特点和优势，根据自己产品的市场情况和消费者情况，扬长避短，合理组合，以达到最佳的促销效果。网络广告促销主要实施“推式战略”，其主要功能是将企业的产品推向市场，获得广大消费者的认可。网络站点促销主要实施“拉式战略”，其主要功能是将消费者牢牢地吸引过来，保持稳定的市场份额。

4. 制定网络促销预算方案 在网络促销实施过程中，使企业感到最困难的是预算方案的制订。在互联网上促销，对于任何人来说都是一个新问题。所有的价格、条件都需要在实践中不断学习、比较和体会，不断地总结经验。只有这样，才可能用有限的精力和资金收到尽可能好的效果，做到事半功倍。首先，必须明确网上促销的方法及组合的办法。其次，需要确定网络促销的目标。最后，需要明确希望影响的是哪个群体。

5. 衡量网络促销效果 网络促销的实施过程到了这一阶段，必须对已经执行的促销内容进行评价，衡量一下促销的实际效果是否达到了预期的促销目标。

6. 加强网络促销过程的综合管理 想要取得网络促销的成功，就必须实行科学管理，不断进行信息的沟通与协调，并对偏离预期促销目标的活动及时进行调整，以保证促销活动取得最佳效果。

四、网络营销中的促销的方式

网络营销促销策略的出发点是利用网络的特征实现与消费者的沟通。这种沟通方式不是传统促销中“推”的形式，而是“拉”的形式，不是传统的“强势”营销，而是“软”营销。主要有以下四种方法：网络广告、销售促进、站点推广和网络公关。

（一）网络广告

网络广告，是指利用互联网这种载体，通过图文、多媒体形式发送的旨在推广产品、服务或站点的信息传播活动；它是一种由广告主自行或者委托他人设计、制作，在网络上发布或向目标消费者传送的非人员推广形式的有偿信息传播。它具有传播范围广泛、交互性强、具有灵活快捷的特性、拉动与推动相结合、广告成本低、受众针对性明确、传播效果易于控制等优点。随着科学技术和网络营销的发展，网络广告的形式越来越广泛。从营销活动的信息传播角度看，网页主页、电子邮件、公众号、视频号等都能承载广告信息，都是网络广告的范围。

1. 网络广告的形式 网络广告的表现形式丰富多彩，常见的网络广告形式大致有以下六种。

（1）旗帜广告 网络媒体在自己网站的页面中分割出一定大小的一个画面（视各媒体的版面规划而定）发布广告，因其像一面旗帜，所以称为旗帜广告。旗帜广告允许客户用简练的语言、图片介绍企业的产品或宣传企业形象。目前越来越多的旗帜广告都带有链接，方便消费者点击进入，了解药品的详细信息。为了吸引更多的浏览者注意并点选，旗帜广告在制作上经历了由静态向动态的演变，具有跳动效果或霓虹灯的闪烁效果，非常具有吸引力。此种广告重在树立企业的形象，扩大企业的知名度。

（2）按钮广告 这是网络广告最早的和最常见的形式。它显示的只是公司、产品或品牌的标志，点击它可以链接到广告主的主页或站点。按钮广告的不足在于其被动性和有限性，它要求浏览者主动点选，方能了解到有关企业或产品的更为详尽的信息。

（3）主页广告 它是指将需要发布的信息内容分门别类地制作成主页，放置在网络服务商的站点或企业自己建立的站点上。这种广告可以详细地介绍广告主的各种信息，如企业营销发展规划、主要产品与技术特点、产品订单、年度财务报告、企业联盟、主要经营业绩、售后服务措施、联系办法等，从而使消费者全方位地了解企业及企业的产品与服务。许多企业都使用这类广告，它是企业自己的站点，不需要支付广告费用。

（4）分类广告 它类似于报纸杂志中的分类广告，通过一种专门提供广告信息的站点来发布广告。在站点中提供出按照产品目录或企业名录等方法可以分类检索的深度广告信息。这种类型的广告对于那些想查找广告信息的访问者来说，无疑是一种快捷而有效的途径。比如某个医药原料药企业，在某医药交易网站做分类广告，将其名称、产品等简要信息链接在分类广告中。

（5）文字广告 它采用文字标识的方式，往往放置在热门站点的页面上，一般是企业的名称，点击后链接到广告主的主页上。它一般出现在网站的分类栏目中，其标题显示相关的查询字，所以也可称为商业服务专栏目录广告。这种广告非常适合于中小企业，因为它既能产生不错的宣传效果，又花费不多。它可以直接访问其他站点的链接，通过对热门站点的访问，吸引一部分流量到链接的站点上去。

（6）富媒体广告 一般指综合运用了 flash、视频和 java script 等脚本语言技术制作的，具有复杂视觉效果和交互功能的网络广告。富媒体广告的特点通常尺寸比较大，包含声音、图像、文字等多媒体组合，形式丰富，表现力强。富媒体广告通过视频或者交互的内容播放可以容纳更多的广告信息，甚至可以让受众不需要点击到企业自建的网站上即可了解企业及产品的详细内容，可以实现游戏、调查、竞赛等相对复杂的用户交互功能，为双方搭建一个沟通交流平台。

2. 网络广告的发布形式 网上发布广告的渠道和形式众多，各有长短，企业应根据自身情况及网络广告的目标，选择网络广告发布渠道及方式。在目前，可供选择的渠道和方式主要有以下五种。

（1）企业自建主页形式 企业建立自己的网站或者公众号，它不但是企业形象的树立，也是宣传产品的良好工具。在互联网上做广告的很多形式都只是提供了一种快速链接公司主页的途径，所以，建立公司的网站或公众号是最根本的，这会像公司的地址、名称、电话一样，是独有的，是公司的标识，将成为公司的无形资产。

（2）第三方平台发布 利用他人的网站、大型门户网站、搜索引擎、虚拟社区、网络论坛、公众号、软件等平台发布广告，借助这些平台的高流量和用户黏性提升广告曝光度。很多知名的网站能提供大量的互联网消费者感兴趣并需要的免费信息服务，包括新闻、评论、生活、财经等内容，因此，这些网站的访问量非常大，是网上最引人注目的站点。目前，这样的网站是网络广告发布的主要阵地，但在这些网站上发布广告的主要形式是旗帜广告。

（3）专类销售网　这是一种专业类产品直接在互联网上进行销售的方式。现在这样的网站、App、公众号越来越多。走入这样的网站，消费者只要在一张表中填上自己所需产品的类型、型号、制造商、价位等信息，然后按一下搜索键，就可以得到你所需要产品的各种细节资料。

（4）免费的电子邮件服务　在互联网上有许多服务商提供免费的 E - mail 服务，很多上网者都喜欢使用。利用这一优势，能够帮助企业将广告主动送至使用免费 E - mail 服务的消费者手中，实现精准定制营销。

（5）信息流广告　在社交媒体、新闻资讯平台等的信息流中插入广告，以原生内容的形式展现，提高用户接受度。

以上五种通过互联网做广告的渠道和方式中，主页形式是最主要的。选择何种广告渠道和发布方式，要根据企业诉求对象的特点和广告的目标以及网上消费者的情况来决定，也可以将若干方式组合应用。

（二）销售促进

销售促进就是企业利用可以直接销售的网络营销站点，采用价格折扣、有奖销售等方式宣传推广产品。主要有以下一些方法。

1. 网上折价促销　折价亦称打折、折扣，是目前网上最常用的促销方式之一。盈利永远是公司的最终目标，高额的折扣会影响公司的短期效益，但是在培育市场的过程中，这是一个十分有效的促销行为。我国网民在网上购物的热情远低于商场、超市等传统实体购物场所，因此网上产品的价格一般都要比传统方式销售时要低，以吸引人们购买。由于网上销售的产品不能给人全面、直观的印象，也不可试用、触摸等原因，适度幅度的折扣可以促使消费者进行网上购物的尝试并做出购买决定。目前大部分网上销售产品有不同程度的价格折扣，比线下实体销售的价格更优惠。

2. 网上抽奖促销　抽奖促销是网上应用较广泛的促销形式之一，是大部分电商企业乐意采用的促销方式。网上抽奖活动主要附加于调查、产品销售、扩大消费者群、节日庆典、推广某项活动等。消费者或访问者通过填写问卷、注册、购买产品或参加线上活动等方式获得抽奖机会。

3. 网上积分促销　积分促销在网络上的应用比起传统营销方式要更加简单和易操作，网上积分活动很容易通过编程和数据库等来实现，并且结果可信度很高。积分促销可以增加上网者访问网站和参加某项活动的次数；可以增加上网者对网站的忠诚度；可以提高活动的知名度等。积分促销一般设置价值较高的奖品，消费者通过多次购买或多次参加某项活动来增加积分以获得奖品。也有一些电商企业“发行”的“虚拟货币”是积分促销的另一种体现，以此来给消费者更多的实惠。

4. 网上赠品促销　一般情况下，在新产品推出试用、产品更新、对抗竞争品牌、开拓新市场情况下利用赠品促销可以达到比较好的促销效果。赠品促销可以提升品牌和购物平台的知名度；鼓励人们经常访问平台以获得更多的优惠信息；能根据消费者索取赠品的热情程度总结分析营销效果和产品本身的反映情况等。

5. 网上联合促销　由不同商家联合进行的促销活动称为联合促销，联合促销的产品或服务可以产生一定的优势互补、互相提升自身价值等效应。如果应用得当，联合促销可收到相当好的促销效果。非竞争性的厂商之间可以组成线上促销的策略联盟，通过相互的线上资料库联网，增加与潜在消费者接触的机会，或者电商平台与入驻的企业联合促销。这样做一方面不会使本企业的产品受到冲击，另一方面又拓宽了产品的消费层面。

电商企业在实践中还探索出其他形式多样、灵活好用的促销方式，例如建立会员制、一对一 VIP 定制营销、网上竞赛、问题征答、畅销产品排行榜、事件促销，提供免费送货、无条件更换退货、一定期限内产品报价退还差价等方式。由于企业的产品种类不同、销售对象不同，促销方法与产品种类和销售对象之间将会产生多种网络促销的组合方式。企业应当根据各种促销方式的特点和优势，根据自己产品的市场情况、消费者情况，扬长避短，合理组合，以达到最佳促销效果。

（三）站点推广

网络营销站点作为企业在网上市场进行营销活动的阵地，站点能否吸引大量流量是企业开展网络营销成功的关键，也是网络营销的基础。站点推广就是通过对企业网络营销站点的宣传吸引消费者访问，同时树立企业网上品牌形象，为企业的营销目标实现打下坚实基础。

站点推广是一项系统性工作，与企业营销目标是相一致的。目前企业使用较多的站点推广方法有以下五种。

1. 搜索引擎优化 网民在寻找新网站、新的产品信息的时候，主要是通过搜索引擎来实现的，因此在著名的搜索引擎进行注册是非常必要的，并且通过关键词研究、网站结构优化、外链建设等手段，提升网站在搜索引擎中的排名，增加自然流量。

2. 建立链接 互联网的一个特点就是通过链接将所有的网页链接在一起，经过链接点击后，可以从一个网页找到另一个网页。因此，与不同站点建立链接，可以缩短网页间距离，提高站点的被访问概率。比如“某医药信息网”建立的网上“医药交易市场”，为医药工业企业提供了一个医药信息发布的场所，免费注册、发布医药产品信息。其产品目录包括药材、饮片、中成药、西药、医药技术、原料与辅料、医疗器械、药用包装、保健品及制药机械等，其形式就是一个永不落幕的交易会，企业加入这类网站，并且做好企业主页等的链接，就可以获得无限商机。

3. 发布新闻 及时掌握具有新闻性的事件（例如新产品的上市或者药品新的适应证或者临床突破等），并定期把这样的新闻发送到你的行业站点和印刷品媒介上。其次，将站点在公告栏和新闻组上加以推广。互联网络使得具有相同专业兴趣的人们组成成千上万的具备很强针对性的公告栏和新闻组。比较好的做法是加入这些讨论，让邮件末尾的“签名档”发挥推广的作用。

4. 发布网络广告 利用网络广告推广站点是一种比较有效方式。通常的做法是加入广告交换组织，广告交换组织通过不同站点的加盟后，在不同站点交换显示广告，起到相互促进作用。另外一种方式是在适当的站点上购买广告栏发布网络广告。

5. 使用传统的促销媒介 使用传统的促销媒介来吸引访问站点也是一种常用方法，如一些著名的网络公司纷纷在传统媒介发布广告。这些媒介包括直接信函、分类展示广告等等。在这些展示的包括各种卡片、宣传小册子、广告页面、周边产品、产品赠品在内的媒介上附上印刷公司的网站地址、公众号、小程序的二维码等，把站点作为广告的补充信息，用广告来抓住消费者的注意力。

（四）网络公关

公共关系是一种重要的促销工具，它通过与企业利益相关者包括供应商、消费者、员工、股东、社会团体等建立良好的合作关系，为企业的经营管理营造良好的环境。网络公共关系与传统公共关系功能类似，借助了互联网作为媒体和沟通渠道的网络公共关系，其影响力更大、使用恰当效果更好。

1. 网上公共关系活动目标 利用网上公共关系，进行网络营销的促销的目的主要有三个：第一，通过与网上新闻媒体建立良好合作关系，将企业有价值的信息通过网上媒体发布和宣传，以引起消费者对企业产生兴趣，同时通过网上新闻媒体树立企业良好的社会形象。第二，通过互联网宣传和推广产品。第三，通过互联网建立良好沟通渠道。包括对内沟通和对外沟通，让与企业利益相关者能充分了解企业。以巩固与现有的消费者关系，同时与新的消费者建立联系。

2. 开展网上公共关系活动方法 电商企业积极利用网络平台，开展公共关系活动，宣传企业、扩大影响，提升知名度和美誉度。

（1）与网络新闻媒体合作 互联网被称为新兴的区别于报纸杂志、广播、电视的第四类媒体。它吸引着越来越多的消费者通过网上获取信息，因此互联网具有了媒体功能。网络新闻媒体一般有两大类，一类是传统媒体上网，通过互联网发布媒体信息，如报纸类网上互联网电子版，消费者可以直接通过互联网获取报纸信息；电视台类在网上发送新闻和报道；一些广播电台也纷纷通过互联网来播放电台节目。这些传统媒体上网，主要模式是将在传统媒体播放的节目进行数字化，转换成能在网上下载和浏览的格式，消费者不用依靠传统渠道就可以直接通过互联网了解媒体报道信息。另一类媒体，是新兴的真正的网上媒体，他们没有传统媒体的依托。这类媒体通过自己的优势挖掘新的信息来源，发布自己的新闻。

电商企业与新闻媒体紧密合作，可以充分利用互联网的信息交互特点，更好进行沟通，通过互联网实现远程沟通，突破过去地理位置障碍。为加强与媒体合作，企业可以通过互联网定期或不定期将企业的信息和有新闻价值的资料通过互联网直接发给媒体，与媒体保持紧密合作关系。企业也可以通过媒体的网站直接了解媒体关注的热点和报道重点，及时提供信息与媒体合作。

（2）宣传和推广产品　宣传和推广产品是网络公共关系重要职能之一，互联网是信息交流和沟通的重要渠道。企业在利用一些直接促销工具同时，采用网络互动、直播展示等方法来宣传推广产品效果更好。

（3）建立沟通渠道　企业的网络营销站点一个重要功能就是为企业与企业相关者建立沟通渠道、实现网络的交互功能。通过网站的交互功能，企业可以与目标消费者直接进行沟通，了解消费者对产品的评价和消费者提出还没有满足的需求，保持与消费者的紧密关系维系消费者的忠诚度。同时，企业通过网站对企业自身以及产品、服务的介绍，让对企业感兴趣的群体可以充分认识和了解企业，提高企业在公众中的透明度。

第五节　网络营销策略的综合运用

一、搜索引擎营销

（一）搜索引擎营销的概念和思想

搜索引擎营销（SEM：search engine marketing，SEM）的基本思想是让消费者发现信息，并通过（搜索引擎）搜索点击进入网站、网页进一步了解他所需要的信息。搜索引擎优化设计主要目标有两个层次：被搜索引擎收录、在搜索结果中排名靠前。

搜索引擎推广的基本思想是让消费者发现信息，并通过（搜索引擎）搜索点击进入网站、网页进一步了解他所需要的信息。在介绍搜索引擎策略时，一般认为，搜索引擎优化设计主要目标有两个层次：被搜索引擎收录、在搜索结果中排名靠前。多数网络营销人员和专业服务商对搜索引擎的目标设定也基本处于这个水平。但从实际情况来看，仅仅做到被搜索引擎收录并且在搜索结果中排名靠前还很不够，因为取得这样的效果实际上并不一定能增加消费者的点击率，更不能保证将访问者转化为消费者或者潜在消费者，还需要更加优化的方法去提升搜索引擎营销的效果。

根据搜索引擎推广的基本原理，搜索引擎推广之所以能够实现，需要有五个基本要素：信息源（网页）、搜索引擎信息索引数据库、消费者的检索行为和检索结果、消费者对检索结果的分析判断、对选中检索结果的点击。对这些要素以及搜索引擎推广信息传递过程的研究和有效实现就构成了搜索引擎推广的基本任务和内容。

（二）搜索引擎营销的目标层次

（1）存在层　营销目标的第一层是搜索引擎的存在层，其目标是在主要的搜索引擎、分类目录中获得被收录的机会，这是搜索引擎营销的基础，离开这个层次，搜索引擎营销的其他目标也就不可能实现。搜索引擎登录包括免费登录、付费登录、搜索引擎关键词广告等形式。存在层的含义就是让网站中尽可能多的网页获得被搜索引擎收录（而不仅仅是网站首页），也就是为增加网页的搜索引擎可见性。

（2）表现层　第二层的目标则是在被搜索引擎收录的基础上尽可能获得好的排名，即在搜索结果中有良好的表现，因而可称为表现层。因为消费者关心的只是搜索结果中靠前的少量内容，如果利用主要的关键词检索时网站在搜索结果中的排名靠后，那么还有必要利用关键词广告、竞价广告等形式作为补充手段来实现这一目标。同样，如果在分类目录中的位置不理想，则需要同时考虑在分类目录中利用付费等方式获得排名靠前。

（3）关注层　搜索引擎营销的第三个目标则直接表现为网站访问量指标方面，也就是通过搜索结果点击率的增加来达到提高网站访问量的目的。由于只有受到消费者关注，经过消费者选择后的信息才可能被点击，因此可称为关注层。从搜索引擎的实际情况来看，仅仅做到被搜索引擎收录并且在搜索结果中排名靠前是不够的，这样并不一定能增加消费者的点击率，更不能保证将访问者转化为消费者。要通过搜索引擎营销实现访问量增加的目标，则需要从整体上进行网站优化设计，并充分利用关键词广告等有价值的搜索引擎营销专业服务。

（4）转化层　搜索引擎推广的第四个目标，即通过访问量的增加转化为企业最终实现收益的提高，可称为转化层。转化层是前面三个目标层次的进一步提升，是各种搜索引擎方法所实现效果的集中体现，但并不是搜索引擎营销的直接效果。从各种搜索引擎策略到产生收益，其间的中间效果表现为网站访问量的增加，网站的收益是由访问量转化所形成的，从访问量转化为收益则是由网站的功能、服务、产品等多种因素共同作用而决定的。因此，第四个目标在搜索引擎营销中属于战略层次的目标。其他三个层次的目标则属于策略范畴，具有可操作性和可控制性的特征，实现这些基本目标是搜索引擎营销的主要任务。

（三）搜索引擎营销的实现方式

在网络营销中搜索引擎营销的使用非常广泛，它是消费者主导的网络营销方式，消费者通过搜索引擎主动寻找信息，企业则通过优化搜索结果来吸引消费者。企业可以根据消费者的搜索行为和兴趣了解消费者的消费意向，进行精准营销，提高营销效果。在搜索引擎营销中，各搜索引擎也为企业提供了一站式、全方位的资源整合模式，有助于企业在交互中实现价值增值。搜索引擎营销还能够为企业节约营销成本，企业以低成本的投入获得高访问量，常见的计费方式也非常灵活，企业可以根据自身实际情况和搜索引擎的收费标准，采用按用户行为效果计费、按千次展示次数计费、按点击次数计费、按访问网站的客户数量计费、按实际成交额支付佣金等方式，最大程度上节约营销成本、提高投资回报率。

搜索引擎营销的实现方式多种多样，主要包括以下四种。

（1）付费链接　付费链接是指企业通过支付费用来获得其他网站、公众号上的链接。通过付费链接，企业可以增加流量或者提高搜索引擎排名。但有时候付费链接可能会违反一些搜索引擎的指导原则，如果被发现，就会受到处罚，甚至是从搜索结果中剔除出。从长远看，还是要注重自然链接的建设，提升自身品质和服务内容，吸引消费者体验。

（2）竞价排名　竞价排名是按照效果付费的网络推广方式，主要是通过竞价的形式提升网站在搜索引擎中的排名。广告平台根据消费者的搜索喜好、竞争情况，在搜索引擎上设定不同关键词的排名和购买价格，出价越高，排名越靠前，在页面上的展示位置越好，曝光率增加，更容易吸引消费者的点击与关注，以此达到更好的营销效果。

（3）内容定向广告　内容定向广告是基于消费者访问的网页内容，通过内容匹配算法对广告进行精准定向投放。比如消费者搜索了一篇关于牙齿健康的科普文章后，内容定向广告系统就有可能在展现科普文章的页面上有牙膏牙刷、牙科诊所、漱口液等口腔清洁、保健的广告。内容定向广告能够增加网站的访问流量，提高广告的点击率，同时满足消费者获取优质信息的需求。

（4）搜索引擎优化　搜索引擎优化（SEO）主要通过优化网站内容、结构和链接等，提高网站在搜索引擎中的自然排名，吸引更多潜在用户。其核心在于提供高质量的内容和优良的用户体验，包括合理的网站结构、良好的页面加载速度、移动端的友好性以及优质的回链等。搜索引擎优化的运行成本相对较低，需要长期投入和持续优化，远期效果不错。

总的来说，搜索引擎营销追求最高的性价比，以最小的投入，获得最大的来自搜索引擎的访问量，并产生商业价值。消费者在检索信息所使用的关键字反映出消费者对该问题（产品）的关注，这种关注是搜索引擎之所以被应用于网络营销的根本原因。例如在搜索引擎的搜索页面中键入“药房”二字，搜索结果就可以显示相关的药房的信息。这些信息包括两个部分，一个是广告，即搜索者附近的药房，另一个是自然搜索结果，比如“药房”这一词语的解释。搜索广告是由广告商针对关键词进行竞价排名的结果，广告显示广告商无须付费，只有搜索用户点击广告后，广告商才按竞价价格支付广告费用。

二、微博营销

微博营销以微博作为营销平台，每一个听众（粉丝）都是潜在营销对象，企业利用更新自己的微博向网友传播企业信息、产品信息，树立良好的企业形象和产品形象。每天更新内容就可以跟大家交流互动，或者发布大家感兴趣的话题，以此来达到营销的目的，这样的方式就是微博营销。该营销方式注重价值的传递、内容的互动、系统的布局、准确的定位，微博的火热发展也使得其营销效果尤为显著。微博营销涉及的范围包括认证、有效粉丝、话题、名博、开放平台、整体运营等，当然，微博营销也有其缺点：有效粉丝数不足、微博内容更新过快等。

微博营销发布的成本低、门槛低、成本小于传统的广告，微博上的信息传播速度快、范围广，可以渗透到各个角落。此外，微博上可以用图片、文字、视频等多种表现的形式，更具有人性化。在微博的互动区域，企业也能获得消费者的及时反馈，效果显著。医药企业在进行网络营销的时候，既可以是企业的微博，也可以是某一款产品专门开设微博，方便企业和产品的信息传播，以及与消费者的线上互动。

微博营销注重价值的传递。企业博客经营者首先要改变观念——企业微博的“索取”与“给予”之分，企业微博是一个给予平台，微博营销注重个性化。微博的特点是“关系”“互动”，要给人感觉有感情，有思考，有回应，有自己的特点与个性。微博营销注重发布的连续性。微博就像一本随时更新的电子杂志，要注重定时、定量、定向发布内容，让大家养成观看习惯。当其登录微博后，能够想着看看你的微博有什么新动态。微博营销注重互动性加强。微博的魅力在于互动，拥有一群不说话的粉丝是很危险的，因为他们慢慢会变成不看你内容的粉丝，最后更有可能是离开。因此，互动性是使微博持续发展的关键。第一个应该注意的问题就是，企业宣传信息不能超过微博信息的10%，最佳比例是3%～5%。更多的信息应该融入粉丝感兴趣的内容之中。

“活动内容+奖品+关注（转发/评论）”的活动形式一直是微博互动的主要方式，但实质上奖品比企业所想宣传的内容更吸引粉丝的眼球。企业的微博最好能认真回复粉丝留言，用心感受粉丝的思想，换取情感的认同，不仅仅停留在奖品的层次，要不断提升，与粉丝、线上消费者情感和利益共存。

三、微信营销

微信营销是网络经济时代企业网络营销模式的一种创新，是伴随着微信的火热而兴起的一种网络营销方式。和微博一样，微信也不存在距离的限制，消费者注册微信后，可与周围同样注册的“朋友”

形成一种联系，消费者订阅自己所需的信息，电商通过提供消费者需要的信息，推广自己的产品，从而实现点对点的营销。

微信营销主要体现在以安卓系统、iOS系统为主的手机或者平板电脑中的移动客户端进行的区域定位营销，电商通过微信公众平台，结合微信会员云营销系统展示商家的公众号、微信定向推送广告和商家信息、视频号发布、朋友圈、微信群 、小程序等。微信好友和微信群的即时交流方式具有良好的互动性，而点对点精准营销，推送企业和广告信息，既很好地针对目标客户，又节约成本。这些方式形成了一种主流的线上线下微信互动营销方式。通过这些方式，电商企业增加了曝光度、吸引潜在消费者，并与潜在消费者建立起联系和互动。

随着微信用户的数量不断庞大、消费者的日常生活从政务到消费、从娱乐到沟通事务，消费者的工作、生活和学习越来越依赖微信，这也使开展微信营销的领域延伸广泛。比如越来越多的非公立医院利用微信开展网络营销，既宣传医院形象与服务，又方便患者就医，一举两得。

这些非公立的医院，借助微信渠道，开始网络营销。在官方的公众号上，开展预约挂号、科室和医生的介绍、医疗科普知识介绍，在微信小程序上，推出具体的医疗服务，特别是套餐医疗服务的选购。同时，在微信上，还为患者提供就诊记录、电子病历、相关检查的预约、结果查询等查询，把公众号、小程序打造成方便医患双方的工具。同时医院也使用微信营销中的点对点精准营销，精准向目标客户推送相关广告。微信营销形式灵活多样，拥有庞大的消费者群，借助移动终端、天然的社交和位置定位等优势，每个信息都是可以推送的，能够让每个个体都有机会接收到这个信息，继而很好地实现点对点精准化营销。

微信营销应考虑消费者的感受，强行推送各种不吸引人的广告信息，会引来消费者的反感。

四、团购营销

所谓团购网站就是团购的网络组织平台，就是互不认识的消费者，借助互联网的“网聚人的力量”来聚集资金，加大与商家的谈判能力，以求得最优的价格。根据薄利多销、量大价优的原理，商家可以给出低于零售价格的团购折扣和单独购买得不到的优质服务。

目前在团购类网站中相对成熟的盈利模式主要有以下六种。

（1）产品直销　以“团购”的名义直接在网站上登录产品信息进行直接销售，这里的货源也可以是自己进货或跟商家合作代销，直接获得产品销售利润。产品直销是在网站运作中实现基本盈利的传统方式。

（2）活动返现　网站作为商家与买家的中间桥梁，组织有共同需求的买家向商家集体采购，事后商家向网站支付利润回报，即大家生活中常见的返现形式。

（3）商家展会　可以不定期举办商家展览交流会，商家可以借此机会进行新产品的推广、试用，可以面对面与客户交流、接受咨询与订单并借此了解客户的需求与建议。网站向商家收取展位费获得收益。

（4）广告服务　团购类网站除了具有区域性特征外、他的受众一般都是具备消费、购买能力、欲购买的人群，对于商家来说定位精准、目标明确，成本低廉，故必将成为商家广告宣传的最佳平台。

（5）销售会员卡　各类别会员是用来凸显消费者“尊贵身份”常见方式。团购网站可以通过发放会员卡的形式来让消费者提升“身份”，网站可以为持卡会员提供更低廉的产品价格，更贴心的服务，可以让持卡会员直接在合作的商家实体店铺进行“团购”。

（6）分站加盟　当网站发展到一定影响力，无形中已经在为你做项目招商。此时可以提供授权给加盟者成立分站，为加盟者提供网络平台、运作经验、共享网站品牌等。在获得加盟费的同时也扩大了自身规模的影响力。

团购网站的运作、盈利模式不限于以上六种，根据自身的发展状况、环境特点、创新，可以产生更多的盈利方式，比如为商家、买家提供更丰富的增值服务等。

团购网给消费者带来的好处主要体现在：①提高消费者的购物效率。在传统购物中，消费者获得产品详细信息的时间成本高，而在网络购物中，消费者虽然获取产品信息很容易，但是由于面临着产品信息的海洋，消费者需要从网页上大量的产品信息中挑选出适合自己的产品，花在分析、比较、筛选上的时间增多，这无疑降低了消费者的购物效率。而大多数团购网站每日一团，每人每天只能参与一次，这样的模式无疑让消费者的选择变得更为简单、有效，从而提高了消费者的购物效率。②降低消费者购物成本。团购网站提供的产品价格折扣，近似于批发价，这显然能让消费者享受到更多的实惠，降低消费者的购物成本。③提高消费者购买决策质量。团购网站可以将有相同购物目标的消费者聚合在一起，消费者与消费者之间可以通过这个平台进行交流，让购买决策质量更高。

团购网给商家带来的好处主要体现在：①降低销售成本。通过团购网站这个平台，可以使商家节省一大笔渠道费用。②加快出货速度。团购网站聚合了大批的消费者，购买数额较大，可以加快商家的出货速度，降低厂商的库存成本，提高存货周转速度和加快资金回笼。③推广新产品。由于团购网站聚集着大量的人气，因此也是一个适合推广新产品的平台。

五、秒杀营销

在网络营销中，秒杀营销的形式也颇受电商企业和消费者的欢迎。秒杀营销在形式上是限时的“鼠标 + 网络”，随之而来的是对电商企业提出更高的要求，企业要提供高性价比的产品，价格上足以优惠、吸引消费者，同时要很好地把握参与秒杀营销的消费者的特征，比如年龄、文化程度、购物偏好等，在秒杀营销中能够迅速吸引消费者的注意，聚集人气，为电商平台带来可观的流量。目前秒杀营销常常运用在节日促销、新品发布、库存积压产品、换季产品的清仓活动中，或是帮助企业迅速打开市场，或者有助于企业回笼资金，快速聚合流量、拉动业绩增长。

秒杀式营销的推广策略主要有造势和互动。

1. 造势 善用社会化媒体制造“病毒”。秒杀式营销要取得好结果，就必须善于借助各种互联网媒体：搜索引擎、社区论坛、微信微博等即时通信软件、电子商务平台、直播媒体等。当这些媒体、工具和平台被电商企业有效地利用了，品牌能最大化地得到传播。当然传播的速度取决于“内容”，如果仅仅是一则秒杀的硬广告，那么很多网上的消费者都已经司空见惯，造势效果不佳，但如果是一则能够引起共鸣、极具表现力的“软性广告”，那么情况就可能不同了。

2. 互动 设计互联网活动提高“黏性”。实际上，秒杀在互联网营销当中是充当抛砖引玉的作用，即使是企业优化规则和流程，确保每个消费者都有平等机会参与，但是毕竟能够秒杀到高性价比产品的消费者还是屈指可数的。企业靠秒杀活动聚集大量人气之后，应该思考如何把这些潜在的消费者留下来，继续关注自己，这就要求企业接下来策划一些互动活动，保持和消费者的联系，让消费者持续关注，保持消费热情。

从秒杀活动的前期策划，到活动的传播推广，再到活动中的氛围营造、互动沟通，事后的总结改善，电商企业都应该根据网络消费者的行为习惯来构思、安排好每一个细节，否则就容易出现消费者不满意的情况，产生负面的口碑效应，例如秒杀活动下，没有消费者可以抢到秒杀的福利或者提升产品价格，折扣秒杀等行为皆不可取。商家要守住法律的红线与经营道德的底线，诚信经营，才能赢得发展的空间与市场的口碑。

六、直播营销

基于移动网络的不断升级、消费者们爱看网络视频，越来越多的电商企业利用网络平台进一步打造更立体的营销平台，在微信视频号、抖音、电商 App 等各种平台上开展直播营销。

直播营销是网络营销方式的重大创新，其互动性、真实性和直接性，能够迅速抓住消费者的关注，对于电商企业来说直播营销的优势主要有以下三点：①参与直播营销的都是关注、喜爱产品的消费者群体，有利于电商企业开展精准营销。通过观测消费者群体在指定的时间内进入直播间观看企业的直播促销的情况，通过统计直播时段内消费者在线的数量、时间、互动留言和成交量等数据信息，电商企业可以真正识别出忠诚的消费者群体。②直播营销也是一种事件营销，其自带广告效应，传播效果好，在直播间里的消费者群体志同道合、兴趣相投，他们的情感能相互感染，将直播间的气氛推向高位。③直播营销可以实现与消费者的即时互动。在直播营销的过程中，直播团队除了现场展示产品、介绍产品之外，还和消费者进行即时互动，留言、点赞、打赏、鲜花、亮灯牌等互动行为，真实可感，通过直播团队在现场风趣幽默地解答化解消费者对产品和服务的误解，建立好感。

直播营销的方式多种多样，通常这五种形式被广泛应用，电商企业可能根据产品类型、目标受众和营销策略灵活选择。

（1）产品展示直播　这是最基本的电商企业直播营销的形式，直播间里主播直接向消费者展示产品，说明产品的特点和功能，现场演示产品的使用方法，吸引消费者购买。比如家用医疗护理用品（护理床），直播间里主播展示家用护理床的特点和功能，真人现场演示护理床使用的方法和技巧。

（2）明星带货直播　知名明星或网红人物通过直播平台代言产品，现场进行产品推广和销售，电商企业借助明星或者网红影响力吸引更多消费者和粉丝购买。

（3）教程类直播　一些功能、功效类产品，借助直播间分享使用技巧、进行效果展示，激发消费者的购买兴趣。比如名贵的中药材的使用教程、功效分享。

（4）互动抽奖直播　主播通过直播营销平台进行互动抽奖活动，消费者在直播过程中积极参与互动，并有机会赢取奖品，这大大增加消费者的参与度和购买欲望。

（5）基地走播模式　直播将直播间搬进生产基地或者车间，展示产品的生产过程，让消费者和主播一起走进生产第一线，身临其境，增加消费者的信任度。

答案解析

思考题

某制药企业生产的 OTC 药品——××牌碳酸钙 D3 片，在线下市场畅销了二十余年，拥有良好的市场口碑和一定的消费人群。目前该制药企业准备开拓线上市场，开展网络营销。

1. 该制药企业如何在线上市场开拓网络营销的渠道？
2. 该制药企业在开展网络营销的时候的过程中，如何开展促销活动？
3. 企业如何利用网络平台，与消费者进行交流与互动？

书网融合……

微课　　习题　　本章小结

第十九章　医药电子商务物流

PPT

学习目标

1. 通过本章学习，掌握企业自营物流模式、物流联盟模式和第三方物流的概念，熟悉物流的分类、电子商务物流的特点，了解物流和电子商务物流的概念、电子商务物流的功能。

2. 具有分析电子商务环境下的各种医药物流模式如何实现的能力。

3. 树立电子商务环境下企业多方协作、互利共赢的意识，培养诚信经营的职业素质。

第一节　物流概述

微课

一、物流的概念

我国在 2001 年颁布的《物流术语》国家标准中，统一物流的定义为：物品从供应地向接收地的实体流动过程。根据实际需要，将运输、储存、装卸、搬运、包装、流通加工、配送、信息处理等基本功能实施的有机结合。

对于医药企业来说，医药物流不是简单的药品进、销、存或者是药品配送。医药物流是指，依托一定的物流设备、信息技术和进销存管理系统有效整合营销渠道上下游资源，通过优化药品供销配运环节中的验收、存储、分拣、配送等作业过程，提高订单处理能力，降低货物分拣差错，缩短库存及配送时间，减少流通成本，提高服务水平和资金使用效益，实现物流活动的自动化、信息化和效益化。对于物流，需要从以下几个方面做深入理解。

1. 物流的对象不仅仅是物品　对众多物流概念的研究，物流的对象不仅仅指物品，还应该包括人、服务和信息。因为人的运输和货物运输在设计、运作、管理的原理和要求上是基本相同的。所以物流的对象中应该包括人、服务和信息等特殊商品。

2. 物流是一个系统　系统是指人机交互作用于作业对象，达成企业目标的行为集合。物流过程是由许多环节和要素组成的系统。所谓系统就是由两个或者两个以上的要素所组成的相互联系、相互制约，并且实现特定功能的系统。物流是由流动要素、资源要素和网络要素组成的实现产品物理移动功能的系统。要使物流系统整体最优，必须对物流过程进行系统化的设计与管理。最优的总体设计方案并不能保证局部环节最优，但却能使物流系统整体最优。

3. 物流过程需要一体化管理　现代物流并不是运输、储存、装卸、包装、流通加工、配送和物流信息等要素的简单集合，而是从供应方开始到最终顾客整个流通过程发生的商品实物运动及相关服务的一体化管理。这也是已经有了运输、仓储等概念和功能还要提出物流概念的根本原因。

4. 物流的范围包括整个社会再生产过程　传统的物流认为，物流存在于商品的销售阶段，也就是说，传统物流主要指“实物分配”，而现代物流的范围则包括从原材料采购到最终消费者，甚至退货、废弃物回收等逆向物流、绿色物流都在研究的范围之内。

5. 物流是效率和效果的统一　在经济学和管理学上，有效率（efficient）指的是能够低成本地达到目标，而效果（effective）指的是达到目标的程度。就物流而言，有效率是指以最低的物流费用满足顾客的要求，而有效果则是以物流的速度（订货周期）、可获得性、准时性等来反映服务的水平。显然，在许多场合，效率与效果是有矛盾的（如运输速度与运输费用），解决的办法是战略匹配，即针对顾客的不同偏好或优先顺序，提供不同的物流战略，求得效率和效果统一。

二、物流的分类

按照物流活动的主体范围，可以将物流分为宏观物流和微观物流两大类。

1. 宏观物流 宏观物流是指社会再生产总体的物流活动。这种物流活动的参与者是构成社会总体的大产业、大集团，宏观物流研究的是社会再生产总体物流，产业或集团的物流活动和物流行为。

2. 微观物流 微观物流是消费者、生产者企业所从事的实际的、具体的物流活动，可以分为供应物流、生产物流、销售物流、回收物流、废弃物流等不同的种类。

（1）供应物流 生产企业、流通企业或消费者购入原材料、零部件或商品的物流过程称为供应物流，也就是物资生产者、持有者至使用者之间的物流。

工厂的供应物流是指生产活动所需要的原材料、备品备件等物资的采购、供应活动所产生的物流。流通领域的供应物流是指交易活动中从买方角度出发在交易中所发生的物流。

对于一个企业而言，企业的流动资金十分重要，但大部分是被购入的物资和原材料及半成品等所占用的，因此供应物流的合理化管理对于企业的成本有重要影响。

（2）生产物流 生产物流包括从工厂的原材料购进入库起，直到工厂成品库的成品发送出去为止的物流活动的全过程。生产物流和工厂企业的生产流程同步，企业在生产过程中，原材料、半成品等按照工艺流程在各个加工点之间不停顿地移动、流转形成了生产物流，如果生产物流中断，生产过程也将随之停顿。

生产物流的重要性体现在如果生产物流均衡稳定，可以保证在制品的顺畅流转，缩短生产周期；如果生产物流的管理和控制合理，也可以使在制品的库存得到压缩，使设备负荷均衡化。因此，生产物流的合理化对工厂的生产秩序和生产成本有很大影响。

（3）销售物流 生产企业或流通企业售出产品或商品的物流过程称为销售物流，也是指物资的生产者或持有者与用户或消费者之间的物流。

工厂的销售物流是指售出产品。流通领域的销售物流是指在交易活动中从卖方角度出发的交易行为中的物流。

企业通过销售物流，可以进行资金的回收并组织再生产的活动。销售物流的效果关系到企业的存在价值是否被社会承认。销售物流的成本在产品及商品的最终价格中占有一定的比例。因此，销售物流的合理化在市场经济中可以起到较大地增强企业竞争力的作用。

（4）回收物流 商品在生产及流通活动中有许多要回收并加以利用的物资，例如：作为包装容器的纸箱和塑料筐等；建筑行业的脚手架；对旧报纸和书籍进行回收、分类再制成生产的原材料纸浆；利用金属废弃物的再生性，在回收后重新熔炼成有用的原材料等等。

上述对物资的回收和再加工过程形成了回收物流，但回收物资品种繁多，变化较大，且流通的渠道也不规则，因此，对回收物流的管理和控制的难度较大。

（5）废弃物流 商品的生产和流通系统中所产生的无用的废弃物，如开采矿山时产生的土石、炼钢生产中的钢渣、工业废水以及其他各种无机垃圾等。这些废弃物已没有再利用的价值，但如果不妥善加以处理，就地堆放会妨碍生产甚至造成环境污染。对这类废弃物的处理过程产生了废弃物流。

为了更好地保障生产和生活的正常秩序，对废弃物资的研究也显得十分重要。虽然废弃物流没有经济效益，但是具有不可忽视的社会效益。

三、电子商务物流的概念

电子商务时代的物流，对物流管理提出了新要求，尤其是要求物流管理电子化，即利用电子商务技术对传统物流管理的改造，实现企业间物流资源共享和优化配置的物流方式。

电子商务物流系统是指在实现电子商务特定过程的时间和空间范围内，由所需位移的商品（或物资）、包装设备、装卸搬运机械、运输工具、仓储设施、人员和通信联系设施等若干相互制约的动态要素所构成的具有特定功能的有机整体。

四、电子商务物流的特点

电子商务物流由于电子商务所独具的电子化、信息化、自动化等特点，以及高速、廉价、灵活等诸多好处，使得电子商务物流在其运作特点和需求方面也有别于一般物流。

1. 信息化　物流信息化表现为物流信息的商品化、物流信息收集的数据库化和代码化、物流信息处理的电子化和计算机化、运输网络合理化、销售网络系统化、物流信息传递的标准化和实时化、物流信息储存的数字化和物流中心管理电子化等。

条码技术、数据库技术、电子订货系统（electronic ordering system，EOS）、电子数据交换（electronic data interchange，EDI）、快速反应（quick response，QR）、有效客户反应（effective customer response，ECR）、准时送（供）货系统（just in time，JIT）、企业资源计划（enterprise resource planning，ERP）、地理信息系统（geographical information system，GIS）和全球卫星定位系统（global positioning system，GPS）等现代先进技术在物流中得到了普遍的应用。

2. 自动化　自动化的基础是信息化，自动化的核心是机电一体化，自动化的外在表现是无人化，自动化的效果是省力化，自动化还可以扩大物流作业能力、减少物流作业的差错和提高劳动生产率等。物流自动化的设施有条码/语音/射频自动识别系统、自动分拣系统、自动存取系统、自动导向车、货物自动跟踪系统等。

3. 网络化　物流配送中心系统通过网络连接上游供应商、制造商和下游顾客以及货物流动中的各个环节。比如，物流配送中心可借助于增值网（value - added network，VAN）上的电子订货系统和电子数据交换技术向供应商提出订单，也可以通过网络收集下游顾客的订货请求。

4. 智能化　智能化是物流自动化、信息化的一种高层次的应用，物流作业过程中大量的运筹和决策，如库存水平的确定、运输路径的选择、自动导向车的运行轨迹和作业控制、自动分拣机的运行、物流配送中心经营管理的决策支持等问题都需要借助于大量的知识和技术才能解决。

5. 柔性化　柔性化是为实现“以顾客为中心”的理念而在生产领域提出的。20 世纪 90 年代，国际生产领域纷纷推出柔性制造系统（flexible manufacturing system，FMS）、计算机集成制造系统（computer integrated manufacturing system，CIMS）和企业资源计划（ERP）以及供应链管理的概念和技术，其本质是将生产、流通进行集成，根据需求组织生产，安排物流活动。因此，柔性化的物流正是适应生产、流通与消费的需求而发展起来的一种新型物流模式。这就要求物流配送中心要根据消费需求“多品种、小批量、多批次、短周期”的特色，灵活组织和实施物流作业。

6. 一体化　物流一体化，就是以物流系统为核心的由生产企业，经由物流企业、销售企业，直至消费者的供应链的整体化和系统化。这是物流业发展的高级和成熟的阶段。

物流一体化是利用物流管理，使产品在有效的供应链内迅速移动，使参与的各方的企业都能获益，使整个社会获得明显的经济效益。物流一体化的基本特征：物流业高度发达，物流系统完善，物流业成为社会生产链的领导者和协调者，能够为社会提供全方位的物流服务。

五、电子商务物流的功能

商品的“流通”由“商流”和“物流”这两个要素构成的。商品的流通是社会经济活动的一部分。而商品的生产和消费是经济活动的主要构成。由于在商品的生产和消费之间存在各种间隔（有社会间隔、场所间隔和时间间隔），因此需要通过“流通”将商品的生产及所创造的价值和商品的消费加以连接。

（1）社会间隔　商品生产者和商品的消费者有所不同，需通过商品的交易完成沟通。

（2）场所间隔　商品生产场所和消费场所不在同一地点，需要商品的运输进行连接。

（3）时间间隔　商品生产日期与商品消费日期不尽相同，通过商品的保管加以衔接。

人们通过商业或贸易活动来沟通商品的生产与消费之间的社会间隔，这种沟通被称为“商流”。商品从生产者向消费者的转移，如商品的运输和保管，即商品的生产和消费的场所间隔和时间间隔则需要通过“物流”来进行沟通。

随着社会的发展和社会分工的细化，商品的生产和消费之间的这种间隔越来越大，而商品通过流通将商品的社会、场所和时间的间隔加以连接所起的作用也就越来越明显。

综上所述，人们通过“商流”消除了商品的社会间隔，通过“物流”消除了商品的场所和时间间隔，二者共同实施的结果完成了商品的所有权和商品实体的转移，即商品的流通。“物流”并不先于“商流”存在，而是在“商流”确定以后的具体行为，但是如果没有“物流”，“商流”也就无法实现。因此，“商流”与“物流”的关系是相辅相成、互相补充，是商品流通领域的两大基本要素。

第二节　电子商务环境下的物流模式

一、企业自营物流模式

企业自营物流模式，是指电子商务企业为了更好地实现企业目标，而选择进行建设物流的运输工具，储存仓库等基础硬件的投资，并对整个企业内的物流运作进行计划、组织、协调、控制管理的一种模式。

具有以下能力的医药企业才能开展自营物流来解决商品的配送问题：①业务集中在企业所在城市，送货方式较单一。②拥有覆盖面很广的代理、分销、连锁店，而企业业务又集中在其覆盖的范围内。③对于一些规模较大、资金较雄厚、管理能力强的企业。④物流对企业具有非常重要的战略地位。

企业自营物流模式有三种可选择的配送方式。

（1）店铺直送　供货方本身或者供货商的批发商等对连锁店铺直接进行送货的方式。这种方式需要有“批发商数×店铺数”次的到货，不可避免地发生交错运输的情况。实际的送货是由批发商用一台车辆巡回店铺，非常容易发生等待和堵车的情况。从店铺方面来看，每天有数十台载货车来店，会花费很多接货的时间和人员，并且使周围的交通恶化，影响居民的生活。

（2）配送中心联合配送　为了减少到货的次数，出现了配送中心共同配送的物流模式。供货商和店铺之间设置配送中心，由于将每个店铺的商品集中后进行配送，使配送的车辆大大减少。配送中心规模大、专业性强，和顾客有固定的配送关系，所以配送能力强，品种多，配送数量大。起中转作用的配送中心有各种各样的形态，有连锁企业自己建立的配送中心或委托给物流子公司进行自主经营的中心，还有物流企业或批发商协会所组成的“共同配送中心”。不同的配送中心还可以联合起来进行共同配送。他们共同制订计划，统一调配运输车辆，共同对某一地区的客户进行配送。提高设备的利用效率，降低配送成本。

（3）一括物流　实施共同配送型的物流系统，会使店铺的接货作业次数减少，但作业的内容没有变化，只是将作业的工作量集中进行处理。一括型的方式是尽可能地将店铺的作业在中转的配送中心完成，是以大幅度减少店铺内的作业为目标的物流方式。

一括物流是为了减轻店铺所需要众多人力的验货和商品陈列作业，在物流中心等地所进行相应支持的物流系统。在物流中心检验从供货商订购的全部商品，并确定正确的到货数据。然后，在一个货箱中按照店铺卖场的货架顺序进行商品的配货和集中。这种按货架位置的送货，被连锁超市行业称为分类送货。在店铺只是对货箱的数量进行简单的验货后进行接收。商品的陈列不需要在货架之间移动寻找，能够快速地将商品陈列到顺序的相应货架上。

一括型的物流系统是从店铺的货架开始向上推移进行物流构筑的方式。如果说共同配送型是“区分店铺的物流系统”的话，那么一括型物流就是能够表现出“区分货架的物流系统”。即一括型的系统能够通过一括型的配送中心连接从厂家到零售业店铺的货架，显示出可能建立的效率化的供应链系统。

一括型的出发点是店铺的货架，一括型配送需要店铺的货架标准化，商品的位置在货架上必须固定，如果商品的位置发生了变化的话，应该立即在作业系统中加以反映，如果商品管理系统不完善的企业，物流系统只能停留在共配型物流的阶段而不可能实现一括型的配送。

二、物流联盟模式

物流联盟指的是多个企业就物流配送服务方面通过签署合同，形成物流伙伴关系，通过建立一个共有的配送中心，利用各自的配送资源协同配送。

按照国家物流术语标准，物流联盟（logistics alliance）是两个或两个以上的经济组织为实现特定的物流目标而采取的长期联合与合作。

三、第三方物流模式

第三方物流（third party logistics ，TPL 或 3PL）是由供方与需方以外的物流企业提供物流服务的业务模式。具体是指由物流的实际需求方（第一方）和物流的实际供给方（第二方）之外的第三方部分或全部利用第三方的资源通过合约向第一方提供的物流服务，也称合同物流，契约物流。第三方是指提供部分或全部物流功能服务的一个外部提供者，是物流专业化和社会化的一种形式。

第三方物流的产生是社会分工的结果：在外包（out－souring）等新型管理理念的影响下，各企业为增强市场竞争力，而将企业的资金、人力、物力投入到其核心业务上去，寻求社会化分工协作带来的效率和效益的最大化。专业化分工的结果导致许多非核心业务从企业生产经营活动中分离出来，其中包括物流业。

第三节　医药电子商务物流的实现

独立第三方 B2B 医药电子市场和医药企业自建 B2B 医药电子市场统称医药电子商务 B2B 型电子市场，其物流服务模式，主要包括企业自营物流模式、物流联盟模式、第三方物流模式。

一、企业自营物流模式

（一）企业自营物流模式的运作

这种模式是医药电子商务 B2B 型电子市场根据网上的订单信息，由网站平台企业自营的物流配送部门将商品配送到各个消费者手中。其核心是建立集信息流、商流、资金流、物流为一体的现代化新型物流配送中心。

在这个过程中，医药电子商务 B2B 型电子市场运用条码技术、数据库技术、电子订货系统、电子数据交换、快速反应及有效的客户反应等信息技术和先进的自动化设施，以使物流中心能够满足电子商务对物流配送提出的各种新要求。在自营物流模式中，企业自建配送中心，通过规范配送中心管理来改善服务水平。为加快货物配送速度，网站选择一些配送量较大、消费者较集中的城市建立地区配送中心，承担该地区的配送业务。近年随着团购模式的兴起，在医药电子商务 B2B 型电子市场自营物流模式下，可根据这一购买特点，设立一个虚拟的配送中心，并且在各个城市建立运输队。其工作过程大体为：首先由虚拟配送中心根据买卖双方的交易信息，合理规划配送路线、发送配送指令，由流动配送车根据指令到卖家取货，最后再送到买家手上。

（二）企业自营物流模式的优缺点

1. 优点 商品从集货、加工、分货、拣选、配货、包装到发货，再到确认付款，整个交易过程都是由医药电子商务 B2B 型电子市场自主管理与控制，交易信息都在医药电子商务 B2B 型电子市场企业内部完成，信息传递快且不易出错，而且保密性好。平台掌握了交易的最后环节，配送灵活，能有效地控制整个交易时间及服务质量。在配送过程中责任明确，当出现问题时，追究责任也容易处理，不会出现商家和快递公司相互推诿、责任不明确的情况。如果能很好地控制物流配送，也有利于提升平台网站自身的企业形象。

2. 缺点 由于物流与其主营业务是两种不同的业务，因此医药电子商务 B2B 型电子市场服务商跨行业经营时所承担的风险也相对较大。同时企业自营物流模式需要平台服务商自建仓库和拥有专业的物流技术和配送队伍，并且对于如何保持适当的库存规模、制订恰当的配送路径、选择合适的物流工具、确定合理的送达时间，都需要严格的管理。而这些过程都需要专业的技术和人员及庞大的资金，其经营成本相对较高，这对医药电子商务 B2B 型电子市场企业的资金实力要求也相对较高。

二、物流联盟模式

（一）物流联盟模式的运作

医药电子商务 B2B 型电子市场企业与各物流企业形成合作伙伴关系，组成物流产业链，医药电子商务 B2B 型电子市场为产业链的中枢，根据平台上的购物信息对各方面的物流资源进行合理而高效的整合与利用。

（二）物流联盟模式的优缺点

1. 优点 组成联盟的各企业之间能够优势互补、相互信任、共担风险、共享收益。通过共同配送可以扩大规模，降低成本，提高配送效率，达到规模经济效益。同时，可以实现资源共享，降低经营管理成本。良好的联盟关系还可以提高物流配送速度，提高物流服务水平及效率，更好地满足客户需求。

2. 缺点 由于联盟企业之间具有较强的依赖性、分工明细、强调合作，因此前一种联盟模式间容易发生责任纠纷，而后一种联盟模式中各企业的客户信息也较容易泄露。同时不同企业间商品不同、管理方式不同、经营意识不同，都会给企业在配送过程中带来不同程度的问题。

三、第三方物流模式

（一）第三方物流模式的运作

这种物流模式根据医药电子商务 B2B 型电子市场在其中所起的作用，通常是指“网站平台指定或推荐第三方物流企业模式”，该模式是利用平台自身的优势与规范的、专业化的物流快递公司建立战略合作伙伴关系，向全体网商推荐这些物流快递公司，鼓励网商使用网站平台合作的物流快递公司的物流服务。这一配送模式正逐渐成为电子商务网站进行物流配送的一个首选模式和方向。

第三方物流服务商要由医药电子商务 B2B 型电子市场指定或推荐物流公司，因此，网站平台应制定严格的准入评估制度。评估物流配送公司，只有具备相应的资质、实力、能够满足送货要求的配送公司才可与之进行合作。同时要定期对其资格进行审查，当出现问题时，要求对方及时改进，否则取消与对方的合作，及时更换物流配送公司。

与第三方物流在合同中明确配送要求，如配送时间、赔偿措施等。除此之外，还可对每个区域委托的第三方物流公司增加一个质量监督员，保证卖家送来的产品没有质量问题。

面向医药电子商务 B2B 型电子市场的第三方物流服务模式下，物流服务的作业流程可分为四个阶段，如图 19－1 所示。

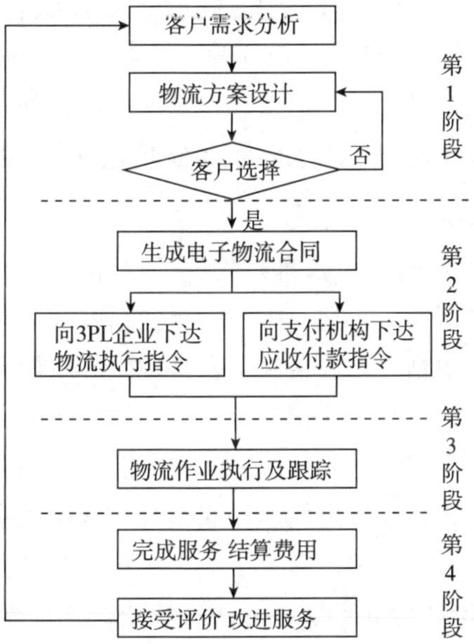

图 19－1　面向医药电子商务 B2B 型电子市场的第三方物流服务作业流程

（1）客户需求分析及物流方案设计　第三方物流企业通过对医药电子商务 B2B 型电子市场上主要交易业务特点进行统计分析，选择业务量较大的、集中度较高的货物品类以及主要地域分布，通过选择和优化，提出有效的动态物流服务方案供客户选择。

3PL 企业对自己现有物流能力和车辆营运状态做到及时考察，得出未来预期某时段的物流能力分析预报。以实现规模经营、资源优化组合及成本节约为指导，尽最大限度满足客户的物流需求。通过对现有业务需求的把握，逐步深入电子商务物流服务中。

平台上为客户提供的物流服务一类是既定的服务项目，由系统自动匹配引导，供客户选择；一类是定制型个性化物流服务，3PL 企业通过系统提供的及时通讯工具等多种交流通道与客户交涉谈判，获取客户服务要求，调整服务计划，提供特定的物流项目。在业务运作过程中，物流企业还将随着交易业务的变化和物流市场的价格变化，及时调整物流方案和费用信息。

（2）物流合同签订及相关指令下达　客户企业在同意接受并选择定制好物流方案时进行确认提交，系统自动生成电子合同条文，经各方企业确认后生效。合同签订的客户端采用模糊化设计，即使有多家参与协同的 3PL 企业同时服务于此合同，客户也只需签订一次合同，各物流企业的任务分工和利益分配作为系统内部事务在后台分配处理。

物流合同签订之后平台也随即向3PL企业下达了物流执行指令，向电子支付机构发出相关费用的收款指令和预付款指令。交易的买方将货款打入医药电子商务B2B型电子市场交易平台设立的交易账号，由电子支付平台冻结监管；而支付物流费用的一方按照合同中费用支付方案将需要预付的款项打入交易账号。电子支付平台提前收取相关款项并冻结。此阶段由电子支付平台协助医药电子商务B2B型电子市场交易平台完成。

（3）物流作业执行和客户查询支持　这是面向医药电子商务B2B型电子市场交易平台的第三方物流服务模式执行客户需求的关键阶段。3PL企业在线下开展实施物流服务，按照客户需求对卖方货物进行验收并提供相应的物流服务，将物流执行情况及服务状态及时发布或导入医药电子商务B2B型电子市场交易平台供客户查询使用，实现动态更新、同步输出。

（4）接受客户评价改进服务　当3PL企业顺利完成合同要求的服务项目后，由客户通知平台进行确认，同时电子支付平台完成相关费用的结算，解冻货款。将资金划拨至相关账户，包括卖方货款转入，卖方保证金转出，物流费用转入3PL企业账号、物流交易提成转入公共平台等。

面向医药电子商务B2B型电子市场交易平台的第三方物流服务模式本身是一种动态的组合服务，需要不断改进和不断创新。在结束交易之后，接受客户的评价和服务质量反馈意见，为有效促进合作双方优化决策提高管理水平、完善平台建设、改进服务组合方案提供参考依据。

（二）第三方物流模式的优缺点

1. 优点　第三方物流模式不需要网站平台自建物流配送体系，因此能降低企业的经营成本，使网站平台商集中资金及精力经营其主营业务，这对中小型企业很有利。同时第三方物流使电子商务企业从运输、仓储等其他业务中解脱，集中精力改善网站平台其他服务质量，也具有积极的社会意义。依托第三方物流服务商，利用专业的物流设备和专业化物流管理人员的业内经验从事综合物流服务业务，能够获得整体最优的交易成本，并解决了配送时发生的时间长、费用高、服务质量差的问题，提高客户满意度，取得参与各方整体最优效果。并且双方之间建立战略合作伙伴关系，形成利益共同体，有利于物流企业针对平台的要求做出相应的调整和改善，有利于整个物流企业的发展。

2. 缺点　由于医药电子商务B2B型电子市场无法对物流配送公司进行有效的管理，使送货服务出现较多问题：如送货不及时、服务态度不好、售后服务跟进不及时、服务水平很难得到保障，货物送到后出现质量问题时责任不明确等。

知识拓展

医药冷链物流的挑战与技术创新

部分医药产品对温度极为敏感，如疫苗、血液制品等，需在严格的温控环境下运输，否则可能失效甚至引发安全隐患。

1. 冷链物流的挑战

（1）全程温控　从生产端到消费者手中，需无缝监控温度。

（2）高成本　冷链设备及其维护费用高。

（3）时效性　该类药品大多保质期短，配送需快速且精准。

2. 技术创新

（1）物联网与实时监控　通过温湿度传感器实时追踪药品状态，数据上传至云端平台，异常情况自动报警。

（2）区块链技术　记录药品从生产到交付的全流程数据。

（3）智能冷链设备　采用相变材料的被动式保温箱，无须电源即可维持低温48小时以上；在偏远地区无人机配送试点冷链药品运输。

答案解析

思考题

“×××平台”是一家专注于医药产品的B2C电子商务平台，主要销售处方药、非处方药、医疗器械及需冷链运输的生物制剂。随着业务量激增，平台面临以下问题：部分需冷藏的药品在运输过程中因温度不达标导致失效，客户投诉率上升；偏远农村地区配送时效低；自建物流成本过高，且订单高峰期仓储管理混乱，出现错发、漏发现象等。因此平台计划优化物流体系，需要制订解决方案。

1. 案例中×××采取的是电子商务的哪种医药物流模式？
2. 如何帮助×××解决案例中的冷链失效与仓储混乱问题？
3. 若×××计划采用" 云仓＋共同配送" 模式，该模式如何实现农村地区高效配送与成本控制？

书网融合……

微课　　习题　　本章小结

第二十章　移动电子商务及其发展

PPT

学习目标

1. 通过本章学习，掌握移动电子商务的类型、移动电子商务的技术基础、常见的移动电商模式 O2O；熟悉移动电子商务的基本概念，以及它与传统电子商务的区别与联系；了解移动电子商务系统的技术架构及其安全。

2. 具有能将所学的移动电子商务相关理论应用于分析实际市场和行业案例的能力，通过小组合作、案例分析等方式，解决实际问题。创新和拓展移动电子商务业务，基于新兴技术和商业模式，提出创新的移动电子商务应用或服务。

3. 树立创新和协作意识，培养创新思维和团队协作精神，能够适应移动电子商务的快速变化，培养商业思维与适应能力，并通过小组合作、案例分析等提升团队协作与沟通能力。

第一节　移动电子商务的概述

一、移动电子商务的概念

移动电子商务（mobile－commerce，MC）是指基于互联网和移动通信网等无线化的宽带网络平台，通过具有无线通信能力的智能移动终端（互联网终端：笔记本电脑。移动通信终端：掌上电脑、PDA、呼机以及手机等）让用户在任何地方、任何时间都可以实现移动供应链、移动办公等应用服务和 B2B 或 B2C 等模式的电子商务活动。

医药移动电子商务是指利用移动电子商务技术在药品制造企业、药品经营企业、药品零售（连锁）等医药企业中及最终用户之间实现企业业务管理和进行 B2B、B2C 或 O2O 等模式的电子商务活动。

二、移动电子商务的优势

移动电子商务是由电子商务（E－commerce）的概念衍生出来，传统意义上的基于物理连接的因特网上的电子商务业务活动是以个人电脑为主要界面，是在有线的 Web 系统上进行的，是“有线的电子商务”；而移动电子商务，则是通过手机、个人数字助理（personal digital assistant，PDA）这些可以装在口袋里的智能移动终端，无论何时、何地都可以开始电子商务活动。移动电子商务的出现是对有线电子商务的整合与发展。将各种业务流程从有线网络向无线网络转移。移动电子商务作为一种新型的电子商务方式，利用了移动无线网络的诸多优点，相对于传统的“有线电子商务”有着灵活、简单、方便、安全等明显的优势，是对传统电子商务的有益补充。

1. 方便　移动电子商务不受时空限制，无论在办公室、家里或在途中，都可以随时随地方便快捷地查询并获取所需要的电子商务服务。它能根据消费者的个性化需求和喜好定制，移动设备的选择以及提供服务与信息的方式完全由用户自己控制。通过移动电子商务，用户可随时随地获取所需的服务、应用、信息和娱乐。用户可以在自己方便的时候，使用智能电话或 PDA 查找、选择及购买商品和服务。

采购可以即时完成，商业决策也可实施。

2. 简单 对于移动电子商务的终端用户来说，不用去理会无线接入因特网、移动通信网络等复杂技术，只要会使用笔记本电脑、掌上电脑、移动电话等具有无线通信功能的智能设备即可进行移动电子商务的活动。

3. 灵活 消费者可以应用多种智能移动终端，选择多种支付方式进行服务付费。可直接转入银行、用户电话账单或者实时在专用预付账户上借记，以满足不同需求。

4. 安全 WPKI 技术的发展使移动电子商务的信息有了安全的保障。WPKI 即“无线公开密钥体系”，它是将互联网电子商务中 PKI 安全机制引入到无线网络环境中的一套遵循既定标准的密钥及证书管理平台体系，用它来管理在移动网络环境中使用的公开密钥和数字证书，有效建立安全和值得信赖的无线网络环境。对于移动通信网络来说，由于移动电话已经具备了非常强大的内置认证特征，因此移动通信提供了可靠的安全保障，从安全这一方面比 internet 更适合于电子商务活动。手机所用的 SIM 卡对于移动商务就像身份证对于社会生活一样，因为 SIM 卡上存储着用户的全部信息，可以唯一地确定一个用户的身份，同时其安全性还可通过电子签名、认证和加密等方式进一步增强。对于移动电子商务来说，这就有了认证安全的基础。通过个人移动设备来进行可靠的电子交易的能力被视为移动因特网业务的一个重要方面。

5. 个性化 移动电子商务可将用户终端作为用户身份代表，根据移动的环境能够提供移动用户的动态信息或者是基于用户位置的信息服务，为个性化服务创造了更好的条件。如医药企业为处于本企业附近的用户提供医药企业的产品及其宣传信息等。

6. 快捷 随着国家推进网络基础设施的建设（光纤网的建设、农村网络基础设施的建设）及移动网络从 2.5G 到 5G 的演进（手机的数据通信速率从 115kb/s 到 2Mb/s），使得网络的速度加快。将来全世界通过手持终端设备上网登录的人数将超过基于个人电脑的人数，移动办公和移动支付更加方便快捷。

第二节 移动电子商务的类型

因特网、移动通信技术和其他技术的完善组合创造了移动电子商务，但真正推动市场发展的却是多样化的服务。

一、按照信息流向的角度分类

移动电子商务不仅提供电子购物环境，还提供一种全新的销售和信息发布渠道。从信息流向的角度，移动电子商务提供的业务可分为以下三个方面。

1. “推”式服务 推（push）式服务主要用于公共信息发布。应用领域包括时事新闻、天气预报、股票行情、彩票中奖公布、交通路况信息、招聘信息和广告等。

2. “拉”式服务 拉（pull）式服务主要用于信息的个人定制接收。应用领域包括服务账单、电话号码、旅游信息、航班信息、影院节目安排、列车时刻表、行业产品信息等。

3. “交互”式服务 交互（interactive）式服务包括电子购物、游戏、证券交易、在线竞拍等。

二、按照网络连接的类型分类

目前按照网络连接的类型可将移动电子商务分为偶然连接和持续连接两类。

1. 偶然连接应用及其服务 偶然连接（occasionally connected）应用的典型用户是现场销售或技术

支持人员（即移动工作人员），他们携带与产品和客户相关的信息，上门销售或提供技术服务，在脱机方式下操作数据，定期将本地数据与中央数据库（网络数据库）进行同步。这类应用可能涉及的领域包括医疗、保险、零售、金融、制造、电信、军事等。这类应用需要把数据装在口袋中。为此，嵌入式数据库系统与数据同步中间件技术应运而生。

（1）数据库的微型化技术　数据库的微型化（small－footprint）技术是指数据库应用程序可以运行在嵌入式设备（HPC、palm－sized PC、communicator）中，用很少的存储空间来保存和恢复持久信息。

（2）按需数据复制　这种应用支持偶然连接，能够与数据库服务器进行双向数据交换与数据库信息实现同步。

2. 持续连接应用及其服务　持续连接（continuously connected）应用是指移动工作人员通过无线连接网络，实时访问中央服务器信息，在移动中获得如下服务。

（1）银行业务　移动电子商务使用户能随时随地在网上安全地进行个人财务管理，进一步完善因特网银行体系。移动电话客户使用装有银行密钥的大容量 SIM 卡，通过移动电话网的短消息系统，利用智能菜单进行操作，将有关银行账户、个人密码、业务代码、交易数额等信息发送至银行，由银行计算机系统处理后将其结果返送回到手机，实现手机银行服务功能，如核查账户、支付账单、进转账以及接收付款通知等。

（2）股票服务、交易　移动电子商务具有即时性，因此非常适用于股票等交易应用。移动设备可用于接收实时财务新闻和信息，也可确认订单并安全地在线管理股票交易。例如，允许用户个人设定服务内容；设定提示高价、提示低价、增删股票预订，甚至下单。

（3）订票服务　通过因特网预订机票、车票或入场券已经发展成为一项主要业务，其规模还在继续扩大。从因特网上可方便核查票证的有无，并进行购票和确认。移动电子商务使用户能在票价优惠或航班取消时立即得到通知，也可支付票费或在旅行途中临时更改航班或车次。借助移动设备，用户可以浏览电影剪辑、阅读评论，然后订购邻近电影院的电影票。

（4）休闲娱乐　移动电子商务将带来一系列娱乐服务。用户不仅可以从他们的移动设备上收听音乐，还可以订购、下载特定曲目，支付其费用，并且可以在网上与朋友们玩交互式游戏，还可以为游戏付费。

（5）即兴购物　借助移动电子商务技术，用户能够通过其移动通信设备进行即兴网上购物。即兴购物会是一大增长点，如订购鲜花、礼物、食品或快餐等。传统购物也可通过移动电子商务得到改进。例如，用户可以使用“无线电子钱包”等具有安全支付功能的移动设备，在商店里或自动售货机上进行购物。

（6）基于位置的服务　基于位置的服务（location based service）是根据使用智能通信终端的用户所在的区域，可以提供个性化的广告、区域性设施信息服务。如提供用户所在地附近的酒店、餐厅、商店、药店、医疗机构等公共设施位置信息。

（7）移动支付　移动支付是 NFC（近距离无线通信）一种非常重要的应用。移动支付是指交易双方为了某种货物或者业务，通过移动设备进行商业交易。移动支付所使用的移动终端可以是手机、PDA、移动电脑等。移动支付可以分为两大类，①微支付：微支付是指交易额较小的支付行为。如小于1 分，通常是指购买移动内容业务，例如游戏、视频下载等。②宏支付：宏支付是指交易金额较大的支付行为，例如在线购物或者近距离支付（微支付方式同样也包括近距离支付，例如交停车费等）。

（8）其他

1）信息点播　浏览标题新闻、天气预报、体育节目预报及赛事结果、航班/火车时刻表。

2）个人信息管理（PIM）　这是面向最终用户的个性化服务，用户可根据需求设置具体的服务内容和服务方式，主要包括日程安排、重要日期提醒、秘书台、字典等。

3）话费服务 用户查询指定月份的话费，短信中心根据用户的信用度或设定按时发送催缴费用的信息，话费高额报警、电子账单等。

4）无线 CRM 无线 CRM（wireless－CRM）是指通过电子移动装置及无线设备创造和交付高度个性化并具有成本效益的营销、服务产品。

现在，越来越多的服务供应商推出了移动 internet 内容和服务，例如即时信息、工程设计、分配、物流、医疗保健、销售自动化、市场营销/CRM、在线交易、企业应用、获取信息和娱乐消费，这些服务将会在企业用户、专业人士和消费者中受到广泛的欢迎。

三、按照使用的网络分类

1. 无线因特网服务 用户可以使用笔记本电脑通过无线上网技术接入因特网，实现基于桌面电脑的电子商务功能。

2. 移动通信网络服务 用户可以使用手机等智能通信设备通过移动网络上网，实现网上交易并接受一定的服务。

（1）手机短信 手机短信是当前实现移动商务最主要的方式，因为它所消耗的费用、对移动设备的要求和对网络的要求都最低。短信方式就是通过编辑、发送特定格式的短信到特服号码，由特服号码反馈结果或操作提示等；短信方式只能完成一些较为简单的操作，而且往往需要其他手段帮助完成初始工作。

（2）手机银行 手机银行是指客户通过编辑发送特定格式短信到银行的特服号码，银行按照客户指令，为客户办理查询、转账、汇款、捐款、消费、缴费等相关业务，并将交易结果以短信方式通知客户。

（3）手机支付 近年来，手机支付业务已开始在手机用户中流行。目前国内可用来实现移动支付的支撑技术已经逐渐成熟，如短消息技术，无线应用协议（WAP），通用分组无线业务（GPRS），手机智能卡技术等已经能为移动支付的安全实现提供保证。

手机电子钱包是移动用户把银行卡账户与手机号码进行绑定后，可使用短信、语音等多种通信方式，完成包括查缴话费、充值、银行账务查询、投保、电子客票、订报、购物、付缴费、投保、交罚款、彩票等多项业务。

（4）手机报名和查分 与教育部分合作，通过短信或 WAP 方式，完成手机报名考试、（高考）查分、查录取结果、远程教育等。

（5）手机购物 手机用户通过 WAP（GPRS、CDMA、3G）等移动网络在网上购物，用这种方式能在短时间内买到由商场提供的商品。消费者只要拨打特定服务号码，在可上网的手机上输入相应商品编码，就可以随时随地订购。

（6）手机移动搜索 手机搜索引擎是一种面向无线网络的手机短信搜索引擎系统，为互联网用户和手机用户提供搜索短信业务。手机用户只要通过编辑短信，发出一个关键字到手机搜索引擎服务代码，就可以搜索到需要的信息；同时手机用户也可以在搜索引擎上发布自己的信息。手机搜索引擎提供了一个企业与手机用户之间的商务信息互动平台，并为一些服务型企业无形中带来很多商机。企业用户通过手机或者网站注册手机实名，有信息需求的手机用户就可以通过手机搜索引擎与其进行交易。

（7）手机电邮 电子邮件是互联网应用中普及率和使用频率最高的一个业务，因而也受到了移动运营商的高度重视。手机电邮是指利用手机发送和接收电子邮件。手机邮件被移动行业视为继语音通话和文本信息之后的第三大收入来源，而成为众多商家争夺的目标。

（8）手机移动定位 未来的移动定位服务除了能在野外作业安全、公安、公交查询外，将会广泛应用于电子商务。如果用户位于某个医药企业的附近，用户的手机会接收到来自这个医药企业相关药品或者有关这个医药企业宣传信息的广告；当用户经过某个药店门口时，手机会收到该药店所售药品的一些信息介绍等。

（9）手机电视　手机电视主要是指直接面对消费者的手机视频广告，风格各样的手机视频广告会相比电脑、电视广告更能吸引消费者，广告效率更高，同时会更快、更大地促进移动电子商务的发展。

第三节　实现移动电子商务的关键技术

一、无线应用协议

无线应用协议（WAP）是开展移动电子商务的核心技术之一。通过 WAP，手机可以随时随地、方便快捷地接入互联网，真正实现不受时间和地域约束的移动电子商务。WAP 是一种通信协议，它的提出和发展是基于在移动中接入 internet 的需要。WAP 提供了一套开放、统一的技术平台，用户使用移动设备很容易访问和获取以统一的内容格式表示的 internet 或企业内部网信息和各种服务。它定义了一套软硬件的接口，可以使人们像使用电脑一样使用移动电话收发电子邮件以及浏览 internet。同时，WAP 提供了一种应用开发和运行环境，能够支持当前最流行的嵌入式操作系统。WAP 可以支持目前使用的绝大多数无线设备，包括移动电话、FLEX 寻呼机、双向无线电通信设备等等。在传输网络上，WAP 也可以支持目前的各种移动网络，如 GSM、CDMA、PHS 等，它也可以支持未来的第三代移动通信系统。目前，许多电信公司已经推出了多种 WAP 产品，包括 WAP 网关、应用开发工具和 WAP 手机，向用户提供网上资讯、机票订购、流动银行、游戏、购物等服务。WAP 最主要的局限在于应用产品所依赖的无线通信线路带宽。对于 GSM，目前短消息服务的数据传输速率局限在 9.6kb/s。

二、移动 IP 技术

移动 IP 通过在网络层改变 IP 协议，从而实现移动计算机在 internet 中的无缝漫游。移动 IP 技术使得节点在从一条链路切换到另一条链路上时无须改变它的 IP 地址，也不必中断正在进行的通信。移动 IP 技术在一定程度上能够很好地支持移动电子商务的应用，但是目前它也面临一些问题，比如移动 IP 的主机安全性和功耗问题等。

移动电话正迅速从无线电话演变为令人信赖的个人工具（PTD），能处理大量不同的新业务和应用，包括银行业务、支付、票务和安全接入。PTD 还将提供用户验证机制，用于数据安全存储加密算法处理以及证书和交易数据库。PTD 能连接现实世界和虚拟世界，因此能实现基于个人区域网络的服务。一种能实现近邻业务的重要工具是蓝牙技术，它能保证数字化设备在 10 米半径内无线连接。这种局域与远程网络连接的结合可以开辟多种新型业务，如票务服务。

三、蓝牙技术

蓝牙（bluetooth）是一项短程无线连接标准，旨在取代有线连接，实现数字设备间的无线互联，以便确保大多数常见的计算机和通信设备之间可方便地进行通信。“蓝牙”作为一种低成本、低功率、小范围的无线通信技术，可以使移动电话、个人电脑、个人数字助理（PDA）、便携式电脑、打印机及其他计算机设备在短距离内无须线缆即可进行通信。例如，使用移动电话在自动售货机处进行支付，这是实现无线电子钱包的一项关键技术。“蓝牙”支持 64kb/s 实时话音传输和数据传输，传输距离为 10 ~ 100m，其组网原则采用主从网络。

四、通用分组无线业务

传统的 GSM 网中，用户除通话以外最高只能以 9. 6kb/s 的传输速率进行数据通信，如 fax、email、FTP 等，这种速率只能用于传送文本和静态图像，但无法满足传送活动视像的需求。通用分组无线业务（GPRS）突破了 GSM 网只能提供电路交换的思维定式，将分组交换模式引入到 GSM 网络中。它通过仅仅增加相应的功能实体和对现有的基站系统进行部分改造来实现分组交换，从而提高资源的利用率。GPRS 能快速建立连接，适用于频繁传送小数据量业务或非频繁传送大数据量业务。GPRS 是 2. 5 代移动通信系统。由于 GPRS 是基于分组交换的，用户可以保持永远在线。GPRS 业务能为移动用户提供高达 115kb/s 的数据速率。经过 2. 5G 发展到 3G 之后，无线通信产品将为人们提供速率高达 2Mb/s 的宽带多媒体业务，支持高质量的话音、分组数据、多媒体业务和多用户速率通信，这将彻底改变人们的通信和生活方式。

五、移动定位技术

移动电子商务的主要应用领域之一就是基于位置的业务，如它能够向旅游者和外出办公的公司员工提供当地新闻、天气及旅馆等信息。这项技术将会为本地旅游业、零售业和餐馆业的发展带来巨大商机。

在无线互联应用中，基于位置的服务应用范围极为广阔，可以与诸多应用结合起来，而移动商务不仅具备普通电子商务的各项功能，更为重要的是具备个性化、移动性、普及性和使用方便等特性。

移动互联网业务可以从个性化、时效性和位置相关这 3 个能为终端用户增加信息附加值的主要因素上获利。

面向个人的服务只是基于位置的服务巨大冰山的一角。基于位置的一系列服务包括紧急救援、车队管理、交通远程信息处理、车辆救援、自动收费站、票务、财产追踪、储运增值器、特定位置广告、选择性大众广播和基于位置的收费。

运营商可以赚取特定位置广告费，因为他们了解用户所在位置、用户个人档案信息或细分渠道。推送广告服务可以针对入网用户，只要他们向运营商说明他们对何种信息感兴趣，运营商随后可以根据用户查询需求或广告分类向用户发送与位置相关的信息。如果用户认可一项交易，运营商则有权收取 5% 到 10% 的服务佣金。

位置信息还可以通过其他许多方式加以利用。例如：如果知道位置，有关业务选择就可以缩小到相关性最强的范围。再者，服务内容可以根据位置加以改变，如移动终端显示屏上的最近餐厅、酒店名称就要随用户当时的位置变化。

六、移动通信技术

5G 是面向 2020 年之后产业发展的新一代移动通信系统。5G 移动通信系统具有超高的频谱利用率和超低的功耗，传输速率和资源利用率等较 4G 移动通信提高一个量级，其无线覆盖性能和用户体验将得到显著提升。5G 技术与其他通信技术相结合，构成的新一代移动信息网络，满足移动互联网流量增加 1000 倍的需求。随着 5G 移动通信系统应用领域的拓展，将提升海量传感设备及机器与机器通信、高可靠低时延行业应用的支撑能力，5G 将构成系统设计不可缺少的指标。5G 系统具有网络自感知智能化能力，实现网络自我调整，灵活应对未来信息社会的快速变化。5G 典型场景涉及未来人们生活和工作等各种区域，特别是密集住宅区、办公室、露天集会及交通等场景。

七、无线射频技术

无线射频识别系统为商家提供 RFID 付费解决方案，从而使商家给消费者提供更智能安全的服务。无线射频识别技术使客户在购买汽油、食品、门票、缴费和其他的产品时，无须花现金或使用信用卡，只需在特定的付款机前晃动含有 RFID 感应器的移动电话或钥匙圈就可以购买商品。

第四节　移动电子商务的参与者与商业模型

一、移动电子商务参与者

移动电子商务商业模型涉及移动网络运营商、网络设备提供商、移动终端提供商、内容提供商等，这些参与者以移动用户为中心，以移动网络运营商为主导，在一定的政府管制政策限定下开展各种活动，以实现自己的商业价值。

1. 商业模型的参与者　移动电子商务商业模型的参与者有：提供操作系统和浏览器技术的平台供应商，提供网络基础设施的设备供应商，提供中间件及标准的应用平台供应商，提供移动平台应用程序的应用程序开发商、内容提供商、内容整合商，提供应用整合的移动门户提供商、移动运营商、移动服务提供商等。

移动电子商务交易中的参与者取决于其底层的商业模型。一般来说，移动电子商务交易的主要参与者如下。

移动用户：其最大特点是经常变换自己的位置，用户接收的商品或服务可能因为时间、地点以及其使用移动终端情境的不同而不同。

内容提供商：通过 WAP 网关等向移动用户提供特定的内容，如新闻、音乐等。

移动门户：向移动用户提供个性化和本地化的服务，最大程度地减少用户的导航操作。

移动网络运营商：在移动电子商务中扮演着重要角色，既可能是移动网络提供商，也可能是一个中介、一个门户或者一个可信任的第三方，这取决于其在移动电子商务价值链中所起的作用。

2. 移动网络运营商的角色分析　移动网络运营商在移动电子商务商业模型中起着战略性作用，下面着重对其在模型中扮演的角色进行分析。

在移动电子商务的各个参与者中，移动网络运营商维护着移动用户的个人数据，能很方便地得到用户的位置信息，同时也为用户建立了各种计费手段。其拥有的客户资源使他拥有用户的所有权和连接权，其他环节的企业不得不通过移动网络运营商向用户提供服务。因此，移动网络运营商在模型中自然处于主导地位。

移动网络运营商可以只提供网络基础设施并让消费者直接联系各种内容、服务提供商或门户，此时移动网络运营商的收入来自其向消费者提供的无线连接。在此基础上，移动网络运营商可以提供 WAP 网关服务，还可以作为移动门户、中介或可信任的第三方为企业或个人提供服务。

移动网络运营商扮演门户的角色，可以引导用户定位合适的服务提供商，同时可以让内容提供商找到用户。因为拥有丰富的客户资源，移动网络运营商比其他门户拥有更多的优势，因此向用户提供移动门户服务是非常自然的。换句话说，运营商可以作为提供商的前台终端直接向用户提供内容和服务。在这种情况下，移动用户可以从服务质量和资费的角度选择提供商。运营商与内容或服务提供商达成一定的协议并获得盈利。

目前，移动门户商业模型已经成为移动网络运营商的一个重要选择，移动门户将移动网络运营商定位成用户与内容及服务提供商的中介，实现对第三方信息和服务的聚集、分类整理和再出售。

移动网络运营商还可以在移动电子商务中扮演更积极的角色，不仅提供移动门户提供的所有服务，而且提供如下附加服务：一是提供捆绑服务，即以折扣的形式向用户提供由不同供应商提供的商品或服务的组合。二是扮演银行前台终端的角色，用户直接向运营商支付；同时，运营商在用户对商品或服务不满意时也有义务向其退还支付。三是向提供商提供安全和支付服务。四是扮演可信任的第三方。用户可能希望从不同的提供商处购买多种商品，移动网络运营商可以帮助他们完成这种操作。在这种情况下，需要在运营商和用户之间建立一种信任关系。如果商品在交付用户时已经损坏，或交付得太晚，甚至根本没有交付，显然用户的权益没有得到保证。

二、移动电子商务的主要商业模型

传统电子商务的商业模型发展到今天已经逐渐成熟，如网上商店、网上拍卖等。移动电子商务在网络经济泡沫破灭以后得到了迅速发展，并形成了初具规模的商业模型。

移动电子商务商业模型是由移动电子商务交易的参与者相互联系而形成的。因此，大多数移动电子商务商业模型可以与移动电子商务交易的参与者使用相同的名称，如内容提供商模型、移动商业门户模型等。

（1）内容提供商模型　采用这种商业模型的企业通过向移动用户提供交通信息、股票交易信息等内容达到盈利的目的，企业可能通过移动门户或直接向移动用户提供内容服务。较小的公司或个人在开发适合移动终端设备使用的内容时，可能采用这种商业模型。

（2）移动门户模型　即企业向移动用户提供个性化的基于位置的服务。该模型的显著特征是企业提供个性化和本地化的信息服务。本地化意味着移动门户向移动用户提供的信息服务应该与用户的当前位置直接相关，如宾馆预订、最近的加油站位置查询等；个性化则要求移动门户考虑包括移动用户当前位置在内的所有与用户相关的信息，如用户简介、兴趣爱好、过去的消费行为等。

（3）WAP 网关提供商模型　该模型可以看作是 internet 电子商务中应用程序服务提供商（ASP）模型的一个特例。在该模型中，企业向不想在 WAP 网关方面投资的企业提供 WAP 网关服务，其收益取决于双方所签订的服务协议。

（4）服务提供商模型　企业直接或通过其他渠道向移动用户提供服务，其他渠道可能是移动门户、WAP 网关提供商或移动网络运营商。而企业所能提供的服务取决于其从内容提供商处可以获得的内容。

上述参与者和商业模型加上 internet 电子商务中的参与者和商业模型（如支付服务提供商、金融机构）结合起来，构成了复杂的移动电子商务商业模型。每个参与者为了采用收益率最高的商业模型，必须考虑商业模型的核心竞争力以及移动电子商务环境的特征等因素。好的商业模型所提供的服务，应该使用户、商家和服务提供商均能够通过移动电子商务活动增加自身的价值。只有这样，他们才能获得大量稳定的客户，移动电子商务才能够真正发展起来。

第五节　医药电子商务 O2O 模式的开展 微课

一、电子商务 O2O 模式概述

1. O2O 模式的涵义　正是由于移动电子商务的兴起和发展，促使 O2O 这种电子商务模式的应用迅速普及。O2O（online to offline）是线下渠道和线上渠道有机结合的一种商务模式。O2O 模式是将互联网与线下的商务机会结合在一起，让互联网成为线下交易的平台，随着互联网运营范围的扩大，线上线下的深入结合，信息和实物之间，线上和线下之间的联系变得越来越紧密，O2O 是一种整合线上和线下资源的有效整合。这样线下商品和服务可用线上来吸引消费者，消费者可在实体店体验之后，经过网络店铺订购产品，而且可吸引在线消费群体进入实体店体验与消费。在很多行业人士看来，目前的线下商业和线上电商都存在各自的问题，而两者融合恰恰能解决各自无法解决的困境。

2. O2O 模式的特点

（1）本地化 O2O 具有典型的区域性特点，主体业务是基于实体商业的，因此在本质上跟实体商业没有太大区别，相互间是一种对应关系。O2O 模式中线下商家整合是关键。O2O 平台企业要具备较强的线下商家资源整合能力，保障消费者体验。

（2）方便物流 O2O 模式本地消费，只需要消费者凭电子凭证到店消费即可，不必面临巨额仓储，物流成本的压力。

（3）在线预支付 在线预支付是 O2O 模式的核心。在线支付建立了一个闭环的消费链条，真实地完成了一笔交易，保证消费者的交易安全，用户对商家服务质量的约束。

二、O2O 模式在医药零售领域的运用

医药连锁零售企业可以运用 O2O 模式拓展销售渠道，具体方式可以是网上药店以商品展示、顾客评价以及消费者自行决策购买为主，提供在线检索和互动的平台以及为顾客提供专业服务的客服体系；消费者可以在网上药店浏览药品信息后发出购药需求，并下订单，支付方式可自主选择在线支付、实体店现场支付或货到付款等形式。网上药店确认订单后将向在顾客附近的会员药店提供顾客需求信息，由会员药店的营业员或第三方物流公司提供物流服务，将药品安全快捷地送达消费者。

1. 网上药店适合开展 O2O 模式的特点分析 网上药店适合开展 O2O 模式的特点除了具有一般网购商店的本地化、在线预支付、方便物流的特点外，还有以下几点。

（1）精准位置定位，让药品流通更快捷、更安全 消费者可以根据移动设备或网站提供的软件，找到自己位置附近的网上药店的门店，直接到实体店进行体验相应服务，降低购买成本，提升服务速度和时效。

（2）减少消费者对药品质量的担心 网上药店所交易的药品，消费者在购买前没有直接接触，是虚拟的电子药品。消费者网上下订单，直接店面提货，可以感知到药品的真实性，增加对所提供药品的质量、规格、颜色等的感知，减少了不必要的担心和退货的概率。

2. 网上药店 O2O 模式交易的应用 根据规定，只有自主经营的连锁药店才能申请互联网药品交易服务机构资格证书和互联网药品信息服务资格证书，从而获得网上经营资格。由于药品的特殊性，规定网上药店必须有专门的配送人员进行配送。我国第一家获批的网上药店（2005 年 12 月）历时多年，探索了一条非主流的电商之路——整合药房网、连锁门店、DTC（direct to consumer，DTC 营销是指直接面对消费者的营销模式，它包括任何以终端消费者为目标而进行的传播活动，它与传统媒体如电视广告等的传播方式相比，优势主要体现在更接近消费者，更关注消费行为的研究，更重视消费者生活形态的把握）三块为主的零售模块。药房 O2O 模式清晰：充分整合已有的线下店和资源，以网络营销为核心基础，大力发展线上平台，将门店作为药房网的体验店、提货点和配送点，当用户在药房网下单后，订单会自动分配到用户就近的门店，在门店完成提货或由门店送货上门。

国内首个附近药店购药的 App（智能手机应用）系统可以帮助用户在附近药店搜索药品、查看药品详细说明、附近特价药品，并进行比价，还可以查看附近药店信用评分、优惠折扣、是否提供送药上门等信息，在短短的时间内获得了用户的好评。该软件可以通过应用发出在线药师咨询，购药消息，药店可以第一时间得到提醒——附近有顾客在询问购药，顾客可根据各药店的回复比价，再决定到哪家去购

买，这是一种基于位置服务的本地电商化的应用。许多大药房应用该软件进行 O2O 模式的运营。

3. 移动支付在 O2O 中的应用 移动支付作为 O2O 模式中一个关键环节，源于用户的便利性诉求，植根于移动互联网。

对医药零售商而言，移动支付能够提高门店的收款效率，资金实时到账，尤其是支付环节收集到的用户消费数据更为连锁药店所看重。收集和分析是互联网企业的一大优势，支付 App 可以为药店提供线上数据分析和线下流量分析，提高会员管理和营销效率。

大数据背景下的云计算，通过移动支付获取的消费数据，是连锁药店的一笔资源，也是对消费行为分析的支撑。有效的数据分析将使营销更精准，服务更贴心，这是现代零售业的通行做法，也是营销精细化的重要表现。

目前来看，培育用户移动支付习惯是商家的首要任务。为了推广这一支付方式，在医药门店消费使用移动支付可以享受“钱包价”优惠，药房与支付 App 也将举行推广活动月。随着更多大型连锁和新锐企业逐渐跟进移动支付，消费习惯将会慢慢被改变。

当店员培训、内部系统、营销推广匹配后，尤其是能与微信营销、O2O、网上药店等形成互动，移动支付肯定会更有效率。药房与支付 App 的合作，除了条码支付外，还与公众号结合，加入会员卡体系。这形成了会员、支付、积分、购物的业务闭环。

知识拓展

医药 O2O 模式种类

目前医药 O2O 模式主要有两种：第一种是线下药店转型，线上线下同步经营，这种企业多为经营多年的连锁实体药店，通过积累的会员资源，建立线上平台，提供线下为主，线上为辅的服务，但这种模式线上销售金额占比一般较小。第二种是通过搭建的平台与连锁药店建立合作提供送药到家服务，多为具备互联网基因的企业。还有外卖平台，利用自身的用户流量，将线上订餐配送业务拓展到医药配送业务，骑手提供全天 24 小时服务。

思考题

答案解析

1. 某平台成立于 2015 年，早期聚焦社交电商模式，通过整合社交媒体和低价策略快速渗透下沉市场。在发展中，该平台强调用户互动与裂变增长，例如通过拼团和游戏化功能提升用户活跃度，使其在短期内用户量激增；然而，低价导向也带来商品质量管控难题，导致用户体验分化。该平台最终凭借低成本获客和高用户黏性，成功覆盖广阔消费群体，成为国内领先的移动电商平台。

（1）该平台成功的因素有哪些？

（2）该平台存在的问题有哪些？

2. 某平台创办于 2009 年 11 月，起初定位于“推荐导购”社区，通过用户分享机制构建强社交属性。在发展中，平台整合大数据精准推送个性化商品，并拓展至移动端和 PC 端多平台，覆盖多元用户场景；但面临用户留存挑战和盈利依赖单一问题。凭借社区氛围驱动的高转化率和全渠道布局，该平台逐步积累忠实用户群体，成为国内领先的移动电商平台。

（1）该平台成功的因素有哪些？

（2）该平台存在的问题有哪些？

3. 某平台作为全球知名电商代表，其移动业务始于20世纪末，核心特色是技术创新驱动的便捷服务。在发展中，平台构建了智能化推荐系统和高效物流网络，支持多支付方式以提升用户体验；但也面临数据隐私争议和全球化竞争。通过持续优化供应链和技术投入，该平台实现了高用户满意度和市场份额，成为全球领先的移动电商平台。

（1）该平台成功的因素有哪些？

（2）该平台存在的问题有哪些？

书网融合……

微课　　习题　　本章小结

参考文献

[1] 王永东．网络营销学［M］．北京：清华大学出版．2024.

[2] 王伟明．网络营销［M］．北京：清华大学出版．2023.

[3] 彭英．数字营销［M］．北京：清华大学出版．2023.

[4] 约翰·史密斯．移动电子商务：技术、应用与创新［M］．李晓明，译．北京：电子工业出版社，2022.

[5] 张伟．移动互联网时代的电子商务转型［M］．北京：清华大学出版社，2021.

[6] 段文海，孙晓．医药电子商务［M］．北京：中国医药科技出版社，2021.

[7] 王浩．医药电商：传统模式终结者［M］．北京：电子工业出版社，2016.

[8] 李雪梅，周雪，姜枫，等．我国医药电子商务服务发展现状研究［J］．中国管理信息化，2023，26（17）：88－91.

[9] 黄红耘．《电子商务法》视角下社区团购法律关系主体的法律地位分析［J］．法制博览，2023，（35）：43－45.

[10] 蒋昌松，祁鹏，郭丹．我国药品集中采购制度历史变迁及改革发展趋势［J］．中国医疗保险，2022，（04）：5－11.

[11] 朱刚令．重庆药品交易所平台赋能医药采购高质量发展的实践与探索［J］．中国政府采购，2023，（04）：35－39.

[12] 罗雪燕，赖寒，王梦媛，等．省级药品集中带量采购模式对比研究［J］．卫生经济研究，2022，39（05）：7－11.

[13] 冯海洋，刘磊．药品电商平台的发展策略研究［J］．中国市场，2022，（16）：188－190.

[14] 杨晓娜．药品集中采购模式国际比较及借鉴［J］．合作经济与科技，2020，（16）：75－77.

[15] Bruhn WE，Fracica EA，Makary MA. Group Purchasing Organizations，Health Care Costs，and Drug Shortages［J］. JAMA，2018，320（18）：1859－1860.

[16] 李诗杨，严寒．我国药品集中采购政策研究：综述与展望［J］．重庆工商大学学报，2021，38（06）：18－26.

[17] 崔忠付．医药冷链的新特点与新趋势［J］．物流技术与应用，2021，26（S2）：10－11.

[18] 王雅芸，孙霞燕，金晶，等．医改背景下新型药学服务模式的思考与展望［J］．医院管理论坛，2025，42（02）：51－54.

[19] Turki M Alanzi，Nouf Alanzi，Amjad Saadah，et al. Telepharmacy and remote medication management：An empirical study from patients'perspectives［J］. Nutrition and Health，2024，11（5）：2601060241287879.

[20] 李思聪，聂小燕，韩晟，等．我国互联网＋背景下医院O2O药学服务模式发展研究［J］．中国卫生政策研究，2022，15（6）：78－84.